Jean REY

DICTIONNAIRE
SÉLECTIF ET COMMENTÉ

des difficultés de

LA VERSION ANGLAISE

OPHRYS

ISBN 2-7080-0066-7

OPHRYS, 6, avenue Jean Jaurès, 05002 GAP CEDEX
OPHRYS, 10, rue de Nesle, 75006 PARIS

Préface

Le **Dictionnaire sélectif et commenté des difficultés de la version anglaise** souhaite apporter sa modeste contribution à la solution du problème suivant, auquel tous les enseignants de la langue anglaise, à quelque échelon qu'ils se situent, se heurtent quotidiennement : pourquoi les élèves, les étudiants, les traducteurs d'une façon générale achoppent-ils toujours sur les mêmes difficultés ? pourquoi les mêmes erreurs toujours signalées se renouvellent-elles d'un jour à l'autre, d'un élève à l'autre, d'un texte à l'autre ? pourquoi le professeur est-il condamné à ce travail de Sisyphe, de toujours rectifier les mêmes erreurs, de corriger les mêmes fautes, de tirer l'élève des même pièges où il tombe toujours ?

Si nous limitons le problème au seul domaine de la version, les causes sont, je crois, faciles à déceler : déclin, sinon abandon pur et simple, au niveau du secondaire, de la version comme exercice de contrôle des connaissances et du niveau intellectuel de l'élève; manque de préparation et d'entraînement qui en découle pour l'étudiant au niveau supérieur; insistance mise sur les automatismes à toutes les étapes de l'acquisition de la langue, aboutissant à des connaissances linguistiques superficielles et stéréotypées; refus de considérer l'acquisition d'une langue étrangère comme autre chose qu'une fin en soi et d'y voir un exercice possible d'enrichissement intellectuel et culturel.

Si nous ajoutons à ces causes celles, plus générales, qui engagent la responsabilité des directeurs de notre enseignement, des maîtres et des élèves dans une université en plein désarroi où l'enseignement des langues vivantes est entraîné, plus que tout autre, semble-t-il, dans la voie de la facilité, nous comprendrons qu'il est impossible de résoudre ce problème à la base et d'attaquer les racines mêmes du mal.

Les choses étant ce qu'elles sont, ce sont donc des palliatifs plus que des remèdes qu'il est possible d'appliquer. C'est dans cet esprit que nous avons conçu le présent dictionnaire, dans l'espoir qu'il pourra pallier les insuffisances criantes dans le domaine de la version anglaise et les innombrables défaillances qu'elles entraînent.

A quoi donc tiennent ces insuffisances ? Quelles sont les causes des erreurs les plus courantes du traducteur ? Nous avons essayé d'en établir le catalogue.

Eliminons d'abord les simples ignorances de vocabulaire. Il n'est pas vrai que les difficultés d'une version proviennent essentiellement des mots moins courants qu'elle contient. En dehors d'un chiffre de base sur lequel il est difficile de se mettre d'accord (adoptons, avec Michael West (op. cité) celui de 2 000), les simples ignorances de vocabulaire ne sauraient être tenues pour fautes graves. Le simple lecteur, l'étudiant qui peuvent utiliser un dictionnaire n'auront pas de peine à identifier un mot inconnu, presque toujours sans complexité. Le jour de l'examen l'ignorance d'un mot de fréquence secondaire sera faute vénielle.

Les mots que contient ce dictionnaire figurent tous, sauf un certain nombre de faux-amis, en bonne place dans les listes de fréquence, souvent en tête. S'ils offrent des difficultés de compréhension et de traduction, ce n'est donc pas à cause de leur rareté, mais pour leurs difficultés intrinsèques. Leur nombre est limité à 433. Ils appartiennent aux catégories suivantes :

1. Tous les mots-outils ou charnières de la phrase (*structural words*), prépositions, conjonctions, adverbes, articles, pronoms, etc. (103 en tout). Tous ces mots sont nécessaires à l'expression cohérente de l'idée. Le traducteur les tient pour acquis une fois pour toutes et ne leur accorde pas toute l'attention voulue. Il a tort, car l'emploi de ces mots aux sens souvent très complexes varie considérablement d'une langue à l'autre.

2. Les douze verbes auxiliaires et défectifs *(anomalous finites)*, dont les formes en nombre très limité (24) couvrent pourtant des besoins très étendus et ont de multiples équivalents français.

3. Les verbes composés, suivis d'une postposition *(adverbial particle)*, tous verbes de bonne vieille souche saxonne et presque tous irréguliers. Nous avons retenu les 41 plus difficiles. Simples en apparence, lorsque la postposition a son sens élémentaire de mouvement, ils aboutissent toujours par de multiples dérivations et combinaisons de sens à des emplois idiomatiques, souvent fort lointains du sens originel et toujours plus ou moins déroutants pour l'étranger. Exemples : *to put out, to make up, to run down, to come to*, etc.

4. Les faux-amis, totaux *(actual, eventual, lecture)* ou partiels *(figure, progress, singular)*, tous mots à radical latin ou français. Nous en avons retenu 159. En ce domaine si exploré il n'était pas question d'innover. Nous avons donc surtout cherché à montrer, exemples à l'appui, combien grave était l'intrusion non contrôlée de ces anglicismes dans notre langue.

5. Les para-faux-amis (nous empruntons ce terme à Félix Boillot, op. cité) (32 au total) sont ces mots, presque tous d'origine saxonne, qui sont censés correspondre exactement à des mots français *(to find* = trouver, *to see* = voir, *to feel* = sentir), mais qui ayant évolué dans des directions différentes ont poussé des ramifications multiples souvent difficiles à reconnaître. Le danger, réel et caché, que présentent ces mots vient du fait que l'étudiant les a rencontrés dès son initiation à la langue et que, par le fait d'un automatisme simplificateur, ils se sont fixés dans son esprit sous une forme qui tend à être immuable. Par exemple il sait que *house* veut dire maison, *wild*, sauvage et *sweep*, balayer. Sait-il que ces trois sens correspondent respectivement à un pourcentage de fréquence de 58 %, 48 %, et 9 % seulement ?

6. Des mots polyvalents (41), nombreux dans cette langue riche qu'est l'anglais, avec son double apport, saxon et latin, simplificatrice au surplus pour s'être débarrassée au cours des siècles des désinences qui pouvaient permettre de différencier des racines multiples. Ces mots peuvent avoir une forme unique *(sound, bound, arm, bore)*, ou une forme double (*scar/scare, star/stare, plan/plane)*. Dans les deux cas les sens sont très différents et sont une source de confusions multiples.

7. Enfin 45 mots inclassables, mots-pièges, dangereux pour une raison ou pour une autre : verbes à sens complexes qui sont fonction des structures *(to care, to stop)*, mots que l'on confond couramment *(lose, loose)*, mots riches en développements idiomatiques *(help, matter)*, mots trompeurs sous leur visage familier *(self-conscious, sport)*, mots qui tous présentent une difficulté d'ordre soit syntaxique soit sémantique.

Notre dictionnaire est donc doublement sélectif en ce qu'il laisse de côté tous les mots faciles et, pour les 433 mots retenus, tous les sens faciles. Comment le traducteur réagit-il d'ordinaire s'il est embarrassé par un de ces mots ? S'il est assez courageux pour ouvrir son dictionnaire, qu'arrive-t-il ? Peu persévérant en général et, il faut le dire, mal préparé à cette recherche, il sera vite rebuté par ces articles compacts, aux lignes serrées, aux divisions peu claires et dans un ordre souvent peu apparent. Le dictionnaire le plus complet ne semble-t-il pas dire au chercheur, « Voilà les différents sens du mot. Et maintenant débrouillez-vous » ?

S'il est conscient que l'obscurité d'une phrase tient à la complexité de ses structures plus qu'au sens de chacun des éléments qui la composent, va-t-il ouvrir sa grammaire ? Un index, si bien fait soit-il, exige des recherches, des va-et-vient. Va-t-il s'y résoudre ?

L'ordre alphabétique dans ce cas, la recherche ainsi facilitée du mot-clé de la phrase lui seront sans doute d'un meilleur secours.

Notre dictionnaire, par sa présentation aérée, ses divisions claires, ses explications et ses remarques, son souci d'éclairer le choix du sens par des considérations développées d'ordre syntaxique, son insistance sur des points trop souvent tenus pour mineurs, devrait apporter au chercheur cette aide qu'il ne peut trouver dans le dictionnaire-répertoire.

Au surplus nous croyons lui apporter une aide supplémentaire en donnant les indications de fréquence sémantique tirées du livre de Michael West (voir plus loin la note à ce sujet). Ces indications ne sont pas toujours aussi complètes et aussi claires que nous l'aurions souhaité (nous disons plus loin pourquoi), mais nous pensons que l'utilisateur, à condition de savoir les interpréter, trouvera dans ces indications chiffrées des données utiles, sinon déterminantes.

Notre dictionnaire est donc un outil que nous avons cherché à rendre aussi commode et efficace que possible, mais que nous livrons aussi avec un « mode d'emploi » pratique. Nous voulons dans les limites que nous nous sommes fixées, présenter à côté du dictionnaire-répertoire un dictionnaire-guide. Il attirera l'attention du traducteur sur certains sens délicats, sur les confusions et les erreurs possibles, sur les pièges à éviter. Il lui dira clairement ce qu'un mot ne veut pas dire, comment il ne faut pas le traduire (*). Il lui permettra d'effectuer ce travail en profondeur qui s'impose à un certain niveau et qui apportera un correctif nécessaire à des automatismes appauvrissants.

Il ne suffit pas de guider l'utilisateur dans un choix souvent délicat, il faut aussi l'aider à bien traduire. La traduction est un art, certes, mais en faire une seule affaire d'intuition, c'est priver le traducteur d'un jeu d'outils, simple en soi, mais qui peut se révéler fort utile. Il n'y a pas non plus de méthode scientifique de traduction. Certes il faut que le traducteur découvre clairement la différence fondamentale entre la langue française, reflet de notre esprit accoutumé à la clarté, à la raison, à la rigueur et la langue anglaise trop simplifiée dans sa morphologie, à la syntaxe désarticulée, aux coordinations vagues, au vocabulaire ambigu. Mais sur ce point aussi nous avons voulu éviter tout dogmatisme, tout système trop bien agencé. Pour rester pratique, notre dictionnaire donne, dans le cadre des études de mots courants, des conseils, des suggestions, des « trucs » illustrés d'exemples nombreux et probants.

Dans les appendices sont traités de façon plus complète et systématique ces problèmes de traduction et de transposition, les uns obéissant à des considérations générales, les autres s'appliquant à des cas particuliers.

Notre ambition serait que ce dictionnaire-guide trouve sa place sur la table de l'angliciste, à quelque niveau qu'il travaille, entre son dictionnaire-répertoire et son manuel de grammaire. Ni l'un ni l'autre ne peuvent lui donner la solution de tous les problèmes qui lui sont posés. Le dictionnaire propose, mais ne guide pas. La grammaire expose, de façon souvent trop théorique, mais n'éclaire pas toujours le traducteur. Il y a entre les deux un vaste territoire mal connu, une sorte de **no man's land.** C'est ce territoire dont le **Dictionnaire sélectif et commenté des difficultés de la version anglaise** se propose de faire découvrir l'essentiel.

Nous ne nous dissimulons pas les difficultés de la tâche et ses imperfections inévitables. L'accueil que lui réserveront tous ceux qui reconnaissent encore dans la version un exercice au plus haut point enrichissant nous dira si nous avons eu raison de l'entreprendre.

Il nous reste l'agréable devoir de remercier notre collègue et ami, Monsieur CHENCINSKI, qui nous a aidé de sa riche expérience pédagogique et a bien voulu revoir cet ouvrage avec un soin méticuleux.

Note sur les fréquences sémantiques

Ces fréquences sont reproduites du livre **A General Service List of English Words with Semantic Frequencies...,** compilé par le Dr Michael West et édité par Longmans, Green and Co LTD, édition revue et augmentée de 1953 (1).

Le chiffre donné entre crochets après un mot indique le nombre de fois où il a été rencontré dans un compte de cinq millions de mots.

Les chiffres donnés en face des sens différents du même mot indiquent les pourcentages de fréquence par rapport au chiffre total.

Certains pourcentages figurant entre parenthèses représentent un pourcentage interne.

Prenons par exemple le mot *still*. On verra que sa fréquence est chiffré à 26 862, que ses trois sens correspondent respectivement à 9 %, 85 % et 5 % de ce total. L'emploi de *still* devant un comparatif indiqué au sens 2 correspond à 16 % du pourcentage global de 85 %.

Quelques éclaircissements donnés par le Dr Michael West sont indispensables pour bien interpréter ces données.

1. Certains sens, d'emploi très rares, ont été omis, si bien que le total des pourcentages ne correspond pas toujours à 100.

2. Si l'on veut évaluer l'importance de tel ou tel emploi d'un mot dans la langue, il ne faut pas le négliger sous prétexte que son pourcentage est faible mais il faut considérer que ce pourcentage n'a qu'une valeur relative.

Ainsi le sens 3 de *still* indiqué plus haut comme représentant les 5 % de 26 862 est beaucoup plus fréquent que l'emploi courant de *shoot* (60 % de 690), 1343 contre 414. Et 1 % n'a pas du tout la même valeur quand il s'applique à un sens de *say* (12 278) qu'à un sens de *stop* (866).

3. Pour interpréter ces chiffres il faut se rappeler qu'ils ont été trouvés en dépouillant des textes écrits et imprimés, ce qui accentue parfois l'aspect purement littéraire du mot. Cette tendance correspond donc tout à fait à celle du présent dictionnaire, puisque les difficultés qu'il se propose de répertorier sort justement celles que l'on rencontre dans un texte d'anglais écrit.

Nous ajouterons à ces remarques quelques explications concernant des lacunes apparentes de ces comptes sémantiques tels que nous les avons utilisés.

4. L'utilisateur de notre dictionnaire aura remarqué qu'un certain nombre de mots sont donnés sans chiffre de fréquence et il en concluera peut-être que ce sont des mots peu courants et s'étonnera de les trouver ici.

---

(1) Nous tenons à exprimer notre gratitude à l'*University of London Institute of Education* qui nous a aimablement autorisé à en faire usage.

Il est vrai qu'un certain nombre de faux-amis figurent très loin dans les listes de fréquence. Mais l'élève ou l'étudiant n'oubliera pas que les textes de versions qui lui sont proposés sont généralement choisis en fonction des difficultés qu'ils contiennent, en particulier les faux-amis et autres mots-pièges et que, si leur fréquence était calculée d'après ces seuls textes, leur pourcentage serait nettement plus élevé.

Par ailleurs certaines absences notoires ne peuvent s'expliquer que par l'esprit dans lequel a été conçu le travail du Professeur Irving Lorge sur lequel le **General Service List** est basé et que le Dr Michael West et son équipe ont respecté. Ce recueil contient les 2000 mots qu'ils ont jugés indispensables pour l'enseignement de l'anglais aux étrangers et exclut donc tous ceux qui, bien que très fréquents dans la langue, sont considérés comme faisant double emploi et donc pouvant être omis, comme, *passion*, *patron* (sacrifié à *customer*), *plane* (?), *presently* (auquel on a préféré *soon*), *labour* (inutile quand on dispose de *work*), *lest* (conjonction à laquelle on peut toujours en substituer une autre), etc.

Il en est de même pour certains sens que, pour les mêmes raisons, les auteurs ont jugé inutiles de chiffrer : sens 3 de *rent (= torn)*, sens 2 de *sound (= healthy)*, sens 3 du même mot jugé trop rare, tous les sens de *term* autres que ceux de trimestre scolaire et qu'on peut remplacer par des équivalents.

5. On trouvera que, à l'intérieur d'un même article, certains pourcentages sont indiqués de façon fragmentaire ou même sont absents. C'est que les sens répertoriés par le Dr Michael et basés sur **The Oxford English Dictionary** ne correspondent pas toujours à ceux sur lesquels l'objectif que nous visons nous amène à insister.

Dirons-nous aussi que certains articles nous ont paru construits de façon confuse, l'œuvre sans doute de certains collaborateurs, moins exercés et plus brouillons, de cette vaste entreprise ?

Le Dr Michael West a dû en être conscient, qui a fait précéder d'un point d'interrogation certains chiffres qu'il a jugés contestables. On retrouvera quelquefois ces points. Nous en avons ajouté quelques autres lorsque nous avons estimé, par simple soustraction, certains pourcentages qui nous paraissaient intéressants à retenir.

Ces légères insuffisances mises à part, nous espérons que les chiffres et pourcentages que nous avons reproduits dans ce dictionnaire, fourniront au traducteur, à l'heure du choix, une indication de fréquence non négligeable.

Ouvrages consultés

Mansion :

Harrap's Standard French and English Dictionary, Harrap and Co, 1955.

Faure et Casanova :

Nouvelle grammaire anglaise, Hatier, 1968.

S. Berland-Delepine :

Enjoy your Grammar, Ophrys, 1966.

Patrick Rafroidi :

Manuel de l'Angliciste, Tome I, Grammaire, OCDL, 1965.

Harold E. Palmer :

A Grammar of English Words, Longmans, 1938.

Frederic T. Wood :

English Verbal Idioms, Macmillan, 1964.

English Prepositional Idioms, Macmillan, 1970.

Current English Usage, Macmillan, 1962.

Vinay et Darbelnet :

Stylistique comparée du français et de l'anglais, Didier, 1958.

Jean Rey :

English Forms and Usage, Ophrys, 1965.

Koessler et Derocquigny :

Les faux-amis ou les trahisons du vocabulaire anglais, Vuibert, 1928.

Veslot et Blanchet :

Les traquenards de la version anglaise, Hachette, 1922.

Félix Boillot :

Le vrai ami du traducteur, P.U.F., 1930.

Bonnerot, etc. :

Chemins de la traduction - Domaine anglais, Didier, 1963.

Bruneteau et Luccioni :

Guide de la version anglaise, Armand Colin, 1968.

Initiation à la version anglaise, Armand Colin, 1971.

S.W. Segger :

Thèmes modèles, Cambridge University Press, 1964.

Jean Rey :

Versions et thèmes d'entraînement, série verte et série rouge, Ophrys, 1954.

Rey et Chencinski :

60 Textes anglais et américains, Ophrys, 1969.

Barthalan et Mansat :

L'épreuve d'anglais aux concours des Grandes Ecoles, 3 volumes, Didier, 1964.

Michael West :

A General Service List of English Words, Longmans, 1953.

Nous avons emprunté à ces ouvrages bon nombre d'exemples qui illustrent les articles de ce dictionnaire. Nous avons à l'égard de leurs auteurs, avec qui nous avons souvent fait route commune, une dette de gratitude qu'il nous plaît de reconnaître ici.

L'équité nous force à évoquer aussi les milliers de devoirs d'élèves qui nous ont si souvent donné matière à réflexion et ont été un élément déterminant dans la conception de cet ouvrage. Que des générations de potaches soient remerciés de cette obscure et involontaire collaboration !

A

A, AN [89572]

A, AN, article indéfini.

Les équivalents français de l'article indéfini illustrent la transposition des marques. Transposition n° 11, page 260.

Voici les principaux aspect de cette transposition :

1. Il y a de nombreux cas où **a, an** ne se traduisent pas.

a) **Mark was a scholarship boy.** *Marc était boursier* (nom attribut).

The squire's mother, a gruff old lady... *La mère du châtelain, vieille dame bourrue...* (nom en apposition).

His right arm was in a sling. *Il avait le bras droit en écharpe* (après une préposition).

He discovered what sort of a man he was. *Il découvrit quel genre d'homme c'était* (id.).

A darling of a hat, *un amour de chapeau* (id.).

A bit of a chat, *un bout de conversation* (id.).

b) dans des expressions consacrées comme,

I have a good mind to, *j'ai bien envie de...*

To put an end to..., *mettre fin à...*

To be in a passion, *être en colère.*

To sell at a loss, *vendre à perte.*

To pay a call, *rendre visite.*

On an average, *en moyenne.*

c) devant un titre d'ouvrage littéraire ou d'extrait, ou un titre de version.

A Portrait of the Artist as a Young Man (James Joyce). *Portrait de l'artiste jeune homme.*

An Incident in London. *Incident à Londres.*

A Drama in Space. *Drame de l'espace.*

2. A, an se traduit par *le* ou *la*

a) dans les éléments d'un portrait physique :

She has a weak heart. *Elle a le cœur faible.*

She has a good ear. *Elle a l'oreille juste.*

b) dans des expressions consacrées comme :

To have a headache, a fever, *avoir la migraine, la fièvre.*

To have a right to..., *avoir le droit de...*

To have a genius for, a taste for, *avoir le génie, le goût de...*

To set an example, *donner l'exemple.*

To fight a war, *faire la guerre.*

He was caught in a fog. *Il a été pris dans le brouillard.*

The problem has to be dealt with on a world-wide scale. *Le problème doit être traité à l'échelle mondiale.*

c) au sens distributif.

Six pence a pound, *six pence la livre.*
60 miles an hour, *60 milles à l'heure.*
Once a year, *une fois l'an, une fois par an.*

3. A, an se traduit par *du, de la,* dans un grand nombre de locutions comme :

To have a temperature, *avoir de la température.*
To play the piano, *jouer du piano.*
To make a noise, a fire, *faire du bruit, du feu.*
Give me a light. *Donnez-moi du feu.*
It has given me an appetite. *Cela m'a donné de l'appétit.*
There was a fog over the town. *Il y avait du brouillard sur la ville.*

● **A, an** peut vouloir dire *un certain* (= **one**).

A Mr Smith is asking to see you. *Un certain M. Dupont demande à vous voir.*

● Locution à retenir :

They were killed to a man. *Ils furent tués tous jusqu'au dernier.*

ABOUT [7819]

ABOUT, pré-/ ou postposition.

Sens habituels; *au sujet de; autour de; environ, à peu près.* . . . . **74 %**

● Autres traductions courantes.

There was something about him that I did not like. *Il y avait quelque chose chez (ou en) lui qui ne me plaisait pas.*
I suddenly realised that I had no money about me. *Je me rendis compte tout d'un coup que je n'avais pas d'argent sur moi.*
The papers were scattered about the floor. *Les papiers étaient épars sur le plancher.*
He is always leaving his papers about. *Il laisse toujours traîner ses papiers.*
He goes about the country lecturing. *Il fait des tournées de conférences dans le pays.*
He goes about a great deal. *Il circule beaucoup.*
They set about their task with zeal. *Ils entreprirent leur tâche avec zèle,* voir **SET**, 2.

● L'idée couramment exprimée par **about,** pré-/ ou postposition de mouvement, est celle d'un mouvement désordonné, sans but précis, parfois sans utilité . . . . . . **5 %**

Children were running about. *Des enfants couraient en tous sens..*
There were many people standing about. *Il y avait beaucoup de badauds.*
One evening she began to talk of her experiences about the world. *Un soir elle se mit à parler des aventures qu'elle avait eues en parcourant le monde, en errant par le monde.*
voir **KNOCK,** 3 a et b.

● Autres emplois idiomatiques.

How did it come about that... ? *Comment cela s'est-il fait que... ?*
What about having a game of tennis ? *Que diriez-vous d'une partie de tennis ?*
The present century has produced no great statesman — What about (ou **how about) Sir Winston Churchill ?** *Notre siècle n'a pas produit de grand homme d'état — Et Sir W. C. ?*
He knows his way about (familier). *Il sait se débrouiller.*
Voir aussi **BRING** 2 a, **COME,** 2 a, **LIE,** 1, **HANG,** 3.

● **To be about to (= on the point of),** *être sur le point de* . . . . **3 %**

ABRUPT

ABRUPT, adjectif, faux-ami partiel.

Abrupt veut rarement dire *abrupt* (pente ou falaise). Le sens courant est *soudain, brusque, heurté, cassant.*

> **He seemed to bear her no grudge for her abrupt departure of the preceding evening.** *Il ne semblait pas lui garder rancune de son départ précipité de la veille au soir.*

ABRUPTLY, adverbe, a les sens correspondants.

> **He rose abruptly and rang the bell.** *Il se leva brusquement et sonna.*

ABUSE

ABUSE, nom et verbe, faux-ami partiel.

Abuse n'a jamais le sens français de *usage excessif;* il a rarement celui de *coutume mauvaise ou injuste.*

Abuse, words of abuse signifient *insultes, injures.*

> **He loaded me with abuse.** *Il m'a accablé d'injures.*

To ABUSE, rarement *abuser* ou *tromper,* plus souvent *médire, dénigrer, insulter, maltraiter.*

ABUSIVE language, *des paroles insultantes.*

ACCOMMODATE

To ACCOMMODATE, verbe, faux-ami.

Ce verbe se traduira rarement par son équivalent français. Le sens le plus courant est *loger, recevoir, contenir.*

> **The hotel can accommodate fifty guests.** *L'hôtel peut loger cinquante personnes, c'est un hôtel de cinquante lits.*
>
> **A harbour which can accommodate 25 tankers simultaneously,** *un port qui peut recevoir 25 pétroliers en même temps.*

ACCOMMODATION a le sens correspondant.

> **There is abundant accommodation for visitors.** *Il y a de grandes facilités de logement pour les voyageurs.*
>
> **« Accommodation for man and beast. »** *« On loge à pied et à cheval. »*

ACHIEVE

To ACHIEVE, verbe, faux-ami.

To achieve ne veut dire ni *achever un travail commencé,* ni *achever un blessé.*

Les sens sont *accomplir, réaliser, mener à bien.*

> **To achieve and preserve the peace of the world,** ne saurait se traduire, comme on l'a fait, par *achever* et *préserver la paix du monde,* ce qui est pur amphigouri.
>
> Il s'agit *d'établir* et *de sauvegarder la paix mondiale.*

ACHIEVEMENT, *réalisation, exploit, victoire.*

> **The achievements of modern science,** les réalisations de la science moderne.

ACROSS [1140]

ACROSS, pré-/ ou postposition.

Il y a deux façons de traduire **across** selon que le mot exprime un mouvement ou non.

1. Mouvement de traverser (en surface, alors que **through** correspond à une traversée de part en part). On traduit par *à travers*, ou on transpose par *traverser* (transposition n° 14).

They took a short cut across the fields. *Ils prirent un raccourci à travers champs.*

If there is no bridge, we'll have to swim across. *S'il n'y a pas de pont, il va falloir traverser à la nage.*

2. Situation de l'autre côté de, en face.

The bus stop is just across the road. *L'arrêt d'autobus est juste en face.*

Facing me across a table, he began to ask questions. *Assis en face de moi à une table, il se mit à me poser des questions.*

● **Across** peut s'employer à la place de **broad** pour mesurer la largeur.

The bed of the water-course was perhaps a hundred yards across. *Le lit du cours d'eau pouvait avoir environ quatre-vingt mètres de large.*

● **To come across,** voir **COME,** 2 b . . . . **9 %**

ACTUAL [380]

ACTUAL, adjectif, faux-ami.

Actual ne veut jamais dire *actuel*. Son sens est *véritable, effectif, réel*.

Ce sens est évident dans une expression comme **the actual life of the past,** *la véritable vie du passé*.

Le sens est non moins évident dans la phrase ci-dessous, où **actual** s'oppose à **ideal.**

There is a photograph of the premises actual, and an advertisement sketch of them ideal. *Il y a une photographie des locaux tels qu'ils sont réellement et un dessin publicitaire de ces mêmes locaux idéalisés, très embellis.*

In actual fact, *effectivement, en réalité.*

ACTUALLY [371], adverbe, a les sens correspondants, *en réalité, effectivement.* **75 %**

Actually, très courant en anglais, peut exprimer des nuances subtiles qui exigent des traductions différentes . . . . **25 %**

Actually, I don't know her. *En fait, je ne la connais pas.*

I was not only disappointed, but actually saddened. *Je fus non seulement déçu, mais véritablement attristé.*

There was actually a carpet in the class-room. *Il y avait bel et bien un tapis dans la salle de classe.*

I am actually going to France next week. *Mais oui, je pars pour la France la semaine prochaine.*

He actually told me to go home. *Figurez-vous qu'il a eu le toupet de me dire de rentrer chez moi.*

ACTUALITY, *réalité.*

In actuality, *en réalité.*

ADJUST

To ADJUST, verbe, mot trompeur.

★ On entend et on lit trop souvent **adjust** traduit par *ajuster*. C'est une grave impropriété.

Le rasoir X est qualifié d'*ajustable* : on veut dire qu'on peut le régler selon sa barbe. Pourquoi ne pas dire alors *réglable* ?

To adjust veut dire

1. *régler* (terme habituel de mécanique), *adapter*.
   They adjust their wireless to the right wave-length. *Ils règlent leur radio sur la longueur d'onde convenable.*
   The eye requires to adjust itself to the miniature scale of the landscape. *L'œil a besoin de s'adapter à l'échelle réduite du paysage.*

2. *arranger* (une querelle), *régler* (un différent).

ADJUSTABLE, adjectif, *réglable*.
Adjustable back rests, *dossiers réglables* (dans une voiture).

ADVERTISE [174]

To ADVERTISE, verbe, faux-ami.

Le seul sens du mot est *faire de la publicité, mettre une annonce.*
It pays to advertise. *La publicité paie.*

ADVERTISING, *la publicité.*

An ADVERTISEMENT, *une affiche, une annonce, une réclame,* souvent abrégé en **AD.**

ADVICE [279]

ADVICE, nom, faux-ami partiel.

Advice n'a que rarement le sens d'*avis, nouvelle* .... **12 %**

Son sens courant est *conseils,* (pluriel indénombrable). .... **85 %**
To act on someone's advice, *suivre les conseils de quelqu'un.*
To take medical advice, *consulter un médecin.*
We gave advice to people about to marry. *Nous donnions des conseils* (ou *des instructions) aux gens qui allaient se marier.*
He had given rich collectors who wanted to buy pictures the benefit of his advice. *Il avait fait profiter de ses conseils de riches collectionneurs désireux d'acheter des tableaux.*

Le mot étant indénombrable, le singulier est indiqué par l'adjonction de **a piece of,** voir **PIECE.**

To ADVISE, *conseiller.*

AFRAID [232]

AFRAID, adjectif, mot trompeur.

1. **To be afraid,** *être effrayé, avoir peur,* pour mémoire. .... **69 %**

2. C'est le deuxième sens du mot, très courant dans l'anglais parlé et familier, qui risque de tromper le traducteur .... **31 %**

Il est difficile d'en donner un équivalent exact. Disons que l'Anglais l'emploie pour s'excuser. S'il demande un ami au téléphone et qu'on lui réponde, **I'm afraid he is out** ou **he is in his bath,** cela veut dire, *Je regrette, mais il est sorti* ou *en train de prendre son bain.* Une traduction littérale serait stupide, et pourtant il n'est pas rare de la rencontrer dans des « traductions » imprimées.
I'm afraid I missed my train, dira un invité en retard. *Veuillez m'excuser, j'ai raté mon train.*

- L'anglais emploie aussi **I'm afraid** pour adoucir une opinion, la justifier.

  I think this book is very bad, dira quelqu'un. Si son interlocuteur répond, **I'm afraid I rather liked it,** il faut comprendre, *Je dois avouer qu'au contraire je l'ai trouvé bien.*

- **I'm afraid** s'emploie souvent comme **« *understatement* ».**

  I'm afraid I don't understand, ne veut pas dire, *Je crains de ne pas comprendre,* mais c'est une façon polie de dire que ce qu'on vient d'entendre est inintelligible, ou même absurde.

AGAIN [3283]

AGAIN, adverbe.
Il exprime

1. la répétition. . . . . **72 %**

2. le retour en arrière. . . . . **16 %**

Dans la majorité des cas le préfixe *-re* exprime ces deux idées.

It's no use doing it again. *Il est inutile de recommencer.*
[Dans ce sens, **again** est parfois précédé de **over,** voir **OVER,** 8.]
I groped my way down again. *Je redescendis à tâtons.*

3. Il existe un troisième sens, peu connu du traducteur novice, pourtant assez courant . . . . **9 %**

C'est celui qui sert à ajouter à d'autres un argument supplémentaire.

... **and, again, it is not strictly speaking legal.** ... *et d'ailleurs,* (ou *de plus, en outre*), *ce n'est rigoureusement pas légal.* Traduire **again** par *et je le répète* serait un gros faux sens.

AGAINST [1925]

AGAINST, préposition.

1. **Against** traduit tous les sens de *contre.*

2. Deux emplois seulement diffèrent du français.

a) *sur* (un fond, un arrière-plan).

The frieze stood out black against the sky. *La frise se détachait en noir sur le ciel.*

b) *en prévision de.*

They laid in a good stock of fuel, against the possibility of a hard winter. *Ils firent une bonne provision de combustible en prévision d'un dur hiver.*

Ce sens est maintenant désuet, mais on peut le rencontrer dans un texte littéraire.

All three powers merely continue to produce atomic bombs and store them up against the decisive opportunity which they all believe will come sooner or later (George Orwell, 1984). *Les trois puissances continuent tout bonnement à produire des bombes atomiques et à les accumuler en prévision de* (et non pas *pour se protéger de*) *cette occasion décisive qui viendra, croient-elles, tôt ou tard.*

AGENDA

AGENDA, nom, faux-ami.

Un agenda, faut-il le rappeler ? est un de ces registres ou carnets prédatés, sur lesquels on inscrit ce que l'on doit faire au jour le jour.

Que peut donc bien vouloir dire le journaliste qui écrit froidement « La question a été retirée de l'agenda de la rencontre américano-japonaise » ? C'est qu'en « traduisant » une dépêche américaine, il semble ignorer ce qu'est un agenda dans sa langue maternelle et que, quand on prépare une réunion, on met au point son *ordre du jour*. Inquiétante paresse d'esprit !

AGONY

AGONY, nom, faux-ami.

Le mot anglais ne s'est pas limité au sens français, lutte qui précède la mort.

Agony veut dire *angoisse morale; grande souffrance physique, paroxysme de la douleur* et, par abus, *du plaisir*.

And never a saint took pity on my soul in agony. *Et pas un saint ne prit pitié de mon âme angoissée.*

She was in an agony of joy. *Elle fut prise d'une joie délirante.*

To AGONIZE, *mettre au supplice, torturer.*

An agonizing reappraisal, *une révision déchirante* (d'une politique, etc.)

ALIGHT, voir LIGHT III

ALL [13824]

ALL, adjectif, pronom et adverbe.

● Le sens courant de **all** a plus ou moins disparu dans les locutions suivantes :

— **Not at all,** *pas du tout,* bien sûr.

Mais comment traduire **at all** qui n'a pas d'équivalent français ?

Does he work at all ? *Est-ce qu'il travaille seulement ?*

Did you speak at all ? *Avez-vous dit quoi que ce soit ?*

It is impossible to study nature at all closely without becoming convinced of... *Il est impossible d'étudier la nature avec tant soit peu de minutie sans se convaincre de...*

— **If at all.**

I don't think he works much — if at all. *Je ne pense pas qu'il travaille beaucoup, si tant est qu'il travaille.*

— **All the** + comparatif, *d'autant plus,* voir **THE,** 3.

I love him all the better for his faults. *Ses défauts me le rendent d'autant plus cher.*

— **All but** (= **nearly**), *presque.*

I am all but certain that... *Je suis à peu près certain que...*

On pourra utiliser la transposition n° 1.

He was all but swept into the street by the force of the jet. *Il faillit être emporté dans la rue par la force du jet.*

★ Bien distinguer la locution **all but** de **all... but,** séparés, *tous... sauf.*

❙ **We found all the books but three.** *Nous avons retrouvé tous les livres sauf trois.*

— **All over,** *terminé.*

You are too late, it's all over. *Vous arrivez trop tard, tout est fini.*

★ Bien distinguer de la préposition **all over.**

❙ **He has travelled all over the world.** *Il a voyagé dans le monde entier.*

— **All along,** adverbe, *tout le temps, dès le début.*

I said so all along. *C'est ce que j'ai toujours dit.*

★ Bien distinguer de la préposition **all along,** *tout le long de.*

There used to be trees all along the road. *Il y avait jadis des arbres tout le long de la route.*

— **All too,** voir **TOO,** 2.
— **All at once,** voir **ONCE.**
— **Of all...,** voir **OF,** 2.

★ Autres confusions à éviter :

a) **all together,** *tous ensemble* et ***ALTOGETHER,*** *complètement,* voir ce mot.
b) **all ready,** *tout prêt* et ***ALREADY,*** *déjà,* voir ce mot.
The meal is all ready on the table. *Le repas est tout préparé sur la table.*
The meal is already on the table. *Le repas est déjà sur la table.*

ALONG [1430]

ALONG, pré-/ ou postposition.

1. **Along,** *le long (de),* avec ou sans mouvement. **22 %**

There is a railway track along the road. *Il y a une voie ferrée le long de (ou qui suit) la route.*

2. **Along** exprime plus souvent un déplacement sur une surface plate. . . . . **63 %**

He was running along the road, ne veut pas dire, *il courait le long de la route* (c'est-à-dire sur les bas côtés), mais *sur la route.*

I followed him padding along a thick carpet. *Je le suivis, à pas feutrés, sur un épais tapis.*

3. Familièrement, **along** s'emploie après des verbes comme **to go, to come, to move,** pour suggérer un mouvement continu. Ne pas chercher à traduire **along** dans ce cas-là.

Come along and see us. *Venez donc nous voir.*

You'll bring the parcel along to my house. *Vous apporterez le paquet jusque chez moi.*

He crept along among the hazel-bushes. *Il se glissait au milieu des coudriers.*

4. **Along with.** Trois emplois. . . . . ***11,8 %***

a) **Come along with me.** *Venez avec moi* (sens 3 ci-dessus). . . . . ***(2 %)***

b) **Along with,** préposition composée, *en même temps que, en compagnie de* . . . . ***(7,8 %)***

The children arrived, along with their teacher. *Les enfants arrivèrent, accompagnés de leur maître.*

Along with each outfit there is a book of instructions. *A chaque appareil est jointe une notice.*

c) Sens familiers. . . . . ***(2 %)***

Go along, get along with you ! *Allez, fichez le camp !*

Autre sens de **get along with you !** *Allons donc, à d'autres, je n'en crois rien !*

5. Emplois divers.

— **All along,** sens adverbial, voir **ALL.** . . . . ***1,5 %***
— **To get along,** voir **GET,** 4 a.

ALREADY [1082]

ALREADY, adverbe, *déjà.*

★ Ne pas confondre avec **all ready.**

Are you all ready ? *Etes-vous tous prêts ?*
Are you already ready ? *Etes-vous déjà prêts ?*

ALTHOUGH

ALTHOUGH, conjonction.

C'est une variante de **THOUGH** (voir ce mot), mais elle ne correspond qu'au sens 1.

ALTOGETHER [239]

ALTOGETHER, adverbe.

★ Ne pas confondre avec **all together,** tous ensemble.

Le mot a deux sens.

a) synonymes, **completely, wholly, entirely.**
You are altogether wrong. *Vous vous trompez complètement.*
She was a different person altogether. *Elle était une toute autre personne.*

b) synonyme, **on the whole.**
Taking things altogether, *à tout prendre, somme toute.*

AND [106064]

AND, conjonction.

Deux points sont intéressants pour la traduction.

1. L'emploi de **and** après les verbes de mouvement et souvent après **TRY,** voir ce mot.

Come and sit down. *Venez vous asseoir.*
We went and bought our ticket. *Nous sommes allés prendre notre billet.* Voir **GO,** 3 c.
Try and mend this. *Essayez d'arranger cela.*

2. La traduction de **and** suivi d'une négation **(no** ou **not).** Le mot à mot serait souvent maladroit. Employez *sans.*

Can a man disappear from his house and no question be asked ? *Un homme peut-il disparaître de chez lui sans que l'on s'en inquiète ?*
You cannot go into the least sky-scraper on Broadway and not be impressed. *On ne peut pénétrer dans le plus petit gratte-ciel de Broadway sans être impressionné.*

● D'autre part il peut être intéressant de traduire **and** par *pour.*

They wondered why we ourselves did not give up journalism and start rabbit-farming. *Ils se demandèrent pourquoi nous n'abandonnions pas nous-mêmes le journalisme pour nous lancer dans l'élevage du lapin.*

ANNOY [55]

To ANNOY, mot dangereux, car il n'est pas la contrepartie exacte du verbe *ennuyer.*

On doit se rappeler que, si *ennuyer* est couramment employé comme synonyme de lasser, causer de l'ennui, son sens premier est *contrarier, tourmenter.*

1. C'est ce sens que le verbe anglais a gardé . . . . **70 %**

How annoying ! *Comme c'est contrariant !*
I am annoyed at his squandering his money foolishly. *Je me tourmente de le voir gaspiller son argent stupidement.*

2. Autres sens, *incommoder, importuner* . . . . **20 %**

That noise is annoying. *Ce bruit est agaçant, irritant.*

ANNOYANCE, nom.

Ce mot a les sens correspondants à ceux du verbe.

He exhibited a gentle annoyance. *Il témoigna une légère contrariété.*

● La transposition par le verbe permettra souvent une meilleure traduction.

The fair took with it all the copper coins of the district, to the annoyance of local tradesmen. *La foire emportait toute la menue monnaie de la région, ce qui gênait beaucoup les commerçants locaux.*

ANOTHER [2233]

ANOTHER (ONE), adjectif et pronom.

Ce mot a les deux sens de :

a) *un autre, un différent* . . . . **28 %**

b) *un autre, un de plus, encore un* . . . . **57 %**

● Il ne faut pas être surpris de rencontrer **another** suivi d'un nom au pluriel. C'est que celui-ci exprime une unité indissociable.

I need another £ 10. *Il me faut encore dix livres.*

He knew he could do nothing unless the Provisional Government remained in power for another three months. *Il savait qu'il ne pouvait rien faire si le gouvernement provisoire ne restait pas au pouvoir trois mois de plus.*

On trouvera le même emploi avec les adjectifs **mere** et **further.**

A mere ten minutes, *rien que dix minutes.*

A further three miles, *trois milles de plus.*

★ Ne pas confondre **another one** avec **one another,** pronom réciproque, voir **ONE**, 5.

ANXIOUS [203]

ANXIOUS, adjectif, faux-ami partiel.

Le mot a deux sens d'importance égale dont le premier seul correspond au français.

1. *Anxieux, inquiet,* pour mémoire . . . . **48 %**

2. **To be anxious** + verbe, *être très désireux de, tenir beaucoup à* . . . . . . **52 %**
Christopher Isherwood décrivant un combattant chargé d'une mission dangereuse écrit : **He wasn't anxious to start,** ce qui ne veut pas dire : *il n'était pas inquiet* (à l'idée) *de partir,* mais au contraire, *il n'était pas pressé* (ou *impatient*) *de partir.*

ANXIETY, nom, a les deux sens correspondants.

1. *Anxiété, inquiétude.*

2. *Désir, impatience.*

ANY [5238]

ANY, adjectif, pronom ou verbe.

Il est essentiel de ne pas confondre les deux emplois principaux de **any.** Ceci est facile car ces deux emplois sont bien différenciés.

1. **Any** dans une phrase interrogative, dubitative ou conditionnelle . . . . **58 %**
Il se traduit comme **some.**

Dans une phrase négative, ou contenant un mot à sens négatif, **not... any,** complément, jamais sujet, est l'équivalent de **no** ou **none**.

Have you got any cigarettes ? *Avez-vous des cigarettes ?*

If you have any objections, tell us. *Si vous avez des objections à faire, dites-le.*

I haven't got any books to read. *Je n'ai pas de livres à lire.*

He has hardly any friends. *Il n'a guère d'amis.*

● Remarquer l'emploi elliptique de **if any.**

There are very few snakes, if any, in Ireland. *Il y a très peu de serpents en Irlande, en admettant (ou si tant est) qu'il y en ait.*

2. Any, dans une phrase affirmative . . . . **35 %**

Traduire par *n'importe (le)quel, tout,* ou bien d'autres locution équivalentes.

The mongoose can scratch himself anywhere he pleases, with any leg. *La mangouste est capable de se gratter partout où elle veut, avec n'importe quelle patte.*

He'll be here any minute. *Il sera là d'une minute à l'autre.*

★ On peut être surpris de rencontrer **any** après **not** en tête de phrase. Comme il a été précisé que **not any** ne pouvait s'employer que comme complément au sens **1,** il faut donc rattacher cet emploi au sens **2**.

Not any fool can paint a picture, ne veut pas dire, *aucun imbécile ne sait peindre une toile,* mais, *le premier imbécile venu n'est pas capable de peindre une toile,* c'est-à-dire *on ne s'improvise pas peintre.*

● Remarquer l'emploi familier de **any number.**

Spend an hour on the road and you will see that there are any number of shockingly bad drivers about. *Il suffit de rouler une heure sur une route pour voir qu'il y a bon nombre (ou quantité) d'automobilistes qui conduisent affreusement mal.*

● **Any** se trouve dans quelques locutions adverbiales.

At any rate, *dans tous les cas, quoi qu'il en soit.*

In any case, *en tout cas, de toute façon.*

3. Any, adverbe, se trouve devant un comparatif . . . . **2 %**

Il ne se traduit pas dans une question, mais renforce une négation.

Is the sick man any better ? *Le malade va-t-il mieux ?*

Life is not any cheaper. *La vie n'a absolument pas diminué.*

He is not any the happier for it. *Il n'en est pas plus heureux pour cela.*

● Autre emploi adverbial.

It isn't any good (= of any use). *Ça ne sert à rien.* Voir **GOOD,** 2.

ANYBODY [204]; **ANYTHING** [843]; **ANYWHERE** [111] ont les deux emplois de **any,** 1 et 2.

● Remarquer leur emploi après **hardly** et la transposition française :

Hardly anybody, *presque personne.*

Hardly anything, *presque rien.*

Hardly anywhere, *presque nulle part.*

★ **Not anybody** en tête de phrase a le même sens que **not any,** 2.

Not anybody can play tennis. *N'importe qui (ou le premier venu) n'est pas capable de jouer au tennis,* et non pas, *personne ne sait jouer au tennis,* **(Nobody can play tennis).**

● Remarquer ces emplois idiomatiques de **anything.**

If anything, he is even more miserly than his father. *Peut-être est-il encore plus avare que son père.*

He was anything but shy. *Il n'était en rien timide, il n'avait rien de timide.*

ANYHOW [70], **ANYWAY** [111], *n'importe comment, de toute façon,* correspondent seulement au sens 2 de **any**.

APOLOGY [67]

APOLOGY, nom, faux-ami partiel.

1. Sens français, *apologie, justification* .... **27 %**
2. Sens courant, *excuse(s)* .... **70 %**

Please accept my humblest apologies. *Veuillez accepter mes excuses les plus humbles.*

3. Sens rare, *substitut, succédané* .... **3 %**

To APOLOGIZE [20], *s'excuser, regretter.*

He apologized for arriving so late. *Il s'excusa d'arriver tellement en retard.*

APPLICATION [257]

APPLICATION, nom, faux-ami partiel.

1. Il peut correspondre au français dans la majorité des cas .... **62 %**
2. Mais il a aussi le sens trompeur de *demande, démarche, requête* ...... **23 %**

My application has been turned down. *Ma demande a été refusée.*

To APPLY, verbe.

To apply to a person, *s'adresser à quelqu'un.*
To apply for a job, *postuler une place.*

APPLICANT.

She had been chosen out of a large number of applicants. *Elle avait été choisie parmi un grand nombre de candidates, de postulantes.*

APPOINT [480]

To APPOINT, verbe, faux-ami.

To appoint c'est *nommer, désigner* (à un poste, à une fonction) .... **85 %**
— *fixer, désigner* (une heure, un lieu) .... **11 %**

Lorsqu'on lit dans un article de revue traitant d'un procès en Amérique qu'un avocat a été appointé (sic) par la Cour pour défendre un accusé, on voit tout de suite que l'article a été (mal) traduit de l'anglais, puisque le mot *appointé* veut dire en français *payé par, qui reçoit un salaire de.* Il faut donc lire évidemment *désigné, commis.*

APOINTMENT [186], nom, a les deux sens correspondants à ceux du verbe : *nomination, affectation; rendez-vous,* et non pas *appointement* (salaire).

APT

APT, adjectif, faux-ami.

Apt ne veut jamais dire *apte, capable.*

1. Apt peut s'employer absolument.

Apt remarks, *des remarques justes, appropriées.*
One of my aptest pupils, *un de mes meilleurs élèves.*

2. Apt to peut s'appliquer :

a) à une personne. Le sens est *enclin, porté à* (synonyme **liable to).**

The man is apt to lose his temper. *L'homme est sujet à se mettre en colère. L'homme se met facilement en colère* (transposition n° 9).

He was apt to be a little secretive about that hobby of his. *Il était porté à ne pas beaucoup parler de sa marotte. Il avait tendance...* (transposition n° 8a).

b) à une chose. Le sens est *sujet à, susceptible de,* (synonyme **LIKELY to,** voir ce mot).

I must be forgiven these memories of the past; at a funeral they are apt to come unbidden. *Il faut qu'on me pardonne ces souvenirs du passé; à un enterrement ils ont tendance à surgir à l'improviste.*

Competition (at the University) is inevitable, and though it can be stimulating for the clever, its effect on the dull is apt to make them duller still. *La concurrence est inévitable à l'université, et si elle peut offrir un stimulant aux étudiants intelligents, son effet sur les sujets peu brillants est susceptible de les rendre encore moins brillants.*

3. Apt at + nom ou gérondif, *doué pour.*

He is apt at languages, at learning languages. *Il est doué pour les langues, pour l'étude des langues.*

ARGUMENT [373]

ARGUMENT, nom, faux-ami partiel.

1. Sens équivalent à celui du mot français, pour mémoire .... ***40 %***

2. Sens plus courant, *argument, débat, discussion, dispute* .... **58 %**

On of the things he remembered best was an argument on Sunday morning about women's rights. *Un de ses plus vivaces souvenirs concernait la discussion qu'ils avaient eue un dimanche matin sur les droits de la femme.*

A disgraceful argument broke out. *Une honteuse dispute éclata.*

Let's not get into an argument. *Ne nous fâchons pas.*

Le sens peut aller jusqu'à celui de position adoptée après débat, donc *thèse.*

He had been for years collecting all kinds of information bearing on his argument. *Il y avait des années qu'il rassemblait toutes sortes de renseignements à l'appui de sa thèse.*

To ARGUE [223].

Sens courant, *raisonner, discuter, se disputer,* correspondant au sens 2.

Don't argue; do as you are told. *Pas de discussion, fais ce qu'on te dit.*

ARM [2025]

ARM, mot double.

★ **Arm(s),** venant de deux racines distinctes, peut être objet de confusion.

1. Tout élève débutant apprend le mot **arm,** *le bras* (radical saxon), au sens propre ou au figuré, comme en français .... **54 %**

2. Le hasard seul lui fait rencontrer ensuite le mot **arms** au sens de **weapons,** *les armes* .... **28 %**

C'est donc, malgré sa consonance française, un mot mal assimilé.

A Farewell to Arms (Hemingway). *L'adieu aux armes.*

To be up in arms against, *être en rébellion ouverte contre...*

AS [23.646]

AS, conjonction et adverbe.

1. As, conjonction.

★ On se gardera d'associer trop mécaniquement **as** à *comme,* et on pensera aux nombreuses variantes de ce sens et même aux autres sens possibles. L'étude des structures de la phrase sera à cet égard essentielle.

a) **As,** conjonction de temps . . . . **7 %**

As a un sens très étendu, puisqu'il peut exprimer aussi bien une simple simultanéité qu'un rapport de durée ou même une progression. Donc, selon le contexte, les traductions seront *quand, au moment où, pendant que, (au fur et) à mesure que.*

I've always been a man of the world; there's no reason why I should forget my manners as I'm leaving it. *J'ai toujours été un homme du monde; il n'y a aucune raison pour que j'oublie mes bonnes manières au moment où je le quitte.*

They were murdered as they lay asleep. *Ils furent assassinés pendant qu'ils dormaient.*

As science progresses, the gap widens between the man of science and the ordinary citizen. *Au fur et à mesure que la science progresse le fossé se creuse entre l'homme de science et le commun des mortels.*

● Quand **as** exprime une simultanéité entre deux actions faites par le même sujet, on traduit par *(tout) en.*

He intended to read the letter again as he walked (= while walking). *Il avait l'intention de relire la lettre tout en marchant.*

● Après **as, to be** peut être sous-entendu. Voir Omissions, 1, 6, page 278. Le français peut être encore plus concis.

As a child, she was rather delicate. *Enfant, elle était plutôt délicate.*

b) **As,** *en tant que, en qualité de, en guise de* . . . . **32 %**

I do not think much of him as a musician. *Je n'ai pas une haute idée de lui en tant que musicien.*

He trailed the blade of the paddle as a rudder. *Il laissait traîner la pale de sa pagaie en guise de gouvernail.*

We are, as a nation, in the truly extraordinary condition of not knowing our own merits. *Nous sommes, en tant que nation* (et non *comme une nation !*), *dans cette situation vraiment extraordinaire où nous ignorons nos propres mérites.*

● Comme au sens précédent **to be** peut être sous-entendu après **as**.

You would be much happier, much freer, as a widow, écrit un mari à sa femme. Sans tomber dans le contresens total (.. *beaucoup plus libre qu'une veuve),* le traducteur ici fera bien d'éviter les maladresses du mot à mot et pour une fois pourra être encore plus concis que l'anglais. *Veuve, tu serais bien plus heureuse, bien plus libre.*

● Autre traduction possible : par *de* ou *en,* lorsque **as** introduit un nom de métier ou équivalent.

His talent as a painter, *son talent de peintre.*

A job as a railway porter, *une place de porteur à la gare.*

He was painted as a beggar. *On fit son portrait en mendiant.*

c) **As** peut avoir un sens restrictif. En ce cas il se trouve toujours en deuxième position.

★ L'ignorance de cet emploi est à l'origine de bien des contresens.

On le trouve après un adjectif, un participe ou un adverbe : *si... que, quelque... que, tout... que.* Equivalents : **THOUGH,** 2, **HOWEVER,** 3.

Tired as he was, he dared not fall asleep again. *Si* (ou *tout) fatigué qu'il fût, il n'osa pas se rendormir.*

Much as I admire him, I cannot excuse his faults. *Si grande que soit mon admiration pour lui, je ne puis excuser ses défauts.*

★ Attention à ne pas confondre ce sens avec celui de **as... as** (n° 2 a).

I love him as much as I admire him. *Je l'aime autant que je l'admire.*

● Plus rarement, **as** peut avoir ce sens restrictif après un verbe, exprimant un effort. Le meilleur équivalent français est la locution *avoir beau*.

Search as I might I found nothing. *J'eus beau chercher je ne trouvai rien.*

Try as he may (as he would), *j'ai (j'avais) beau essayer...*

Do as I would, *j'avais beau faire..., malgré tous mes efforts.*

The chair was fastened to the floor : tug as he would he could not move it. *La chaise était fixée au plancher. Il eut beau tirer, il ne put la déplacer.* Voir aussi **MAY,** 4 d.

2. As, adverbe de comparaison.

a) **As** + adjectif ou adverbe + **as,** *aussi... que*, forme le comparatif d'égalité. **17 %**

● Dans deux cas particuliers, le français offre deux autres possibilités de traduction :

— l'emploi de *comme* dans une foule de locutions de genre proverbial, par exemple,

As easy as ABC, *facile comme bonjour.*

As warm as a toast, *chaud comme une caille.*

Drunk as a lord, *saoûl comme un Polonais.*

Dumb as a fish, *muet comme une carpe.*

— le comparatif de supériorité, au lieu du comparatif d'égalité, après les locutions multiplicatives (formées avec **times).**

It's three times as heavy as before. *C'est trois fois plus lourd qu'avant.*

b) **As** s'emploie après un comparatif de supériorité avec **the** au sens de *(d'autant plus...) que*. Voir **THE,** 3.

The house appeared the drearier as we got nearer to it. *La maison nous parut d'autant plus lugubre que nous nous en rapprochions davantage.*

3. As se rencontre dans un grand nombre de locutions adverbiales ou conjonctives dont la compréhension et la traduction présentent souvent des difficultés.

— **As if,** *comme si.*

As if est souvent employé après un verbe de perception (Voir **FEEL,** 3, **LOOK,** 2). Une traduction calquée sur l'anglais est à rejeter.

She felt as if her heart was bursting. *Elle avait l'impression que son cœur allait éclater.*

A fellow who looked as if he travelled on wines and spirits. *un type qui avait l'air d'être voyageur en vins et spiritueux.*

— **As if** + un verbe sous-entendu.

Some trees were blasted and split as if by lightning. *Certains arbres étaient brûlés et fendus comme par la foudre.*

— **As if to,** *comme pour.*

He rose as if to hide his embarrassment. *Il se leva comme pour cacher son embarras.*

— **As though = as if.** Voir **THOUGH,** 4 a.

— **As to, as regards,** *en ce qui concerne.*

— **As to** (après **such**), voir **SUCH,** 1 c. . . . . **5 %**

— **As to** (après **so**), voir **SO,** 1. . . . . **3 %**

— **As for, as to,** *quant à*, et non pas *comme pour !* . . . . **2 %**

As for your reputation, I don't care a fig about it. *Quant à votre réputation, c'est le cadet de mes soucis.*

— **As to whether,** mot à mot, *quant à (la question de) savoir si.*

The progress of research is raising ever more insistent questions as to whether this distinction is as clear as had been thought. *Les progrès de la recherche soulèvent des questions toujours plus pressantes sur le point de savoir si cette distinction est aussi claire qu'on l'avait pensé,* ou moins lourdement... *plus pressantes : cette distinction est-elle... ?*

— **As yet (= so far),**

We have received only two applications for the post as yet. *Jusqu'à présent nous n'avons reçu que deux demandes pour le poste.*

— **As long as,**

a) *aussi longtemps que;*

b) *pourvu que;*

Voir **LONG,** 2.

— **As good as (= nearly),** voir **GOOD,** 1.

— **As far as,** voir **FAR,** 3.

— **As many as,** voir **MANY,** 4.

— **As often as not,** voir **OFTEN.**

— **As usual,** *comme d'habitude.* .... } 10 %

— **As a rule,** *en règle générale.* .... }

— **As it were,** *pour ainsi dire,* voir **WERE.**

— **As well, as well as,** voir **WELL,** 2. .... 4 %

ASSIST

To ASSIST, mot piège.

Le verbe **to assist** veut dire *aider, prêter assistance,* mais ne veut que très rarement dire *assister à, être présent à.* Le traducteur se laissera guider par le contexte, comme dans la phrase suivante.

Count D. shoots, assists at olive-pickings, and christens children. *Le comte D. va à la chasse, prend part* (et non pas assiste en spectateur) *à la cueillette des olives et baptise les enfants.*

ASSUME

To ASSUME, verbe, mot trompeur.

Le rapprochement **assume** ⟷ *assumer* n'est valable que dans une minorité des cas. Les sens principaux sont :

1. *Prendre* (un air, une forme, le pouvoir), *s'arroger* (un droit).

An assumed name, *un nom d'emprunt.*

2. *Simuler, affecter.*

To assume a virtue, *se parer d'une vertu, feindre une vertu.*

With a calm that was partly assumed..., *avec un calme en partie affecté...*

3. (le plus souvent) *admettre, supposer, prendre comme hypothèse.*

He assumes everything and proves nothing. *Il suppose tout* (ou *il tient tout pour établi*) *mais il ne prouve rien.*

Both statements assume that readers can be made to believe anything. *Les deux affirmations supposent qu'on peut faire croire n'importe quoi aux lecteurs.*

ASSUMPTION, nom, a, outre le sens religieux, les sens correspondant au verbe.

a) *arrogance, présomption.*

b) *supposition, postulat.*

This has led to a broad assumption that the United States has ten times as much technological experience as the United Kingdom. *De ceci on a tiré la conclusion sommaire que les Etats-Unis ont dix fois plus d'expérience technologique que le Royaume-Uni.*

AT [20261]

AT, préposition.

1. **At** exprime en général un lieu ou un moment précis, pour mémoire.

2. **At** a deux emplois idiomatiques dont l'ignorance est à l'origine d'erreurs de sens assez fréquentes.

a) **At** peut exprimer une activité malveillante, une hostilité, nuances qu'il faut rendre si le verbe n'est pas assez précis. . . . . **2 %**

To aim, shoot, laugh at somebody, *viser quelqu'un, tirer sur, se moquer de quelqu'un.*

To throw at, voir **THROW,** 1.

He threw opinions at Trafford as a mob might hurl bricks at windows. *Il lançait des opinions à la tête de T. avec la vigueur d'une foule qui casse des vitres à coups de briques.*

Montmorency's ambition in life is to get in the way and be sworn at. *L'ambition de M.* (c'est un chien) *dans la vie est de se fourrer dans vos jambes et se faire injurier.*

● Comparer :

— **To preach to the converted,** *prêcher des convertis.*

Don't preach at me. *Ne me faites pas la morale.*

— **To kick the door,** *donner un coup de pied dans la porte* (pour l'ouvrir).

To kick at the door, *lancer des coups de pied furieux dans la porte.*

b) **At** peut exprimer un effort pour voir ou atteindre. . . . . **3 %**

To look at, et tous les verbes correspondant au verbe *regarder.*

To drive at, voir **DRIVE,** 2.

★ Attention !. Les verbes exprimant l'idée d'attraper, **to catch, to seize, to grab,** etc. ont un sens différent selon qu'ils sont suivis ou non de **at.**

Construits avec un complément direct ces verbes expriment un mouvement achevé, réussi. Suivis de **at** ils expriment seulement un geste qui peut rester inachevé.

Comparer :

He grabbed the knife. *Il saisit le couteau.*

He grabbed at the knife. *Il avança la main pour saisir le couteau.*

Décrivant les gestes d'un homme tombé dans une rivière, Evelyn Waugh écrit, **He caught at the rocks but they afforded no hold for his hands.** *Il essaya de se retenir aux rochers mais ceux-ci n'offrirent aucune prise à ses mains.*

● Cette distinction n'est pas d'ailleurs absolue. **At** peut simplement renforcer la soudaineté du mouvement, au propre ou au figuré.

The man grabbed wildly at his stick and hat. *L'homme, fou de terreur, empoigna sa canne et son chapeau.*

We snatch at any answer that comes. *On saisit toutes les réponses qui se présentent.*

3. Emplois divers.

a) **To be at.**

— **I must go and see what those children are at.** *Il faut que j'aille voir ce que font ces enfants.*

— **He is in his seventies and still at it.** *Il a dépassé 70 ans et est toujours en pleine activité, sur la brèche.*

b) Emplois adverbiaux.

At all, at first, at last, at least, at most, at once, at that. Voir **ALL,** etc.

c) Emploi dans des locutions consacrées : **at a BLOW, at a LOSS,** voir ces mots.

d) Emploi après certains verbes; **to GET at, to WONDER at,** voir ces verbes.

ATTEND [301]

To ATTEND, verbe, faux-ami.

To attend ne veut jamais dire attendre. Les sens du mot sont fonction des trois structures suivantes.

1. **To attend,** transitif direct, complément de chose. . . . . ***45 %***

To attend a meeting, a concert, *assister à une réunion, à un concert.*
To attend school, *fréquenter l'école.*

2. **To attend** + complément de personne. . . . . ***31 %***

To attend the injured, *donner des soins aux blessés.*
To attend someone, on ou **upon someone,** *servir, escorter quelqu'un.*
A lot of officers attended (upon) the prince. *Un grand nombre d'officiers escortaient* (et non *attendaient*) *le prince.*
He came in unattended. *Il entra seul, sans aucune escorte* (et non *sans être attendu, à l'improviste,* sic).

3. **To attend to,** *faire attention à, s'occuper de, soigner* (une blessure). . . . . . . ***16 %***

The shop was so full of people that it was a long time before she could get herself attended to. *La boutique était tellement pleine de monde qu'elle dut attendre longtemps pour se faire servir.*

ATTENDANT, *serviteur, accompagnateur, assistant,* sens 2.

ATTENDANCE correspond au sens 1 *(assistance, fréquentation)* et au sens 2 *(assistance, soin).*

ATTENTION [679] correspond au sens 3.

AWAY [3100]

1. idée de séparation	**3.** idée de disparition
2. idée d'éloignement	**4.** autres sens.

AWAY, adverbe et postposition.

Trois sens principaux.

1. Idée de distance, de séparation (sans mouvement), en général après **to be** ou **to keep.** Traduction directe . . . . ***13 %***

The manager is away. *Le directeur est absent.*
He is away on a journey. *Il est parti en voyage.*
It must be 60 miles away. *Ce doit être à 60 milles.*
Keep away from the edge. *Tenez-vous éloigné du bord.*

2. Idée d'éloignement. . . . . ***41 %***

The ball rolled away. *La balle roula au loin.*

Mais **away** sera rarement traduit directement.

a) Souvent le préfixe *-en* suffira à exprimer cette idée.
To go away, *s'en aller.*
To run away, *s'enfuir.*
To take a thing away, *emporter quelque chose.*
To take a person away, *emmener quelqu'un.*

b) Dans d'autres cas la précision exige la traduction de **away** par un verbe (transposition n° 14).
He looked away. *Il détourna les yeux.*

The wind blew away the fog. *Le vent chassa la brume.* (**Blew** superflu n'est pas traduit).

He was ordered away. *On lui ordonna de partir.* (**To go** est omis).

3. Idée de disparition. . . . . **19 %**

Out exprime la même idée (voir **OUT,** 2), mais **away** est plus graduel que **out.** La nuance est difficile, sinon impossible à rendre.

La transposition n° 14 sera souvent utilisée.

To rub away		*en frottant.*
To wash away	*enlever*	*en lavant.*
To brush away		*en brossant.*

Mais des traductions plus variées sont possibles.

The sound died away. *Le bruit s'éteignit.*

Clear away the meal. *Enlevez le couvert, desservez la table.* (Voir aussi 4b).

The snow has melted away. *La neige a complétement fondu.*

A big brass plate with the name almost polished away. *Une grande plaque de cuivre si souvent astiquée que le nom avait presque disparu.*

To do away with, *faire disparaitre*, voir **DO,** 4.

To make away with, *faire disparaitre*, voir **MAKE,** 1.

★ On rencontre en anglais littéraire des tournures très concises (verbe + complément + **away**) dont le sens peut résister à un premier examen mais s'élucidera si l'on y applique le mécanisme de la transposition n° 14, et si l'on trouve le verbe précis qui convient à chaque cas.

He kissed away her tears. *Il sécha ses larmes sous les baisers.*

He laughed all wise advice away. *Il écarta d'un rire tous les sages conseils.*

He gambled his fortune away. *Il a perdu toutes sa fortune au jeu.*

He idled away his time. *Il passait son temps dans l'oisiveté.*

I ran to the nearest woman and cried away my pain against her apron. *Je courus jusqu'à la femme la plus proche et je chassai ma douleur en pleurant, la tête enfouie dans son tablier.*

4. Autres sens.

a) Idée de *se débarrasser*, nuance rarement exprimée en français. . . . . . **15 %**

He threw away his cigar. *Il jeta son cigare.*

He gave all his books away to his friends. *Il donna* (ou *il fit don de*) *tous ses livres à ses amis.*

To make away with, voir **MAKE,** 2.

b) Idée de *ranger, mettre en ordre.* . . . . **3 %**

He put his nail scissors away in their little chamois case. *Il rangea ses ciseaux à ongle dans leur petit étui en peau de chamois.*

c) Idée de *poursuivre, persister.* . . . . **1,1 %**

★ On attire l'attention du traducteur sur se sens très particulier dont l'ignorance risque d'être fort gênante.

The kettle was boiling away. *La bouilloire bouillait bon train, et non la bouilloire bouillait au loin* (sic).

He worked away at his discovery. *Il travailla d'arrache-pied à sa découverte.*

She sang away for an hour. *Elle chanta une heure sans désemparer.*

They heard the hall clock counting away the seconds. *Ils entendirent l'horloge du vestibule compter interminablement les secondes.*

The destroyers were banging away with their 4.7-inch popguns. *Les contre-torpilleurs faisaient un feu nourri de leurs canons de 4,7 pouces.*

All the lights were blazing away. *Toutes les lumières flamboyaient à l'envi.*

B

BACK [2615]

BACK, nom, adverbe et verbe.

1. **Back,** nom, *le dos* etc., pour mémoire. . . . . **14 %**
2. **Back,** adverbe, exprime l'idée de retour en arrière ou vers le point de départ. **72 %**
   To be back, *être de retour.*
   - **Back,** postposition. Après un verbe de mouvement vague, le préfixe *re-* suffira presque toujours comme équivalent.
     To come back, *revenir.*
     To turn back, *se retourner.*
     To bring back, *ramener.*

   Après un verbe de mouvement précis, on appliquera la transposition classique, n° 14.
   As he groped back to the receiver, he felt almost frightened. *En revenant à tâtons vers le récepteur, il eut presque peur.*
   The age of chivalry is not dead. If a teen-age girl drops one of her books, almost any boy in the class will kick it back to her. *L'âge de la chevalerie n'est pas mort. Si une écolière laisse tomber un de ses livres, n'importe quel garçon ou presque le lui renverra d'un coup de pied.*
   There was the sound of an iron gate being swung back. *On entendit le bruit d'une grille de fer que l'on referme.* [La précision suggérée par **swung,** qui pivote, est bien difficile à garder en français].
3. **To back,** verbe. . . . . **4,6 %**
   a) *reculer.*
   b) *soutenir* (une cause), *parier sur* (un cheval).
   The project has the backing of the government. *Ce projet a le soutien du gouvernement.*

BALANCE [240]

BALANCE, nom et verbe, faux-ami.

Le mot anglais ne désigne presque jamais l'instrument de pesée. Ses deux sens principaux sont :

1. *L'équilibre* . . . . **16 %**
   To lose one's balance, to be thrown off one's balance, *perdre l'équilibre, être déséquilibré.*
   The balance of power, *l'équilibre des puissances.*
   Le traducteur d'une pièce récente d'Edward Albee ne s'est évidemment pas posé de problème en « traduisant » **Delicate Balance** par *Délicate Balance.* Le titre anglais veut dire, *Equilibre instable ou délicat.* La pièce a été jouée en Allemagne Sous le titre « ***Empfindliches Gleichgewicht*** » qui a exactement ce sens. Mais voilà ! L'allemand est bien obligé de traduire, alors que le français, une fois de plus, adopte la solution de facilité.
2. *Le solde, le reliquat,* sens financier . . . . **28 %**
3. **To BALANCE,** *balancer* rarement, mais surtout *équilibrer, solder, régler* . . **25 %**

BE [?]

1. Les formes du subjonctif;	**6. Be** = *faire;*
2. Be auxiliaire de conjugaison;	**7.** Equivalents de *il y a;*
3. Be + infinitif;	**8. Be** dans les « tags »;
4. Be = *avoir;*	**9. Be** omis;
5. Be = *aller;*	**10. Be** + postposition.

To BE, verbe et auxiliaire.

● Formes contractées :

— **I'm = I am; We're = we are.**

— **He's = he is.** Attention que **he's** est aussi la contraction de **he has.** (Voir **HAVE**).

— **It isn't, wasn't, they aren't,** etc.

On rencontre dans la transcription du langage parlé les formes **ain't I** et **aren't I** ? = **am I not** ? La deuxième, pourtant contraire à toute logique, est maintenant la plus courante.

1. Les formes du subjonctif.

a) **be,** subjonctif présent, très employé en américain et de plus en plus en anglais.

If it be true that..., *s'il est vrai que...*

Phrases plus complexes :

Be it ever so humble, there's no place like home. *Si humble soit-il, rien ne vaut son chez soi.*

Far be it from me to don the prophet's mantle. *Loin de moi l'idée d'endosser le manteau du prophète.*

b) **WERE,** voir ce mot.

2. To be, auxiliaire, sert à former :

a) la forme progressive.

On évitera d'abuser de l'expression *être en train de.* La forme simple suffit le plus souvent en français quand le contexte est clair.

What is he doing ? He is working. *Que fait-il? Il travaille.*

b) la forme passive. Voir appendice p. 268.

c) la forme passive progressive combinée. Voir appendice p. 270. Cette forme complexe peut embarrasser le traducteur.

Some women love being read to. *Il y a des femmes qui aiment qu'on leur fasse la lecture.*

3. To be + un infinitif, exprime plusieurs idées :

a) une action convenue, un projet. Employer *devoir* mais pas *falloir.*

He was to leave the vessel at Melbourne. *Il devait quitter* (il était convenu qu'il quitterait) *le navire à M.,* et non pas *il fallut qu'il quitte* (= **he had to leave...**).

L'emploi de l'infinitif passé après **to be** marque que l'obligation consentie ne s'est pas réalisée. Le français n'exprime pas cette nuance.

He was to have written to us twice a week. *Il devait nous écrire deux fois par semaine* (mais il ne l'a pas fait).

Voir changements de temps, VI, 2, c, page 266.

b) une fatalité, une destinée inscrite dans le passé.

There is to be an eclipse of the moon on... *Il doit y avoir une éclipse de lune le...*

Napoleon was to die in exile. *Napoléon devait mourir en exil.*

c) une obligation plus ou moins impérative. Traduire par *devoir* ou *falloir.*

Suppose he comes here. What am I to tell him ? *A supposer qu'il vienne ici. Que dois-je lui dire ? Que faut-il lui dire ?*

d) **To be** suivi d'un infinitif passif a le sens atténué de **can.** Traduire par *pouvoir* ou une tournure équivalente.

A quainter corner than the one where the doctor lived was not be found in London. *Impossible de trouver à Londres un coin plus étrange que celui qu'habitait le docteur.*

4. **To be** + un adjectif se traduit par *avoir* + un nom dans un très grand nombre de locutions exprimant la mesure, l'âge, des impressions physiques et émotives, etc.

He was just under six feet tall. *Il avait à peine 1 m 80.*
She was a year or two older than he. *Elle avait un ou deux ans de plus que lui.*
To be hungry, thirsty, *avoir faim, soif.*
To be right, wrong, *avoir raison, tort.*
To be homesick, *avoir le mal du pays.*
To be ashamed, *avoir honte.*
To be lucky, unlucky, *avoir, ne pas avoir, de la chance.*
To be afraid, voir **AFRAID.**

5. **To be** correspond à *aller* se rapportant à la santé.

How are you ? *Comment allez-vous ?*

Ne pas confondre cette locution avec **how do you do ?** Voir **DO**, 2.

6. **To be** correspond à *faire* dans les expressions se rapportant à la température.

It is hot, cold, etc. *Il fait chaud, froid.*

7. **To be** dans des locutions équivalent à *il y a.*

— **There is, there are,** etc. *il y a,* voir **THERE,** 2 (existence).

Penser que *il est* convient très bien dans un texte littéraire.

There was once upon a time... *Il était une fois...*

— **It is ten years since...** *Il y a dix ans que...* (durée). Voir **SINCE,** 3 a.

— **It's a long way to Tipperary.** *Il y a loin jusqu'à T.* (distance).

8. **To be** employé dans les « tags » (queues de phrases elliptiques). Les différents emplois étudiés à propos de **do** se retrouvent avec **be**, comme avec tous les auxiliaires. Se reporter à **DO**, 7.

a) **I should think golf is a nice pastime — Yes, it is.** *J'imagine que le golf est un agréable passe-temps. — Oh, oui.*

b) **Perhaps you are right. — Of course I am.** *Peut-être avez-vous raison. — Bien sûr que j'ai raison.*

c) **She's now living in Australia. — Oh, is she ?** *Elle habite maintenant l'Australie. — Ah, vraiment ?*

d) **Sebastian was twenty-one, and so was Edward.** *Sébastien avait vingt et un ans, Edouard aussi.*

e) **So you are superstitious. I am not.** *Ainsi vous êtes superstitieux. Pas moi !*

f) **We were all very pleased. Weren't you ?** *Nous avons tous été très contents, pas vous ?*

g) **You weren't asleep. were you ?** *Vous ne dormiez pas, n'est-ce-pas ?*

9. **To be** est souvent sous-entendu. Voir Omissions, 6, p. 278.

10. **To be** peut être suivi de toutes les postpositions, soit pour indiquer simplement une position, un état, soit pour exprimer des notions fort différentes de leur sens propre.

Voir **AWAY,** 1; **BACK,** 1; **DOWN,** 1; **IN,** 2; **OFF,** 1; **ON,** B 1; **OUT,** 1; **OVER,** 3; **THROUGH,** 2.

BEAR [1226]

To BEAR, bore, borne (**born** = *né*), verbe irrégulier.

1. Sens propre, *porter, supporter, soutenir,* pour mémoire .... **48 %**

2. Sens figuré, *supporter, tolérer,* en général précédé de **cannot** .... **16,6 %**

Il y a plusieurs structures possibles qui, en principe, ne présentent pas de difficulté de traduction.

I cannot bear him. *Je ne peux pas le supporter, le souffrir.*

I can't bear to look at it. *Cette vue m'est trop pénible.*

Some people cannot bear travelling by train. *Il y a des gens qui ne peuvent supporter le voyage en train.*

This sort of book won't bear re-reading. *C'est le genre de livre qu'on ne peut pas lire deux fois.*

● Un sens dérivé à noter.

To bear out, *justifier, confirmer, corroborer.*

The charge was borne out by the evidence of several witnesses. *L'accusation a été confirmée par la déposition de plusieurs témoins.*

3. **To be born** [632], *naître,* mot à mot être porté, mis au monde.

★ Le fait que ce verbe passif correspond à un verbe français actif et que ce dernier se conjugue avec *être* entraîne un décalage des temps de l'auxiliaire entre les deux langues.

He was born on..., *il est né le...*

The town where he had been born, *la ville où il était né.*

I might very well have been born in Germany. *J'aurais tout aussi bien pu naître en Allemagne.*

★ Il y a une grave confusion à éviter entre le prétérit **bore** et le verbe **to BORE,** voir ce mot.

BECAUSE [2703]

BECAUSE, conjonction.

Un seul point à signaler. **Because** se traduit par *que* après un comparatif précédé de **the,** *d'autant plus.* Voir **THE,** 3.

My uncle had yielded to my pertinacity the more willingly because I was paying for it (a bicycle) out of my own money. *Mon oncle avait cédé devant mon opiniâtreté d'autant plus volontiers que c'est avec mon argent que je payais le vélo.*

Because est ici synonyme de **as.** Voir **AS,** 2 b.

BECOME [3232]

To BECOME, became, become, verbe irrégulier, *devenir,* pour mémoire ...... **97 %**

Trois points sont à noter :

1. L'ensemble **to become (= to get, to grow, to turn)** + un adjectif simple ou un comparatif ou un participe passé, se traduira généralement par un verbe simple ou un verbe pronominal.

To become old, ***vieillir.***

The weather has become warmer. *Le temps s'est réchauffé.*

To become accustomed, interested, *s'accoutumer, s'intéresser.*

To become known, *se faire connaître.*

To become acquainted with, *s'initier à.*

2. **To become of,** verbe impersonnel, se traduira par la tournure personnelle. **1,4 %**

What has become of her ? *Qu'est-elle devenue ?*
What will become of him ? *Que va-t-il devenir ?*

Dans le style recherché on pourra employer *advenir*, impersonnel lui aussi.
Qu'est-il advenu d'elle ? — Que va-t-il advenir de lui ?

3. Un sens moins courant de **to become** est *convenir* .... **0,7 %**

He stood his ground, as became a gallant soldier. *Il a tenu bon, en brave soldat qu'il était.*
A becoming hat, *un chapeau seyant.*
Mourning Becomes Electra (titre d'une pièce d'O'Neill), *Le Deuil sied à Electre.*

BEND [314]

To BEND, bent, bent, verbe irrégulier.

1. Sens courants, *plier, courber,* pour mémoire .... **62 %**
Le verbe a deux autres sens que le traducteur ne doit pas ignorer.

2. *Diriger* (ses pas), *appliquer* (son esprit), *diriger* (ses efforts) .... **7 %**

3. **To be bent on** + un nom ou un gérondif, *être déterminé, résolu à* ...... **6 %**

Le français est riche en équivalents de ce sens.
He is bent on mischief. *Il nourrit de mauvais desseins.*
He is bent on pleasure. *Il est porté aux plaisirs.*
He is bent on self-destruction. *Il est obstiné à se perdre.*
He is bent on ruining you. *Il est acharné à votre perte.*
He is bent on marrying her. *Il tient beaucoup à l'épouser, il est bien décidé à l'épouser.*

BENT, nom, a deux sens .... **15 %**

a) *une courbe, un virage.*
b) *un penchant, une disposition.*
To :ave a natural bent for music, *avoir des dispositions naturelles pour la musique*

BEST [1908]

BEST, adjectif, nom et adverbe, superlatif de **good** et de **well.**

1. **The best,** adjectif, *le meilleur* .... **63 %**

Quelques sens idiomatiques :
The best man, *le garçon d'honneur.*
My best hat, *mon plus beau chapeau.*
My second best suit, *mon costume numéro 2.*
To be dressed in one's best (clothes). *Etre sur son trente et un.*
The best part of the year, *la plus grande partie de l'année.*

2. **Best** s'emploie comme nom dans de nombreuses locutions consacrées. **11,4 %**

— **To have the best of it,** *l'emporter, avoir l'avantage.*

— **To make the best of,** deux sens :

a) *tirer le meilleur parti de.*
To make the best of one's abilities, *tirer le meilleur parti de ses capacités.*
b) *s'accommoder de, prendre son parti, se faire une raison.*
To make the best of the circumstances, *s'adapter aux circonstances.*
To make the best of a bad job, *faire contre mauvaise fortune bon cœur.*

— **To the best of my knowledge,** *autant que je sache.*

— **To look one's best,** *paraître à son avantage, être en beauté.*

3. **Best,** adverbe, *le mieux* . . . . **13 %**

At best, *au mieux.*

As best one can, *de son mieux.*

The mechanic was clinging to the car as best he could. *Le mécanicien se cramponnait de son mieux à la voiture.*

BETTER [1858]

BETTER, adjectif et adverbe, comparatif de **good** et de **well**.

1. **Better,** adjectif, *meilleur* . . . . **48 %**

★ **The better** n'est pas un superlatif. Voir **MORE**, 2. Il exprime une comparaison, explicite ou non, entre deux éléments. Il y a deux façons de traduire :

a) **The better classes,** *les hautes classes.*
Better class houses, *des maisons bourgeoises.*
Your betters, *vos supérieurs.*
My better half, *ma moitié.*

b) **Let the better man win.** *Que le meilleur (des deux) gagne.*

2. **Better,** adverbe, *mieux* . . . . **17 %**

★ **The better** n'est pas le superlatif de **well.** Il veut dire *d'autant mieux.* Voir **THE**, 3.
I like him (all) the better as... *Je l'aime d'autant mieux que...*
I like him all the better. *Je l'en aime d'autant mieux.*
The sooner the better. *Plus tôt ce sera, mieux cela vaudra.*

3. **I had better, I'd better,** *Je ferais mieux de* . . . . **18 %**

If men are to have more leisure, they had better learn what to do with it. *Si les hommes doivent avoir davantage de loisirs, ils feraient mieux d'apprendre (ou il vaudrait mieux qu'ils apprennent) à les occuper.*

● **I had better** (forme invariable) peut être suivi d'un infinitif passé. On le traduira par *j'aurais mieux fait.* Voir changement de temps, VI, 2a, page 265.

4. **Better,** adjectif ou adverbe, se rencontre dans bon nombre de locutions idiomatiques qui n'ont pas d'équivalent littéral en français.

— **For the better part of three hours,** *pendant presque trois heures* . . . . **0,9 %**
The better part of the day, *la plus grande partie de la journée.*

— **To get the better part of,** *l'emporter, prendre le dessus sur.* . . . . **2 %**

— **You'll think better of it.** *Vous changerez d'opinion, vous vous raviserez.* **0,1 %**

— **He knows better than to complain.** *Il est trop avisé (ou trop fin) pour se plaindre.*

You ought to have known better. *Vous auriez dû vous montrer plus raisonnable, plus prudent.*

— **They are better off now.** *Ils sont dans une situation (financière) meilleure.* **1,4 %**
Voir **WELL,** 1.

BIND [310]

To BIND, bound, bound, verbe irrégulier.

To bind a tous les sens de *lier, relier, ligoter, obliger* (tous du latin, **ligare**). . . **35 %**

● **Bound,** participe passé, a deux sens dérivés et très courants.

a) Il indique une obligation morale assez stricte. . . . . **33 %**
To be bound to do something, *être obligé, tenu de faire quelque chose.*
To be bound by an oath, *être lié par serment.*

To be in duty bound, *être tenu par le devoir.*

To be in honour bound, *s'engager sur l'honneur.*

b) Il indique une action inévitable. . . . . **11 %**

You are bound to admit that..., *vous êtes bien forcé de reconnaître que...*

It's bound to happen. *C'est inévitable.*

Millions of millions of stars wandering blindly through space for millions of millions of years are bound to meet with every sort of accident. *Des milliards et des milliards d'étoiles errant aveuglément à travers l'espace pendant des milliards et des milliards d'années doivent nécessairement rencontrer tous les genres possibles d'accidents.*

★ Attention aux nombreuses confusions possibles entre **bound** (de **bind**) et d'autres mots **bound** de racines différentes. Voir **BOUND.**

BLOW [853]

To BLOW, blew, blown, verbe irrégulier.

1. Sens courant, *souffler,* pour mémoire.

2. Le traducteur risque de buter sur ce verbe s'il ne voit pas clairement qu'il peut exprimer, outre l'action de *souffler,* l'effet produit par ce souffle, soit *emporter, arracher,* soit *éteindre.*

Deux cas peuvent se présenter.

a) Le mot **wind** ou un mot analogue est utilisé. La traduction est facile, car le contexte dispense de traduire **blow.**

The gale blew all the sails away. *Le coup de vent a emporté toutes les voiles.*

What a gale ! Six chimney-pots were blown down, four roofs blown off. *Quel ouragan ! Six cheminées ont été abattues et quatre toitures emportées.*

Every time he tried to light his pipe, the wind blew the match out. *Chaque fois qu'il essayait d'allumer sa pipe, le vent éteignait l'allumette.*

b) Le mot **wind** ou un mot analogue est absent. Le verbe à lui tout seul contient le sens. On aura donc recours à la transposition n° 14.

His hat has been blown off. *Son chapeau a été emporté* (et non *soufflé !*) *par le vent.*

The air was full of light dust blown from the eroding mountains. *L'air était rempli d'une légère poussière arrachée par le vent aux montagnes.*

● Ce qui peut accroître la difficulté c'est qu'on rencontre souvent **blow** à la forme active, mais avec une valeur passive.

The encroachments of the blowing sand, *les empiètements du sable poussé par le vent.*

The big summer hats, with stones on them to keep them from blowing away... *Les grands chapeaux d'été sur lesquels on avait mis des pierres pour les empêcher d'être emportés par le vent.*

The paper hung there for a week until it blew down. *Le papier* (l'affiche) *restait accroché là une semaine pour être finalement arraché par le vent.*

3. Autres sens de **blow.**

— **to blow up,** *sauter, exploser; faire sauter* . . . . **6 %**

— **to blow out one's brains,** *se faire sauter la cervelle.*

— **Blow !** (interjection, emploi populaire).

Blow it ! *Au diable, zut !*

Blow the manager, the manager be blowed ! *Je me moque bien du directeur !*

I'll be blowed if... *Que le diable m'emporte si...*

★ Le nom **a blow** n'est pas de la même famille que le verbe (le nom correspondant à **blow** est **blast**). . . . . **32 %**

A blow, *un coup.*
A blow of the fist, *un coup de poing.*
To strike a blow, *frapper un coup.*
To deal blows, *donner des coups.*

BORE

BORE, nom et verbe.

★ Plusieurs racines différentes, d'importance inégale, sont à l'origine de ce mot, dont les sens peuvent donc prêter à confusion.

1. **Bore** est d'abord le prétérit de **to BEAR,** voir ce mot.

   Le sens peut ne pas être évident à première vue.
   Cecil D. Lewis, par exemple, dans la peau d'un aviateur assistant à la formation d'un nuage et s'interrogeant sur les circonstances de sa naissance, écrit,
   Heaven, that bore it, knew. *Le ciel, qui l'enfanta, le savait.*

2. **To bore,** *percer, forer.*

   A boring, *un forage, un sondage.*

3. **To bore,** *ennuyer, lasser.*
   To bore someone to death, to bore someone stiff, *ennuyer mortellement, faire mourir d'ennui.*

   ★ **To be bored,** *s'ennuyer,* mais jamais *être ennuyé, contrarié.*

A BORE, *un fâcheux, un raseur.*

BOREDOM, *l'ennui.*

BOTH [2302]

BOTH, adjectif, pronom ou adverbe.

1. **Both,** adjectif ou pronom, *les deux* . . . . **47 %**
   Both came, they both came, *ils sont venus tous les deux.*

★ Le traducteur novice en reste trop souvent à ce sens et semble ignorer

2. **Both,** adverbe. . . . . **43 %**

   Il a plusieurs équivalents français, *autant... que, tant... que, aussi bien... que, comme.*
   The Government wanted all the support it could get both at home and abroad.
   Le gouvernement souhaitait avoir tout le soutien possible aussi bien dans le pays qu'à l'étranger.
   Both Royalists and Parliamentarians published a huge number of pamphlets.
   Tant les Royalistes que les Parlementaires (ou les Royalistes comme les Parlementaires) publièrent un nombre énorme de pamphlets.

BOUND [282]

★ Ce mot est issu de racines différentes et est souvent l'occasion de nombreuses confusions.

1. **Bound,** participe passé du verbe **BIND,** voir ce mot.

2. **To bound,** verbe régulier, *borner, limiter* . . . . **16 %**
   Bound(s) nom, *borne(s), limite(s),* surtout employé au figuré. . . . . **23 %**
   To go beyond the bounds of reason, *dépasser les bornes de la raison.*

3. **To bound,** autre verbe régulier, *bondir, rebondir.*

Bound, nom, *bond, saut.*

Science progresses by leaps and bounds. *La science progresse à pas de géant.*

4. **Bound for,** adjectif, (navire) *en partance pour,* (cargaison) *à destination de.*

Where is the ship bound for ? *Quelle est la destination de ce navire ? Pour quel port va-t-il appareiller ?*

Le mot s'emploie quelquefois au figuré et de façon humoristique.

The old woman was bound for another world. *La vieille femme était en partance* (ou *allait s'embarquer) pour un autre monde.*

BREAK [1414]

To BREAK, broke, broken, verbe irrégulier.

1. Il correspond aux différents sens de *casser, briser, rompre.* . . . . ***51 %***
Penser qu'il peut aussi avoir un sens passif.

Glass breaks easily. *Le verre se brise facilement.*

● A noter ce sens figuré.

To break the news to someone, *annoncer une (mauvaise) nouvelle à quelqu'un.*

2. **To break into,** a deux sens : . . . . **8 %**

a) *S'introduire par effraction.*

Someone had broken into the conservatory, the conservatory had been broken into, *Quelqu'un avait brisé les vitres pour s'introduire dans la serre.*

b) **To break into** peut indiquer le début d'une activité soudaine. Le nom complément se traduira par un verbe, transposition n° 6.

The horse broke into a trot. *Le cheval se mit à trotter* (ou *prit le trot).*

The revellers broke into song. *Les noceurs se mirent à chanter.*

3. **To break** + postposition. Voici quelques sens figurés.

a) **To break down,** *avoir une panne mécanique* ou *une crise nerveuse* **(a nervous breakdown)** . . . . **5 %**

b) **To break in,** comme **break into,** 2 a.

c) **To break out,** se *déclarer, éclater* (guerre, incendie, épidémie). . . . . . . **6 %**

d) **To break up** indique le début des vacances scolaires . . . . **8 %**

We break up
The school breaks up
We break up school } **on July 25th.** *Les vacances commencent le 25 juillet.*

4. **To break** + adjectif. Celui-ci joue le rôle d'une postposition et indique le résultat de l'action.

They broke open the lock, they broke the lock open. *Ils fracturèrent la serrure.*

Some of the animals had broken loose. *Quelques-uns des animaux s'étaient échappés* (en brisant leurs chaînes).

Voir Place de l'adjectif, n° 5, page 273.

BRING [2547]

To BRING, brought, brought, verbe irrégulier.

1. Sens courant, *apporter,* pour mémoire . . . . ***54 %***

2. Quelques emplois idiomatiques qui peuvent embarrasser le traducteur.

a) **To bring about,** *amener, conduire à, causer* . . . . ***8,3 %***

This unpopular measure brought about the downfall of the government. *Cette mesure impopulaire causa la chute du gouvernement.*

b) **To bring oneself to do something,** *se résoudre, se décider à faire quelque chose.*
He cannot bring himself to break the news to her. *Il ne peut se résoudre à lui apprendre la nouvelle.*

c) **To bring someone round (to),** *convaincre, convertir quelqu'un.*
You've certainly brought me round to your point of view. *Vous m'avez certainement converti à votre façon de voir.*

d) **To bring someone round,** ou **to,** *ranimer quelqu'un.*
It took a long time to bring her round, to. *Il fallut longtemps pour lui faire reprendre connaissance.*

e) **To bring down,** sens figuré.
I remember the scene well. It used to bring down the house. *Je me rappelle bien la scène. Elle faisait régulièrement crouler la salle.*

BUT [18917]

BUT, conjonction, préposition et adverbe.

1. Conjonction, *mais,* pour mémoire. . . . . **89 %**

On notera le point suivant, intéressant pour la traduction. Si **but** introduit une proposition négative, on peut améliorer le mot à mot en transposant par la préposition *sans* + l'infinitif.
He judged but did not condemn. *Il jugeait sans condamner.*
He racked his brains, but could not think of a single thing to say. *Il se creusa la cervelle sans trouver une seule chose à dire.*

2. Préposition, généralement après une négation, *excepté, sauf, si ce n'est* . . . **3 %**

You can't find that sort of thing anywhere but in England. *On ne trouve ce genre de chose nulle part sauf en Angleterre.*
The bathroom was a luxury out of reach of all but the very wealthy. *La salle de bains était un luxe hors de portée de tous si ce n'est les gens vraiment riches.*
There is nothing to do but wait. *Il n'y a rien d'autre à faire que d'attendre.*

● Sens idiomatiques.

The last but one, *l'avant-dernier.*
The last day but one, *le surlendemain.*
The next house but one, *deux maisons plus loin.*

★ Le traducteur devra prendre garde à la locution prépositive **but for** (= **had it not been for),** *sans* (l'intervention de), *n'eût été.*
But for this accident, we might never have met. *Sans cet accident, nous ne nous serions peut-être jamais rencontrés.*
But for Mr X's exidence, the man would have been sentenced. *N'eût été le témoignage de M. X., l'homme aurait été condamné.*
Voir l'inversion, 1 b, p. 275.

3. Adverbe, *seulement, ne... que* (= **only).** . . . . **5,4 %**
She is but a child. *Ce n'est qu'une enfant.*

★ Attention à ne pas confondre cet emploi avec celui du n° 1.
I slept but little ne veut pas dire *je dormis, mais peu,* mais *je ne dormis que peu,* donc *je ne dormis guère.*

● On peut rattacher à ce sens trois emplois plutôt littéraires, mais dont l'ignorance pourrait poser de graves problèmes au traducteur.

a) **I cannot but** + infinitif sans **to** (= **I cannot help** + le gérondif).
He could not but shrug his shoulders. *Il ne put que hausser les épaules.*

b) Après une proposition négative, **but** peut avoir le sens de *sans que*, exprimant une idée de fatalité, d'inévitabilité.

We cannot arrange a game of cricket but it pours. *Nous ne pouvons jamais organiser une partie de cricket sans qu'il pleuve à torrents.*

c) Après une proposition négative encore, **but** peut être l'équivalent d'un relatif négatif (= **that... not).**

Not a bough in the nine trees•but was splintered. *Il n'y avait pas un rameau dans ce bouquet de neuf arbres qui ne fût brisé en éclats.*

●**All but** (= **nearly**), voir **ALL.**

BY [25125]

BY, préposition ou adverbe.

1. By, préposition. En dehors de l'emploi courant de **by,** *par,* après un passif, voici les sens qui peuvent offrir plus ou moins de difficulté au traducteur.

a) **By,** préposition de lieu, *près de,* avec ou sans mouvement. . . . . **5,6 %**

A house by the river, by the side of the river, *une maison au bord de la rivière.*

He was standing close by me. *Il était debout tout près de moi.*

He passed by me without noticing me. *Il passa près de moi sans me remarquer.*

★ L'ignorance de ce sens pourrait entraîner une grave confusion dans une phrase comme, **He sat like one enchanted by his own fireside.** *Il était assis au coin de son feu comme quelqu'un qui est sous un charme.*

b) **By,** préposition de temps, *avant, à... au plus tard,* et non pas *environ* (faute courante). . . . . **1,3 %**

I wished to be on the road by nightfall. *Je voulais être sur la route avant la tombée de la nuit.*

Everybody is drunk by half past ten. *Tout le monde est ivre quand arrive dix heures et demi.*

I'll be back by 4. *Je serai de retour à 4 heures au plus tard,* et non pas *vers 4 h.*

He ought to be here by this time, by now. *Il devrait être rentré à l'heure qu'il est.*

By the year 2000, experts predict the earth's population will double. *En l'an 2000, si l'on en croit les experts, la population du globe aura doublé.* [C'est ici le futur antérieur *aura doublé* qui rend l'idée d'un point choisi comme limite d'une période dans l'avenir].

● **By the time,** locution conjonctive, exprime la fin d'une durée, d'une attente, nuance qu'il est difficile de traduire autrement que par *quand.*

By the time Joe was twelve, he was too strong for mother to get him across her knee. *Quand Joe eut douze ans, il était trop fort pour que notre mère pût lui donner la fessée.*

By the time you have done washing, I'll be ready. *Quand tu auras fini de faire la vaisselle (ou le temps que tu fasses la vaisselle) je serai prêt.*

c) **By,** dans une expression de mesure, traductions diverses . . . . **6 %**

The price has been increased by five shillings. *Le prix a été augmenté de six shillings.*

The carpet is three yards by two. *Le tapis a 2 m 70 sur 1 m 80.*

Milk is sold by the pint. *Le lait se vend à la pinte.*

He escaped by a hair's breadth. *Il s'en est fallu d'un cheveu qu'il soit tué.*

d) **By** devant un réfléchi, *tout seul, sans aide.* . . . . **0,4 %**

Did you do this all by yourself ? *Vous avez vraiment fait cela tout seul ?*

2. By, postposition. L'idée à rendre est de *passer auprès de, longer* (synonyme **PAST,** 3).

On aura recours à la transposition n° 14.

He strode fiercely by. *Il passa à grandes enjambées énergiques.*
Slowly the hours dragged by. *Les heures se trainaient lentement.*

Si le verbe contient une évidence, on ne le traduira pas.

They watched the boats sailing by. *Ils regardaient défiler les bateaux.*

- Autres sens.
  To stand by, *se tenir prêt, paré* (sens nautique).
  To put money by, *mettre de l'argent de côté.*
  Voir **LAY.**

- Locutions adverbiales.
  By the way, *à propos, soit dit en passant.*
  By and by, *bientôt.*

3. By, préfixe, s'emploie dans un grand nombre de mots courants, comme, . . **0,4 %**

A by-election, *une élection secondaire, de remplacement.*
A by-pass, *une route d'évitement, une rocade.*
A by-product, *un sous-produit, un dérivé.*
A by-road, *un chemin détourné.*
A by-street, *une rue écartée, une ruelle.*
A by-word, *un dicton, un objet de risée.*
Let bygones be bygones. *Oublions le passé.*

C

CALL [3484]

CALL, verbe et nom.

Le sens courant est *appeler, faire venir,* pour mémoire.
Les autres sens sont fonction des pré-/ou postpositions employées. Le traducteur sera donc bien avisé d'étudier de près les structures de ce verbe.

1. To call at.

a) *passer à.*
I must call at the bank, at the library, *Il faut que je passe à la banque, à la bibliothèque.*

b) *s'arrêter, faire escale à.*
This train calls at Leicester, doesn't it ? *Ce train s'arrête à L., n'est-ce pas ?*
Does the ship call at Naples ? *Le navire fait-il escale à Naples ?*

2. To call for.

a) *venir chercher* ou *envoyer chercher.*
Tradesmen call every day for orders. *Des commerçants viennent chaque jour prendre les commandes.*

b) *exiger, réclamer.*
Such negotiations call for great tact and patience. *De telles négociations exigent beaucoup de tact et de patience.*

3. To call in (synonyme **to send for),** *appeler, faire venir* (le docteur, la police), *citer* (un expert).

4. To call on, upon.

a) *rendre visite* (une courte visite). . . . . **2 %**
I'll call on the Joneses. *Je vais aller voir* (ou *je vais passer chez*) *les Jones.*

b) *faire appel à, requérir.*
I had to call upon all my patience. *Il m'a fallu faire appel à toute ma patience.*

● Un sens idiomatique :
To call a person names, *dire des injures à quelqu'un.*

A CALL, *un appel, une visite, un coup de fil.* . . . . **6 %**

A CALLING, *une vocation, une profession.* . . . . **0,7 %**

CAN [10552]

CAN, could, verbe défectif, *pouvoir, être capable* de, *savoir.*

La traduction n'offre en général pas de difficulté. Le traducteur devra tout de même ne pas oublier les points suivants :

1. Can peut correspondre à un futur.

Come as soon as you can. *Venez dès que vous pourrez.*

2. **Could** est, surtout à la forme interrogative, aussi souvent un conditionnel qu'au prétérit. Le contexte décide.

Could you post the letter for me ? *Pourriez-vous me mettre cette lettre à la poste ?*

Could you post the letter in time ? *Avez-vous pu poster la lettre à temps ?*

3. Devant un verbe de perception, **can** ne se traduit pas.

I think I can smell something burning. *Il me semble que je sens une odeur de brûlé.*

You could have heard a pin drop. *On aurait entendu tomber une épingle, voler une mouche.*

4. **Cannot,** suivi de l'infinitif présent et surtout passé, peut exprimer, outre l'incapacité une impossibilité logique . . . . **26 %**

★ Dans ce cas il ne faut pas le traduire par *put* ou *a pu*.

Comparer ces deux phrases.

You can't understand, you are too young. *Vous ne pouvez pas comprendre, vous êtes trop jeune.*

That can't be true. *Il est impossible que ce soit vrai.*

Autres exemples :

He can't have killed himself. *Il n'est pas possible (ou il est impossible) qu'il se soit tué :* les indices le prouvent.

Traduire par *il n'a pas pu se tuer* laisserait supposer qu'il a essayé mais n'a pas réussi : il a été incapable de se tuer, en anglais : **He was unable to kill himself.**

Devoir peut aussi exprimer cette idée.

Next morning she looked dreadful : she could not have closed her eyes all night. *Le lendemain matin elle avait une mine épouvantable : elle n'avait pas dû dormir de la nuit.*

5. **Could,** au conditionnel, suivi de l'infinitif passé se traduira par le conditionnel passé. Voir changements de temps VI, 1, page 265.

You could have walked there. *Vous auriez bien pu y aller à pied.*

● Noter cet emploi idiomatique de **could** qui n'a pas d'équivalent en français.

I was 60 miles from home when my car decided it could go no further. I could have wept. *J'étais à 60 milles de chez moi quand ma voiture décida qu'elle ne pouvait pas aller plus loin. J'en aurais pleuré.*

6. **Can** peut être suivi d'une négation séparée : **can not.** Cette dernière porte sur le verbe qui suit. Traduire en conséquence.

Family life can not only give security, but also provide children with useful values. *La vie de famille peut non seulement* (et non pas *ne peut pas seulement*) *donner la sécurité, elle peut aussi fournir aux enfants des valeurs utiles.*

7. **I can't help,** voir **HELP,** 2.

★ Attention à ne pas confondre **can** avec deux autres verbes, **to can** et **to cane.**

TO CAN, verbe régulier, *mettre en conserve* . . . . **0,9 %**

Canned meat (2 n), *de la viande en conserve.*

Canning industry (2 n), *l'industrie de la conserverie.*

The Americans eat all they can. What they can't (eat), they can. *Les Américains mangent tout ce qu'ils peuvent manger. Ce qu'ils ne peuvent pas manger, ils en font des conserves.*

A watering-can, *un arrosoir;* **a jerry-can.**

To CANE, *battre à coup de canne, de férule.*

To receive a good caning (1 n), *recevoir une bonne correction.*

The boy was caned (1 n) **into obedience.** *Pour faire obéir le garçon, il fallut le battre.*

CANDID

CANDID, adjectif, faux-ami.

Candid veut dire, non pas *candide, naïf,* mais *loyal, franc, honnête, impartial,*

Tell us your candid opinion on the question. *Donnez-nous franchement votre point de vue sur la question.*

CANDOUR, nom, a les sens analogues, comme en français classique d'ailleurs.

CARE [1134]

CARE, nom et verbe.

Care est un mot difficile, comme beaucoup de mots abstraits, dont les sens voisins peuvent prêter à confusion.

● **Care,** nom, a trois sens différents.

1. Généralement au pluriel, *soucis* . . . . ***14 %***

Cast all your cares aside. *Ecartez tous vos soucis.*

[Les adjectifs sont **carefree,** *insouciant* et **care-worn,** *accablé de soucis.]*

2. *Soin(s), attention* . . . . **22 %**

Take care of my type-writer. *Prenez bien soin de ma machine à écrire.*

Take care not to break it. *Prenez garde de ne pas la casser.*

[Les adjectifs correspondants sont **careful,** *soigneux* et **careless,** *insouciant, négligent.]*

3. *Responsabilité, garde* . . . . **25 %**

The children were left in the care of their grandfather. *Les enfants furent laissés à la charge de leur grand-père.*

He is in the care of the best doctors. *Il est suivi par les meilleurs docteurs.*

● Les sens du verbe sont fonction des structures différentes qu'il faudra examiner avec soin.

4. To care, *se soucier, s'inquiéter, attacher de l'importance* . . . . **7 %**

I don't care. *Cela m'est égal.*

I don't care about the price. *Le prix m'est indifférent.*

I don't care what you do. *Ce que vous faites m'importe peu.*

5. To care + un infinitif (= **like**), seulement dans des phrases négatives, interrogatives ou hypothétiques . . . . ***14 %***

I know you don't care to read long novels. *Je sais que vous n'aimez guère lire de longs romans.*

Would you care to go for a walk ? *Cela vous dirait-il d'aller faire une promenade ?*

You will be very welcome if you care to come. *Vous serez le bienvenu, si le cœur vous en dit.*

6. To care for a plusieurs sens . . . . ***14,4 %***

a) même sens, même emploi que **5** ci-dessus.

Would you care for another glass of sherry ? *Aimeriez-vous un autre verre de sherry ?*

★ Attention à ne pas confondre :

I don't care for what she does. *Ce qu'elle fait ne me plait guère;*
et
I don't care what she does (sens 4). *Ce qu'elle fait m'est indifférent.*

b) *se soucier de, s'intéresser à* . . . . *(4 %)*

He cares only for his own interest. *Il ne se soucie que de ses intérêts personnels.*

She gave no trouble because she was stone deaf and cared only for knitting. *Elle ne donnait aucun ennui parce qu'elle était sourde comme un pot et ne s'intéressait qu'au tricot.*

c) *s'occuper de, soigner* . . . . *(8 %)*

Most zoo animals are well cared for. *La plupart des animaux dans les zoos sont bien soignés.*

d) *aimer une personne* (= **to love**) . . . . *(2,4 %)*

Does she really care for him ? *L'aime-t-elle vraiment ?*

CARRY [2120]

To CARRY, verbe.

1. **To carry,** seul ou suivi des postpositions courantes, ***along, back, off, over,*** *porter, emporter, rapporter, transporter* . . . . **68 %**

● Trois postpositions peuvent donner au verbe un sens différent.

2. **To carry on,** *continuer, poursuivre, reprendre* . . . . **15 %**

   You'll carry on (ou **you'll carry on with the job) during my absence.** *Vous continuerez le travail pendant mon absence*

3. **To carry out,** *mettre à exécution, exécuter, réaliser* . . . . **11 %**

   If you make a promise, it should be carried out. *Si vous faites une promesse, il faut la tenir.*

   It was an ambitious programme, but I am glad that I did not carry it out. *C'était un programme ambitieux, mais je suis content de ne l'avoir pas mené à bien.*

4. **To carry through,** sens analogue à celui de 3 . . . . **1,4 %**

   To carry through a work, *mener un travail à bonne fin.*

CAST

To CAST, cast, cast, verbe irrégulier.

Le traducteur qui en est resté aux sens donnés par les listes de verbes irréguliers, risque d'être très embarrassé par des emplois comme :

— **To cast about for an excuse, for a way of escape,** *chercher une excuse, un échappatoire;*

— **To be cast down,** *être abattu, déprimé;*

— **To cast in one's lot with someone,** *partager le sort de quelqu'un;*

— **To cast up figures, accounts,** *additionner des chiffres, faire des comptes.*

CHANCE [746]

CHANCE, nom et verbe, mot-piège.

1. **Chance** ne correspond qu'en partie au français *chance,* au sens de possibilité ou de probabilité . . . . **23 %**

   He has not a chance of winning. *Il n'a pas une chance de gagner.*

   To do something on the off chance, *faire quelque chose à tout hasard, sans grandes chances de réussir.*

★ Mais il n'a jamais le sens de (bonne) *chance, veine* (= **luck**).

2. *Hasard, risque* . . . . **12 %**

By chance, *par hasard.*

He is not afraid to take chances. *Il n'a pas peur de prendre des risques.*

3. *Occasion favorable, chance* . . . . **45 %**

The chance once thrown away may be said to be irrevocable. *On peut dire qu'une fois rejetée l'occasion ne saurait se représenter.*

4. **Chance** peut être employé comme adjectif.

A chance meeting, *une rencontre fortuite.*

A chance discovery, *une découverte accidentelle.*

5. **To chance,** *arriver par hasard,* a une construction soit personnelle, soit impersonnelle . . . . **10 %**

It chanced that I dined with him, I chanced to dine with him. *Le hasard m'a fait dîner avec lui.*

I chanced upon the man. *Le hasard me fit rencontrer l'homme, je suis tombé sur l'homme par hasard.*

CHARGE [1010]

CHARGE, nom et verbe, faux-ami partiel.

Le mot se partage entre quatre sens d'importance égale.

1. Avant toute chose se rappeler que le mot **charge** ne correspond aux mots français *charge* et *charger,*

a) qu'au sens scientifique . . . . **14 %**
a charge of electricity, to charge a battery.

b) ou au sens militaire . . . . **12 %**
a cavalry charge, to charge the enemy.

● Les autres sens sont :

2. (nom seulement), *responsabilité, garde, soin* . . . . **20 %**

To take charge of, *avoir soin de* quelqu'un ou quelque chose.

Leave this to my charge. *Confiez moi ceci.*

He is in charge of a powerful car. *Il conduit une puissante voiture.*

★ Il faut distinguer :

The nurse was left in charge of (= in command of) the children. *La nurse s'est vu confier la garde des enfants.*

The children were left in the charge of (= in the care of) a nurse. *Les enfants ont été confiés à une nurse.*

3. (nom et verbe) *accuser, accusation* . . . . **22 %**

To be charged with a crime, *être accusé d'un crime.*

He was arrested on a charge of manslaughter. *Il fut arrêté sous l'accusation d'homicide.*

4. (nom et verbe) *frais, tarif; demander un prix, faire payer* . . . . **20 %**

Free of charge, *sans frais.*

There is no charge for admission. *L'entrée est gratuite.*

His charges are high. *Il a des frais* (et non *des charges*) *élevés.*

How much do you charge for re-soling shoes ? *Combien prenez-vous pour un ressemelage ? Quel est le tarif d'un ressemelage ?*

CHOOSE [604]

To CHOOSE, chose, chosen, verbe irrégulier.

1. **To choose,** *choisir,* pour mémoire .... **81 %**
2. Il y a un deuxième sens que l'on ignore souvent : *choisir librement,* donc *faire à sa guise, décider* .... **13 %**

   I'll do as I choose. *Je ferai ce qui me plait.*

   I don't choose to speak to him. *Il ne me plait pas (ou je refuse) de lui adresser la parole.*

CLANG

CLANG, verbe et nom.

★ **Clang** n'est pas le prétérit de **cling,** *se cramponner,* lequel est **clung.**

To clang, verbe régulier, *résonner, retentir.*

The firemen were clanging their bells. *Les pompiers faisaient résonner leurs cloches.*

Clang, nom, *bruit* que l'on qualifiera d'un adjectif comme *sonore, retentissant.*

CLOSE [1391]

CLOSE, adjectif, adverbe, nom et verbe.

★ Ce mot est souvent source d'erreurs, à cause de la multiplicité de ses emplois et de ses sens. Le traducteur étudiera attentivement les distinctions suivantes :

1. **Close,** adjectif.

   a) *fermé, clos* (atmosphère) .... **5 %**

   It smells close, *ça sent le renfermé.*

   The weather is close. *Le temps est lourd.*

   b) *proche, serré, ras* .... **18 %**

   Close friends, *des amis intimes.*

   A close family, *une famille unie.*

   A close observation, *un examen minutieux.*

   On close inspection..., *si on examine de près...*

   A close match, *un match serré.*

   We had a close shave. *Nous l'avons échappé belle* .... **(0,8 %)**

2. **Close,** préposition et adverbe, généralement dans les locutions **close (up) to, close by, close at hand,** *tout près (de)* .... **28 %**

   The house is too close to the road to my liking. *La maison est trop près de la route à mon gré.*

   A policeman was standing close by. *Un policeman était là tout près.*

   Now and then, sometimes close at hand, sometimes far away, a bomb drops. *De temps en temps, tantôt tout près, tantôt au loin, on entend la chute d'une bombe.*

   ● **Close on** (= **nearly**), suivi d'un nombre, *presque.*

   My grandmother is close on ninety. *Ma grand-mère a tout près de 90 ans.*

3. **The close,** nom, (= **the end**), *la fin* .... **14 %**

   At close of day, *à la chute du jour.*

   To draw to a close, *se terminer, toucher à sa fin.*

   ● **A close-up,** *un gros plan* (photo).

4. **To close,** verbe.
   a) (= **to shut**), *fermer, se fermer* .... **23 %**
      Closing time, *l'heure de fermeture* (des pubs).
      Early closing day, *jour où les magasins ferment l'après-midi.*
      To close down, *fermer définitivement* (une usine).
      To close with someone, *conclure un marché avec quelqu'un.*
   b) *se terminer,* employé surtout au participe présent .... **8 %**
      The closing years of Elizabeth's reign, *les dernières années du règne d'Elisabeth.*

CLOTH(S) [240], CLOTHES [862]

CLOTH, nom à double pluriel, **cloths et clothes.**

1. **Cloth,** nom indénombrable, *de l'étoffe, du drap* .... **58 %**
2. **Cloth,** pl. **cloths,** nom dénombrable, *une toile, une nappe, un torchon* .. **31 %**
   To lay the cloth, *mettre la nappe.*
3. **CLOTHES,** uniquement pluriel au sens de *vêtements, habits* .... **34 %**
   A suit of clothes, *un complet.*
   To be in one's best clothes, *être endimanché.*
4. ★ Attention au sens du mot dans les noms composés comme : ..... **2 %**
   The clothes-basket, *le panier à linge.*
   The clothes-line, *la corde à linge.*
5. **To clothe, clothed** ou **clad,** *vêtir.* .... **20 %**
   La forme **clad,** désuète, ne se retrouve que dans des adjectifs composés comme,
   iron-clad, *cuirassé.*
   well-clad, *bien habillé.*
   an ivy-clad wall, *un mur tapissé de lierre.*
6. **Clothing,** nom indénombrable, *habillement, vêtements.* .... **42 %**
   Au singulier, **an article of clothing,** *un habit, un vêtement.*

COME [7337]

1. sens premiers.	**4. come** + adjectif.
2. sens dérivés.	**5. come** à l'impératif.
3. emplois idiomatiques.	

To COME, came, come, verbe irrégulier.

1. Sens courants, *venir* (s'oppose à **go**), *arriver* (s'oppose à **leave**).
   Come peut être suivi de toutes les pré-/ou postpositions de mouvement auxquelles il sert de support grammatical. Il ne doit donc pas être traduit.
   To come in, up, across, forward, etc., *entrer, monter, traverser, s'avancer.*

● **To come** peut être suivi d'un verbe plus précis au gérondif. On ne le traduira pas.
   The guineas came pouring out of the leather bag. *Les guinées sortaient à flot du sac de cuir.*
   They came straggling in. *Ils entrèrent à la débandade.*

2. La pré-/ou postposition peut avoir un sens dérivé plus ou moins loin du sens propre. Voici les cas les plus difficiles à saisir.
   a) **To come about,** *arriver, survenir.* .... **0,3 %**
      How does it come about that... ? *Comment se fait-il que... ?*
   b) **To come across,** *trouver, rencontrer à l'improviste.* .... **0,2 %**
      In an old cupboard she came across her mother's diary. *Dans un vieux placard elle trouva (ou elle tomba sur) le journal de sa mère.*

c) **To come by,** *obtenir, se procurer* . . . . **0,1 %**
How did you come by that money ? *Comment vous êtes-vous procuré cet argent ?*

d) **To come round** (familier), *venir en passant.*
Come round and see me one day. *Venez donc me voir un de ces jours.*

e) **To come round** ou **to come to,** *revenir à soi, reprendre ses esprits.*
When he came round (ou **to) after his accident, he found himself in the ward of a hospital.** *Quand il reprit connaissance après son accident, il se retrouva dans une salle d'hôpital.*

f) **To come round to,** *se rallier, se ranger à.*
She would, I felt sure, come round to my way of thinking. *J'étais sûr qu'elle se rangerait à mon avis.*

3. To come se rencontre dans une grand nombre d'expressions consacrées.
— **He came near to being bitten yesterday.** *Il a bien failli se faire mordre hier.*
— **It may come in useful, handy, one day.** *Cela peut se révéler utile, commode, un jour.*
— **He'll come to grief with that motor bike of his one of these days.** *Il aura des ennuis* (ici un accident) *avec cette moto.*
— **To come to pass** (impersonnel). . . . . **0,2 %**
It came to pass (= **it happened) that...,** *il arriva que...*
— **To come to blows,** *en venir aux coups.*

4. To come, suivi d'un adjectif ou d'un participe passé, est synonyme de **to become.**
A dream come true, *un rêve qui s'est réalisé.*
The string came untied. *La ficelle s'est dénouée.*
The label came unstuck. *L'étiquette s'est décolée.*
It will all come right in the end. *Tout cela s'arrangera à la fin.*
To come loose, voir **LOOSE,** 1.

5. Come à l'impératif peut avoir certains sens idiomatiques (encouragement, invitation). . . . . **3 %**
Come, cheer up ! *Allons, du courage !*
Come, John, don't be cross ! *Voyons, Jean, ne sois pas fâché !*
Come along ! *Arrivez, dépêchez-vous !*
Come on ! *Allons, allons-y !*

COMFORT [330]

COMFORT, nom et verbe, faux-ami partiel.

1. Comfort, même sens qu'en français . . . . **39 %**

2. Autre sens très courant, *réconfort, consolation, soulagement, sujet de satisfaction* . . . . **31 %**
A few words of comfort, *quelques paroles de réconfort.*
She is a great comfort to her mother. *Elle rend la vie douce à sa mère.*

3. To comfort, verbe, correspond au sens 2 . . . . **23 %**
Comforting words, *des paroles de réconfort.*

COMFORTABLE [150].

1. Le mot français ne peut s'employer que d'une chose, d'un fauteuil, d'une maison. C'est le premier sens anglais . . . . **67 %**

2. Le mot anglais s'emploie aussi des personnes . . . . **29 %**
a) au sens de (se trouver) *bien, à l'aise.*
Make yourself comfortable. *Mettez-vous à votre aise.*

b) pour indiquer la situation financière.

To be in comfortable circumstances, *être dans l'aisance.*

To be comfortably off, *avoir de quoi vivre.*

COMMODITY

COMMODITY, nom, faux-ami.

C'est *une denrée, une marchandise, un article commercial.*

The staple commodities of a country. *Les productions principales d'un pays.*

COMMODIOUS, adjectif, *vaste, spacieux,* jamais *commode.*

COMPLETE [830]

COMPLETE, verbe et objectif, faux-ami.

To complete ne veut pas dire *compléter,* mais *achever, terminer* ...... **35 %**

He noticed at once that the tower was completed. *Il remarqua tout de suite que la tour était terminée.*

The completed products of civilization, *les produits achevés de la civilisation.*

The electric wiring had not been completed. *L'installation électrique n'avait pas été terminée* (et non pas *complétée*).

Complete, adjectif, correspond lui à l'adjectif *complet* .... **59 %**

COMPREHENSIVE

COMPREHENSIVE, adjectif, faux-ami.

L'adjectif français qualifie le plus souvent un être humain. Se montrer compréhensif c'est comprendre le point de vue d'un autre.

L'adjectif anglais s'applique aux choses et veut dire *qui comprend (englobe) beaucoup.*

A comprehensive work, *un ouvrage très complet.*

A comprehensive programme, *un programme complet et détaillé.*

A comprehensive school, *une école pluridisciplinaire.*

Amidst it all (the Port of London), no plan appears, no intention, no comprehensive desire. *Et dans tout cela, aucun plan, aucune intention, aucune vue d'ensemble* (et non pas *aucun désir de compréhension,* sic).

CONCERN [930]

CONCERN, verbe et nom, faux-ami partiel.

1. **To concern** a le plus souvent le même sens qu'en français .... **38 %**

   As far as I am concerned, *en ce qui me concerne.*

2. Autre sens, *tourmenter, inquiéter* .... **2 %**

   To be concerned about the future, *s'inquiéter pour l'avenir*

3. **Concern,** nom, *intérêt* (correspond au sens 1 du verbe) .... **4 %**

   On le transpose souvent par le verbe, transposition n° 6.

   That's no concern of mine. *Cela ne me regarde pas.*

   The matter is of more than Scottish concern. *L'affaire ne touche pas uniquement les Ecossais.*

4. **Concern,** *souci, inquiétude* (correspond au sens 2 du verbe) .... **8 %**

   My concern for your welfare, *le souci que j'ai de votre bien-être.*

5. **Concern,** *affaire, entreprise, exploitation* .... **11 %**

   A flourishing concern, *une entreprise florissante.*

   Public concerns, *les affaires publiques.*

   Heads of concerns, *des chefs d'entreprise.*

CONFIDENCE [249]

CONFIDENCE, nom, faux-ami partiel.

1. **Confidence** n'a que rarement le sens de *confidence* . . . . **10 %**
   On le rencontre surtout dans l'expression :
   I am telling you this in confidence. *Je vous dis ceci confidentiellement.*
2. Le sens courant est *confiance, assurance.*
   He enjoys all his employees' confidence. *Il jouit de toute la confiance de ses employés.*

CONFIDENT [62] est, non pas un nom mais un adjectif, *confiant.*

CONSUME, CONSUMMATE

Ces deux mots sont intéressants et parfois difficiles, parce qu'ils sont le résultat d'une filiation complexe du latin à travers le français. Mais il n'y a pas de parallélisme exact entre l'anglais et le français.

● **To CONSUME.**

Ce verbe vient du latin **consumere,** *détruire peu à peu,* mais il a pris aussi un sens français (b) venant de **consummare.**
Les trois sens sont donc :
a) *consumer, détruire, dévorer* (au propre et au figuré).
b) *consommer* (des vivres), *manger* ou *boire; consommer, brûler* (d'une machine).
c) *consommer, gaspiller.*

● Mots dérivés :

CONSUMER, *consommateur.*

CONSUMPTION,
a) *consommation* (au sens économique).
b) *destruction* (comme par le feu).
c) *maladie qui dévore, phtisie, tuberculose.*

CONSUMPTIVE, *tuberculeux.*

● **CONSUMMATE** vient du latin **consummare,** *faire la somme.*

Consommer a ce sens en français classique (mener à son accomplissement) ainsi que le participe *consommé,* mais ses sens courants ont été influencés par *consumer.*

★ En anglais *consummate* est verbe et adjectif.

a) **To consummate,** *consommer* (un mariage, un sacrifice, un crime).
b) **Consummate,** adjectif, *consommé, parfait, complet.*
   He is a consummate master of his craft. *Il est passé maître dans son métier.*

● Mot dérivé :

CONSUMMATION, *consommation* (d'un mariage ou d'un crime), *achèvement, fin.*

CONTENT [444]

CONTENT, adjectif, faux-ami.

Content ne veut pas dire *content, heureux,* mais *contenté, satisfait, qui sait se contenter* . . . . **39 %**

I should be content to live here all my life. *Je me contenterais* (et non *je serais content*) *de vivre ici toute mon existence.*

Content est un nom dans l'expression . . . . **6 %**

To my heart's content, *à cœur joie, tout mon soûl.*

CONTROL [978]

CONTROL, nom et verbe, mot trompeur.

★ On évitera, par respect pour la langue française, de tomber dans le travers trop courant d'employer, sous l'influence de l'anglais, *contrôle* et *contrôler* avec des sens qu'ils ne devraient pas avoir en français.

Alors que le mot français veut dire essentiellement *soumettre à vérification, à examen*, le verbe anglais veut dire *commander, diriger, maîtriser*.

On essaiera donc (ce sera difficile !) de résister à cet entraînement et on évitera d'employer *contrôle(r)* dans des expressions comme :

The control of the seas, *la maîtrise des mers.*
Controlled politeness, *une politesse étudiée.*
Self-control, *la maîtrise de soi.*
To get out of control, *échapper à toute autorité.*
The control of prices, *la surveillance des prix.*
Circumstances beyond our control, *des circonstances indépendantes de notre volonté.*
The controls, *les commandes d'un avion.*
Birth control, *la régulation des naissances.*
[Il est bien regrettable que l'expression calquée sur l'anglais tende à prévaloir, car, après tout, que veut dire le contrôle des naissances, en bon français, sinon la vérification des naissances, sur les listes d'état-civil par exemple ?].
To control oneself, *se dominer, se maîtriser.*
To control the rise in the cost of living, *enrayer la hausse du coût de la vie.*
Controlled economy, *l'économie dirigée.*

Si l'on veut bien étudier les exemples ci-dessus on verra que l'on peut utiliser pas moins de dix mots pour exprimer toutes les nuances de sens contenues dans ce mot **control.** Pourquoi alors, sinon par paresse d'esprit, se priver de toutes ces ressources en tombant dans cette solution appauvrissante, mais hélas facile, qui semble prévaloir un peu partout ?

CONVENIENCE [98]

CONVENIENCE, nom, faux-ami.

Les sens du mot sont *utilité, commodité, agrément.*

Modern conveniences, *le confort moderne.*
At your earliest convenience, *au premier moment favorable, dès qu'il vous sera possible.*

CONVENIENT, adjectif, *commode.*

COUNTENANCE

COUNTENANCE, nom et verbe, faux-ami.

Le mot anglais n'a jamais le sens de *contenance* (quantité contenue).
On retrouve le sens français dans des expressions comme :

To lose countenance, *perdre contenance.*
To put out of countenance, *décontenancer.*

Les deux sens anglais sont :

a) *Expression du visage, physionomie.*

Children with the countenances of old men, *des enfants aux visages de vieillards.*
A very anxious expression of countenance, *un visage exprimant une grande inquiétude.*

b) *Faveur, appui.*

To give countenance to a person's conduct. *appuyer, défendre la conduite de quelqu'un.*

To countenance, *autoriser, approuver, sanctionner* (sens b).

CRACK [112]

CRACK, nom et verbe, mot trompeur.

La tendance naturelle est de traduire **crack** par *craquer.*

1. Le mot français désigne essentiellement un bruit. Le mot anglais aussi, mais dans une faible proportion *[**12 %**]*. Encore est-ce souvent un autre verbe que *craquer* qu'il faudra employer.

To crack a whip, *faire claquer un fouet.*

A rifle cracked. *On entendit claquer un coup de fusil.*

2. Les sens anglais courants sont :

a) (nom) *fente, fissure, crevasse.*

b) (verbe) *se fêler, se fendiller, (se) casser, craquer.*

The social structure is cracking. *L'édifice social est en train de se fissurer, de craquer.*

To crack a nut, *casser une noix.*

(sens figuré) **To crack jokes,** *faire, lancer des plaisanteries.*

3. Crack, adjectif et nom.

A crack horse, a crack, *un crack.*

A crack shot, *un tireur d'élite.*

CUSTOM [382]

CUSTOM, nom, faux-ami partiel.

1. Le sens courant est bien sûr *coutume, habitude* .... **86 %**

Mais il ne faut pas oublier deux autres sens possibles :

2. *la clientèle* (d'où **the customers,** *les clients*) .... ***1 %***

The British holidaymakers' custom, *la clientèle des touristes britanniques.*

3. et surtout **the customs,** *la douane* .... **9 %**

● Mots dérivés :

Customs-duty, *droit de douane.*

Custom-house, *bureau de douane.*

A custom-house officer, *un douanier.*

CUT [1173]

To CUT, cut, cut, verbe irrégulier.

1. Sens courant, *couper* .... **52 %**

Le verbe peut avoir un sens passif.

This cloth cuts well. *Cette étoffe se coupe bien.*

● Voici quelques autres emplois qui risquent d'embarrasser le traducteur.

To cut a person (dead) (= to ignore), *affecter de ne pas voir quelqu'un, passer près de quelqu'un sans saluer, laisser tomber* (familier).

People who were condemned to spend their lives within a mile of one another quarrelled bitterly and cut one another for twenty years. *Des gens qui étaient condamnés à passer toute leur existence à moins d'un kilomètre les uns des autres se querellaient âprement et refusaient de se saluer pendant vingt ans.*

To cut prices, *réduire les prix au plus bas* .... *(8 %)*
To cut a lecture, *sécher un cours.*
To cut a figure, *faire (bonne) figure.*
To cut a long story short, *pour abréger.*
To cut it fine (familier), *réussir tout juste, arriver de justesse.*
He could not understand why the hotel bus cut it so fine. *Il ne comprenait pas pourquoi l'omnibus de l'hôtel arrivait toujours à la dernière minute.*

2. To cut, verbe composé .... **27,6 %**

En général la postposition ajoute une nuance qu'il faut se garder de négliger dans la traduction, et qui peut se rendre par un verbe précis.

— **To cut away dead branches,** *enlever, élaguer les branches mortes.*
— **To cut down a tree,** *couper, abattre un arbre.*
— **To cut off a head,** *trancher, sectionner une tête.*
— **To cut out pictures,** *découper des images.*
— **To cut up meat,** *découper, débiter de la viande.*

● Autres sens dérivés :

— **To cut down expenses,** *réduire les dépenses* .... **4 %**
— **To cut in,** *se mêler à la conversation.*
— **To cut somebody out,** *évincer quelqu'un, lui souffler sa place.*
— **To be badly cut up by a piece of news,** *être profondément affligé par une nouvelle.*

D

DARE [372]

To DARE, verbe semi-défectif.

1. Sens courant, *oser*, quelquefois *braver*; *défier*.

La traduction de ce verbe n'offre pas de difficulté. Pourtant le traducteur qui rencontre **dare** suivi d'un infinitif passé devra se méfier. La traduction demande un chassé-croisé. Voir changements de temps, VI, 2 b, page 265.

2. ★ Attention à la locution **I dare say,** parfois écrite **I daresay,** et employée uniquement à la première personne . . . . **6 %**

Il ne faut surtout pas la traduire littéralement, car elle signifie *j'imagine, je suppose* et ne suggère aucune audace.

He's a pleasant sort of fellow, I dare say, but I don't trust him. *C'est un genre de type plutôt sympathique, je suppose, mais je n'ai pas confiance en lui.*

On peut aussi rendre cette expression par *sans doute* (transposition n° 4).

I daresay you are right. *Je suppose que vous avez raison, sans doute avez-vous raison.*

DEAD [613]

DEAD, adjectif, *mort,* pour mémoire. . . . . **85 %**

Le traducteur risque d'être fort embarrassé par un sens particulier de ce mot, qui apparait sous trois formes différentes.

1. Dead, adjectif, au sens de *complet, exact.* . . . . **1 %**

To come to a dead stop, *s'arrêter net.*

To be dead on time, *être exact à la minute.*

2. Dead, adverbe, à valeur intensive. . . . . **2 %**

I'm dead sure about it. *J'en suis absolument certain.*

To go dead slow, *ralentir au maximum.*

To be dead against, *être absolument opposé à.*

Voir aussi **SET,** 6, **CUT,** 1.

3. Dead, nom. . . . . **0,5 %**

At dead of night, *au plus profond de la nuit.*

At dead of winter, *au plus fort de l'hiver.*

DEAL [891]

DEAL, verbe et nom.

Les différents sens et emplois doivent être soigneusement étudiés.

1. To deal, dealt, dealt, verbe irrégulier, transitif direct. . . . . **3 %**

To deal cards, *donner, distribuer les cartes.*

To deal out forms, *distribuer des imprimés.*

To deal a blow, *donner un coup.*

2. **To deal,** verbe transitif indirect. . . . . **48 %**

Bien distinguer les sens suivants,

— **To deal with a person,** *avoir affaire à quelqu'un, traîter quelqu'un.*

He has been dealt with quite leniently. *On l'a traité avec beaucoup d'indulgence.*

— **To deal with a subject,** *traîter (d') un sujet.*

That matter has already been dealt with. *Le problème a déjà été traité.*

— **To deal in,** *faire commerce de.*

I don't deal in that line. *Je ne fais pas cet article.*

3. **Deal,** nom. Les sens correspondent à ceux du verbe. . . . . **3 %**

Whose deal is it ? *A qui est-ce de donner ?*

The New Deal, la « *Nouvelle Donne* », politique du Président F.D. Roosevelt en 1933.

To do a deal with, *conclure un marché avec.*

4. **Deal,** nom, au sens de *quantité*. . . . . **35 %**

Il ne se trouve que dans les locutions adverbiales, **a good deal, a great deal,** qui s'emploient de préférence à **much** dans les phrases affirmatives.

In a huge house, one wastes a great deal of time walking about and climbing stairs. *Dans une immense maison on perd beaucoup de temps à aller et venir et à grimper les escaliers.*

5. Il existe un nom **deal,** avec le sens de *bois blanc*, mais que l'on a peu de chances de rencontrer.

DECEIVE [109]

To DECEIVE, verbe, faux-ami.

To deceive ne veut pas dire *décevoir*, mais *tromper, abuser.*

To deceive oneself, *se tromper, se leurrer.*

To be deceived (= to be mistaken), *se tromper, s'abuser.*

My deceiving memory, *ma mémoire trompeuse.*

DECEPTION, nom, a les sens correspondants, *tromperie, supercherie*, jamais *déception.*

DECEPTIVE, adjectif, *trompeur, mensonger.*

DECENT

DECENT, adjectif, faux-ami partiel.

Decent signifie plus souvent *correct, convenable, honnête* que *décent*, (conforme à la décence).

A decent family, *Une famille respectable* (selon les critères bourgeois).

We had quite a decent meal on the boat. *Sur le bateau on nous a servi un repas assez convenable.*

A decent longish nose, *un nez acceptable bien qu'un peu long.*

DECENTLY, sens correspondant.

It is disgraceful that an adult male should not be able to drive a car decently. *C'est une honte qu'un homme d'âge adulte ne puisse conduire une voiture convenablement.*

DEFINITE

DEFINITE, adjectif, mot trompeur.

Lorsque l'informateur de la radio parle des « buts politiques définis » de telle puissance, il traduit — et mal, hélas — une information anglaise, **« the definite political aims... »**

Malheureusement **definite** ne veut dire ni *défini* ni *définitif*, mais *précis*. Il fallait donc parler des *buts politiques précis*.

A definite answer, *une réponse ferme, bien arrêtée.*

Even at a very early stage of school life, we can identify a few individuals with a definite inclination towards one group of studies or another. *Même au tout début de la vie scolaire, nous pouvons identifier un certain nombre d'individus ayant un penchant marqué* (et non *définitif) pour tel ou tel genre d'études.*

DEFINITELY, adverbe, *précisement, exactement, nettement.*

It is definitely forbidden. *C'est formellement interdit.*

DELAY [260]

DELAY, nom et verbe, faux-ami.

A delay n'est pas *un délai*, mais *un retard*. . . . . **66 %**

Ten days' delay, *un retard* (et non *un délai) de dix jours.*

Without further delay, *sans plus tarder.*

To delay, *différer, retarder, ajourner*. . . . . **32 %**

DELIBERATE

DELIBERATE, adjectif, faux-ami.

Lorsque La Bruyère écrit d'une femme qu'elle avait « la démarche ferme et délibérée », il emploie deux adjectifs qui sont à peu près synonymes. Délibéré veut dire hardi, résolu.

Deliberate, lui, est synonyme de **slow.**

Les deux mots sont associés dans la phrase suivante,

Then, in his slow deliberate way, he began as follows... *Puis, de sa façon lente et mesurée, il commença comme suit.*

Deliberate veut dire *qui agit avec une sage lenteur, après mûre réflexion, qui répond en pesant ses mots.* (Etymologie, **liberare,** *peser).*

A deliberate speech, *un discours prudent, circonspect.*

DEMAND [1422]

DEMAND, nom et verbe, faux-ami partiel.

1. Le sens du verbe est beaucoup plus fort en anglais qu'en français. C'est non pas *demander*, mais *réclamer, exiger*. . . . . **32 %**

The nation imposes difficult duties and demands the greatest sacrifices. *La nation impose des devoirs difficiles et exige les plus grands sacrifices.*

After violent emotion most people and all boys demand food. *Après une violente émotion la plupart des gens et tous les garçons réclament à manger.*

2. Le nom exprime en général la même nuance autoritaire. . . . . **24 %**

The oil-producing countries have stated their demands. *Les pays producteurs de pétrole ont formulé leurs exigences.*

3. Dans le langage commercial cependant, **demand** se traduira par l'équivalent français. . . . . **39 %**

The law of supply and demand. *La loi de l'offre et de la demande.*
This article is in great demand. *Cet article est très demandé.*

DEPUTY

DEPUTY, nom, faux-ami.

Un député français est un représentant du peuple.
Deputy exprime la même idée, mais dans tous les domaines. C'est celui à qui l'on délègue ses pouvoirs, *un représentant, un substitut, un suppléant, un sous-ordre*.
Une méconnaissance de cette différence peut donner lieu à une confusion grave. Un notable britannique, au cours d'une réception officielle à l'Hôtel de Ville de X., apprenant qu'il allait être reçu par M. le Député-Maire de la ville, traduisit intérieurement et se demanda pourquoi il n'avait pas l'honneur d'être reçu par le maire en personne.

The deputy-mayor est en effet *le premier adjoint*.

DESIGN

DESIGN, nom et verbe, mot souvent délicat.

1. **Design,** nom, combine les sens de *dessin* et de *dessein*, qui sont d'ailleurs un seul et même mot.
   a) *dessein, projet, but.*
   The designs of American imperialism, *les visées de l'impérialisme américain.*
   b) *dessin, motif, plan, étude, conception, construction,* sens très courants dans le commerce et l'industrie.
   The automobile is a durable good whose design should be atuned to its specific function. *L'automobile est un produit durable dont la conception devrait s'accorder à sa fonction spécifique.*

● Le terme **design** est couramment, mais parfois abusivement, utilisé en français. Une exposition s'est tenue en 1971 à Paris sous le titre « L'idée et la forme — design en Grande-Bretagne », où les sens de l'idée qui préside à l'exécution et de la forme qui en est le résultat sont fort exactement mis en lumière.

2. **To design** a les sens équivalents.
   a) *destiner.*
   Boats designed for river traffic. *Des bateaux destinés à* (ou *conçus pour*) *la navigation fluviale.*
   b) *préparer* (un projet), *dessiner* (un plan), *inventer* (un modèle).

DESPERATE

DESPERATE, adjectif, mot trompeur.

On a tendance à traduire régulièrement **desperate** par *désespéré*, ce qui est faux dans neuf cas sur dix.
Quand on lit dans une étude sur Fleet Street « le caractère désespéré de la bataille entre les géants de la presse », on devine que le journaliste a utilisé des sources anglaises avec un mépris flagrant du sens du mot *désespéré* en français.

A desperate remedy n'est pas un *remède désespéré*, mais un *remède héroïque*.
A desperate fight n'est pas un *combat désespéré*, mais *une lutte acharnée, à outrance*. (cf. l'énergie du désespoir).

A desperate man n'est pas *un homme désespéré*, mais *un homme poussé à bout, réduit aux abois*.

Familièrement, **a desperate lover** n'est pas *un amoureux transi* mais *un amant éperdu*.

- En l'absence d'un adjectif approprié, il faudra quelquefois transposer.

  Miss Moss made a desperate rush forward. *Miss Moss s'élança : c'était sa dernière chance.*

DEVISE

To DEVISE, verbe, faux-ami.

Ses sens ont dérivé bien loin du français de- et diviser. Il veut dire *imaginer, inventer, projeter, machiner.*

He had devised an ingenious plan to make money. *Il avait mis au point un plan ingénieux pour gagner de l'argent.*

How can a man devise such stupid plots for his plays ? *Comment un homme peut-il imaginer pour ses pièces d'aussi stupides intrigues ?*

DEVICE, nom, a les sens correspondants.

A device, c'est *un procédé, un dispositif*, familièrement *un truc, une astuce; un stratagème, un expédient*; accessoirement *une devise*.

It is a device which the autobiographical novel has used for centuries. *C'est un procédé que le roman autobiographique utilise depuis des siècles.*

An anti-theft device, *un (dispositif) anti-vol.*

DIRECT [739]

DIRECT, et les mots qui en dérivent, offrent, outre ceux qui correspondent au français, un certain nombre de sens contre lesquels il faut mettre le traducteur en garde.

DIRECT est verbe et adjectif.

1. Verbe, *donner des instructions.* . . . . **11 %**

I was directed to examine the applicants. *On m'ordonna (ou je fus chargé) d'interroger les candidats.*

As directed, *selon les indications, ou les ordres donnés.*

2. Adjectif. . . . . **9 %**

a) *Franc, ouvert.*

A direct answer, *une réponse franche.*

b) *Formel, exprès.*

To speak in direct words, *parler en termes formels.*

DIRECTLY [355], adverbe et conjonction, *aussitôt (que)*. . . . . **13 %**

I'll be back directly. *Je reviens tout de suite.*

Let me know directly he comes. *Prévenez moi dès qu'il arrivera.*

DIRECTION [793], nom. Au pluriel il veut dire *instructions, consignes.* . . . . . . **9 %**

You have been given wrong directions. *On vous a mal renseigné.*

The directions for use, *le mode d'emploi.*

DIRECTOR [253], a généralement le sens d'*administrateur d'une société.*

The Board of Directors, *le conseil d'administration.*

DISCHARGE

DISCHARGE, nom et verbe, faux-ami partiel.

En dehors de celui de *décharger* (un bateau, une cargaison), **to discharge** a des sens multiples, dont voici les principaux.

a) (avec un complément de personne) *congédier, remercier, licencier* (un employé, un ouvrier), *libérer, élargir* (un prisonnier), *exempter, dispenser* (quelqu'un d'une obligation).

b) (avec un complément de chose), *s'acquitter* (d'une fonction), *accomplir* (un devoir), *acquitter, liquider* (une dette).

Discharge, nom, a les sens correspondants.

There is no small satisfaction in the discharge of one's duty. *L'accomplissement de son devoir n'offre pas une mince satisfaction.*

DISGRACE

DISGRACE, nom et verbe, faux-ami.

Disgrace, c'est *la honte, le déshonneur.*

He is a disgrace to mankind. *C'est l'opprobre du genre humain.*

These slums are a disgrace to the town. *Ces taudis sont la honte de la ville.*

To disgrace, *déshonorer, faire affront.*

DISGRACEFUL, *déshonorant, infâme.*

DISPOSE

To DISPOSE, verbe, mot trompeur.

Ce verbe peut avoir le même sens que son équivalent français, mais il faut se garder du piège de **to dispose of.**

To dispose of a house ne veut pas dire du tout *disposer d'une maison*, c'est-à-dire l'avoir en sa possession, mais *la vendre, s'en défaire.*

To dispose of a question, *résoudre, régler une question.*

To dispose of one's enemy, *se débarrasser de son ennemi.*

To dispose of a meal (familièrement), *expédier un repas.*

DISPUTE

DISPUTE, nom et verbe, faux-ami partiel.

A côté du sens de *dispute, se disputer* (dont l'équivalent courant est d'ailleurs **quarrel), dispute** a souvent le sens de *discussion, controverse, débat; discuter, contester.*

Foch's rank among the world's great generals may be disputed (Sir Winston Churchill). *Le rang de Foch parmi les grands généraux du monde est sujet à controverse* (ou *on peut contester le rang...).*

DISTRACTION

DISTRACTION, nom, faux-ami.

Ce mot veut rarement dire *distraction, divertissement.* Il ne veut jamais dire *distraction*, le fait d'être distrait, *étourderie.*

Il faut le traduire le plus souvent par *égarement, folie.*

To love somebody to distraction, *aimer quelqu'un à la folie, à en perdre la tête.*

You'll drive me to distraction. *Vous allez me rendre fou.*

To distract a le sens analogue.
He looked distracted. *Il avait l'air égaré, affolé,* et non pas *distrait.*
A distracting tumult, *un vacarme affolant.*

DISTRACTEDLY, *comme un fou, éperdument.*

DO [12840]

1. do = faire	**5. do,** aux. de conjugaison
2. do, intransitif	**6. do,** aux. d'insistance
3. do, transitif direct	**7. do,** dans les « tags »
4. do, transitif indirect	**8. do,** aux. de substitution.

To DO, did, done, verbe irrégulier et auxiliaire.
Les emplois de **do** sont très complexes. On en trouvera l'essentiel ci-dessous.

I. Do est un verbe.

1. Sens courant, *faire,* pour mémoire. .... **29 %**
Do as you like. *Faites comme vous voudrez.*

● **Do** peut se trouver placé en tête de phrase dans une proposition à sens restrictif.
Do what I will these socks get the better of me. *J'ai beau faire, je n'arrive pas à venir à bout de (tricoter) ces chaussettes.*
Voir aussi **AS,** 1 c.

2. Do, intransitif, peut vouloir dire, ... **8,7 %**

a) *Se porter, aller, réussir.*
The patient is doing well. *Le malade va très bien.*
He did very well during the war. *Il a très bien réussi,* ou bien *il s'est très bien comporté, pendant la guerre.*

★ La locution **how do you do ?** n'est pas synonyme de **how are you ?**
Rien n'est plus ridicule que d'entendre dans les films anglo-américains doublés des gens qui se voient pour la première fois échanger des « *Comment allez-vous ?* », restant sans réponse.
How do you do ? correspond à *enchanté, très honoré,* plus familièrement *ça va ?*

b) *Convenir, faire l'affaire, suffire.*
That will do. *Cela suffit, cela conviendra, ça ira.*
That won't do. *Ca ne va pas, ça ne fait pas l'affaire.*
It would do me all right. *Ca me conviendrait très bien.*

c) **To make do,** voir **MAKE,** 4.
I'll make it do. *Je m'en arrangerai.*

d) *Finir, terminer,* uniquement au passé. Voir n° 4.
I have done. *J'ai fini.*
Be done ! Have done ! *Finissez-en !*
Have you done crying ? *Avez-vous fini de pleurer ?*

3. Do, transitif direct.

a) *Mettre en ordre, arranger.*
To do up a room, *remettre à neuf une chambre.*
To do one's hair, *se coiffer.*

b) *Faire cuire,* au participe passé seulement.
Is the meat done yet ? *La viande est-elle cuite ?*
It is well done, done to a turn, overdone, underdone. *Elle est bien cuite, à point, trop cuite, saignante.*

4. **Do,** transitif indirect.
Parmi les nombreux emplois idiomatiques, voici les principaux.
Il faudra se montrer très vigilant, car leurs structures, souvent très proches les unes des autres, peuvent prêter à confusion.

— **To do by,** *traiter.*
Do as you would be done by. *Traitez les autres comme vous voudriez qu'on vous traite.*

— **To be done for,** *être fichu.*

— **To have to do with,** *avoir à voir, concerner.*
What's that got to do with you ? *En quoi est-ce que cela vous concerne ?*

— **To have done with,** *en avoir fini avec.*
I have done with politics. *C'est fini, je ne me mêle plus de politique.*

— **To make do with,** *se contenter de,* voir **MAKE,** 3.

— **To do without,** *se passer de.*
I can do without the car today if you need it. *Je peux me passer de la voiture aujourd'hui si vous en avez besoin.*

— **To do away with,** *supprimer, faire disparaître.*
They believed that a stocking tied round your neck did away with your sore throat. *On croyait qu'un bas attaché autour du cou faisait disparaitre le mal de gorge.*

II. **Do** est un auxiliaire.

5. **Do** et **did** sont auxiliaires des conjugaisons interrogative et négative, pour mémoire. . . . . **47,1 %**
Il n'y a pas de difficulté d'identification. On se rappellera seulement que la forme interro-négative, plus fréquente en anglais qu'en français, n'a pas besoin d'être calquée et peut se traduire avec une certaine souplesse.
Didn't he come to see you yesterday ? *Il n'est pas venu vous voir hier ?*
I have some very old Benedictine. Won't you try it ? *J'ai une très vieille Bénédictine. Vous en goûterez bien.*

6. **Do** et **did** sont auxiliaires d'insistance. C'est la forme dite emphatique. . . **6,3 %**
On évitera de traduire automatiquement par *vraiment,* ou *bien,* car le français dispose de toute une gamme de traductions qui permettent d'exprimer les diverses nuances.
He does speak well ! *Comme il parle bien !*
I do know what I am talking about. *Je sais de quoi je parle, soyez-en sûr.*
I did have a lot of trouble with my car. *Croyez-moi, j'ai eu des tas d'ennuis avec ma voiture.*
He said he would come, and he hid come. *Il a dit qu'il viendrait, et effectivement il est venu.*
[L'inversion accentuerait encore l'insistance ... **and come he did**].
When success did arrive, it was total. *Quand le succès est enfin arrivé, il fut total.*

● A l'impératif, **do** renforce l'ordre.
Do try and understand. *Essayez donc de comprendre.*
Do be a good boy. *Sois gentil, je t'en prie.*

7. **Do** et **did** s'emploient dans les « tags » (queues de phrase elliptiques).
Là encore le français dispose de nombreuses traductions pour exprimer,
a) l'affirmation ou la négation simple. Il est inutile de traduire **do** qui n'est guère qu'une cheville.
Do you see what I mean ? — Yes, I do. *Vous voyez ce que je veux dire ? — Oui.*
Did you go out ? — No, I didn't. *Etes-vous sorti ? — Non.*

b) l'affirmation ou la négation catégorique.

Who took that ? — I did. *Qui a pris cela ? — C'est moi.*

Do you intend to marry me ? — No, I don't. *Avez-vous l'intention de m'épouser ? — Certainement pas.*

c) la surprise.

They won the match — Did they ? *Ils ont gagné le match — Vraiment ? Pas possible !*

He never drinks wine — Oh, doesn't he ? *Il ne boit jamais de vin — Ah, oui ?*

a + c) une réaction sarcastique ou irritée.

The customer should find it easier now to get a loan. Mr Barber says so — He does, does he ? *Le client devrait maintenant avoir plus de facilités pour obtenir un emprunt, selon M. Barber — Tiens ! Tiens ! Vraiment ?*

d) la conformité, affirmative ou négative.

Tom likes football, so does Fred. *Tom aime le football, Fred aussi.*

I never smoke in bed — Neither do I (ou **I don't either).** *Je ne fume jamais au lit — Moi non plus.* Voir **NEITHER,** 3.

e) la disparité.

My wife likes French cooking, I don't. *Ma femme aime la cuisine française. Pas moi.*

He didn't realize the danger. I did. *Il ne se rendit pas compte du danger, moi si.*

f) une demande d'avis.

I like pop music. Do you ? *J'aime la musique pop. Et vous ?*

We enjoyed our holidays in Spain. Didn't you ? *Nous avons passé de bonnes vacances en Espagne. Pas vous ?*

g) équivalent de *n'est-ce-pas ?*

We went to school together, didn't we ? *Nous sommes allés au lycée ensemble, n'est-ce-pas ?*

You don't think I am trying to be funny, do you ? *Vous ne croyez pas que j'essaie de plaisanter, non ?*

8. Do et **did** sont auxiliaires de substitution . . . . **5,6 %**

On peut traduire **do** par *faire.*

She said she would send me a cheque, and never did. *Elle m'avait dit qu'elle m'enverrait un chèque, mais elle ne le fit jamais.*

I held my breath as one does with toothache. *Je retins mon souffle, comme on fait quand on a une rage de dent.*

Mais le français offre d'autres possibilités :

— ou bien laisser le verbe sous-entendu.

Women live much more in the past than we do. *Les femmes vivent dans le passé beaucoup plus que nous.*

— ou bien répéter le verbe, dans le style soutenu.

The book still enchants me as much as it did when a boy. *Ce livre me charme toujours autant qu'il me charmait quand j'étais gamin.*

— ou bien employer *le,* dans une subordonnée.

You broke your leg. I know you did, because I saw it in the papers. *Vous vous êtes cassé la jambe. Je le sais, parce que je l'ai vu dans le journal.*

— ou encore utiliser une autre tournure.

If only he could have enjoyed himself ! But he never did. *Si seulement il avait su s'amuser. Mais ce n'était jamais le cas.*

DOWN [3020]

1. idée de descendre	**3.** sens dérivés
2. idée de s'éloigner	**4. Down to**

DOWN, pré-/ou postposition, s'oppose à **UP.**

C'est essentiellement une pré-/ou postposition de mouvement,

(1) vers le bas,

(2) en s'éloignant de la personne qui est le centre d'intérêt.

Elle correspond donc à un verbe français (transposition n° 14).

1. *Descendre, baisser, tomber.*

They were paddling down the river. *Ils descendaient la rivière en pagayant, en canoé.*

He looked down. *Il baissa les yeux.*

He held her, lest she should be jolted down. *Il la tenait bien, de peur que les cahots ne la fissent tomber.*

● Dans les cas évidents (action de la pesanteur), et après un verbe précis, **down** se traduira simplement par *dans* ou *sur.*

The child fell down the stairs. *L'enfant tomba dans l'escalier.*

She poured the contents of the bottle down the sink. *Elle versa le contenu de la bouteille dans l'évier.*

Tears ran down her cheeks. *Des larmes ruisselaient sur ses joues.*

★ Une erreur fréquente consiste à traiter **down** comme une préposition de lieu, sans idée de mouvement.

He carted his faggots down the long road to Vezza, ne veut pas dire, *il transportait ses fagots en bas de (ou sur) la longue route de Vezza,* mais *il descendait ses fagots par la longue route qui mène à Vezza.*

● La seule exception à cette règle est lorsque **down** est employé après **to be.**

He is not down yet. *Il n'est pas encore descendu.*

The blinds are down. *On a baissé les stores.*

● **Down** transforme les verbes de position en verbes de mouvement.

To SIT down, to LIE down, voir ces verbes.

2. *S'éloigner, suivre.*

Come with me down the road. *Accompagnez-moi sur la route.*

I dived down a dark passage. *Je m'engouffrai dans une ruelle sombre.*

Walk down the street as far as the bridge. *Suivez la route jusqu'au pont.*

Le sens est souvent vague, à rapprocher de celui de **ALONG,** 3.

I am like a little dog that trots down the road after the regimental band. *Je suis comme un petit chien qui suit la route en trottant derrière la musique du régiment.*

● **Down** exprime parfois l'éloignement d'un point central (la capitale par exemple). Ne pas chercher à le traduire.

On the way down from London to Brighton, *en allant de Londres à Brighton.*

Down in the country, *à la campagne, en province.*

UP AND DOWN, voit **UP,** 3.

3. **Down** a de nombreux sens dérivés qu'il n'est pas question d'énumérer. L'idée la plus courante est la diminution, l'extinction, la destruction.

The fire is burning down. *Le feu baisse.*

Turn down the gas. *Baissez le gaz.*

The house was burnt down. *La maison a été détruite par un incendie.*

The accumulator has run down. *L'accumulateur s'est déchargé*, voir **RUN,** 2.
Voir **CUT,** 2, **SHUT,**

Cette idée peut se recouper avec celle de **UP,** 4. Curieusement en effet, *ralentir, diminuer de vitesse* peut se traduire indifféremment par **to slow up** ou **to slow down.**

● Quelques emplois idiomatiques, après **to be.**

He is down with the flu. *Il est au lit avec la grippe.*
Everyone is down on him. *Tout le monde lui tombe dessus.*
To be down in the mouth, *être découragé, abattu.*
To be down and out, *être à bout de ressources, ruiné.*

Down se trouve après certains verbes avec un sens souvent très particulier..
Voir **PUT,** 2d, **LAY, BREAK,** 3a.

4. Down to, préposition composée, *jusqu'à.*
They walked down to the river. *Ils descendirent jusqu'à la rivière* (sens 1).
I'll walk down to the corner with you. *J'irai vous accompagner jusqu'au coin* (sens 2).
From 100 down to 20, *depuis 100 jusqu'à 20.* (chiffre).
Down to recent times, *jusqu'à l'époque moderne* (temps).

★ Il y a trois noms **DOWN,** dont seul le premier appartient à la même famille.
(1) **Ups and downs,** *des hauts et des bas.*
(2) **A down,** *une dune, une colline crayeuse.*
(3) **Down,** *du duvet.*

DRAW [1346]

To DRAW, drew, drawn, verbe irrégulier.

Les sens courants sont *tirer, attirer, traîner; dessiner.* Dans la majorité des cas la traduction ne présente aucune difficulté.
On notera simplement les points suivants.

a) **To draw near,** *s'approcher* .... ***4,1 %***
When the soldiers drew near, all the villagers fled. *A l'approche des soldats tous les villageois s'enfuirent.*

b) **To draw up,** *arrêter* ou *s'arrêter* (véhicule) .... ***1,4 %***
A car drew up at the kerb, but nobody got out. *Une voiture s'arrêta contre le trottoir mais personne n'en descendit.*
He drew up the car opposite the Grand Hotel. *Il arrêta sa voiture en face du Grand Hôtel.*

c) **A drawn game, a draw,** *une partie égale, un match nul.*

DRAUGHT, nom correspondant à **draw** (en américain toujours orthographié **DRAFT)** a des sens multiples.

★ Attention à ne pas le confondre avec **drought,** *la sécheresse.*

DRIVE [1096]

To DRIVE, drove, driven, verbe irrégulier

1. Sens courants, *pousser, mener; conduire; actionner, enfoncer.* .... ***78 %***
Un sujet de personne est normal, on peut aussi trouver un sujet de chose.
The carriage drove up to the door. *La voiture vint s'arrêter devant la porte.*
La transposition classique (n° 14) s'impose quand le verbe s'accompagne d'une postposition.
They ought never to have been allowed to drive in. *On n'aurait jamais dû les laisser entrer en voiture.*

Si le sens de **drive** est rendu évident par le contexte, on s'abstiendra de le traduire.

They drove away. *Ils s'éloignèrent.*

2. Sens dérivés. Quelques emplois idiomatiques . . . . **4 %**

To drive someone mad, crazy, out of his senses. *Rendre quelqu'un fou, l'affoler.*

To drive someone wild, *pousser quelqu'un à bout.*

To drive the matter home, voir **HOME,** 3.

To drive a bargain, *conclure, passer un marché.*

What are you driving at ? *Quel but poursuivez-vous ? Où voulez-vous en venir ?*

What scares a man worst is to be right in the midst of a crowd, and have no guess of what they're driving at. *Ce qui cause la plus grande frayeur à un homme c'est de se trouver en plein milieu d'une foule sans pouvoir deviner ce qu'elle veut.*

DUE [820]

DUE, adjectif.

Ce petit mot est souvent embarrassant pour le traducteur.

Etymologiquement il veut dire *dû.*

1. C'est le sens qu'il a dans les expressions financières, mais le mot *dû* sera rarement utilisé. . . . . **6 %**

The bill is due for payment on..., *l'effet est payable le ...*

It falls due on..., *il vient à échéance le...*

2. **Due to,** *dû à, causé par.* . . . . **69 %**

What is it due to ? *A quoi cela est-il dû ?*

The accident is due to..., *l'accident est imputable à...*

● Autres sens plus délicats.

3. **Due (= proper, right).** . . . . **14 %**

In due form, *en bonne forme, dans les règles,* même *solennellement.*

In due course, *en temps voulu, en temps utile.*

After due consideration, *après mûre réflexion.*

4. **Due** peut exprimer une idée de temps. . . . . **5 %**

The train is due at 5. *Le train arrive à 5 h.*

The boat is due to sail at 10. *Le navire doit lever l'ancre à 10 h.*

He is due to arrive this evening. *On l'attend ce soir.*

He was due to retirement. *Il avait l'âge de la retraite.*

● On notera le composé **overdue** correspondant aux sens 1 et 4.

Overdue accounts, *des comptes en souffrance, non payés après échéance.*

An overdue plane, *un avion en retard sur son horaire.*

★ **DULY,** adverbe, correspond à **due,** et non à **dull.**

Traduire par *dûment, en bonne et due forme, justement, en temps voulu, en temps utile.*

DUNGEON

DUNGEON, nom, faux ami.

Dungeon ne veut pas dire *donjon,* mais *cachot, prison.*

Let us mitigate the sufferings of our fellow-prisoners; decorate the dungeon with flowers. (Virginia Woolf, *Mrs Dalloway).*

Malgré le peu d'ambiguité de cette phrase et l'indication précise donnée par le mot **prisoner,** le traducteur de ce roman a écrit froidement : *Adoucissons les souffrances de nos compagnons de geôle, décorons le donjon* (sic) *avec des fleurs.*

On sait que les traducteurs professionnels travaillent vite. Mais quand même !

E

EACH [2785]

EACH, adjectif ou pronom, *chaque, chacun(e),* pour mémoire. . . . . **85 %**

EACH OTHER, pronom réciproque, *l'un l'autre* . . . .**14 %**

They are afraid of each other. *Ils ont peur l'un de l'autre.*
They were lying in each other's arms. *Ils étaient étendus dans les bras l'un de l'autre.*

La plupart du temps on évitera cette traduction littérale trop lourde en utilisant, s'il n'y a aucune ambiguité, un verbe pronominal.

They hate each other. *Ils se détestent.*

On peut aussi employer *mutuel* ou *mutuellement.*

They have a high regard for each other. *Ils ont une grande estime mutuelle, réciproque.*
They took each other's photographs. *Ils se photographièrent mutuellement.*

EARLY [1805]

EARLY, adverbe et adjectif.

1. **Early,** adverbe, *tôt, de bonne heure.* . . . . **27 %**

● **As early as,** locution prépositive, *dès.*
As early as the tenth century, *dès le dixième siècle.*

2. **Early,** adjectif. . . . .**73 %**
He is an early riser. *Il se lève tôt.*

★ A côté de ce sens, ne pas oublier que **early,** ou **earlier,** peut désigner le début d'une certaine période envisagée. Utiliser la transposition n° 8b.

In early spring, *au début du printemps.*
In the early 60's, *au début des années soixante.*
The early masters, *les peintres primitifs.*
In my early journalistic days, *à mes débuts de journaliste.*
I do not remember seeing any photograph of Henry James as he was in his earlier years. *Je ne me rappelle pas avoir vu de photographie de H.J. tel qu'il était dans sa jeunesse.*
A painter's or a musician's earlier manner, *la première manière d'un peintre ou d'un musicien,* par opposition à **the later manner.**

EDITOR

EDITOR, nom, faux-ami.

An editor n'est pas *un éditeur* **(a publisher),** mais *un rédacteur en chef.*

The letters to the editor, *les lettres des lecteurs au journal,* rubrique traditionnelle des quotidiens britanniques.

EITHER [1166]

EITHER, adjectif, pronom, conjonction et adverbe.

★ On voudrait ne pas avoir à signaler la confusion trop fréquente entre **either** et
❚ **other (on either side,** *de l'autre côté !).*

● La multiplicité des fonctions exige du traducteur un minimum d'attention.

1. Adjectif ou pronom. Il faut bien distinguer les deux sens. . . . . **26 %**

a) *l'un et l'autre, chacun.* . . . . **(13 %)**

There are curtains on either side (= on both sides) of the window. *Il y a des rideaux de chaque côté de la fenêtre.*

b) *l'un ou l'autre, n'importe lequel.* . . . . **(13 %)**

You may go by either road. *Vous pouvez prendre n'importe laquelle des (deux) routes.*

You would make a mistake either way. *Vous commettriez une erreur dans un cas comme dans l'autre.*

2. Conjonction. **Either... or,** *ou bien... ou bien, soit... soit, ni ... ni* (après une négation). . . . . **70 %**

The slaughtering of animals for fun is a pastime that leaves me either cold with disgust or hot with indignation. *Le massacre des animaux pour le plaisir est un passe-temps qui ou bien me glace de dégoût ou bien m'enflamme d'indignation.*

I don't believe he is either drunk or mad. *Je ne crois pas qu'il soit ni soûl ni fou.*

3. Adverbe. **Either** s'emploie à la fin d'une phrase, au sens de *non plus* . . . . **4 %**
Voir **DO,** 7 d.

We won't go abroad this year — We won't either. *Nous n'irons pas à l'étranger cette année. — Nous n'irons pas non plus.*

I don't feel like dying early — Nor look it, either. *Je ne me sens pas dans la peau de quelqu'un qui va mourir jeune — Vous n'en avez pas l'air non plus.*

ELABORATE

ELABORATE, verbe et adjectif.

Se méfier de ces mots en **-ate,** et de leur double fonction (cf. **CONSUMMATE).**

1. To elaborate, *élaborer* (une théorie), *étudier à fond* (un projet), *travailler, fouiller* (son style).

2. Elaborate, adjectif, *compliqué, soigné, travaillé, fouillé, recherché.*

An elaborate study, *une étude approfondie.*
An elaborate inspection, *une inspection minutieuse.*

EMPHASIS

EMPHASIS, nom, faux-ami.

Le mot français a un sens plutôt péjoratif (exagération pompeuse).
Le mot anglais est plutôt laudatif. Il désigne,

a) *l'accent* que l'on met sur une syllabe ou sur un mot.

b) *la vigueur,* l'intensité de l'expression, du style.

c) *la mise en valeur,* l'insistance sur un fait.

To lay emphasis on, *insister sur, souligner, faire ressortir.*

To EMPHASIZE, *accentuer, souligner.*

The point I wish to emphasize is.., *le point sur lequel je désire insister est...*

The sounds served but to emphasize the seclusion of the room. *Les bruits ne faisaient qu'accentuer l'isolement de la pièce.*

EMPHATIC, adjectif, *vigoureux, énergique, autoritaire.*

He told me to go home and was quite emphatic about it. *Il me dit de rentrer à la maison, et cela énergiquement.*

The emphatic form (en grammaire), *la forme d'insistance,* de préférence à *la forme emphatique.*

ENABLE

To ENABLE, verbe.

Ce verbe veut dire *rendre capable,* donc *permettre* (donner la possibilité), par opposition à **to allow,** *permettre* (donner la permission).

His considerable fortune enabled him to give his son a good education. *Sa fortune considérable lui a permis de donner à son fils une bonne éducation.*

★ Avis aux étourdis. Ne pas confondre le verbe **to enable** et l'adjectif **unable** (contraire de **able**), *incapable.*

ENGAGE

To ENGAGE, verbe, mot parfois trompeur.

Le traducteur devra penser que **to be engaged** peut offrir bien d'autres traductions que *être engagé*

The girl is engaged. *La jeune fille est fiancée.*

The carriage is engaged. *Le wagon est réservé.*

Are you engaged ? (à un chauffeur de taxi). *Etes-vous occupé,* ou mieux par transposition, *êtes-vous libre ?*

The line is engaged (téléphone). *La ligne est occupée.*

ENTERTAIN [132]

To ENTERTAIN, verbe, faux-ami.

Les sens correspondant au sens français sont désuets en anglais.
Voici les trois sens principaux.

1. *Réjouir, divertir, amuser.*

He entertained me with stories of his travels. Non pas, *il m'a entretenu de...,* mais *il m'a diverti (amusé) par les récits de ses voyages.*

2. *Recevoir quelqu'un chez soi,* en général pour passer la soirée.

The Emperor was entertained to dinner. *L'Empereur fut reçu à dîner.*

They entertain a great deal. *Ils recoivent beaucoup.*

3. *Avoir* (une opinion), *nourrir* (une passion, un espoir), *éprouver* (des craintes), etc.
C'est le complément qui détermine en général le choix du verbe.

ENTERTAINMENT.

1. *Divertissement, amusement, spectacle.*

2. *Hospitalité, réception.*

EVEN [2881]

EVEN, adverbe et adjectif.

★ Attention à ne pas les confondre. La relative rareté du sens 2 est en elle-même un danger pour le traducteur qui l'ignore.

1. **Even,** adverbe, *même; encore* devant un comparatif .... **95 %**

You can do it even better if you try hard. *Vous pourrez réussir encore mieux, si vous faites un gros effort.*

The sou'westerly air which visits even the heart of towns, *ce vent du sud-ouest qui pénètre jusqu'au cœur des villes.*

● **Even** se place en principe devant le mot sur lequel il porte, comme **only**. Donc le sens de la phrase peut varier avec cette place.

Even he could not open the box. *Même lui n'a pas pu ouvrir la boîte.*
He could not even open the box. *Il n'a même pas pu ouvrir la boîte.*
He could not open even the box. *Il n'a pas pu ouvrir même cette boîte.*

● **Even** se rencontre dans quelques locutions.

Even if, even though, *même si.*
Even so, *quand même.*
He has many faults, but even so he is a nice fellow. *Il a bien des défauts, mais c'est quand même un garçon sympathique.*

2. **Even,** adjectif, *uni, plan, régulier; égal,* (nombre) *pair.* .... **1,5 %**

The game was fairly even. *La partie était sensiblement égale.*
To move at an even pace, *se déplacer à une allure uniforme.*
To be even with someone, *être quitte avec quelqu'un.*

EVENTUAL

EVENTUAL, adjectif, faux-ami.

Eventual ne veut jamais dire *éventuel, possible,* mais *final, définitif.*

Ne faites pas comme ce « speaker », lisant sans broncher la traduction d'une dépêche de presse anglo-saxonne et annonçant « la résolution farouche des Américains de mener la guerre au Viet-Nam jusqu'à la victoire éventuelle (sic) » **(the eventual victory).**

EVENTUALLY, adverbe, a les sens correspondants, *finalement, en fin de compte, en définitive.*

Eventually the report was adopted. *Le rapport fut finalement adopté.*

On peut souvent appliquer la transposition n° 1.

He eventually got married. *Il a fini par se marier.*

EVER [2002]

EVER, adverbe.

Ce mot a trois emplois principaux.

1. **Ever** est à **always** ce que **any** est à **some.** Il veut donc dire *jamais, un jour* **59 %**

On le rencontre.

a) Après une négation ou une semi-négation. Voir **HARDLY.**

Nobody ever saw him again. *Personne ne le revit jamais.*

b) dans une question.

Have you ever seen a ghost ? *Avez-vous jamais vu un fantôme ?*

★ Attention à ne pas traduire cette phrase négativement, *vous n'avez jamais vu, n'avez-vous jamais vu de fantôme ?* La phrase anglaise correspondante serait, **Have you never seen a ghost ?** exprimant l'incrédulité.

c) Après **if.**

If you ever marry her, *si jamais vous l'épousez.*

d) Après un comparatif.

She is more elegant than ever. *Elle est plus élégante que jamais.*

The London suburb of my boyhood is still as unfinished as ever. *La banlieue londonienne que j'ai connue dans mon enfance est toujours aussi inachevée que jamais.*

e) Après un superlatif.

Julien Sorel is one of the most interesting characters that a novelist has ever created. *Julien Sorel est un des personnages les plus intéressants qui soit jamais sorti de la plume d'un romancier.*

2. **Ever** est synonyme de **always,** *toujours, tous les jours.* . . . . **20 %**

On le trouve dans certaines locutions consacrées comme,

For ever, *pour toujours, à jamais.*

Ever more, *toujours plus.*

Ever since, *(toujours) depuis.*

Ever since I can remember, *aussi loin que remontent mes souvenirs.*

3. **Ever** peut servir à renforcer une question (équivalent, **on earth).** . . . . ***14 %***

Who ever told you that ? *Qui a bien pu vous dire cela ?*

Why ever did you go ? *Pourquoi diable y êtes-vous allé ?*

What ever (ou **what on earth) put that idea into your head ?** *Qu'est-ce qui a bien pu vous mettre cette idée dans la tête ?*

★ Attention : même après un mot interrogatif, **ever** peut avoir le sens 1.

Who ever heard of a house-agent struggling to serve any one ? *Qui a jamais entendu parler d'un agent immobilier qui se démène pour servir quelqu'un ?*

★ Attention à bien distinguer cet emploi de **ever** de celui où il sert de suffixe dans les pronoms **whoever, wherever, whatever, however,** etc. Voir **WHATEVER,** etc.

Whoever told you that was a fool. *Celui qui vous a dit cela, quel qu'il fût, était un sot.*

● On trouve aussi **ever** avec une valeur intensive dans **ever so,** devant un adjectif ou un adverbe.

I'm ever so glad to see you. *Je suis tellement* (ou *rudement) content de vous voir.*

It is ever so much easier than we expected. *C'est infiniment plus facile que nous nous y attendions.*

EVERY [2867]

EVERY, adjectif, *chaque* (+ singulier), *tous* (+ pluriel).

1. L'emploi de *tous, tout(es)* convient mieux dans la majorité des cas. . . . . . . **85 %**

He has read every book in my library. *Il a lu tous les livres de ma bibliothèque.*

There were automobiles of every size and description. *Il y avait des automobiles de toute taille et de tout type.*

★ Ne pas confondre **on every side,** *de tous côté, tout autour,* avec **on each** (ou **on either) side,** *de chaque côté, à droite et à gauche.*

2. **Every** peut indiquer une fréquence . . . . ***14 %***

He has an extra day off every week. *Il a un jour de congé supplémentaire toutes les semaines.*

Every other day, *tous les deux jours, un jour sur deux.*

Every three days ou **every third day,** *tous les trois jours.*

3. **Every now and then, every now and again.** . . . . **1,1 %**

Contrairement à ce qu'on croit généralement, **every** n'ajoute absolument rien au sens de ces locutions.

Every now and then he stood up for exercise. *De temps en temps il se levait pour se donner un peu de mouvement.*

Every once in a while, *une fois en passant.*

★ Attention. Il faut distinguer **every day,** *chaque jour,* de **everyday** (en un seul mot), adjectif.

Everyday life, *la vie quotidienne, la vie de tous les jours.*

★ Attention. Il faut distinguer **everyone, everybody,** *tous, tout le monde,* de **every one** (en deux mots) où **one,** pronom, remplace un nom déjà exprimé.

I love Chaplin's films. I have seen every one of them. *J'adore les films de Charlot. Je les ai tous vus.*

EVIDENCE

EVIDENCE, nom, faux-ami.

Les sens du mot sont très loins du sens français : *signe, marque; preuve, témoignage.*

The evidence of my own eyes. *Le témoignage de mes yeux.*

The suspicion that smoking has something to do with cancer of the lung rests on several kinds of evidence. *L'hypothèse que le tabac à quelque chose à voir avec le cancer du poumon repose sur plusieurs sortes d'indices.*

To EVIDENCE, *prouver, porter témoigner.*

EVIDENT, adjectif, a, par contre, le même sens que le mot français.

EXCITE ? [182]

To EXCITE, verbe, **excited, exciting.**

Eviter de traduire ce verbe par ses homologues français, sauf au sens médical ou scientifique.

Quand une revue en langue française éditée en Grande-Bretagne rapporte qu'un journaliste du ' Financial Times ' a trouvé un livre intitulé **Social Trends** (*Tendances sociales*) « le plus excitant que j'aie eu entre les mains depuis 1970 », cela « sent » désagréablement la traduction.

Un Français parlerait de *livre passionnant,* à la limite *palpitant.*

An excited voice, *une voix émue.*

To get excited, *s'échauffer, s'emballer.*

An excited mob, *une populace surexcitée, échauffée.*

EXCITEMENT [124], nom, a les sens analogues.

He was mad with excitement. *Il était fou de joie.*

The childish excitement about football and cricket, *cet engouement puéril pour le football et le cricket.*

EXPERIENCE [780]

EXPERIENCE, nom et verbe, faux-ami partiel.

1. **Experience** ne correspond à *expérience* qu'au sens de pratique, enrichissement acquis au cours des ans. . . . . **44 %**

We learn by (ou **from**) **experience.** *L'expérience nous rend sages.*

2. **Experience** ne veut jamais dire *expérience scientifique* (= **experiment**). . . **36 %**

En français on fait une expérience, en anglais on la subit.

Le mot désigne en effet ce qui vous arrive et l'impression qu'on en garde.

To go through painful experiences, *passer par des épreuves pénibles.*

One evening she began to talk of her experiences in roaming about the world. *Un soir elle se mit à parler des aventures qu'elle avait eues en parcourant le monde.*

L'idée peut se rendre souvent par un verbe (transposition n° 3).

I had a strange experience in a haunted house. *Il m'est arrivé quelque chose de bien étrange dans une maison hantée.*

3. **To experience,** *éprouver, ressentir.* . . . . **18 %**.

EXPLODE [50]

To EXPLODE, mot dangereux, à cause de son sens 2.

1. *Exploser,* pour mémoire . . . . **68 %**

2. *Démontrer la fausseté de quelque chose, discréditer, condamner,* familièrement *dégonfler.* . . . . **16 %**

The historian of literature is little more than a historian of exploded reputations. *L'historien de la littérature n'est guère plus qu'un historien des réputations discréditées.*

EXQUISITE

EXQUISITE, adjectif, faux-ami partiel.

En plus du sens français, le mot **exquisite** a des sens conformes à l'étymologie (latin, **exquisitus,** *choisi, recherché)* et que l'on peut trouver chez nos classiques.

1. *Extrême, aigu, violent.*

He stood for a moment feeling exquisite pain. *Il resta debout un moment en proie à une douleur atroce.*

2. *Raffiné, subtil.*

Exquisite torture, *un supplice raffiné.*

She has an exquisite ear. *Elle a l'oreille très fine,* et non pas *elle a une mignonne petite oreille*

EXTRAVAGANT

EXTRAVAGANT, adjectif, faux-ami.

An extravagant wife, ce n'est pas *une épouse extravagante,* c'est-à-dire un peu folle, un peu bizarre, *mais une épouse dépensière, qui jette l'argent par les fenêtres.*

Extravagant prices, *des prix prohibitifs, exorbitants.*

EXTRAVAGANCE, nom, a le sens analogue.

She occasionally went to the extravagance of getting a hat at Reboux'. *Elle poussait parfois la folie des dépenses jusqu'à acheter un chapeau chez Reboux.*

Quand on lit dans la traduction des Mémoires de la Duchesse de Windsor, « Pour cette présentation à la cour, il me faudrait une toilette spéciale, mais je reculais devant une pareille extravagance (sic) », on ne peut s'empêcher de penser que le traducteur (professionnel !) était ou bien très ignorant, ou bien très étourdi pour laisser entendre qu'il puisse y avoir de l'extravagance (c'est-à-dire de la folie ou tout au moins de l'excentricité) à s'habiller spécialement pour être présentée à la cour !

F

FABRIC

FABRIC, nom, faux-ami.

Fabric ne veut jamais dire *fabrique, manufacture.*
Le mot a deux sens.

1. *Edifice,* surtout au figuré.

The whole fabric of society, *tout l'édifice social.*

His policy unravelled what little social fabric existed. *Sa politique défit le peu de structures sociales existantes.*

2. *Tissu, étoffe;* au figuré, *contexture.*

Silk and woollen fabrics, *des soieries et des lainages.*

FAIL [764]

To FAIL, verbe, mot dangereux à cause de son sens 2.

1. Sens courant, *échouer, manquer, défaillir.* .... **62 %**

2. ★ **To fail** + un infinitif .... **26 %**

Une erreur courante est de le traduire par *faillir,* d'où pourtant le verbe anglais dérive directement. En réalité **to fail** s'oppose à **to succeed.**

He failed to kill himself, ne veut pas dire, *il a failli (il a manqué) se tuer,* mais s'emploiera d'un candidat malchanceux au suicide : *il n'a pas réussi à se tuer.*

This sight failed to awaken his sense of beauty. *Ce spectacle fut impuissant à éveiller son sens de la beauté.*

Souvent **to fail** ajoute à la simple idée négative la nuance d'un attente trompée.

He failed to turn up. *Il n'est pas venu, il ne s'est pas présenté* (malgré sa promesse).

This failed to happen. *Cela ne s'est pas produit* (malgré notre attente).

FAIRLY [320]

FAIRLY, adverbe, mot-piège.

1. Fairly correspond évidemment aux sens de l'adjectif : *justement, équitablement, loyalement.* .... **22 %**

2. ★ Attention au sens très courant de *assez, moyennement* (= **rather, pretty**). **43 %**

Pour la nuance de sens qui distingue **fairly** de **pretty,** voir **PRETTY,** 2.

I'm feeling fairly well. *Je me sens assez bien* (mais ce n'est pas brillant).

3. ★ Attention encore. Curieusement **fairly** peut, surtout dans le style familier, exprimer une nuance beaucoup plus affirmative qu'au sens 2. ...... **34 %**

The crowd fairly roared. *La foule hurlait littéralement.*

He looked me fairly in the face. *Il me regarda bien en face.*

Comment expliquer cette évolution autrement que par l'habitude anglaise de l'**« understatement » ?**

● *L'Oxford English Dictionary* donne comme synonymes pour les deux sens,
(2) **moderately, passably, tolerably.**
(3) **completely, fully, positively.**

Alors qu'il y a dans le style parlé une nette différence d'intonation entre les sens (2) et (3), aucun critère ne permet dans un texte écrit de choisir entre eux. C'est une question de bon sens ou ... de flair.

FALL [1869]

To FALL, fell, fallen, verbe irrégulier et nom.

1. **Fall,** seul ou suivi des postpositions de mouvement usuelles, **to fall back, down, over,** etc. se traduit par *tomber* ou d'autres verbes exprimant diverses nuances du sens, *retomber, s'effondrer, se renverser,* etc. . . . . **50 %**

2. **Fall** a aussi de nombreux emplois idiomatiques, liés à telle ou telle postposition ou préposition, qui risquent d'embarrasser le traducteur. Voici les principaux.

a) **To fall back,** *reculer,* au sens militaire ou analogue.
The walls of forest on either side of him fell back. *De chaque côté de lui les murailles de la fôrêt (vierge) reculèrent.*

b) **To fall for,** *être attiré par, s'éprendre de.*
He was the kind of man who would fall for the first girl he met. *C'était ce genre d'homme qui tombait régulièrement amoureux de la première fille qu'il rencontrait.*

c) **To fall in** a deux sens.
— Il est synonyme de **come across,** voir **COME,** 2b.
In the course of our journey, we fell in with a party of hippies. *Au cours de notre voyage nous avons rencontré* (ou *nous nous sommes trouvés au milieu d') un groupe de hippies.*
— Il peut aussi être synonyme de **to agree to, to comply with.**
I am prepared to fall in with your way of thinking. *Je veux bien m'en remettre (ou me rallier) à votre façon de voir.*

d) **To fall out** a deux sens.
— Il est synonyme de **to quarrel.** . . . . **0,3 %**
After being good friends for years, they fell out about some trifles. *Après être restés bons amis pendant des années, ils se sont brouillés pour des bêtises.*
— Il est synonyme de **to happen.** . . . . **0,8 %**
It (so) fell out that..., *il advint que...*

e) **To fall short (of),** *rester en-dessous (de).* . . . . **1 %**
His success fell short of our expectations. *Son succès n'a pas répondu à notre attente.*
He falls short in a number of respects. *Il ne fait pas l'affaire à certains égards.*

f) **To fall through,** voir **THROUGH,** 2. . . . . **0,2 %**

★ Il existe un verbe régulier **to fell,** à ne pas confondre avec le prétérit de **fall.**
To fell trees, *abattre des arbres.*
Tree-felling, *l'abattage.*

3. **Fall,** nom, une chute. . . . . **18 %**

★ En américain **fall** remplace **autumn.** . . . . **(5 %)**

FANCY [374]

FANCY, nom et verbe.

Ce mot a un sens idiomatique qu'il faut signaler.

Construit avec le gérondif, il peut introduire une phrase exclamative pour marquer l'étonnement ou la surprise indignée. Il y a de nombreux équivalents français.

Fancy meeting you ! *Je ne m'attendais pas à vous rencontrer, quelle bonne surprise de...*

Fancy her marrying a foreigner ! *Qui se serait attendu à la voir épouser un étranger.*

Fancy making an Englishman out of a fat fellow like that (il s'agit de John Bull). *Quelle idée (ou on n'a pas idée) de représenter l'Anglais par un gros bonhomme comme celui-là.*

FAR [1834]

FAR, adverbe et adjectif.

1. Far (from), *loin (de),* sens propres et figurés, pour mémoire. . . . . **30 %**

2. Far, adverbe de degré. . . . . **26,5 %**

Employé devant un adjectif ou un adverbe, surtout au comparatif ou au superlatif, (= **much**), *de loin, beaucoup.* Variantes **by far, far and away.**

This is far the better way, this is the better way by far. *C'est de loin la meilleure route.*

I have far too many things to do. *J'ai bien trop de choses à faire.*

Far fewer people than expected turned up. *Il vint beaucoup moins de monde qu'on n'en attendait.*

He is far and away above the others. *Il est à cent coudées au-dessus des autres.*

3. Far se trouve dans de nombreuses locutions idiomatiques. . . . . **34 %**

— **As far as,** locution prépositive, *jusqu'à.*

We did not go as far as the bridge. *Nous ne sommes pas allés jusqu'au pont.*

— **As far as, so far as, in so far as,** locutions conjonctives, *autant que, dans la mesure où.*

As far as I am concerned, *en ce qui me concerne.*

So far as circumstances permit, *autant que le permettent les circonstances.*

I promise to forgive in so far as you repent. *Je vous promets de pardonner dans la mesure où vous vous repentirez.*

— **So far,** locution adverbiale, *jusqu'à présent.*

Everything has gone well so far. *Tout a bien marché jusqu'ici.*

So far so good, *jusqu'ici ça va bien.*

— **As far back as,** locution prépositive, *dès.*

As far back as 1870 some railway engines exceeded 100 m.p.h. *Dès (ou déjà en) 1870, certaines locomotives dépassaient 100 milles à l'heure.*

— **Far and wide, far and near,** *partout, de tous côtés.*

People came to see the exhibition from far and near. *On vint voir l'exposition de partout.*

— **To go far to, towards** (+ le gérondif), *contribuer largement à.*

That will go far towards making up for our loss. *Cela contribuera beaucoup à nous dédommager de notre perte.*

4. Far peut être adjectif. . . . . **5 %**

a) Il n'a le sens de *loin, éloigné,* qu'accompagné d'un adverbe, **far-away, far-off.**

A far-away look, *un regard distant.*

A far-off cousin, *une cousine éloignée.*

b) Seul, il s'emploie comme **FARTHER** (voir ci-dessous), pour désigner l'autre extrémité, l'autre côté par rapport à celui où l'on se trouve, et qui n'est pas forcément éloigné.

The far bank of the river, *la rive opposée du fleuve.*

FARTHER [**234**], adjectif et adverbe, comparatif de **far.** Voir **FURTHER.**

We can't go any farther without a rest. *Nous ne pouvons pas aller plus loin sans nous reposer.*

The farther end of the town, *l'autre bout de la ville.*

FAST [826]

FAST, adjectif ou adverbe.

★ Le traducteur ignore trop souvent le sens 2 du mot, ou n'y pense pas. C'est pourtant un sens courant.

1. **Fast,** *rapide, vite.* . . . . **49 %**

A fast track, *une piste rapide.*

To run fast, *courir vite.*

My watch is fast. *Ma montre avance.*

2. **Fast,** *fixe, solide.* . . . . **26 %**

a) Il s'emploie le plus souvent comme attribut du sujet ou du complément.

The car was fast in the mud. *L'auto était embourbée.*

To make a rope fast. *Amarrer un cordage.*

To make a boat fast (variante, **to fasten a boat),** *amarrer un canot.*

At night he closed his shutters and made fast his doors. *Le soir venu il fermait ses volets et verrouillait ses portes.*

b) Il s'emploie aussi comme adverbe.

Hold fast. *tenez bon.*

Stand fast. *Ne bougez pas.*

To stick fast, *bien adhérer.*

To be fast asleep, *dormir profondément.* . . . . **(0,3 %)**

3. ★ Il existe un mot **fast,** venu d'une autre racine. . . . . **9 %**

Fast, nom, *le jeûne.*

To fast, *jeûner.*

FASTIDIOUS

FASTIDIOUS, adjectif, faux-ami.

Fastidieux signifie en français — faut-il le rappeler ? — qui inspire du dégoût, lassant, monotone, rebutant. Il s'emploie d'une chose.

Fastidious, conforme à l'étymologie latine, veut dire qui éprouve du dégoût, de la satiété.

Il s'emploie d'une personne. Son sens est donc, *dégoûté, dédaigneux, difficile, exigeant.*

She is fastidious about dress. *Elle est d'une coquetterie méticuleuse.*

He is very fastidious about his food. *Il est très difficile* (ou *très délicat*) *pour la nourriture.*

A fastidious ear, *une oreille délicate.*

FATAL

FATAL, adjectif, faux-ami partiel.

On entend couramment sur les ondes parler de blessure ou d'accident fatal. Ce sont des dépêches mal traduites de l'anglais.

A fatal accident n'est pas un *accident fatal,* c'est-à-dire qui devait arriver, mais *un accident mortel.*

A fatal habit, *une habitude funeste.*

A fatal mistake, *une erreur désastreuse.*

FELLOW [844]

FELLOW, nom, mot souvent trompeur.

On a trop tendance en effet à traduire systématiquement **fellow** par *compagnon, camarade.*

1. Ce sens n'intervient que dans les mots composés de deux types. . . . . **13 %**

a) **a fellow-traveller, -student, -worker,** *un compagnon de voyage, d'études, de travail.*

a fellow-countryman, *un compatriote.*

our fellow-men, -creatures, *nos semblables.*

b) **a bedfellow, a school-fellow,** *un camarade de lit, de classe.*

2. Le sens courant de **fellow** est très vague et sa traduction variera le plus souvent suivant l'adjectif qui l'accompagne. . . . . **76 %**

A good fellow, *un brave garçon.*

A jolly fellow, *un joyeux compère.*

An old fellow, *un vieux bonhomme.*

A poor fellow, *un pauvre type.*

A queer fellow, *un drôle d'individu.*

● **Fellow** tout seul peut être tellement vague que la traduction par *on* peut suffire.

A fellow (= one) can't work day and night. *On ne peut pas travailler jour et nuit.*

FEEL [1615]

To FEEL, felt, felt, verbe irrégulier.

Le sens courant est *(se) sentir* et le verbe est facile en apparence. Mais son emploi et ses structures s'écartent assez souvent du français.

On verra en particulier dans les trois sens qui suivent que **to feel** peut avoir pour sujet

(a) un nom de personne.

(b) un nom de chose.

Le sens est en gros,

(a) *sentir, se sentir, avoir telle impression.*

(b) *donner telle impression, produire tel effet.*

1. To feel + un adjectif.

a) **I feel cold.** *J'ai froid.*

I feel the cold. *Je suis frileux, je suis sensible au froid.*

b) **The wall feels cold.** *Le mur est froid au toucher.*

One cannot explain this, but it feels so. *On ne peut pas l'expliquer, mais c'est l'impression que cela donne.*

2. To feel like + nom ou verbe. On pourra appliquer la transposition n° 3.

a) **I feel like being rude.** *Je me sens d'humeur à lâcher des grossièretés.*

I don't feel like sleeping. *Je n'ai pas envie de dormir.*

I feel like a glass of beer. *J'ai envie de boire un verre de bière.*

[On voudrait ne pas avoir à faire remarquer que cette phrase très idiomatique ne saurait se traduire mot à mot. Et pourtant quelqu'un qui s'y était laissé aller un jour ne trouva rien de mieux pour justifier ce mot à mot que de prétendre « que c'était un bon exemple d'humour anglais. »]

b) **It feels like marble.** *Ça donne l'impression d'être du marbre.*

How does it feel (ou **what does it feel like) to be in a capsule ?** *Quel effet cela fait-il d'être dans une capsule ?*

3. To feel as if. *On évitera un mot à mot toujours maladroit.*

a) **He felt as if his forehead would burst.** *Il avait l'impression* (ou *il lui semblait) que sa tête allait éclater.*

b) **His head felt as if it would split,** a le même sens que la phrase précédente.

● Quelques emplois idiomatiques.

To feel one's way, *avancer à tâtons, avec prudence* (ou propre et au figuré).
He does not feel quite himself. *Il n'est pas dans son assiette.*
I feel for him in his sorrow. *Je prends part à sa douleur.*

FEW [2012]

FEW, adjectif et pronom indéfini.

★ On confond trop souvent **few** et **a few.**

1. Few est plutôt négatif (synonymes, **not many, hardly any**). . . . . **58,8 %**

Few of my friends are married. *Peu de mes amis sont mariés, je n'ai guère d'amis mariés.*

Many are called, but few chosen. *Il y a beaucoup d'appelés mais peu d'élus.*

● **Fewer,** *moins;* **the fewest,** *le moins.*

He had fewer prejudices than most men. *Il avait moins de préjugés que la plupart des hommes.*

Who made the fewest mistakes ? *Qui a fait le moins de fautes ?*

2. A few n'est pas négatif et indique un petit nombre de. . . . . **40 %**

I have only a few pounds left. *Il ne me reste que quelques livres.*

● Dans les locutions courantes, **a good few, quite a few,** qui embarrassent souvent le traducteur, la contradiction n'est qu'apparente. Elles veulent dire *bon nombre de, pas mal de.*

A good few of the workmen refused to join the movement. *Un bon nombre d'ouvriers refusèrent de se joindre au mouvement.*

● **Every few hours,** *toutes les deux ou trois heures.*

Every few minutes, *toutes les cinq minutes. (Cinq* est ici tout aussi imprécis que **few).**

FIGURE [1760]

FIGURE, nom, faux-ami partiel.

1. The figure of a headless trooper, *la silhouette* (et non la figure !) *d'un cavalier sans tête,* enlève toute ambiguïté au sens du mot.

The figure, c'est *la silhouette, la tournure, le corps tout entier.* . . . . **27 %**

A pretty face and a shapely figure, *un joli visage et une taille bien prise.*

Romeo was a stout elderly gentleman with a figure like a beer-barrel. *Roméo était* (joué par) *un gros homme d'âge mûr, avec une silhouette de tonneau à bière.*

● Exceptions :

To make ou **cut a poor figure, a brilliant figure,** *faire pauvre figure, brillante figure.*

The great figures of French history, *les grandes figures de l'histoire de France.*

2. Autre sens très courant du mot, *chiffres.* . . . . **32 %**

His income runs into five figures. *Son revenu dépasse dix mille livres par an* (mot à mot, dépasse les 5 chiffres, 10.000).

We told our subscribers how to make fortunes by keeping rabbits, giving facts and figures. *Nous révélions à nos abonnés comment ils pouvaient faire fortune en élevant des lapins, avec faits et chiffres à l'appui.*

FIND [3874]

To FIND, found, found, verbe irrégulier.

1. Ce verbe ne présente pas de difficulté particulière.
Le traducteur fera pourtant attention aux deux points suivants.

a) **Find** veut dire *trouver* et aussi *retrouver*. . . . . **12 %**
Have you found your key ? *Avez-vous retrouvé votre clé ?*

b) **To find that** a comme équivalent fréquent *s'apercevoir, se rendre compte que.*
In Florence I found (that) my mother and father were staying in a hotel. *A Florence je découvris que mes parents étaient descendus à l'hôtel.*

★ Eventuellement l'ignorance de ce sens pourrait donner une traduction ambiguë. **I find my watch is slow,** ne veut pas dire, *je trouve* (c'est-à-dire je pense) *que ma montre retarde,* mais *je constate, je m'aperçois, que ma montre retarde.*

2. To find out, *inventer; découvrir* (une faute); *surprendre* (un coupable).
To find out about (familier). . . . . **3 %**
Did you find out about the train to Manchester ? *Avez-vous eu les renseignements concernant les trains pour Manchester ?*

3. Autres emplois délicats.

— **To find fault with,** *trouver à redire à, se plaindre de.*

— **To find one's way** + une préposition. Eviter de traduire cette locution mot à mot.
Elle exprime tout simplement l'idée de *se diriger.*
The cat found his way back. *Le chat a trouvé moyen de revenir.*
He had suffered books to find their way into his house. *Il avait laissé les livres s'introduire chez lui.*

★ Attention à ne pas confondre le prétérit **found** avec le verbe régulier **to found,** *fonder, instituer.*
To found a fortune, *édifier une fortune.*
Well founded fears, *des craintes bien fondées, légitimes.*

FIRST [3898]

FIRST, adjectif numéral et adverbe.

1. First, adjectif numéral . . . . **71,1 %**
On remarquera sa place devant un autre nom de nombre.
The first twenty, *les vingt premiers.*

2. First, adverbe, a trois sens . . . . **19 %**

a) *pour la première fois.*
When did you first go to England ? *Quand êtes-vous allé en Angleterre pour la première fois ?*

b) *premièrement, en premier lieu, d'abord.*
Il est souvent possible d'appliquer la transposition n° 1.
He first asked my name. *Il commença par me demander mon nom.*

★ c) Le troisième sens est plus délicat à rendre en français. C'est celui que suggère la locution *dès l'abord, dès le début.*
When he was first married, peut se comprendre, *à son premier mariage.* Mais, **when we were first married ?** Pas, *quand nous nous sommes mariés pour la première fois,* ce qui laisserait supposer que nous nous sommes remariés ensemble ! Le sens ne peut être que : *au début de notre mariage.*
When we first came to live here, non pas, *lors de notre première installation ici,* mais, *dès notre installation ici.*

When a prisoner first leaves his cell, he cannot bear the light of day. On tombera facilement dans le piège, *quand un prisonnier quitte sa cellule pour la première fois...* Un peu de réflexion fera trouver la seule traduction possible, qui demande que **first** soit déplacé : *quand un prisonnier quitte sa cellule, il ne peut au début supporter la lumière du jour.*

● **At first,** *au début, d'abord* . . . . **4,7 %**

At first I thought he was laughing, but afterwards I realised my mistake. *J'ai cru d'abord qu'il riait, puis je me suis aperçu de mon erreur.*

First and foremost, *d'abord et avant tout.*

FIT [588]

FIT, mot dangereux, à cause des confusions possibles entre le verbe, l'adjectif et le nom.

1. **To fit,** verbe, *aller bien, (s')adapter, qualifier* . . . . **42 %**

   This hat fits me nicely. *Ce chapeau me va joliment bien.*

   The Cotswold villages fit into the landscape. *Les villages des Cotswolds cadrent (ou s'harmonisent) avec le paysage.*

   To fit the punishment to the crime, *proportionner le châtiment à l'offense.*

   He is well fitted for the task. *Il est bien préparé à sa tâche.*

   She has to twist facts to make them fit her purpose. *Il faut qu'elle dénature les faits pour les faire servir à sa fin.*

   ● Le participe présent **fitting** veut dire *convenable, approprié.* Il a pour synonyme **proper** (voir **PROPER,** 1) comme on peut le voir par l'exemple ci-dessous :

   For the Americans, it was the natural, proper, fitting thing to do, go to Europe. *Pour un Américain c'était la chose normale, toute indiquée, qu'il convenait de faire, aller en Europe.*

2. **To fit,** suivi d'une postposition . . . . **9 %**

   — **To fit in,** *s'adapter, s'accorder.*

   Your plans do not fit in with mine. *Vos plans ne concordent pas avec les miens.*

   — **To fit out, to fit up,** *équiper.*

   The flat is fitted up with all modern appliances. *L'appartement est équipé de tous les appareils modernes.*

3. **Fit,** adjectif. . . . . **43 %**

   a) *Convenable, opportun, à propos.*

   You will act as you think fit. *Vous ferez ce que vous jugerez à propos.*

   b) *Compétent, en forme.*

   To keep fit, *se maintenir en forme.*

   He is as fit as a fiddle. *Il est en parfaite santé, il se porte comme le Pont-Neuf.*

4. **A fit,** nom, *une attaque, une crise, un accès* . . . . **7 %**

   To be in a fit, *avoir une attaque de nerfs.*

   A fit of temper, *un mouvement de colère.*

   A fit of laughter, *un fou rire.*

FLY [805]

To FLY, flew, flown, verbe irrégulier.

1. Sens courant, *voler, faire voler,* pour mémoire . . . . **56,5 %**

   As the crow flies, *à vol d'oiseau* (pour indiquer une distance).

   ★ On confond parfois ce verbe, en particulier **flew,** avec le verbe régulier **to flow,** *couler.*

2. **To fly** peut aussi exprimer, non un vol, mais un mouvement violent, au propre et au figuré . . . . **7,7 %**

The thief flew out of the house. *Le voleur sortit en coup de vent de la maison.*

To fly into a passion, *entrer en fureur.*

The door flew open. *La porte s'ouvrit brusquement.* Voir **OPEN,** 1.

To let fly at somebody, *porter un coup à, attaquer quelqu'un* (en gestes ou en paroles).

★ Le nom **fly** désigne *la mouche* . . . . **11 %**

Flight, *vol*, est le nom correspondant à **to fly.**

FOOL [308]

FOOL, nom, faux-ami partiel.

Fool est dérivé du français *fol*, mais n'a gardé de son origine que le sens, rare, de *fou du roi, bouffon.*

1. Sens courant, *sot, imbécile* . . . . **77 %**

To play the fool, *faire l'idiot.*

To make a fool of oneself, *se rendre ridicule, se conduire comme un âne.*

A fool-proof appliance, *un instrument indéréglable, à toute épreuve*, mot à mot *que même un ignorant ne peut abîmer.*

2. Autre sens, *dupe*, surtout dans l'expression . . . . **2 %**

To make a fool of someone, *berner, mystifier quelqu'un.*

3. **To fool** . . . . **18 %**

a) *faire le sot.*

b) *berner, mystifier.*

I'll show her I'm not the man to be fooled. *Je vais lui montrer que je ne suis pas homme à me laisser berner.*

FOR [25951]

1. Préposition, sens courant.	4. **For** + proposition infinitive.
2. Sens temporel.	5. Sens restrictif.
3. Sens causatif.	6. **For**, conjonction.

FOR, préposition et conjonction.

1. Idées couramment exprimées par **for :**
attribution, destination, but, attente . . . . **62,5 %**
Le parallélisme n'est pas toujours exact entre les deux langues. On notera les points suivants :

a) **For** s'emploie couramment après des verbes exprimant une recherche, une attente, un souhait. Les verbes français sont tous transitifs.

To wait for, to wish for, to hope for, to look for, etc., *attendre, souhaiter, espérer, chercher.*

● Dans de nombreux cas **for** exprime à lui tout seul cette idée. Il faudra le traduire par un verbe précis. Voir Etoffement, 5, page 262.

I am going into this shop for some cigarettes. *J'entre dans ce magasin pour acheter des cigarettes.*

People only go on strike for better working conditions. *Les gens ne se mettent en grève que pour obtenir de meilleures conditions de travail.*

She was listening for his footsteps. *Elle tendait l'oreille pour entendre (ou elle guettait) ses pas.*

They were examining the material for flaws. *Ils examinaient le tissu pour y découvrir des défauts.*

He reached out for the book. *Il tendit le bras pour attraper le livre.*

She racked her brains for something to say. *Elle se creusa la cervelle pour trouver quelque chose à dire.*

Ring for some coffee, will you. *Voulez-vous sonner pour demander du café.*

b) **For** s'intercalle dans de nombreuses locutions consacrées, entre un nom abstrait et un autre nom qui désigne son objet. Il faudra transposer. (Remarquer aussi les changements d'articles.)

A gift for history, *le don de l'histoire.*
A turn for organisation, *le sens de l'organisation.*
A desire for revenge, *un désir de vengeance.*
A feeling for nature, *le sentiment de la nature.*
A passion for cleanliness, *la passion de la propreté.*

2. Sens temporel . . . . **9 %**
La traduction de **for** dépend du temps du verbe : (a) *pendant,* avec tous les temps; (b) *depuis* ou *il y a,* avec le present perfect ou le past perfect; il est souvent sous-entendu. Voir changements de temps, III, 1, p. 264.

a) **We waited, we shall wait,** etc. **for hours.** *Nous avons attendu, nous attendrons pendant des heures.*

b) **She has worn the same old dress for years.** *Elle porte la même vieille robe depuis des années,* ou *il y a des années...*

We have been waiting half-an-hour. *Il y a (ou voilà, cela fait) une demi-heure que nous attendons.*

★ Il faut bien distinguer ces deux emplois pour éviter d'écrire des bêtises.

Granny went to school for three years only. *Grand'mère n'est allée en classe que (pendant) trois ans.*

Betty has been at school for three years now. *Cela fait maintenant trois ans que Betty va en classe.*

3. Sens causatif, *pour, à cause de* . . . . **6,6 %**

a) **For** suivi d'un nom.

We could not see for the fog. *On n'y voyait rien à cause du brouillard.*

He cannot see the wood for the trees (sens figuré). *Les arbres l'empêchent de voir la forêt; il se perd dans le détail et ne voit pas l'ensemble.*

For want of money, *par manque d'argent, faute d'argent.* Voir **WANT,** 2.

★ Le traducteur peu attentif écrira : *je vous remercie pour ce que vous avez fait.* C'est un anglicisme.

To thank for, to pardon for, to punish for, to apologize for, *remercier de, pardonner (—), punir de, s'excuser de.*

b) **For** suivi d'un verbe au gérondif, lequel sera traduit, si besoin est, par l'infinitif passé.

He was sorry for being late. *Il était désolé d'être en retard.*
He was punished for lying. *Il fut puni pour avoir menti.*

★ **For** + le gérondif n'exprime jamais le but. C'est une source possible de contresens.

Comparer :

He was punished for stealing apples. *Il fut puni pour avoir volé des pommes* (cause); et

He stole into the garden to steal apples. *Il s'introduisit dans le jardin pour voler des pommes* (but).

c) **For it, for that,** après un comparatif, veut dire *pour cela, à cause de cela. En* s'impose dans la traduction.

Technically it would be perfectly simple to reduce working hours to three or four a day. But would workmen be any the happier for that ? *Sur le plan technique il serait parfaitement simple de réduire la journée de travail à trois ou quatre heures. Mais les ouvriers en seraient-ils plus heureux ?*

● Il ne faut pas confondre cet emploi logique de **for it** avec un autre emploi, fort idiomatique, dans des expressions familières.

There was nothing for it but to walk. *Il n'y avait rien d'autre à faire que d'y aller à pied.*

He's for it. *Son affaire est bonne, il n'y coupera pas* (variante, **he's in for it**).

We had to jump for it. *Il a fallu sauter pour échapper au danger.*

4. For + proposition infinitive, *pour que* + le subjonctif . . . . **2 %**

It was too late for us to start. *Il était trop tard pour que nous partions.*

I knew that I had but to come close enough for all the illusion to be gone. *Je savais que je n'avais qu'à me rapprocher assez près pour que toute illusion disparaisse.*

5. For, *malgré, en dépit de, sens restrictif* . . . . **0,5 %**

★ Les erreurs dues à l'ignorance de ce sens sont beaucoup plus nombreuses que ne semble l'indiquer la fréquence, relativement faible, de cet emploi.

For all his boasting, he has achieved very little. *Malgré toutes ses fanfaronnades, il n'a pas réalisé grand chose.*

He was purely selfish for all his devoted, desinterested airs. *Il était tout simplement égoïste, malgré ses airs dévoués et désintéressés.*

[On verra en réfléchissant à cette phrase combien la traduction de **for** par *pour, à cause de,* entraînerait une contradiction flagrante avec la déclaration initiale].

Ce sens de **for** se retrouve dans bon nombre de locutions.

For all that, *tout de même, malgré tout.*

For all you say, *quoi que vous en disiez.*

For all I care, *pour ce que cela me fait.*

6. For, conjonction, *car* . . . . **12,1 %**

Elle se trouve surtout dans l'anglais écrit. La subordonnée qu'elle introduit n'est jamais en tête de phrase et est toujours précédée d'une virgule.

This is no party question, for it touches us not as Liberals or Conservatives, but as citizens. *Ce n'est pas une question de parti, car cela nous touche non pas en tant que Libéraux ou Conservateurs, mais en tant que citoyens.*

FORGE

To FORGE, verbe, faux-ami partiel.

Les sens de ce verbe sont, outre celui de *forger, contrefaire* (une signature), *fabriquer* (de la fausse monnaie), *inventer* (des histoires).

FORGER et **Forgery** ont les sens correspondants.

The man was found guilty of forgery. *L'homme fut reconnu coupable de faux, de contrefaçon.*

FORM [2276]

FORM, nom, n'est pas le reflet intégral du mot français.

A côté des sens correspondant au français *forme* (y compris le sens sportif) et *former,* il faut :

1. Signaler le sens de *formule, imprimé* . . . . **5 %**

To fill in a form, *remplir une formule, un imprimé.*

2. Rappeler le sens de *banc, classe, division scolaire* . . . . **0,5 %**

FORMAL [280], adjectif. Eviter de traduire automatiquement par *formel*. Se méfier du sens 2.

1. **Formal** peu correspondre à *formel* . . . . **50 %**

A formal denial, *un démenti formel.*

Formal orders, *des ordres formels.*

Mais **a formal invitation** sera *une invitation de pure forme*, **a formal contract** sera *un contrat en règle.*

2. Autres sens . . . . **49 %**

a) *cérémonieux, solennel.*

Formal dress, *habit de cérémonie.*

b) *formaliste, pointilleux.*

He is very formal and stiff. *Il est très raide et guindé.*

FOUND, voir FIND

FROM [14858]

FROM, préposition.

Ce mot ne pose pas de problème majeur, puisque *de* et *depuis* peuvent s'employer pour traduire tous les sens de **from :** point de départ, origine, éloignement, cause.

● Mais il faut songer à l'ambiguité de la préposition *de*.

Il faudra donc, toute les fois que l'usage ou la clarté l'exigent :

a) Soit employer une autre préposition.

Discs cut from cardboard, *des disques découpés dans du carton.*

Lenses bought from cycle shops, *des lentilles achetées dans des magasins de cycles.*

To speak from experience, *parler par expérience.*

A lantern hanging from a branch, *une lanterne accrochée à une branche.*

To judge from appearances, *juger d'après les apparences.*

Wine is made from grapes. *Le vin est fait avec des raisins.*

He grabbed the gun from the table. *Il empoigna le revolver sur la table*

b) Soit traduire **from** par un verbe précis. Voir Etoffement, n° 5, page 262.

★ **Praise from such a critic encourages me.** Traduction littéraire : *la louange d'un tel critique m'encourage.* Mais la louange de quelqu'un veut dire le fait de louer quelqu'un, la louange adressée à quelqu'un. Il faut donc être clair et traduire, *Venant* (ou *dans la bouche*, ou *sous la plume*) *d'un tel critique, la louange m'encourage.*

He complained that boys from the school threw stones through his bedroom window. *Il se plaignait que les garçons revenant de l'école* (et non pas *les garçons de l'école*, **the schoolboys**) *lançaient des pierres dans la fenêtre de sa chambre.*

They had hidden from the heat and pitiless exposure of the day. *Ils s'étaient cachés pour échapper à la chaleur et à l'éclat impitoyable du jour.*

There was an interruption from the back of the hall. *Il y eut une interruption venant du fond de la salle.*

A quotation from Shakespeare, *une citation tirée de Shakespeare.*

FURTHER [234]

FURTHER, adjectif et adverbe.

Further, the furthest, comparatif et superlatif de **fore,** veulent donc dire *(le) plus en avant* dans le temps, en degré ou en quantité.

He took no further notice of me. *Il ne s'intéressa plus à moi.*

For further information, apply to..., *pour plus amples renseignements, s'adresser à...*

The further our knowledge extends, the more mysterious this universe is seen to be. *Plus nous développons nos connaissances, plus notre univers nous apparaît mystérieux.*

Steps are being taken to prevent further mistakes. *On prend des mesures pour empêcher de nouvelles erreurs.*

● **Further, the furthest** peuvent aussi s'employer à la place de **farther, the farthest** (voir **FAR**), pour l'éloignement dans l'espace.

It's not safe to go any further. *Il est dangereux d'aller plus loin.*

The ordinary man is perhaps not capable of looking further than his own nation. *L'homme de la rue n'est peut-être pas capable de voir plus loin que sa patrie.*

● **Further,** comme **farther,** se traduira par *autre* s'il désigne le bout opposé à celui où l'on se trouve.

He appeared between the pillars at the further end. *Il apparut entre les piliers à l'autre extrémité.*

G

GENIAL

GENIAL, adjectif, faux-ami.

Les deux sens du mot sont :

1. *Doux, clément, réconfortant* (climat, chaleur).

2. *Plein de bonne humeur, d'entrain, jovial.*

A genial, rough-mannered, old bachelor, *un vieux garçon jovial, aux manières rudes.*

GET [2183]

1. **have got.**
2. **Get** + adjectif ou participe.
3. **Get** + nom + participe passé ou infinitif.
4. **Get** + pré-/ ou postposition.

To GET, got, got, verbe irrégulier.

C'est le verbe à tout faire de la langue anglaise. Dans la majorité des cas, sa traduction ne pose pas — ou ne semble pas poser — de problème. Il est bon pourtant d'insister sur les points suivants :

1. Got précédé de **have,** exprimant la possession ou l'obligation, est explétif.

Have you got a newspaper ? *Avez-vous un journal,* et non pas *avez-vous obtenu... ?*

I've got to write a letter. *J'ai une lettre à écrire, il faut que j'écrive une lettre.*

2. To get suivi : . . . . **11 %**

a) d'un adjectif ou d'un participe passé (= **to become**). L'ensemble se traduit normalement par un verbe pronominal.

It's getting cold. *Ça se refroidit.*

(sens réfléchi) :

He got drunk. *Il s'est soûlé.*

He's getting excited. *Il s'énerve.*

He could not get used to it. *Il n'a pas pu s'y habituer.*

(sens réciproque) :

They got engaged, married. *Ils se sont fiancés, mariés.*

b) d'un participe passé. C'est une variante du passif. **Get** se traduit normalement par *se faire.*

He got run over, punished, caught, killed. *Il s'est fait écraser, punir, prendre, tuer.*

3. To get avec le sens de *faire*. Il y a deux structures . . . . **11 %**

a) **Get** (= **have**) + nom objet + participe passé.

I must get (ou **have**) **my suit cleaned.** *Il faut que je fasse nettoyer mon costume.*

I'll get the bookcase collected later. *Je ferai prendre la bibliothèque plus tard.*

He fought hard to get his views accepted. *Il a lutté ferme pour faire accepter ses vues.*

b) **Get** + nom objet + infinitif, *faire,* au sens de *persuader, obtenir.*

You should get your friend to help you. *Vous devriez vous faire aider par votre ami.*

I can't get the car to start. *Je ne peux pas faire démarrer la voiture.*

4. To get + pré-/ ou postposition. Si la pré-/ ou postposition a son sens propre (mouvement, direction), **get** n'est qu'un simple support et le sens est évident.

Get out ! *Sortez !*

Get up ! *Levez-vous,* etc.

● Voici quelques emplois idiomatiques dont le sens est loin d'être évident.

a) **To get along,** *progresser, se débrouiller* . . . . **0,8 %**

We haven't a great income, but we manage to get along. *Nous n'avons pas un gros revenu, mais nous arrivons à nous tirer d'affaire.*

b) **To get at (= to reach).**

The Irish get at subtle truths by the most unlikely approaches. *Les Irlandais parviennent à (découvrir) des vérités subtiles par les moyens les plus invraisemblables.*

What are you getting at ? *Où voulez-vous en venir ?*

c) **To get on** a deux sens principaux. . . . . **0,5 %**

— *Aller, se porter, marcher, progresser.*

How are you getting on ? *Comment cela va-t-il ?*

He seems to be getting on very well at school. *Il semble qu'il réussit très bien en classe.*

— *S'entendre.*

The two seem to be getting on well. *Ils semblent bien s'entendre tous les deux.*

They were not easy to get on with. *Ils n'étaient pas commodes à vivre.*

d) **To get over,** *se remettre* (d'une maladie, d'une émotion). . . . . **0,5 %**

He has never really got over the shock of his son's death. *Il ne s'est jamais vraiment remis du coup reçu à la mort de son fils.*

GIVE [2184]

To GIVE, gave, given, verbe irrégulier.

Quelques emplois figurés de **give,** avec des prépositions ou postpositions, s'écartent plus ou moins du sens de donner. Voici les principaux.

1. To give away, *trahir, révéler.*

His accent gives him away. *Son accent le trahit.*

The secret has been given away by one of her friends. *C'est une de ses amies qui a trahi le secret.* Voir aussi **AWAY,** 4a.

2. To give in, *céder, se rendre.*

After fighting valiantly, they had to give in. *Après s'être vaillamment battus, ils durent se rendre.*

3. To give out.

a) *Annoncer.*

The minister gave out the number of the hymn. *Le pasteur annonça le numéro de l'hymne.*

b) *Lâcher, manquer.*

The water supply at last gave out. *L'approvisionnement en eau finit par manquer, se tarir.*

4. To give up, suivi d'un nom ou d'un gérondif, *cesser de, renoncer à.*

To give up a practice, *abandonner une pratique.*

To give up smoking, *renoncer à fumer.*

I give it up. *Je donne ma langue au chat.*

5. **To give way (to),** *céder (à), laisser passer.*

The bridge gave way. *Le pont céda.*

Neither side would give way to the other. *Aucun des deux partis ne voulut céder devant l'autre.*

GLORIOUS [174]

GLORIOUS, adjectif, faux-ami partiel.

1. *Glorieux,* pour mémoire. . . . . **46 %**
2. *Magnifique, radieux, resplendissant,* en parlant du temps, du soleil, du ciel, etc. . . . . **11 %**
3. Familièrement, et parfois ironiquement, **glorious** exprime une idée de vive appréciation, d'enthousiasme. . . . . **42 %**

It's been a glorious day. *Ç'a été une journée formidable.*

We've had a glorious time. *On s'est amusé follement.*

It's a glorious mess ! *C'est un joli gâchis !*

GO [8760]

1. **go** employé absolument	4. **go** + préposition
2. **go** + adjectif	5. **go** + postposition
3. **go** + verbe	

To GO, went, gone, verbe irrégulier.

Dans cet article on laissera de côté tous les emplois de **go** qui n'offrent pas de difficulté, soit avec une préposition, **to go to,** soit avec une postposition ayant gardé son sens propre, **to go back, by, in, out, up,** etc.

On n'insistera que sur les cas où la correspondance **to go** ⟷ *aller* ne joue plus et sur tous ceux qui posent des problèmes de compréhension et de traduction.

1. **To go,** employé absolument. On oublie souvent le sens de *s'en aller, partir.* . **9 %**

It's time to go. *Il est temps de partir.*

Those old buildings must go. *Ces vieilles bâtises doivent disparaître.*

● C'est ainsi qu'il faut comprendre le participe **gone** précédé de **to be.**

The family were gone (= absent, away) two years. *La famille resta absente pendant deux années.*

● Un sens idiomatique à noter :

The story goes that... *On raconte que...*

2. **To go** + adjectif (= **to become).** . . . . **3 %**

He is going mad. *Il devient fou.*

They've gone bad. *Ils ont mal tourné.*

He went red in the face. *Il devint tout rouge.*

● A noter la locution **to go easy (with),** *ménager* (quelque chose).

We haven't much sugar, so go easy with it. *Il ne reste pas beaucoup de sucre, aussi allez-y doucement.*

3. **To go** + verbe.

★ Ici il est essentiel de bien distinguer les différentes structures, sous peine de commettre des confusions graves.

a) **To go** + le gérondif, exprime une occupation, une activité temporaire ou spécifique.

To go shooting, shopping, ski-ing, etc., *aller à la chasse, aller faire des courses, faire du ski,* etc.

b) **To go** + l'infinitif, exprime le but du déplacement.

She has gone to post a letter. *Elle est allée (ou elle est sortie pour) mettre une lettre à la poste.*

c) **To go and do something,** s'emploie si l'idée de but est inséparable de l'action, ou si l'action s'est réalisée (au prétérit), ou si les deux verbes sont à l'impératif. Voir **AND,** 1.

I must go and get some cigarettes. *Il faut que j'aille acheter des cigarettes.*

She went and sat down on the most uncomfortable chair in the room. *Elle alla s'asseoir sur la chaise la plus inconfortable de la pièce.*

Go and fetch the car. *Allez chercher la voiture.*

d) **To be going to** + l'infinitif, est un futur proche. . . . . **5 %**

There is going to be a thunderstorm. *Il va y avoir un orage.*

★ La nécessité de distinguer clairement entre les trois sens b, c, et d apparaitra nettement si l'on compare ces trois phrases :

b) **He went to buy a new car.** *Il partit pour (dans l'intention d') acheter une voiture neuve.* (On ne sait pas si l'intention s'est réalisée).

c) **He went and bought a new car.** *Il est allé acheter une voiture neuve* (et il l'a ramenée).

d) **He was going to buy a new car...** *Il allait (il se proposait d') acheter une voiture neuve* (quand on lui proposa une occasion intéressante).

4. To go + préposition. Les emplois suivants retiendront le traducteur.

— **To go by,** au sens de *juger d'après.*

You can't always go by appearances. *On ne peut pas toujours juger d'après les apparences.*

— **To go far** (ou **a long way) towards,** *contribuer grandement à.*

These measures should go far (ou **a long way) towards solving the problem.** *Ces mesures devraient contribuer beaucoup à régler le problème.*

Voir aussi **FAR,** 3.

— **To go for** (familier), *tomber sur, s'élancer sur* quelqu'un (en gestes ou en paroles).

— **To go in for** + nom ou gérondif, *s'occuper de.* . . . . **0,1 %**

To go in for politics, sports, *se lancer dans la politique, pratiquer des sports.*

The kind of blatant propaganda that demagogues go in for. *Le genre de propagande braillarde que pratiquent les démagogues.*

— **To go without (= to do without),** *se passer de.*

They would have to go without bite or sup. *Il leur faudrait se passer de boire et de manger.*

5. To go + postposition. En dehors des sens habituels, voici quelques emplois plus épineux.

— **To go off,** a) *exploser.* . . . . **0,2 %**

b) *se passer.*

Everything has gone off exactly as we planned. *Tout s'est déroulé comme nous l'avions combiné.*

— **To go on** . . . . **9,7 %**

a) *continuer.*

★ Attention à bien distinguer ces deux structures :

He went on speaking of his university years. *Il continua de (ou à) parler de ses années à l'université.*

He went on to speak of... *Il reprit (la conversation) et parla de..., il enchaîna sur...*

b) *se comporter* (= **to get on);** voir **GET,** 4 c.

c) *se passer, arriver* (= **to happen).**

— **To go out,** *s'éteindre, disparaitre,* voir **OUT,** 2. . . . . **0,3 %**

● On peut rattacher à cet emploi de **go** celui où il est suivi d'une onomatopée (parfois doublée).

To go crack, bang, *faire crac, pan, boum.*

On ne peut pas toujours calquer la traduction sur l'anglais, car le français, langue liée et raisonnée, répugne à utiliser sous leur forme brute ces onomatopées que l'anglais, intuitif et sensoriel, emploie fréquemment dans le style imagé et pittoresque.

A farm-hand came out, followed by two farm horses, their hoofs going clop-clop after him. *Un valet de ferme sortit, suivi de deux chevaux dont les sabots claquaient* (ou *résonnaient) sur le sol.*

[Il y a là une perte d'intensité évidente. Comment l'éviter ?]

Il peut arriver fréquemment que ces onomatopées soient en tête de la phrase, ce qui intensifie l'effet sonore.

Bang went sixpence ! *Voilà les six pence filés d'un seul coup.*

Click goes the camera. *Un déclic, la photo est prise.*

Décrivant deux jardiniers déblayant la neige des allées, V. Sackville West écrit, **Swish, swish, went their black brooms.** Comment rendre cette imitation et ce rythme ? Un mot à mot est ridicule. Le français, plus abstrait, plus élaboré, devra trouver un verbe pour traduire **swish** et exprimer d'une façon ou d'une autre ce que suggère sa répétition. Cela pourrait donner : *leurs balais noirs frottaient le sol en cadence.* [L'idée y est; l'image est bien pâle. Qu'y faire ?]

GOOD [8760]

GOOD, adjectif et nom.

1. Good, adjectif. . . . . **65,6 %**

★ Penser au sens de **a good boy,** *un enfant sage,* et non pas *un bon enfant.*
Les emplois idiomatiques suivants sont à retenir.

— **To do a good turn,** voir **TURN,** 4.

— **To hold good,** voir **HOLD,** 1c.

— **I have a good mind to,** voir **MIND,** 1b.

— **To make good,** *s'amender.*
To make good the damage, *réparer les dégâts.*
To make good a promise, *tenir une promesse.*
To make good one's escape, *parvenir à s'évader.*

— **To have a good time,** *bien s'amuser.*

— **Good looks, good-looking,** voir **LOOK,** 3 b.

— **A good deal, a good many,** voir **DEAL.**
I have a good deal (= much) to do. *J'ai pas mal à faire.*
A good many people turned up. *Bon nombre* (ou *pas mal) de gens sont venus.*

— **As good as,** sens adverbial (= **almost).**
It's as good as new. *C'est pour ainsi dire neuf.*
He is as good as dead. *Il est mort, ou peu s'en faut.*
The thing's as good as done. *La chose est comme faite.*

2. Good, nom singulier, *le bien.* . . . . **7,2 %**

A retenir surtout l'emploi de **good** après **to be** dans une phrase interrogative ou négative. . . . . ***(1,3 %)***

What's the good of that ? *A quoi bon faire cela ?*
It's no good grumbling. *Cela ne sert à rien de grogner.*
Is it any good to you ? *Est-ce que cela peut vous servir ?*
It is any good trying ? *Cela vaut-il la peine qu'on essaie ?*

3. Goods, nom pluriel, *les marchandises.* . . . . **13,1 %**

On peut rencontrer le mot au singulier. Confusion possible !

The automobile is a durable good. *L'automobile est un article durable,* et non *un bien..!*

GRAND [282]

GRAND, adjectif, faux-ami partiel.

1. **Grand** peut correspondre au français *grand.* .... **50 %**

2. C'est un mot-piège quand il a le sens de *grandiose, solennel, magnifique.* . **30 %**

The interior of the church is very grand. *L'intérieur de l'église est des plus grandiose, et non très grand.*

3. Sens familier, *magnifique, fameux, épatant* (synonyme, **GLORIOUS,** 3). . . **10 %**

We had a grand time. *Nous nous sommes royalement amusés.*

It will be grand to see you again. *Ce sera merveilleux de vous revoir.*

GRATIFY

To GRATIFY, verbe, faux-ami.

Les sens sont différents du français.

1. *Faire plaisir, être agréable à.*

Food, like all things that gratify the senses... *La nourriture, comme tout ce qui est agréable aux sens...*

2. *Satisfaire, contenter* (un désir, une passion).

The glow of amber in the firelight gratified her love of colour. *Elle trouvait dans la lueur ambrée du feu de quoi satisfaire son amour de la couleur.*

GRATIFICATION, nom, a les deux sens correspondants.

1. *Plaisir, satisfaction.*

2. *Satisfaction, assouvissement.*

Other desires perish in their gratification, but the desire of knowledge never. *Les autres désirs périssent dès qu'ils sont assouvis, mais jamais ne périt le désir de savoir* (transposition n° 6).

GRIEF

GRIEF, nom, faux-ami.

Les sens sont *chagrin, douleur, peine.*

Il faut signaler la locution très courante, **to come to grief,** *faire de mauvaises affaires; échouer, mal tourner; avoir un accident* (de cheval ou de voiture). Voir **Come,** 3.

GRIND [52]

To GRIND, ground, ground, verbe irrégulier, et nom.

1. **To grind** a les différents sens de moudre. .... **52 %**

On notera deux emplois figurés :

a) **To grind one's teeth,** *grincer des dents.*

b) **To grind down,** *écraser, opprimer.* .... **8 %**

To grind down the poor, *pressurer, opprimer les pauvres.*

To be ground down with taxes, *être accablé, écrasé d'impôts.*

★ Les formes **ground** ne doivent pas être confondues avec le verbe régulier **to ground,** *fonder, baser.*

Well-grounded fears, *des craintes bien fondées.*

2. **Grind,** nom, en dehors de plusieurs sens techniques, veut dire familièrement, *labeur monotone, turbin, boulot.*

The daily grind, *le boulot quotidien, le train-train, la routine journalière.*

GROW [1255]

To GROW, grew, grown, verbe irrégulier.

1. To grow, verbe intransitif, *grandir, pousser, croître.* . . . . **29,4 %**
Quelques emplois idiomatiques.
a) **She has grown into a fine girl.** *Elle est devenue une belle fille.*
A full-grown man, *un homme fait.*
He will grow out of this habit. *C'est une habitude qui lui passera avec l'âge.*
voir **OUT OF,** 5.
b) **To grow up,** *grandir, devenir grand* (enfants).
Grown-up persons, *des adultes.*
The grown-ups, *les adultes.*
c) **Grown** peut s'employer pour indiquer une végétation envahissante.
A wall grown over with ivy, *un mur couvert de lierre.*
A moss-grown road, *un vieux chemin envahi par la mousse.*

2. To grow + un adjectif, (= **to get, to become**), *devenir.* . . . . **? 60 %**
La traduction utilise couramment un verbe simple ou réfléchi.
To grow old, *vieillir.*
To grow rich, *s'enrichir.*
To grow angry, *se fâcher.*
To grow aware, *se rendre compte.*
Ici le verbe **to grow** a perdu son sens de *grandir,* puisqu'on dit to **grow less,** *diminuer.*

3. To grow + un infinitif, exprime une évolution.
As time went on they grew to speak less of him. *Avec les années, ils en sont venus (peu à peu) à moins parler de lui.*

4. To grow, verbe transitif, *faire pousser, cultiver.* . . . . **11 %**
He grows turnips. *Il cultive des navets.*
He is growing a beard. *Il se laisse pousser la barbe.*

GUARDIAN

GUARDIAN, nom, faux-ami.
A guardian est *un tuteur,* ou *une tutrice* (d'un mineur).
Rappelons que le mot **TUTOR** n'a pas ce sens-là. Voir ce mot.

H

HAGGARD

HAGGARD, adjectif, faux-ami.

Il n'est peut-être pas inutile de rappeler que *hagard* veut dire affolé, égaré, en proie à un trouble violent.

Haggard, lui, veut dire *hâve, efflanqué, décharné.*

The brim of his hat half hid a face reddened by the cold, all thin, and haggard. *Le bord de son chapeau cachait à demi un visage rougi par le froid, amaigri et hâve.*

He grew haggard in shut-in spaces. *Il dépérissait (à vivre) dans des espaces renfermés.*

HANG [618]

To HANG, hung, hung, hanged au sens 1.

1. *Pendre, condamner à la pendaison.* . . . . **19 %**

On peut être surpris par l'emploi intransitif du verbe.

The condemned man will hang on Friday. *Le condamné sera pendu vendredi.*

2. *Pendre, suspendre, accrocher, être pendu,* etc. pour mémoire. . . . . **60 %**

3. Quelques sens figurés ou dérivés. . . . . **10 %**

— **To hang about** ou **around,** *rôder, flâner, traîner.*

— **To hang back,** *hésiter.*

— **To hang heavy.**

We felt time hanging heavy on our hands. *Nous sentions le temps se traîner lentement, nous peser.*

— **To hang on to,** *se cramponner, tenir bon,* au propre et au figuré.

— **To hang up,** *arrêter, suspendre, retarder.*

We were hung up by a puncture. *Nous avons été retardés par une crevaison*

— **To hang one's head,** *baisser la tête,* en signe de contrition.

4. **To hang** se rencontre dans de nombreuses expressions familières. . . . . . **2 %**

Hang it all ! *Zut alors !*

I'm hanged if... *Je veux être pendu, au diable si...*

Well, I'm hanged ! *Ah bien, ça alors !*

He can go hang ! *Qu'il aille se faire pendre !*

HARASS

To HARASS, verbe, faux-ami.

Le verbe anglais n'a plus le sens du verbe français. Il signifie *harceler* (l'ennemi), *tourmenter, tracasser, irriter.*

The harassing noise of aircraft taking off, *le bruit irritant* (ou *énervant*) *des appareils qui décollent.*

HARD [1184]

HARD, adjectif et adverbe.

1. Hard, adjectif, a tous les sens de *dur, difficile,* pour mémoire. . . . . **66,5 %**

2. Hard, adverbe, correspond aussi aux adverbes *dur, fort, ferme, dru.* . . . . **20 %**

Deux emplois idiomatiques à noter.

— **Hard by (= close by),** *tout près.*

The village stands, with the church in the midst, the parsonage hard by. *L'église est au milieu du village et la cure tout à côté.*

— **To die hard,** (personnes) *vendre chèrement sa vie, sa peau;* (choses) *être dur à tuer.*

Old resentments die hard. *Les vieilles rancunes ont la vie dure.*

The die-hards, *les conservateurs, les irréductibles, les ultras.*

HARDLY, adverbe [460].

★ **Hardly,** sauf dans 2 % des cas, n'est pas l'adverbe correspondant à **hard.** Son sens est *à peine* (= **scarcely**). On pense rarement à employer *ne... guère* qui offre pourtant un bon équivalent.

We can hardly believe it. *Nous ne pouvons guère y croire.*

● **Hardly** est considéré comme un mot négatif. Placé en tête de la phrase il entraîne donc une construction interrogative, voir Inversion, 1a, page 274.

Hardly had we gone out when the rain began. *A peine étions-nous sortis qu'il commença à pleuvoir.*

● Pour la même raison **hardly** n'est jamais suivi d'un mot négatif.
Hardly + any et ses composés ou **ever,** sera donc transposé en *presque* + un mot négatif.

Hardly anyone in the audience knew a word of the language. *Presque personne dans l'auditoire ne connaissait un mot de la langue.*

She hardly ever spoke her mind. *Elle ne disait pour ainsi dire jamais ce qu'elle pensait.*

HARDY

HARDY, adjectif, faux-ami.

Hardy veut dire *résistant, robuste, vigoureux.*

A hardy mountaineer, *un montagnard endurci,* et non pas *hardi, audacieux.*

A hardy plant, *une plante rustique, de pleine terre.*

HAVE [43432]

1. auxiliaire de conjugaison + participe passé.
2. **have (got)** + nom.
3. **have** + infinitif (= **must**).
4. **have,** causatif.
5. **will, won't have.**
6. **had rather, had better,** etc.
7. emplois idiomatiques.
8. **have** dans les « tags ».

To HAVE, had, auxiliaire et verbe ordinaire.

★ Attention aux formes contractées qu'on risque de confondre avec celles de **to be.**

— **He's** + participe passé. **He's been = he has been.**

He's + participe présent. **He's staying here = he is staying here.**

— **He'd** + participe passé. **He'd never been away** = **he had never been away.**
He'd + infinitif. **He'd have gone** = **he would have gone.**

● Les sens et emplois de **have** sont très nombreux et complexes. Pour éviter les nombreuses confusions possibles, qui sont autant de sources d'erreurs, le traducteur pourra s'assurer qu'il est capable de les différencier avec toute la précision voulue.
Voici le test de traduction qui lui est proposé; il pourra en comparer le résultat avec les phrases traduites à la fin de cet article.

1. **He has got a lawn-mower to mend.**
2. **He has got to mend his lawn-mower.**
3. **He had mended his lawn-mower.**
4. **He had his lawn-mower mended.**
5. **He had had his lawn-mower mended.**
6. **I had to mend my lawn-mower myself.**
7. **I had had to mend it myself.**
8. **Did you have to mend it ?**
9. **Did you have to have it mended ?**
10. **He had had to have it mended.**
11. **He must have mended it himself.**
12. **He must have had it mended.**
13. **I had better have it mended now.**
14. **I had rather not have it mended.**
15. **I had rather I had had it mended.**
16. **I won't have him mend my lawn-mower.**

● Ces différents sens de **have** dépendent en grande partie des structures.

1. **To have** + participe passé. . . . . **71 %**
C'est l'auxiliaire de conjugaison, *avoir* ou *être*, pour mémoire.

2. **To have** + un nom exprime la possession. . . . . **18 %**
Dans le style familier il est souvent suivi de **got,** qu'on ne traduira pas. Voir **GET,** 1.
Have you got any brothers or sisters ? *Avez-vous des frères ou des sœurs ?*
He's got a new car. *Il a, il possède* (et non pas *il s'est procuré) une voiture neuve.*

To have, verbe transitif direct, correspond à d'autres verbes français, *prendre* (un bain, un repas), *manger, boire.*
To have lunch, dinner, *déjeuner, dîner.*
To have a drink, *prendre un verre, boire quelque chose.*

● Autres locutions idiomatiques.
I have a good mind, voir **MIND,** 1 b.
To have a look at, voir **LOOK,** 3 a.
Did you have a good time ? *Vous êtes-vous bien amusé ?*
To have one's way, voir **WAY,** 5.
To have the best of, voir **BEST,** 2.
I want to have a word with you. *J'ai deux mots à vous dire.*

3. **To have** + l'infinitif complet exprime l'obligation, la nécessité (c'est un équivalent de **must).** Dans le langage familier **have** est souvent suivi de **got,** explétif. **5 %**
Le traducteur aura souvent intérêt, surtout si la phrase anglaise est au passif, à préférer *falloir* à *devoir,* comme venant plus naturellement dans la bouche d'un Français.
Have you got to go ? *Faut-il que vous partiez ?*
He had to be hoisted on board in a chair. *Il fallut le hisser à bord sur une chaise.*
I had to have new covers for the chairs and the sofa. *Il me fallait des housses neuves pour les fauteuils et le canapé.*

We shall have to leave earlier than usual. *Nous serons obligés de partir plus tôt que d'habitude.*

4. **To have** peut avoir un sens causatif. Il y a deux structures possibles . . . . **2 %**

a) **To have** + objet + infinitif sans **to.**

Have him come earlier. *Faites-le venir, arrangez-vous pour qu'il vienne, plus tôt.*

...as you would have us believe, *...comme vous voudriez nous le faire croire.*

b) **To have** + objet + participe passé (variante, voir **GET,** 3).

He had his children brought up Catholic. *Il fit élever ses enfants dans la religion catholique.*

He had had many copies of his portrait printed. *Il avait fait tirer de nombreuses épreuves de son portrait.*

★ L'ordre des mots est un critère essentiel pour distinguer entre 1 et 4.

He had repainted his sitting-room. *Il avait repeint son salon.*

He had his sitting-room repainted. *Il fit repeindre son salon.*

● Le participe passé peut disparaître s'il est normalement suivi d'une postposition.

I must have my tooth (pulled) out. *Il faut que je me fasse arracher une dent.*

I must have the decorators (come) in. *Il faut que je fasse venir les décorateurs.*

I wish I could have my book (brought) back now. *Je voudrais bien pouvoir récupérer mon livre maintenant.*

5. **To have,** précédé de **will, won't, would,** avec des structures différentes, exprime,

a) l'insistance.

He will have it that I was mistaken. *Il veut absolument que je me sois trompé,* (sens à rapprocher de celui de 4 a).

b) le refus.

I won't have it said that... *Je ne veux pas qu'on dise que...*

I won't have you criticise my work. *Je vous interdis de critiquer mon œuvre.*

I won't have people trespassing on my land. *Je ne veux pas qu'on s'introduise sur mes terres malgré l'interdiction.*

6. **I had (I'd) rather,** ou **sooner,** *je préférerais,* voir **RATHER** . . . .
I had (I'd) better, *je ferais mieux,* voir **BETTER,** 3 . . . . **2 %**
I had (I'd) as soon, *j'aimerais autant,* voir **SOON** . . . .

7. **To have** se trouve dans de nombreuses locutions très idiomatiques, souvent familières. Voici les plus embarrassantes.

Have you anything on this evening ? Yes, I have a lecture on. *Etes-vous occupé ce soir ? Oui, j'ai une conférence.*

I'll have it out with him when he gets home. *J'aurai une explication avec lui, une querelle à vider, quand il rentrera.*

He's been had up for dangerous driving. *Il a attrapé une contravention pour conduite dangereuse.*

You're not the first person that's been had in that way. *Vous n'êtes pas le premier à vous faire rouler ainsi.*

Get him what he wants, and have done with him. *Donnez lui ce qu'il veut et finissons-en, n'en parlons plus.* Voir **DO,** 4.

Rumour has it that changes in the Cabinet are imminent. *Le bruit court que des changements dans le ministère sont imminents.*

8. **To have** s'emploie dans les « **tags** » (queues de phrase elliptiques).

Les exemples ci-dessous correspondent aux différents emplois étudiés à **DO,** 7.

a) **Have you had dinner ? — Yes, I have.** *Avez-vous dîné ? Oui.*

b) **You have never been to England ? — Yes, I have.** *Vous n'êtes jamais allé en Angleterre ? — Mais si, voyons.*

c) **She has a young man, you know. — Oh, she has ?** *Elle a un petit ami, elle « fréquente », vous savez. — Pas possible !*

a + c) **I've broken a cup. — Oh you have, have you ?** *J'ai cassé une tasse. — Ah oui, vraiment.*

d) **You've a good mac and so have I.** *Vous avec un bon imperméable, moi aussi.*

e) **You had a good time. I hadn't.** *Vous vous êtes bien amusé. Pas moi.*

f) **We had a good cry at the pictures. Hadn't you ?** *On a bien pleuré au cinéma. Pas vous ?*

g) **You have never done any Latin before, have you ?** *Vous n'avez jamais fait de latin, n'est-ce pas ?*

TRADUCTION DES 16 PHRASES

1. *Il a une tondeuse à réparer* (2).

2. *Il faut qu'il répare sa tondeuse* (3).

3. *Il avait réparé sa tondeuse* (1).

4. *Il fit réparer sa tondeuse* (4).

5. *Il avait fait réparer sa tondeuse* (1, 4).

6. *J'ai été obligé de réparer ma tondeuse moi-même* (3).

7. *Il m'avait fallu la réparer seul* (1, 3).

8. *Avez-vous dû la réparer ?* (3).

9. *Avez-vous dû la faire réparer* (3, 4).

10. *Il avait été obligé de la faire réparer* (1, 3, 4).

11. *Il a dû (probablement) la réparer lui-même* (1).

12. *Il a dû (sans doute) la faire réparer* (1, 4).

13. *Je ferais mieux de la faire réparer maintenant* (4, 6).

14. *Je préfère ne pas la faire réparer* (4, 6).

15. *J'aurais préféré la faire réparer* (4, 6).

16. *Je ne veux pas qu'il répare ma tondeuse* (5).

HAZARD

HAZARD, nom, faux-ami.

Le sens anglais, courant chez nos classiques français et maintenant désuet, est *danger, risque, péril.*

The hazards of air travel, *les risques des voyages en avion.*

To HAZARD, *risquer, hasarder.*

HAZARDOUS, *hasardé, risqué, périlleux.*

HEAR [2298]

To HEAR, heard, heard, verbe irrégulier.

1. **To hear,** *entendre,* (souvent précédé de **can** qu'il est inutile de traduire) . . **76 %**

She can't hear very well. *Elle n'entend pas très bien.*

Can you hear ? *Entendez-vous ?*

2. Il faut insister sur le deuxième sens, *apprendre, entendre dire, avoir des nouvelles,* qui offre plusieurs variantes . . . . **22 %**

I hear that he has been ill. *J'apprends qu'il a été malade.*

Have you heard about his marrying again ? *Avez-vous entendu dire qu'il se remariait, avez-vous entendu parler de son remariage ?*

★ Il faut bien distinguer les deux emplois suivants.

I have not heard of him any more. *Je n'ai plus entendu parler de lui.* (indirectement).

I have not heard from him for a long time. *Il y a longtemps que je n'ai pas eu de ses nouvelles, qu'il ne m'a pas écrit* (directement).

Le hasard seul a mis côte à côte **of** et **from** dans cette phrase qui, en l'absence d'une virgule, risque de paraître bien obscure.

One of the most delightfully slow methods of travel that I have ever heard of from my native city of Edinburgh. **(From** indiquant la provenance doit être explicité, Etoffement, 5, page 262). *Une des façons de voyager les plus délicieusement lentes que je connaisse, au départ de ma cité natale d'Edimbourg.*

HELP [1535]

HELP, verbe et nom.

1. Verbe, sens courant, *aider, servir,* pour mémoire .... **72 %**
2. On connaît les expressions idiomatiques ou **help** est précédé de **can't** et peut être suivi du gérondif. .... **6 %**

I can't help thinking he is still alive. *Je ne puis me défendre de penser qu'il est encore en vie.*

He couldn't help laughing. *Il ne put s'empêcher, (ou se retenir) de rire.*

I couldn't help it. *Je n'ai pas pu m'en empêcher. Ç'a été plus fort que moi.*

It can't be helped. *On n'y peut rien.*

● L'expression est plus difficile à comprendre et à traduire quand elle est affirmative.

I don't do more than I can help. *Je n'en fais pas plus qu'il n'en faut, je ne fais que le strict nécessaire.*

I shan't stay longer than I can help. *Je resterai le moins longtemps possible.*

I won't stay overnight, if I can help it. *Je ne resterai pas jusqu'à demain matin, si je peux faire autrement.*

3. **Help,** nom, peut avoir un sens correspondant à 2 ci-dessus .... **0,7 %**

There's no help for it. *On n'y peut rien.*

HER(S) [10006]

HER, adjectif possessif, **HERS,** pronom possessif.

Les règles d'accord différentes dans les deux langues obligent le traducteur à beaucoup de vigilance pour éviter la confusion ou même le charabia.

Si le sujet de la phrase est féminin, il n'y a pas de problème.

She can't find her hat, her brooch, her gloves. *Elle ne retrouve plus son chapeau, sa broche, ses gants.*

Si le sujet de la phrase est masculin il faut préciser l'appartenance en rétablissant le nom, ou un pronom, féminin.

He saw her serious eyes watching him from among the audience. *Il vit les yeux graves de la jeune fille qui le regardaient des rangs du public.*

A man not only marries his wife, he marries her friends. *Un homme épouse non seulement sa femme, mais aussi les amis de sa femme, de celle-ci.*

De même ce serait un contresens de traduire, **Is that his or hers ?** par, *Est-ce le sien ou la sienne. ?* Il y a deux possesseurs. Donc : *Est-ce à lui ou à elle ?*

HOLD [2482]

To HOLD, held, held, verbe irrégulier, et nom.

1. Dans la majorité des cas, ce verbe se traduira par *tenir, contenir, retenir, soutenir, garder* .... **77 %**

Voici quelques emplois dont le sens est plus délicat.

a) **To hold forth,** *disserter, faire un topo, haranguer la foule.*

He can hold forth for hours on any subject. *Il est capable de pérorer pendant des heures sur n'importe quel sujet.*

b) **To hold one's own,** *se défendre,* (familier) *tenir le coup.*

He is a skilled debater, and can hold his own against any opponent. *C'est un polémiste plein de talent qui peut rivaliser avec n'importe quel adversaire.*

I read in order to be able to hold my own in conversation. *Je lis (ou j'étudie) pour pouvoir tenir ma place dans une conversation.*

c) **To hold good,** *être valable, rester en vigueur.*

My promise holds good. *Ma promesse reste valable.*

The bet holds good. *Le pari tient.*

d) **To hold up** a un sens plus large que celui utilisé en français : *arrêter, retenir, immobiliser* . . . . **1,2 %**

Thick fog held up a number of trains. *Un épais brouillard a immobilisé un certain nombre de trains.*

e) **To hold up as,** *offrir, proposer comme modèle, en exemple* . . . . **0,8 %**

(By some) ambition and sloth are held up as virtues. *Certains proposent comme des vertus l'ambition et la paresse.*

2. A hold, nom . . . . **5 %**

Noter les locutions verbales,

To catch hold of, *saisir, empoigner.*

To keep hold of, *retenir, ne pas lâcher.*

To lose hold of, *lâcher prise.*

A hold (nautique), *une calle de navire.*

HOME [2108]

HOME, nom, adjectif et adverbe.

1. Home : (nom), *le foyer, le « home »;* (adverbe) *chez soi, à la maison;* (adjectif) *domestique, familial* . . . . **58 %**

Ce sont, bien sûr, les sens qui viennent tout de suite à l'esprit, mais le traducteur trop souvent en reste là, ignorant ou ayant oublié d'autres sens tout aussi courants.

2. Home désigne souvent *le pays natal, la patrie* (grande ou petite) . . . . . . **9 %**

Many exiles long for home. *Beaucoup d'exilés languissent après leur patrie.*

At home and abroad, *chez nous et à l'étranger.*

The Home Office, *le ministère de l'intérieur.*

The home side, *les locaux* (football, etc.).

3. L'adverbe se rencontre dans plusieurs expressions idiomatiques où il a le sens, figuré, du but que l'on touche . . . . **21 %**

The reproach went home. *Le reproche a touché.*

A visit to the slum area of the town brought home to me what poverty really means. *Une visite aux taudis (ou aux zones insalubres) de la ville m'a fait sentir (ou m'a fait toucher du doigt) ce que c'est vraiment que la pauvreté.*

The speaker drove the point home by emphasis and repetition. *L'orateur fit partager sa façon de voir à force d'insistance et de répétition. (A force de* rend l'idée contenue dans **drove**).

4. At home peut vouloir dire aussi *comme chez soi, à l'aise* . . . . **2 %**

Make yourself at home. *Ne vous gênez pas, installez vous comme chez vous.*

HOW [4063]

HOW, adverbe interrogatif et exclamatif.

1. Adverbe interrogatif, *comment,* pour mémoire . . . . **63 %**

● **How to,** après les verbes exprimant l'idée *d'apprendre (à), d'enseigner (à), de savoir (—).*

It takes years, much training, discipline and reflection to learn how to become a human being. *Il faut des années, beaucoup d'entraînement, de discipline et de réflexion pour apprendre à devenir un homme.*

★ **How ... ever** ne doit pas être confondu avec **however.** Voir **EVER,** 3.
Ever marque simplement l'insistance.
How ever did you manage to do that ? *Comment diable vous y êtes-vous pris pour faire ça ?*

● **How do you do ?** Voir **DO,** 2 a.

● **How about (= what about)** . . . . *(0,3 %)*
How about having a rest ? *Que diriez-vous d'un petit moment de repos ?*

2. How suivi d'un adverbe de quantité ou d'un adjectif de mesure (qu'il faut transposer par un nom) . . . . **23 %**

How much ? How many ? *Combien ?*
How long, wide, deep, etc. *Quelle est la longueur, la largeur, la profondeur, etc. ?*
How long ? (distance et durée), voir **LONG,** 2 a.
How often ? *Combien de fois ?*
How far ? *a quelle distance ? dans quelle mesure ?* (sens figuré).

3. How exclamatif, *comme, que* . . . . ***10 %***

How kind of you ! *Comme c'est gentil !*

★ Attention à ne pas confondre la phrase exclamative et la phrase interrogative.
I wonder how old he is. *Je me demande quel âge il a* (interrogation indirecte).
I said to myself, 'How old he looks !' *Je me suis dit : « Qu'il a l'air vieux ! »*

HOWEVER [?]

HOWEVER, adverbe.

Le mot a des emplois complexes demandant une grande attention de la part du traducteur.

1. However, *pourtant, cependant* (= **still, yet, nevertheless).**

Dans ce sens le mot est généralement précédé ou suivi d'une virgule, ou entre deux virgules.

The next morning, however, he had changed his mind. *Le lendemain, cependant, il avait changé d'avis.*

2. However, devant un verbe, construit ou non avec l'auxiliaire **may,** *de quelque manière que.*

However you (may) do it, it will be wrong. *De quelque façon que vous vous y preniez, ce sera toujours mal fait.*
However that may be, *quoi qu'il en soit* (et non pas *quoiqu'il... !).*

3. However devant un adjectif ou un adverbe, *si ... que, quelque ... que, pour ... que* (littéraire).

Le verbe est le plus souvent à l'indicatif, parfois au subjonctif avec **may, might.** Voir **MAY,** 4 b.

May be est souvent sous-entendu. Voir omissions, phrase 7, page 278.

A dissatisfied community, however sound its balance sheet, will invariably end in some social disaster. *Une communauté mécontente, si saine que soit sa balance des comptes, finira immanquablement dans quelque catastrophe sociale.*

She was like a woman who, at the end of her time, at length realizes that however luxurious the nursing home, and however well paid the doctor, her labour is inevitable. *Elle était comme une femme qui, à la fin de sa grossesse, se rend compte enfin que, si luxueuse que soit la maternité,* *si élevés que soient les honoraires du docteur, elle ne peut pas échapper aux douleurs.*

● Outre les équivalents ci-dessus, le français offre un choix de gallicismes, bien commodes pour éviter des traductions lourdes.

He could not succeed, however hard he tried. *Il échoua, malgré tous ses efforts.*

However fast you may run, you won't catch him. *Vous aurez beau courir vite, vous ne le rattraperez pas.*

However much we delegate, however determined we may be to concern ourselves only with the essentials of policy, detail gradually grows upon us. *Nous avons beau déléguer des pouvoirs* (c'est une sorte de P.D.G. qui parle), *nous avons beau décider de ne nous occuper que de l'essentiel de notre affaire, les détails nous absorbent de plus en plus.*

★ Attention à ne pas confondre **however** avec **how ever** (= **how on earth**), dans une question.

How ever did you get your clothes in that mess ? *Comment diable avez-vous mis vos habits dans un état pareil ?* Voir **HOW,** 1.

HUNDRED

HUNDRED, adjectif et nom de nombre.

Hundred, adjectif, est toujours précédé d'un autre numéral ou de **a**.

★ Il faut se garder de confondre **a hundred** avec **one hundred,** car le premier est beaucoup moins précis que le second.

He will be one hundred next year. *Il aura cent ans l'année prochaine.*

There were a hundred people waiting outside. *Il y avait bien cent (ou une centaine de) personnes qui attendaient dehors.*

● **Hundred** est souvent employé familièrement avec une valeur intensive, alors que le français emploierait plutôt *mille.*

He lives a hundred miles away. *Il habite à mille lieues d'ici.*

A hundred and one dangers, *mille dangers.*

HYSTERICS

HYSTERICS, nom, faux-ami.

L'hystérie est une névrose plus ou moins grave, du ressort du psychiâtre (en anglais, **hysteria**).
Le mot **hysterics,** au contraire, peut s'appliquer à des individus parfaitement sains, puisqu'il veut dire, *crise de nerfs, rires ou pleurs convulsifs.*

To fall into hysterics, *avoir une attaque de nerfs.*

HYSTERIC(AL), adjectif, à le sens analogue.

Hysterical laugh, *rire nerveux.*

She was all hysterical. *Elle était dans tous ses états.*

A red-faced girl raced along by the carriages... « Hysterical ! » thought William. *Une jeune fille au visage tout rouge courait le long des wagons. « Elle est détraquée ! »* pensa *William.*

I

IGNORE

To IGNORE, verbe, mot dangereux.

Même si l'on admet que l'usage français tend à utiliser de plus en plus le verbe *ignorer* avec le sens du mot anglais, il n'y en a pas moins là une source de confusion, puisqu'alors le verbe français peut vouloir dire soit *ignorer, ne pas connaître,* soit *feindre d'ignorer, ne pas tenir compte de.*
Etant entendu que le mot anglais ne peut avoir, lui, que le second sens, le traducteur devra trouver une traduction suffisamment claire pour éviter tout ambiguïté.

He ignored what he was not interested in. *Il ignorait les choses qui ne l'intéressaient pas,* serait une traduction stupide. Il faut corriger ainsi : *il n'accordait aucune attention aux (ou il tenait pour nulles les) choses qui ne l'intéressaient pas.*

(Dans la description d'un bureau). **The mail to be answered covered the table, the mail to be ignored a chair.** *Les lettres demandant une réponse couvraient la table, celles qui devaient aller au panier couvraient une chaise.*

We regarded finance as a sort of intrusive nuisance to be earnestly ignored by all right-minded men. *Nous considérions la finance comme un objet de gêne et d'ennui que tout homme sain d'esprit se devait de mépriser délibérément.*

I simply ignored him. *J'ai fait comme s'il n'existait pas* (traduction tellement plus explicite et insultante qu'un simple calque !).

« No Parking » signs are ignored by motorists. *Les automobilistes ne tiennent aucun compte des panneaux d'interdiction de stationner.*

IGNORANT, adjectif. **To be ignorant of,** *ignorer, ne pas connaître.*

IN [48337]

IN, préposition, adverbe ou postposition.

1. **In,** préposition de lieu et de temps. La traduction n'offre pas de difficulté particulière. . . . . **53 %**

2. **In,** adverbe, employé seul après **to be.** Il a de nombreux sens, parfois idiomatiques. . . . . **2 %**

Is your brother in ? *Votre frère est-il chez lui ?*
The train is in. *Le train est en gare.*
The fire is in. *Le feu est allumé.*
Summer is in. *C'est l'été.*
The Conservatives are in. *Les Conservateurs sont au pouvoir.*
We are in for a storm. *Nous aurons sûrement une tempête.*
He is in for it (fam.). *Son affaire est bonne. C'est cuit !*
You don't know what you are in for. *Vous ne savez pas ce qui vous attend.*

3. **In,** postposition, a les mêmes sens (1 et 2) que **INTO,** préposition. Elle indique le mouvement vers l'intérieur. On la traduira le plus souvent par *entrer,* le verbe lui-même exprimant la modalité de l'action et ne se traduisant que s'il a un sens précis.

a) Le verbe est intransitif.

Go in, come in, get in. *Entrez.*

The air was blowing in through the open window. *L'air pénétrait par la fenêtre ouverte.*

The burglar had broken in. *Le cambrioleur avait pénétré par effraction.*

The child stole in. *L'enfant entra furtivement.*

● Selon un procédé cher au conteur, **in** peut se trouver placé dès le début de la phrase (Voir inversions, n° 2e, page 276). Comment rendre cet effet de rapidité et de surprise autrement que par un pauvre adverbe ?

As she opened the door, in came that great shaggy dog which ran after sheep. *Quand elle ouvrit la porte, voilà qu'entra (ou entra brusquement) ce grand chien poilu qui courait après les moutons.*

b) Le verbe est transitif.

They've locked us in. *Ils nous ont enfermés à clef.*

He was kept in. *Il fut gardé en retenue.*

Show him in. *Faites-le entrer.* Voir **SHOW,** 2.

The opening door let in the sound of voices. *La porte en s'ouvrant laissa entrer un bruit de voix.*

In peut avoir des sens très idiomatiques, voir **FALL,** 2c, **GIVE,** 2, **TAKE,** 3.

● **In** peut être associé à **OUT.** La locution est facile à traduire par deux verbes s'il n'y a pas de complément.

They had friends who continually popped in and out. *Ils avaient des amis qui n'arrêtaient pas d'entrer et de sortir en coup de vent.*

Around them the trains roared in and out. *Autour d'eux grondaient les trains qui arrivaient et partaient.*

★ Plus difficile est la traduction si ces mots sont suivis d'un complément.

Soit la phrase, **People were pushing their way in and out of the stores.** Le traducteur irréfléchi n'y verra pas la moindre difficulté et traduira : *Les gens se bousculaient pour entrer et sortir des magasins,* ce qui est grossièrement incorrect. On n'entre pas *des* magasins !

Pour être correct il faudrait écrire : *Les gens entraient dans les magasins et en sortaient en se bousculant.* On évitera cette maladresse par une transposition. *Les gens se bousculaient à l'entrée et à la sortie des magasins.*

● **Day in, day out,** *jour après jour.*

INCONGRUOUS

INCONGRUOUS, adjectif, faux-ami.

En français *incongru* a pour synonymes *déplacé, inconvenant, indécent, malséant,* donc contraire aux bonnes mœurs.

Les synonymes de **incongruous** sont **discordant, ill-assorted, inharmonious,** donc contraire au bon goût.

Incongruous colours, *des couleurs disparates.*

On aura souvent intérêt à utiliser la transposition n° 10.

Incongruous clothing, *des habits baroques, qui jurent, qui choquent.*

I mention these details as they seemed to be incongruous in a man with such a consuming passion. *Je mentionne ces détails car ils semblent détonner chez un homme dévoré par une telle passion.*

INCONGRUITY a les sens analogues.

INCONVENIENT

INCONVENIENT, doublement faux-ami, car le mot n'est pas un nom mais un adjectif.

Le mot est le contraire de **convenient** (voir **CONVENIENCE**).

Il veut dire *incommode, gênant.*

Very inconvenient lodgings, *des logements fort incommodes.*

INDIFFERENT

INDIFFERENT, adjectif, faux-ami partiel.

1. **Indifferent (to** ou **as to),** *indifférent à.*
2. Les sens courants du mot sont *passable, médiocre, quelconque, insignifiant,* quelquefois *ni bien ni mal.*

   An indifferent painter, *un peintre quelconque.*

INDULGE

To INDULGE, verbe.

Ce verbe est souvent difficile à comprendre et à traduire car le français n'a pas d'équivalent verbal à offrir. Deux emplois :

1. **To indulge,** transitif direct, *satisfaire, contenter, donner libre cours à* (des sentiments, des caprices); *gâter* (quelqu'un), *lui laisser faire ce qu'il veut.*

   She is used to indulging all her whims. *Elle est habituée à se passer tous ses caprices.*

2. **To indulge in,** *se livrer, s'abandonner à.*

   In those days the habit of eating in public was not much indulged in. *A cette époque on ne s'adonnait guère à l'habitude de manger en public.*

   How can lying in bed be indulged in by a reasoning being ? *Comment un être doué de raison peut-il se laisser aller à rester au lit ?*

INDULGENCE, faux-ami, *faveur* (qu'on accorde); *abandon, assouvissement* (auquel on se laisse aller); *faiblesse, mollesse; douceur* (qu'on s'offre).

What made these Sundays so trying was that I was not permitted the indulgence of any secular respite. *Ce qui rendait ces dimanches si éprouvants c'est qu'on me refusait la douceur du moindre relâchement profane.*

On peut aussi appliquer la transposition n° 6 : *on m'interdisait de m'abandonner au moindre relâchement profane.*

INGENIOUS - INGENUOUS

★ Attention aux confusions possibles entre ces deux adjectifs et les deux noms dérivés.

1. **INGENIOUS,** *ingénieux.* Pas de problème donc avec l'adjectif, mais le nom correspondant est **INGENUITY,** qui est un faux-ami.

   Some ingenuity was needed to escape the newspaper people. *Il fallait quelque ingéniosité (ou quelque astuce) pour échapper aux journalistes.*

   The Great Exhibition of 1851 was the apotheosis of free trade and the peaceful products of man's hand and ingenuity. *La Grande Exposition de 1851 fut l'apothéose du libre échange et des productions pacifiques de la main de l'homme et de son ingéniosité.*

2. **INGENUOUS** est, lui, un faux-ami, puisqu'il veut dire non pas *ingénu, naïf,* mais *franc, sincère.*

INGENUOUSNESS est le nom correspondant.

● V. Sackville-West dans *The Edwardians* a su, de façon très astucieuse (**very ingeniously**), jouer sur le sens des deux adjectifs dans cette petite scène mondaine.

(Speaking to a middle-aged Beauty) women said — ingenious women — « no one would believe that your Margaret was eighteen »; and men said — ingenuous men — « None of our young beauties can hold a candle to you ». *S'adressant à une beauté entre deux âges, les femmes disaient, avec quelque malice, « Personne ne pourrait croire que votre Marguerite a dix-huit ans »; et les hommes disaient, en toute franchise, « Aucune de nos jeunes beautés ne vous vient à la cheville ».*

INJURE

To INJURE, verbe, faux-ami.

To injure veut dire *blesser, nuire à,* matériellement ou moralement.

He was badly injured in a car accident. *Il fut sérieusement blessé dans un accident de voiture.*

The injured, *les blessés* (par accident).

To injure someone's reputation, *porter atteinte à la réputation de quelqu'un, nuire à son renom.*

INJURY a les deux sens.

His injuries were only slight. *Ses blessures n'étaient que légères.*

Much injury is being caused to trade by the strike. *La grève nuit beaucoup au commerce.*

● *Injurier* se dit **to ABUSE** (voir ce mot), **to insult, to call names.**

Une injure, **a word of abuse, an insult.**

INTELLIGENCE

INTELLIGENCE, faux-ami partiel.

On peut rencontrer intelligence avec le sens de *nouvelle, information, renseignement.* Tout le monde, plus ou moins lecteur de romans policiers, connait **the Intelligence Service,** *le service des renseignements, de l'espionnage.*

All England started at the intelligence. *Toute l'Angleterre tressaillit à cette nouvelle.*

Shipping intelligence, *les nouvelles maritimes,* concernant le mouvement des bateaux; et non *l'intelligence manœuvrière* (sic).

INTO [6274]

INTO, préposition.

La formation de ce mot combine les deux idées de mouvement vers (**to**) et d'insertion dans (**in**), idée que la préposition *dans* ne peut rendre à elle toute seule.

1. La première idée exprimée par **into** est donc de pénétration. . . . . **44 %**

La préposition *dans* suffira si le verbe est suffisamment explicite, comme *entrer, pénétrer, mettre.* Au contraire si le verbe est un simple verbe de mouvement, il faut appliquer la transposition n° 14.

She ran into the room, ne veut pas dire, *elle courut, ou courait dans la pièce,* ce qui impliquerait qu'elle y est déjà, mais *elle entra dans la pièce en courant.*

Le verbe précédent **into** peut être sous-entendu.

The servants were not allowed into this part of the house. *Les domestiques n'étaient pas autorisés à pénétrer dans* (ou mieux, *n'avaient pas accès à*) *cette partie de la maison.*

● La précision apportée par le verbe sera négligée si elle est évidente.

The man walked into the office. *L'homme entra dans le bureau.*
The train steamed into the station. *Le train entra en gare.*
The boat sailed into the harbour. *Le navire pénétra dans le port.*
The bird flew back into its cage. *L'oiseau rentra dans sa cage.*
Il serait superflu et particulièrement maladroit d'essayer de traduire les verbes anglais.

★ On ne saurait assez insister sur la nécessité pour le traducteur de rendre clairement cette idée de pénétration en étoffant une préposition à sens vague comme *dans* par l'emploi d'un verbe précis comme *entrer, pénétrer* ou un verbe à sens analogue.

He stepped out of the house into the glitter of sunlight. Une traduction littérale de cette phrase serait non seulement maladroite mais aussi ambiguë, *(la maison dans, se trouvant dans).* Il faut utiliser deux verbes puisque l'anglais décompose le mouvement en deux.
Il sortit de la maison et se trouva (ou *sortant de la maison, il se trouva) dans la vive clarté du soleil.*

2. Le sens d'*entrer, pénétrer* peut être pris au figuré . . . . **22 %**
Parfois on sera amené à transposer, le plus souvent le verbe français sera suffisamment explicite.

To marry into a family, *entrer par alliance dans une famille.*
To inquire into a case, *faire des recherches approfondies sur une affaire.*
To be let into a secret, *être initié à un secret.*
From the top he could gaze into the river. *Du sommet son regard plongeait dans le fleuve.*
To look into, voir **LOOK,** 1.

3. La deuxième idée exprimée par **into** est de transformation. . . . . **34 %**
Into sera traduit par *en* si le verbe est suffisamment explicite.

To translate, change, turn, break, divide, etc. **into,** *traduire, changer, transformer, briser, diviser,* etc. *en.*

★ Là encore le traducteur veillera soigneusement à ce que l'idée de transformation soit clairement exprimée.

To carve stones into pyramids. Si l'on traduit cette phrase littéralement, *tailler des pierres dans des pyramides,* on fera un contresens grossier, disant que les pyramides servent de carrière au tailleur de pierre. (C'est la préposition **out of** qui exprimerait cette idée).
Corrigeons : *tailler des pierres en forme de pyramides.*

● Ici encore la traduction de **into** par un verbe s'imposera dans de nombreux cas.

She has grown into a fine young lady. *Elle est devenue une jolie jeune fille* (**Grown** exprimant une évidence ne sera pas traduit).
Cream is churned into butter. *On baratte la crème pour obtenir du beurre.*
The space between pillar and pillar was bricked or boarded off into rooms. *On avait aménagé en pièces l'espace entre deux piliers au moyen de cloisons de briques ou de planches.*
The high road narrowed into the squalid street of a little town. *La grand' route en se retrécissant faisait place à la rue sordide d'une petite ville.*

● Très idiomatiquement, **into** peut être suivi d'un nom ou d'un gérondif exprimant un aboutissement, en général avec une idée de contrainte ou d'erreur. Ces phrases très concises ne sauraient être calquées et leur traduction exige un développement souvent délicat. Bien étudier les exemples suivants.

The boy was caned into obedience. *On fit obéir l'élève à coups de canne.*
They threatened him into signing the cheque. *Sous la menace on l'a forcé à signer le chèque.*

His haldness had deceived her into thinking him no longer young. *A le voir si chauve elle avait cru à tort qu'il n'était plus jeune.*

Voici une phrase qui offre un raccourci encore plus saisissant.

In the inns Utopians were shouting the universe into order over beer (Arnold Bennett). [Pour le sens de **over** ici, voir **OVER,** 5]. *Dans les auberges, attablés devant leurs verres de bière, des utopistes mettaient de l'ordre dans l'univers avec force vociférations (à grands coups de gueule,* si on croit pouvoir se risquer jusque là).

● Encore plus idiomatique, donc plus embarrassante pour le traducteur, est l'utilisation de cette tournure avec un verbe réfléchi. La traduction ne sera guère qu'un à-peu-près et perdra fatalement beaucoup du pittoresque, de la concision, éventuellement du comique de l'anglais.

In a few minutes they had talked themselves into a rage. *En quelques instants, grisés de paroles, ils étaient devenus furieux.*

The regimental bad characters drank themselves into stupor to forget their fatigue. *Les mauvais sujets du régiment s'abrutissaient de boisson pour oublier leur fatigue.*

(Extrait de *The Patrician* de Galsworthy, ce portrait du parfait pêcheur à la ligne) **He fished unhasting, religious, like some good Catholic adding one more to the row of beads already told, as though he would fish himself, gravely, without complaint, into the other world.** *Il pêchait sans se hâter, religieusement, tel un pieux catholique qui égrène son chapelet interminablement, comme si cette pêche, grave et résignée, devait lui gagner le ciel.*

IT [35512]

IT, pronom personnel.

★ It correspond à *ce, ceci, cela,* bien sûr, mais tout autant à *il* ou *elle.* Le traducteur a trop souvent tendance à oublier que **it** remplace un nom neutre en anglais, mais qu'il est obligatoirement masculin ou féminin en français.

She pointed to a large poster pinned on the opposite wall. It depicted a man's big face. *Elle montrait du doigt une grande affiche fixée avec des punaises au mur d'en face. Elle* (et non *cela*) *représentait un gros visage d'homme.*

Voir aussi Etoffement, n° 7, page 263.

● En tête de phrase **it** peut annoncer ou renforcer le sujet réel. Si le verbe est au prétérit, l'anglais emploie **it was.** Mais le français met le verbe au présent. Voir Changements de temps, II, n° 5, page 264.

● **It** dit « d'anticipation ».

Ce **it** annonce un infinitif complément d'un adjectif ou une proposition introduite par **that.** On ne le traduit pas en français.

Man has always found it easier to sacrifice his life than to learn the multiplication table. *L'homme a toujours trouvé plus facile de sacrifier sa vie que d'apprendre la table de multiplication.*

Authors have established it as a kind of rule that a man ought to be dull sometimes. *Les auteurs ont posé comme une espèce de règle qu'on se doit d'être ennuyeux à l'occasion.*

● **It** est sous-entendu après un comparatif. Voir Omissions, phrase 5, page 278.

● **It** se rencontre, avec un sens très vague, dans un grand nombre de locutions courantes, souvent familières.

To have a tedious time of it, *s'ennuyer à mourir.*

To lord it, *se conduire en maître.*

To rough it, *en voir de dures.*

To have it out with somebody, *régler ses comptes à quelqu'un.*
Hop it ! *Filez !*
Take it easy ! *Ne t'en fais pas !*
We had to foot it. *Il a fallu y aller à pied.*
He is in his seventies and still at it. *Il est septuagénaire et toujours sur la brèche.*
I can't make it. *Je n'y arriverai pas, je serai en retard.*
You'll catch it. *Vous allez vous faire attraper.*

- Locutions contenant **for it.** Voir **FOR,** 3c

J

JOURNEY [314]

JOURNEY, nom, faux-ami.

Est-il superflu de rappeler aux étourdis que **journey** ne veut plus dire *journée*, mais qu'en élargissant le premier sens français (s'en aller à petites journées), il désigne *un voyage* quel qu'en soit la durée, *un trajet* ?

To go on a journey, *partir en voyage.*
A ten days' journey, *un voyage de dix jours.*
It was only an hour's journey. *Le trajet ne dura qu'une heure.*

JUST [2269]

JUST, adverbe et adjectif.

1. Just, adverbe de degré. . . . . **42 %**

Le mot a plusieurs sens qu'il convient de distinguer nettement.

a) justement, précisement.

He is just the man (= the very man) you want. *C'est justement l'homme que vous voulez voir.*

● **Just** s'emploie souvent devant un autre adverbe.

Just as..., *tout comme...*
Just enough, *juste assez.*
Just so ! *Justement.*
Just now, *pour le moment.*
Just why.. ? *pourquoi donc... ?*
Just as well, voir **WELL,** 2.

b) *tout juste, à peine* (= **hardly, barely).** . . . . *(13 %)*

It is just wide enough. *C'est tout juste assez large.*

c) *seulement* (= **only).**

If you need some help, just ask me. *Si vous avez besoin d'aide, vous n'avez qu'à me le demander.*

2. Adverbe de temps. Le sens exact dépend du temps du verbe. . . . . **14 %**

a) (présent). **We are just leaving.** *Nous partons à l'instant.*

b) (prétérit). **He was here just now (= a few minutes ago).** *Il était là il n'y a qu'un instant.*

c) (present perfect ou past perfect). **He has just left.** *Il vient de partir.*

He had only just got out of bed; he was still unshaved. *Il venait de sortir du lit; il ne s'était pas encore rasé.* Transposition n° 1, page 259.

★ La place de just permet souvent de choisir entre les sens 1 et 2.

(1) **I have come just to see you.** *Je suis venu uniquement pour vous voir.*
(2) **I have just come back.** *Je viens juste de rentrer.*

3. Just, adjectif, *juste, exact,* pour mémoire. . . . . **5 %**

K

KEEP [2415]

To KEEP, kept, kept, verbe irrégulier.

1. Verbe transitif. Sens courants, *garder, tenir, retenir, entretenir*. . . . . **75 %**
Deux points à noter.

a) **To keep** + complément + le gérondif. C'est un des équivalents de *faire* (l'insistance est mise sur la durée).

To keep a ball rolling, *faire rouler une balle.*

I'm sorry to have kept you waiting. *Je regrette de vous avoir fait attendre.*

We don't like to be kept standing. *Nous n'aimons pas qu'on nous fasse rester debout.*

b) **To keep (= to prevent) somebody from,** *empêcher de*. . . . . **(5 %)**

Nothing will keep me from going abroad. *Rien ne m'empêchera d'aller à l'étranger.*

On trouve aussi un sens réfléchi.

When I hear them, I can't keep from (= I can't help) laughing. *Quand je les entends, je ne puis m'empêcher de rire.*

2. Verbe intransitif. Voici les points importants pour le traducteur. . . . . **13 %**

a) **To keep** + adjectif, *rester, se tenir.*

To keep quiet, *se tenir tranquille.*

To keep good, *rester sage.*

We had to wait, stamping to keep warm. *Nous dûmes attendre, en battant la semelle pour nous réchauffer.*

To keep away, voir **AWAY**, 1.

b) **To keep (on)** + le gérondif (= **to continue, to go on).** . . . . **(2,7 %)**

To keep est légèrement plus insistant que **to go on.** Employer une locution comme *ne pas arrêter de*, ou *sans cesse* (transposition n° 5, page 260).

It kept raining all through the weekend. *Il n'arrêta pas de pleuvoir pendant tout le week-end.*

Why keep on repeating the same thing ? *Pourquoi toujours rabâcher la même chose ?*

c) **To keep up with,** *marcher à la hauteur de, ne pas se laisser distancer.* **(0,8 %)**

I can't keep up with you. *Je ne peux pas vous suivre, vous marchez trop vite pour moi.*

The man in the street finds it impossible to keep up with the times. *L'homme de la rue n'arrive pas à se maintenir à la page, à être de son temps.*

KIND [1577]

KIND, nom et adjectif.

★ Ces deux mots issus d'une même racine se sont considérablement écartés l'un de l'autre.
Attention donc aux confusions possibles.

1. Kind, nom, *sorte, espèce*, pour mémoire . . . . **77 %**
On peut être surpris de rencontrer **kind** invariable dans une expression comme,

These kind of plants, *ces espèces de plantes.*

Par ailleurs, dans le langage populaire, **kind of** s'emploie avec une valeur adverbiale, (= **almost, as it were).**

He looked kind of frightened. *Il avait comme qui dirait l'air d'avoir peur.*

I kind of expected it. *Je m'en doutais presque.*

2. Kind, adjectif, *bon, aimable* . . . . **16 %**

Noter les quatre questions suivantes qui signifient toutes, avec des degrés divers de politesse, *Veuillez avoir la bonté (ou l'obligeance) de me mettre cette lettre à la poste.*

Will you be kind enough to post this letter for me ? (emploi courant).

Will you be so kind as to post this letter for me ? (courant, mais plus littéraire).

Will you kindly post this letter for me ? (très courant).

Will you do me the kindness to post this letter for me ? (cérémonieux).

[Les deux premières phrases utilisant la transcription n° 9].

KINDLY [144], est adverbe, comme dans une des phrases ci-dessus.

Il peut être aussi adjectif . . . . **32 %**

To have a kindly feeling towards someone, *nourrir des sentiments bienveillants à l'égard de quelqu'un, avoir de la sympathie pour quelqu'un.*

KNOCK [178]

KNOCK, nom et verbe.

1. A knock, *un coup, un choc* . . . . **17 %**

There was a knock at the door. *On frappa à la porte* (transposition n° 6).

2. To knock, *frapper, heurter* (à la porte), pour mémoire . . . . **25 %**

3. Les difficultés de traduction se présentent lorsque **knock** a le sens de donner un coup et est suivi d'une postposition . . . . **32 %**

a) Si la postposition a son sens propre on utilisera la transposition n° 14, ou on emploiera un verbe précis.

He was knocked down. *Il fut étendu d'un coup de poing.*

He knocked the book off the table. *Il fit tomber le livre de la table* (en le heurtant).

She alleged that she had been knocked about by her husband. *Elle prétendit que son mari l'avait malmenée, maltraitée, rouée de coups.*

To knock out a pipe, *débourrer une pipe* (en la cognant, et non avec l'outil ad hoc).

To knock out the ashes, *faire tomber les cendres.*

The car knocked over the lamp-post. *L'auto renversa le lampadaire.*

The boxer was knocked out. *Le boxeur fut envoyé au tapis pour le compte, fut mis K.O.,* si l'on tient au jargon sportif . . . . **2 %**

b) Mais l'ensemble verbe + postposition peut avoir aussi des sens figurés, plus complexes.

He has knocked about the world a great deal. *Il a beaucoup roulé sa bosse* (ou *bourlingué) de par le monde.*

A mahogany table was knocked down for ten pounds. *Une table d'acajou fut adjugée dix livres* (aux enchères) . . . . **2 %**

To knock off peut avoir deux sens :

— *faire la pause, cesser le travail* . . . . **1 %**

— *déduire, rabattre, faire remise* (d'une somme).

The grocer knocked off the odd pence. *L'épicier rabattit les centimes d'appoint.*

To be knocked up (familier), *être éreinté, fourbu* . . . . **1 %**

KNOW [5489]

To KNOW, knew, known, verbe irrégulier.

En dehors de la traduction par *savoir, connaître; ignorer* (à la forme négative), voici quelques particularités à noter.

a) **To know,** au sens de *reconnaître, distinguer.*

He knows a good horse when he sees one. *Il est capable de reconnaître un bon cheval quand il en voit un.*

I didn't know the one from the other. *Je ne pouvais pas les distinguer l'un de l'autre.*

b) **To know of,** *connaître, avoir entendu parler de* . . . . **1,6 %**

I don't know Mr Smith but I know of him. *Je ne connais pas M. Dupont personnellement mais j'en ai entendu parler.*

c) **To know about,** *être informé, être au courant* . . . . **1 %**

Do you know anything about antique furniture ? *Vous y connaissez-vous en meubles anciens ?*

● Locutions verbales.

To know better, voir **BETTER,** 4.

To know one's own mind, voir **MIND,** 1 b.

L

LABOUR

LABOUR, nom et verbe, faux-ami.

Labour correspond à *labeur* et non à *labour.*

1. **Labour,** nom, *labeur, travail, main-d'œuvre.*
   A labour-saving device, *un appareil ménager* (qui économise le travail).
   Capital and labour, *le capital et le travail.*
   Skilled labour, *la main-d'œuvre spécialisée.*

2. **To labour,** *travailler et peiner.*
   To labour under s'emploie couramment au figuré, au sens de *peiner sous le poids de.*
   Les équivalents sont nombreux :
   To labour under an error, *être victime d'une erreur.*
   To labour under an accusation, *être sous le coup d'une accusation.*
   To labour under great difficulties, *être aux prises avec de grandes difficultés.*
   To labour under a disease, *souffrir d'une maladie.*
   Noter cette locution :
   I will not labour the point. *Je ne m'étendrai pas (ou je n'insisterai pas) là-dessus.*

LABOURER, *travailleur, manœuvre,* souvent *ouvrier agricole,* jamais *laboureur.*

LARGE [3018]

LARGE, adjectif, faux-ami.

Rappelons encore une fois que **large** ne veut jamais dire *large,* mais *grand, gros, vaste, considérable.*

A large sheet of paper, *une grande feuille de papier* (surface totale et non largeur seule).
On a large scale, *sur une grande échelle, sur un grand pied.*
The larger public, *le grand public.*

● **At large,** locution adverbiale.

a) **The murderer was still at large.** *Le meurtrier était toujours en liberté, n'avait pas encore été arrêté.*
b) **The world at large,** *le monde en général.*
   The people at large, *la grande masse du public.*
c) **He spoke at large on the subject.** *Il s'est longuement étendu sur le sujet.*

LAST [2850]

LAST, adjectif, adverbe, nom et verbe.

Ce mot, simple en apparence, peut présenter des pièges au traducteur.

1. **Last,** adjectif, *dernier* . . . . **65 %**
   Remarquer les locutions suivantes :
   The last three days, *les trois derniers jours.*
   The last few days, *ces derniers jours.*
   The last but one, *l'avant-dernier.*

★ Bien distinguer **last** de **latest**, voir **LATE,** 2.

★ Ne pas confondre :

a) **The last week,** *la dernière semaine.*

The last week of the holidays was very rainy. *La dernière semaine des vacances fut très pluvieuse.*

b) **Last week** (locution adverbiale), *la semaine dernière.* Il s'agit d'une période écoulée, le verbe est au prétérit.

Parliament met three times last week. *Le parlement a tenu trois séances la semaine dernière.*

c) In the last week, *au cours des huit derniers jours.* Il s'agit d'une période non achevée, le verbe est au present perfect.

Three times in the last week I have had to sit up as late as 2. *Trois fois au cours des derniers huit jours j'ai dû veiller jusqu'à deux heures.*

2. Last, adverbe, *le dernier, en dernier lieu, pour la dernière fois* ...... **5 %**

When I saw him last, *la dernière fois que je l'ai vu.*

3. Last, nom.

This is the last of him. *C'est la fin, il est perdu.*

When shall we see the last of him ? *Quand en serons-nous débarrassés ?*

★ **At last,** locution adverbiale .... **19 %**

Ne pas confondre **at last** avec **at least.** Voir **LEAST.**

Ne pas confondre **at last** avec **lastly,** *à la fin, en dernier lieu* (dans une énumération).

● **At last** donne souvent lieu à une transposition, n° 1.

They released us at last. *Ils finirent par nous relâcher.*

4. To last, *durer* .... **10 %**

We inherit a tradition which has lasted for about three thousand years. *Nous héritons d'une tradition qui dure depuis trois mille ans environ.*

Out peut renforcer l'idée de durée.

Will the coal last out the winter ? *Aurons-nous assez de charbon pour tenir cet hiver ?*

LATE [868]

LATE, adjectif et adverbe.

1. Late, adjectif, *tard, en retard,* pour mémoire .... **17 %**

2. Late a un autre sens dont l'ignorance peut être une cause d'erreurs .... **31 %**

Il indique une période (a) récente ou (b) tardive.

a) **Of late years,** *ces dernières années.*

Of late, lately (adverbe), *dernièrement, récemment.*

We have not heard from him lately. *Nous sommes restés sans nouvelles de lui ces derniers temps.*

b) **In late spring,** *vers la fin du printemps.*

In the late afternoon, *tard dans l'après midi.*

● Le comparatif **later** (ne pas confondre avec **LATTER,** voir ce mot) se rattache au sens b.

The later Middle Ages, *la fin du Moyen-Age.*

● Le superlatif **latest** (bien le distinguer de **LAST**, voir ce mot) se rattache au sens a.

The latest news, the latest fashion, *les dernières nouvelles, la dernière mode* (la plus récente).

★ Deux phrases peuvent illustrer cette dernière différence :

Dickens's last novel, *le dernier roman de Dickens* (le dernier qu'il ait écrit).

Graham Greene's latest novel. *Le dernier roman de Graham Greene* (le dernier paru).

3. Autres sens de **late** . . . . **20 %**

— **The late headmaster,** *l'ancien directeur.*

— **The late queen,** *la reine défunte, feue la reine.*

C'est sur les sens 1 et 3 du mot que l'auteur (anonyme) de ce petit poème a joué.

A novice was driving a car,
When his son said to him, « Dear Papa,
If you drive at this rate,
We are bound to be late —
Drive faster ! » — He did, and they are.

On ne vous propose pas de traduction pour ce raccourci !

4. Late, adverbe, correspond aux sens 1 et 2 de l'adjectif . . . . **22 %**

(1) **Better late than never.** *Mieux vaut tard que jamais.*

(2) **Late in the year,** *vers la fin de l'année.*

★ Attention à la confusion possible entre (1) et (2).

He came late in the afternoon. *Il est venu vers la fin de l'après-midi,* et non pas, *il est arrivé en retard dans l'après-midi.*

● **Later on,** *par la suite.*

He was very cross at first, but later on he forgave them. *Il a été très fâché au début, mais par la suite il leur a pardonné.*

● **As late as,** *jusqu'à* (notion de durée, sens 1).

I had to sit up as late as 2. *J'ai dû veiller jusqu'à deux heures du matin.*

This style persisted as late as the seventeenth century. *Ce style a persisté jusqu'au 17e siècle.*

LATTER [752]

THE LATTER, comparatif de **late.**

★ **Latter** doit être soigneusement distingué de **later,** voir **LATE,** 2.

Le comparatif **latter** est toujours précédé de **the** car il exprime une opposition explicite ou implicite avec un autre terme. Voir **MORE,** 2.

Voici les trois modalités de cet emploi.

1. Il veut dire *le second, celui-ci* par opposition à **the former,** *le premier, celui-là.* **25 %**

I was not only a genuinely keen student but also a bit of a prig and poseur in those days, and the latter kept the former at it. *A cette époque-là, je n'étais pas seulement un étudiant foncièrement sérieux mais aussi un garçon un tantinet prétentieux et poseur, et celui-ci maintenait celui-là au travail.*

2. Il veut dire ce *dernier,* le dernier mentionné de deux personnes . . . . **71 %**

He dismissed Brown as soon as the latter had lighted the candles at the bedhead. *Il renvoya Brown dès que ce dernier eut allumé les bougies au chevet du lit.*

He watched Leslie mowing. The latter was doing fairly well. *Il regardait Leslie en train de faucher, lequel ne s'en tirait pas mal.*

3. The latter peut s'appliquer à une période de temps (sens analogue à celui de **LATE,** 2 b).

The latter years of Queen Victoria's age, *la dernière période de l'époque victorienne.*

The latter half of August, *la deuxième quinzaine d'août.*

LAY [1321]

To LAY, laid, laid, verbe irrégulier.

★ Avant tout il importe de bien distinguer **to lay,** verbe transitif de **to lie,** verbe intransitif, et de ne pas confondre leurs temps qui ont des formes en commun,
to lay, laid, laid, **to lie, lay, lain.**

● Aux sens que donne toute liste de verbes irréguliers, *poser, pondre,* il faut ajouter *coucher, allonger, étendre, abattre, imposer, mettre* (la table, etc.).

● La postposition, si elle garde son sens propre, précisera le sens du verbe (exemple, **to lay aside,** *écarter*), mais souvent elle donnera au verbe un sens figuré ou idiomatique qui n'est pas toujours évident à première vue.

— **To lay by,** *mettre* (de l'argent) *de côté.*
He has a tidy sum laid by. *Il a fait sa petite pelote.*

— **To lay down,** *établir, fixer, prescrire* . . . . **5,5 %**
It has been laid down that... *On a posé en principe que...*

— **To lay on,** *installer* (eau, électricité, etc.).
A cabin with water laid on, *une cabine avec l'eau courante.*

— **To lay out,** *dessiner* (un jardin), *tracer* (une route) . . . . **3,9 %**

— **To lay up,** *mettre en réserve, accumuler* . . . . **1,4 %**

— **To be laid up,** *être alité.*

LEAD [1654]

To LEAD, led, led, verbe irrégulier, et nom.

1. To lead, *mener, conduire.* Pas de problème de compréhension ni de traduction. **72 %**
To lead the way, *montrer le chemin, passer le premier.*

2. Lead, nom. . . . . **1,3 %**
To take the lead, *prendre la tête.*
To take the lead of someone, *prendre le pas, prendre de l'avance sur quelqu'un.*

3. ★ Attention à la confusion possible avec un autre nom, **lead,** *le plomb* . . **5 %**
It's as heavy as lead. *C'est lourd comme du plomb.*

LEAN [310]

To LEAN, leaned ou **leant.**

To lean, *appuyer, s'appuyer, se pencher,* au propre et au figuré . . . . **68 %**
Pas de difficulté particulière.
To lean out of the window, *se pencher par la fenêtre.*

Leaning, participe présent, se traduira par un participe passé. Voir changements de temps, VII, 1, p. 266.
The leaning tower of Pisa, *la tour penchée de Pise.*
She was leaning over his shoulder. *Elle était penchée sur son épaule.*

★ Attention ! Il existe un adjectif **lean,** *maigre, efflanqué,* dont l'ignorance pourrait prêter à confusion.
Lean years. *des années de disette, une période de vaches maigres.*

LEAST [1140]

LEAST, adjectif et adverbe.

1. The least est le superlatif de **little,** *le moins, le moindre* . . . . **94 %**
On le trouve dans plusieurs locutions :

— **At least,** *au moins, tout au moins, à tout le moins.* A ne pas confondre avec **at LAST.**

You might at least be polite. *Vous pourriez tout au moins être poli.*
— **Not in the least (= not at all),** *pas le moins du monde.*
— **To say the least, he has been very foolish.** *Le moins qu'on puisse dire, c'est qu'il s'est conduit de façon très stupide.*

2. Least, adverbe de degré, *le moins* . . . . **6 %**
He was the one who worked least and was paid most. *C'était lui qui travaillait le moins et qui était le mieux payé.*
The least forme le superlatif d'infériorité des adjectifs.
The least comfortable of the rooms, *la moins confortable des chambres.*

LEAVE [1625]

To LEAVE, left, left, verbe irrégulier et nom.

Il n'y a pas de problème de traduction dans la majorité des cas.
Les sens sont *laisser, quitter, abandonner* (transitif); *partir* (intransitif) . . **54 %**
Plusieurs points méritent attention.

— ★ **To leave alone (= to let alone).** Ne pas calquer. Cette locution veut dire *laisser tranquille*, exceptionnellement *laisser seul.*
Leave me alone. *Laissez moi tranquille.*
You leave my sister alone ! *Toi, n'embête pas ma sœur, fiche lui la paix.*
Leave that box alone. *Ne touchez pas à cette boîte.*
— **Let's leave it at that.** *N'en parlons plus, restons en là.*
— **To leave off** + le gérondif, *cesser de* . . . . **0,8 %**
Leave off chewing that gum, won't you ? *Vous n'avez pas fini de mâcher, non ?*
— **To be left,** *rester.* Voir équivalents du passif, 5 d, page 269.
Nothing was left of the building. *Il ne resta rien de l'immeuble.*
— **To have ... left,** *avoir de reste.* Voir Verbes personnels et impersonnels, 2, b, c.
What have you left ? I have nothing left. *Qu'est-ce qui vous reste ? Il ne me reste rien.*

● **A leave,** *un adieu, un congé, une permission* (aux deux sens du mot) . . . . . . **6 %**
To take leave of, *prendre congé de.*
To take French leave, *filer à l'anglaise.*
To beg leave to do something, *demander la permission de...*
Soldiers on leave, *des soldats en permission.*

LECTURE

LECTURE, nom et verbe, faux-ami.

● **A lecture :**
a) *une leçon, une conférence.*
To deliver a lecture, *faire une conférence.*
b) *un sermon, une semonce.*

● **To lecture :**
a) *faire un cours.*
Disraeli deserves to be lectured about. *Disraeli mérite une conférence.*
b) *chapitrer, faire la morale.*

LEST

LEST, conjonction.

★ Avis aux étourdis : ne confondez pas **lest** avec **LESS** ou **LEAST.** Cela arrive !
Lest veut dire *de crainte que, de peur que.* Le verbe qui suit est au subjonctif avec **should,** parfois au subjonctif simple. Voir **SHOULD,** 2a.

He was given the task of tasting all the food lest it should be (variante, **lest it be) poisoned.** *On lui donna pour tâche de goûter toute la nourriture de crainte qu'elle ne fût empoisonnée.*

On peut aussi traduire **lest** par *pour que* + un verbe négatif, si la subordonnée exprime plutôt un but négatif.

The painter wrote under his picture : This is a cock, lest there should be any mistake about it. *Le peintre écrivit sous son tableau : Ceci est un coq, pour qu'il n'y eût aucune méprise à ce sujet.*

- Après un verbe ou un nom exprimant à lui seul cette idée de crainte, on se contentera d'employer *que* ou *de*.

An hour before the train was due he began to have apprehensions lest he should miss it. *Une heure avant l'arrivée du train, il commençait à avoir des craintes de le manquer.*

Dans d'autres cas ce *que* ou ce *de* aura besoin d'être étoffé. (Voir Etoffement 6, page 263).

He sat in the dark, terrified lest he might have awakened his father. *Il restait assis dans le noir, terrifié à la pensée qu'il avait pu réveiller son père.*

Maggie was frightened lest she had been doing something wrong. *Maggie avait peur, craignant d'avoir fait quelque chose de mal.*

LET [2009]

1. Let, *louer.*
2. Let + complément + infinitif
3. Let + postposition ou adjectif.
4. Let ... alone
5. Let, auxiliaire de l'impératif.

To Let, let, let, verbe irrégulier, utilisé aussi comme auxiliaire.

1. To let + complément direct, *louer* .... ***1 %***

To let a house, *louer une maison.*

House to let, *maison à louer.*

2. To let + complément + infinitif (actif ou passif), *laisser, permettre* .... ***49 %***

I let my opponents make errors. *Je laissai mes adversaires commettre des erreurs.*

The red pony let his nose be rubbed. *Le poney roux se laissa frotter le museau.*

- A noter deux cas particulier.

a) **To let... know** (actif ou passif), **to let... see.** Traduire par *faire savoir* et *faire voir*, ou verbes équivalents.

Let me know when you are ready. *Prévenez-moi dès que vous serez prêt.*

Eton let it be known recently that it has only a few spaces left for admission in 1981. *Eton a fait savoir* (ou *annoncé*) *récemment qu'il ne lui reste plus que quelques places disponibles pour 1981.*

Let me see what you are reading. *Montrez-moi ce que vous lisez.*

b) **To let... go** veut dire en général *lâcher prise.*

He refused to let go his victim. *Il refusa de lâcher sa victime.*

Let him go, *lâchez-le,* ou (selon le contexte), *laissez-le partir,* ou encore *qu'il parte !* (Voir le sens 5).

3. To let + complément + postposition ou adjectif .... **3,5 %**

Ce dernier exprimant l'aboutissement se traduira en général par un verbe.

— **Let him in (out).** *Faites le entrer (laissez le sortir).*

— **To let out a secret,** *laisser échapper un secret.*

— **To let off fireworks,** *faire partir des pièces d'artifice.*

Autre sens de **to let off,** *tenir quitte, faire grâce.*

According to our school code if we were found out we did not expect to be let off. *Selon le code de notre école si nous étions trouvés en faute nous ne nous attendions pas à un pardon.*

— **To let somebody down,** *laisser tomber quelqu'un, le trahir.*

— **To let a dog loose,** *lâcher un chien, le détacher.* Voir **LOOSE,** 1b.

— (employé absolument) **To let on,** *rapporter, cafarder.*

4. To let... alone . . . . *1,7 %*

Le sens est *laisser tranquille,* non *laisser seul.* (Variantes **to let... be, to leave.. alone,** voir **LEAVE).**

Let that poor dog alone (ou **let that poor dog be).** *Laissez ce chien tranquille.*

Let (ou **leave) my things alone.** *Ne touchez pas à mes affaires.*

★ Attention. **Let alone** est aussi une locution adverbiale signifiant *à plus forte raison, sans parler de.*

I can scarcely afford to live in my present house, let alone in a more expensive one. *J'ai à peine les moyens de vivre dans cette maison, à plus forte raison dans une plus chère.*

5. Let, auxiliaire de l'impératif, aux première et troisième personnes . . . . . . ***44 %***

a) Première personne.

Let us go ! *Partons !* (impératif proprement dit).

Let me see, what shall I do now ? *Voyons, que vais-je faire maintenant ?* (interjection).

Let's start to-morrow, shall we ? *Si nous partions demain, hein ?* (simple suggestion).

b) A la troisième personne il faut employer *que* et le subjonctif.

Let him be here by ten o'clock. *Qu'il soit ici à dix heures au plus tard.*

Voici un emploi plus subtil et qui risque d'être fort embarrassant.

Let them look at the matter in any way..., *de quelque façon qu'ils envisagent la question...* (valeur concessive).

★ On remarquera qu'il n'y a pas toujours de cloison étanche entre les différents sens que nous venons d'étudier. En particulier le contexte seul permettra de choisir entre le sens 2 et le sens 5.

Let her do what she likes. *Laissez-la faire ce qu'elle veut* (j'y consens) ou *qu'elle fasse ce qu'elle veut* (je m'en lave les mains).

LIBRARY [432]

LIBRARY, nom, faux-ami.

A library, a gardé comme au temps de Montaigne, le sens de *librairie,* c'est-à-dire, *bibliothèque.*

soit a) une pièce, une collection de livres. . . . . **48 %**

soit b) un bâtiment abritant des collections de livres. . . . . **52 %**

LIBRARIAN, *bibliothécaire.*

LESS [1870]

LESS, adjectif ou adverbe.

Less, *moins,* est le comparatif de **little** et s'oppose à **more.**

● **The less** + un adjectif a deux emplois parallèles à ceux de **more.** Voir **MORE,** 3a et b.

a) **The less difficult subject,** *le sujet le moins difficile* (de deux).

b) **The less he works, the more he succeeds.** *Moins il travaille, mieux il réussit.*

The pupils are the less happy as the holidays seem further off. *Les élèves sont d'autant moins heureux que les vacances semblent plus lointaines.*

● Dans une phrase négative **less** est précédé de **any** auquel il ne faut pas donner une valeur particulière. Voir **ANY,** 3.

The offer does not make the situation any the less difficult. *Cette offre ne rend pas la situation moins difficile.*

● **None the less** a deux emplois :

a) il est l'équivalent de **not... any the less** (voir plus haut).

The situation is none the less difficult for that. *La situation n'en est pas moins difficile.*

b) Il est adverbe et veut dire *néanmoins, malgré cela, quand même.*

He was seized with cramp, but none the less he came in first. *Il eut une crampe, et malgré cela il arriva premier.*

★ **Nothing less than,** locution dangereuse.

Elle semble être le calque, en effet, de la locution française *rien moins que,* laquelle veut dire en principe aucunement, nullement. Mais on sait qu'elle est souvent employée, et par de bons auteurs, avec le sens exactement opposé, bel et bien, absolument.

C'est ce deuxième sens qui est celui de la locution **nothing less than.** Le traducteur sera donc bien inspiré d'éviter une locution aussi ambiguë et de traduire par un adverbe qui ne peut prêter à confusion.

It is nothing less than madness. *C'est de la folie ni plus ni moins.*

Such an act is nothing less than monstrous. *Une telle action est absolument monstrueuse.*

LESSER, *le moindre des deux.*

To choose the lesser of two evils, the lesser evil. *De deux maux choisir le moindre.*

● Comme dans le cas de **more** (voir **MORE,** 3a), on traduira souvent **lesser** par *petit, inférieur.*

Lesser people, *les petites gens.*

The Lesser Bear, *la Petite Ourse.*

The lesser dignitaries of the church, *les dignitaires inférieurs de l'église.*

LIE [1595]

1. To LIE, lay, lain, verbe irrégulier . . . . **87 %**

★ Il est essentiel de distinguer **to lie** (verbe intransitif) de **to lay** (verbe transitif), les deux verbes possédant une forme en commun (voir **LAY**).

Il est arrivé à des « gens très bien », à des écrivains comme Byron, Ernest Hemingway, à des « Eton men », d'employer un verbe pour l'autre. Ce n'est pas une raison pour faire la même confusion !

★ Il est non moins essentiel de distinguer entre

(a) **to lie, to be lying,** *être couché, allongé* (état) et

(b) **to lie down,** *se coucher, s'allonger* (mouvement).

a) **I lay very still on the ground.** *Je restais (ou demeurais) allongé, immobile sur le sol.*

On se contentera souvent de traduire **lie** par *être* ou *se trouver,* surtout pour des choses, ou si **lie** a un sens figuré.

To lie asleep, *être endormi.*

The papers lay on the table. *Les papiers se trouvaient sur la table* (il est inutile de préciser qu'ils n'étaient pas debout).

(sens nautique) **The ship lay anchored off the jetty.** *Le navire était à l'ancre au large de la jetée.*

To lie at some one's mercy, *être à la merci de quelqu'un.*

Time lies heavy on my hands. *Le temps me pèse.*

The obstacles that lie in our way. *Les obstacles qui se trouvent sur notre route.*

- **To lie** suivi d'un gérondif donnera lieu à la transposition n° 15.
  Her husband lay snoring on the kitchen floor. *Son mari ronflait allongé sur le sol de la cuisine.*

b) comparer :
Go and lie down, *vas t'étendre* (pour te reposer).
Go to bed, *vas te coucher* (pour dormir).

- **To lie** + postposition. En dehors des sens évidents, on remarquera :
— **To lie about,** *être en désordre,* voir **ABOUT.**
— **To lie back,** *se renverser dans son lit.*
He lay back exhausted. *Il se laissa retomber, épuisé.*

2. ★ Il faut enfin distinguer ce verbe **to lie** d'un autre verbe **to lie,** qui lui est régulier, *mentir,* et du nom **a lie,** *un mensonge.* . . . . **8 %**
He's lying. *Il ment.*
It's a lie. *C'est un mensonge.*

LIGHT [2043]

LIGHT, nom, adjectif et verbe.

★ Il y a deux racines différentes qui ont pris une forme unique et se sont développées de façon identique. Donc il faut prendre garde aux confusions possibles, que seuls le sens — et le bon sens — peuvent permettre d'éviter.

I. Première racine : allemand ***licht.***

1. Light, nom, ... **60 %**

a) *lumière.*
Light and shade, *le clair obscur.*
In the sunlight, *au soleil.* (L'anglais distingue l'astre et la lumière, pas le français).

b) *feu.*
Give me a light. *Donnez-moi du feu.*
The traffic-lights, *les feux de carrefour.*

2. To light, lit ou **lighted,** verbe, *allumer, éclairer.* . . . . **13 %**
Her face was lit by a smile. *Son visage s'éclaira d'un sourire.*

- **To light up,** *(s') éclairer, (s') illuminer.* Pour le sens de **up** voir **UP,** 4.
  The town was specially lit up for the occasion. *La ville était spécialement illuminée pour la circonstance.*
  The moon lit up the trees. *La lune éclairait vivement les arbres,* et non pas *le haut des arbres* (sic).

3. Light, adjectif, *clair.* . . . . **3 %**
It is light, *il fait clair.*
Light blue, *bleu clair.*

★ C'est surtout ce sens que l'on risque de confondre avec le sens 4.

II. Deuxième racine : allemand ***leight.***

4. Light, adjectif, *léger* (au propre et au figuré). . . . . **18 %**
A light parcel, *un paquet léger.*
A light punishment, *une punition légère.*

★ C'est entre ce sens et le sens 3 que la confusion est la plus fréquente.
Comment comprendre cette phrase, par exemple ?
The breezes stirred in his grey hair, tossing it up in long, light wisps.
Un peu de réflexion permettra d'exclure le sens de *clair* : c'est parce que les cheveux sont légers que le vent les soulève. Donc :
Le vent agitait ses cheveux gris, les soulevant en longues mèches légères.

● Une locution à noter.

To make light of, *faire peu de cas de, traîter à la légère.*

He made light of my advice. *Il a fait fi de mes conseils.*

5. To light, lighted ou **lit.**

a) **The bird lighted on a branch.** *L'oiseau se posa sur une branche.*

A sunbeam lighted on the tomb. *Un rayon de soleil tomba sur la tombe.* (Ce n'est pas le sens I.).

b) Au figuré, **to light on** veut dire *trouver par hasard.*

In the second-hand bookshop I happened to light on a book I had been long looking for. *Chez le bouquiniste le hasard me fit découvrir un livre que je cherchais depuis longtemps.*

III. Mots dérivés. Ici encore de nombreuses erreurs seront évitées si l'on prend soin de distinguer les racines (I) et (II).

To LIGHTEN [36], verbe, (I) *(s') éclairer.* . . . . **? 44 %**
(II) *alléger, soulager.* . . . . **56° %**

LIGHTER, nom, (I) *allumeur, briquet.*
(II) *allège* (chaland destiné à alléger des bateaux plus lourds).

ALIGHT, (I) adjectif, *éclairé, en feu.*

He set the faggots alight with a torch. *Il alluma les fagots avec une torche.*

(II), verbe, même sens que 5a.

Autre sens, *mettre pied-à-terre, atterrir.*

LIKE [4266]

LIKE, adjectif, préposition et verbe.

★ Ce vocable recouvre deux mots différents, et la double origine du mot peut être, pour l'élève ignorant ou étourdi, une source d'erreurs. Donc ici encore la réflexion et l'étude du contexte sont indispensables.

I. Première racine.

1. Like, adjectif, *semblable, pareil.* . . . . **42,4 %**

They are as like as two peas. *Ils se ressemblent comme deux gouttes d'eau.*

2. Like, préposition, *comme, à la façon de* . . . . **28 %**

To drink like a fish, *boire comme un trou.*

To run like mad, *courir comme un fou.*

A car which purrs like a cat, *une voiture qui ronronne comme un chat.*

● Il y a de très nombreux emplois idiomatiques, souvent délicats à traduire.

a) **What is a dromedary like ?** *Comment est-ce fait, un dromadaire ?* . . **(3,8 %)**

What is he like ? *Comment est-il* (physiquement) ?

Of course you know what going into a tunnel is like. *Vous savez, bien sûr, la sensation que l'on éprouve quand on entre dans un tunnel.*

b) **Like,** après un verbe de sensation, exprime une ressemblance, le verbe apportant une précision que le français estime le plus souvent superflue.

They built cinemas which looked like palaces. *On construisit des cinémas qui ressemblaient à des palais.*

The stuff tastes like honey. *Ce produit ressemble à du* (ou *a goût de*) *miel.*

That sounds like a train coming. *On dirait un train qui approche.*

It feels like an orange. *(Au toucher) cela ressemble à une orange.*

c) En plus du sens ci-dessus, to **look like** et to **feel like** ont de nombreux sens figurés. Voir **LOOK,** 2 et **FEEL,** 2.

d) **That's just like you !** *C'est bien de vous, on vous reconnait bien là.*

3. Like, nom. . . . . **1,9 %**

We'll never see his like again. *Nous ne reverrons jamais son pareil.*

● A cette première racine se rattachent **ALIKE, UNLIKE; LIKELY,** voir plus loin.

II. Deuxième racine.

4. To like, *aimer.* . . . . **16 %**

★ On croit souvent que **like** est réservé aux choses, alors que **love** s'emploie des personnes. C'est faux. Il y a entre les deux verbes une différence de degré et non d'objet.

Pour rendre la nuance exacte, on aura souvent intérêt à employer un autre verbe ou à inverser la phrase. Voir Inversions n° **4**, page 277.

I like that fellow. *J'éprouve de la sympathie pour ce garçon, il me plaît,* ou même *il est bien ce garçon* (au sens moral et non physique).

● Autres traductions de **to like.**

I should like to go. *J'aimerais, je voudrais bien y aller.*

I should like to have been there. *J'aurais bien voulu y être.* (Changement de temps, voir VI, 2, page 265).

Do as you like. *Faites comme il vous plaira, comme vous voudrez.*

5. On trouve un nom **like** dans l'expression,

His likes and dislikes, *ses goûts et ses dégouts.*

● A cette deuxième racine se rattachent **LIKING, DISLIKE.**

★ La nécessité d'analyser attentivement le mot **like** et de distinguer entre les deux racines peut être illustrée par la phrase suivants.

When the Americans entertain you, they are not entertaining *you,* **but trying to make England, ancient... England, like America, youthful ... America.**

Like est-il adjectif (sens 1) ?... *Faire que l'Angleterre soit comme, ressemble à l'Amérique ?* Pareille idée n'est pas justifiable. Et pourtant cette traduction est donnée six fois sur dix. **Like** est donc un verbe.

Quand les Americains vous reçoivent, ce n'est pas seulement vous qu'ils reçoivent. Ils essaient aussi d'obtenir que l'Angleterre, la vieille Angleterre, prenne en amitié l'Amérique, la jeune Amérique.

LIKELY [466]

LIKELY, adjectif et adverbe.

1. Likely, adjectif. . . . . **87 %**

★ Ce mot se rattache à **LIKE,** I. Le sens n'est donc pas *aimable,* comme on le croit quelquefois, mais *probable, vraisemblable, susceptible de.*

● La construction anglaise est généralement personnelle. Le français a trois possibilités de traduction :

a) garder un adjectif.

The work is likely to absorb the whole of your intellectual energy. *Ce travail est susceptible d'absorber toute votre énergie intellectuelle.*

Posterity is far more likely to mock than to admire. *La postérité est beaucoup plus portée à se moquer qu'à admirer.*

b) transposer par un adverbe (transposition n° 9).

The figures are likely to increase. *Les chiffres augmenteront vraisemblablement.*

c) employer une tournure impersonnelle.

He is hardly likely to recover. *Il est fort peu probable* (ou *il n'y a guère de chances) qu'il puisse guérir.*

2. Likely, adverbe, *probablement.* . . . . **9 %**

Remarquer cet emploi idiomatique :

He did not receive more than one or two letters in the whole year, and then,

as likely as not, it was an advertisement. *Il ne recevait pas plus d'une ou deux lettres dans toute l'année, et alors il y avait de grandes chances que ce soit une lettre publicitaire.*

(A) LITTLE [4156]

LITTLE, adjectif et adverbe.

★ Il y a deux confusions à éviter,
(a) la confusion entre l'adjectif et l'adverbe.
(b) le confusion entre **little** et **a little.**

1. Little, adjectif, *petit.* . . . . **45 %**

Alors que **small** s'applique surtout aux dimensions mesurables, **little** y ajoute une nuance affective (émotion, tendresse, ou mépris).

A pretty little house, *une jolie petite maison.*
A dear little boy, *un petit amour.*
My little man, *mon bonhomme.*

● **Little** peut s'employer aussi pour indiquer une distance ou une durée.
Come a little way with me. *Accompagnez-moi un petit bout de chemin.*
Won't you stay a little while ? *Ne voulez-vous pas rester encore un petit peu ?*

2. Little, adjectif ou adverbe de quantité.

Il y a entre **little** et **a little** le même rapport qu'entre **few** et **a few.** Voir **FEW.**

a) **Little** est presque négatif, *peu, à peine, pour ainsi dire pas, ne... guère.* **34 %**

He works little and sleeps much. *Il travaille peu et dort beaucoup.*
I saw but little of him. *Je ne l'ai pour ainsi dire pas vu.*
I little care. *Je ne m'en soucie guère, je m'en moque bien.*
An electric car needs little maintenance. *Une voiture électrique a besoin de peu d'entretien.*

● **Little,** adjectif est parfois précédé de **what,** avec le sens de *le peu de.*
The lace curtains keep out most of what little sun there is. *Les rideaux de dentelle écartent presque complétement le soleil déjà rare.*

b) **A little** au contraire est positif. . . . . **17 %**

Il désigne une quantité limitée certes, mais non négligeable. Traduire par *un peu (de), quelque.*

You must always have a little money with you. *Il faut toujours avoir un peu d'argent sur soi.*
For a little while you'll be alone. *Vous allez rester seul pendant quelque temps.*

★ Rappel et illustration des deux confusions indiquées au début.
(a) **Will you have a little cake ?** *Voulez-vous un peu de gâteau,* et non pas, *voulez-vous un petit gâteau,* qui serait, **will you have a small cake ?**
(b) **He knows little about it.** *Il ne sait pas grand chose à ce sujet* (pour ne pas dire rien).
He knows a little of everything. *Il sait un peu de tout.*

LONG [4001]

LONG, adjectif, adverbe et verbe.

1. Long, adjectif, pour mémoire. . . . . **54 %**

On sait que **long** se traduit par le nom correspondant dans les expressions de mesure. Voir **BE,** 4.

How long is the Thames ? It is 209 miles long. *Quelle est la longueur de la Tamise ? Elle a 209 milles de long.*

On notera que **how long** peut être aussi une locution adverbiale. Voir ci-dessous.

2. Long, adverbe. . . . . **41 %**

On notera ses emplois multiples, que le français doit préciser par un autre mot, selon le temps du verbe : *longtemps, pendant longtemps, depuis* ou *il y a longtemps.*

— **How long will it take to adjust the carburettor ? It won't take long.** Combien *de temps faudra-t-il pour régler le carburateur ? Ça ne prendra pas longtemps.*

— **How long are you going to stay here ?** *(Pendant) combien de temps allez-vous rester ici ?*

I long believed that..., *j'ai longtemps cru que...*

— **How long have you been here ?** *Depuis combien de temps êtes-vous ici ? Combien y a-t-il que vous êtes ici ?*

I have long been expecting him. *Il y a longtemps que je l'attends.*

● **No ... longer** (en général avant le verbe), **not any ... longer** (en général après le complément), *ne ... plus* . . . . *(11 %)*

★ On a trop souvent tendance à simplifier abusivement cette locution en la traduisant par *ne ... pas*. Cette idée de cessation de durée ne doit jamais être négligée.

I must not trespass on your kindness any longer. *Je ne dois pas abuser plus longtemps de votre bonté.*

Education is no longer an infallible means of getting on. *L'éducation n'est plus un moyen infaillible de réussir.*

On pourra souvent utiliser la transposition n° 1.

Working-class people no longer feel themselves members of the lower orders. *Les travailleurs ont cessé d'éprouver le sentiment d'appartenir aux classes inférieures.*

● **As long as, so long as,** sont pratiquement synonymes et expriment trois nuances de sens qu'il faut savoir distinguer . . . . *(10 %)*

a) *aussi longtemps que* (durée).

This problem is wholly insoluble so long as the old games of militarism and power politics continue to be played. *Ce problème restera totalement insoluble aussi longtemps qu'on continuera à se livrer aux jeux périmés du militarisme et de la politique de la force.*

b) *tant que.*

I enjoy going in a car at ninety miles an hour so long as I am driving. *J'aime beaucoup rouler en voiture à 140 à l'heure, tant que c'est moi qui conduis.*

c) *pourvu que.*

The boy never minded being sent from home as long as he was allowed to take his toys with him. *Le garçon ne souffrait nullement d'être obligé de s'en aller de chez lui, pourvu qu'on lui permît d'emporter ses jouets.*

● Une locution familière :

So long ! *A bientôt !*

3. To long, *verbe* . . . . **3 %**

★ L'erreur courante est de rattacher le sens de ce verbe aux deux sens précédents et de le traduire par *être long, durer.*

Le sens est très différent; il exprime le désir, l'envie, l'impatience.

Il y a trois structures possibles :

a) **to long for** + nom, *désirer ardemment, soupirer après, languir de.*

In the daytime he longs for night, and at night sighs for the light of day. *Le jour il aspire à la nuit, la nuit il soupire après la lumière du jour.* [Ici les deux verbes sont synonymes].

b) **To long** + infinitif.

I long to speak my mind. *Il me tarde de dire ce que je pense.*

c) **To long for** + proposition infinitive.

The tension is such that we only long for the guard to blow his whistle. *La tension est telle que nous n'avons plus qu'une hâte, que le chef de train siffle le départ.*

LONGING, nom verbal, a le sens de *désir ardent*.

Deep in the heart of us all is the perennial longing to be what we are not. *Au fond de notre cœur à tous est l'éternel désir d'être ce que nous ne sommes pas.*

LOOK [2893]

LOOK, verbe et nom.

1. To look (at), regarder, pour mémoire .... **55 %**

On fera attention à cet emploi idiomatique :

Look ! *Regardez !*, mais **Look here !** *Ecoutez-moi, dites donc* (pour attirer l'attention).

● **To look** est couramment suivi de nombreuses pré-/ ou postposition;

To look away, back, down, round, up.

Lorsqu'elles ont leur sens propre, il n'y a pas de difficulté de compréhension, sinon de traduction. On évitera en effet de calquer et on transposera :

détourner les yeux, se retourner, baisser les yeux, jeter un coup d'œil circulaire ou *se retourner, lever les yeux.*

● Lorsque la particule s'emploie au figuré, les sens sont beaucoup plus délicats et complexes. Le traducteur devra étudier attentivement les emplois ci-dessous.

— **To look after,** *soigner, s'occuper, veiller sur* .... *(5 %)*

Look after her when I am gone. *Veillez sur elle quand je serai parti.*

— **To look down,** *baisser les yeux* .... *(0,4 %)*

To look down on, *regarder avec mépris.*

He looks down on me as an amateur. *Il me considère (dédaigneusement) comme un amateur.*

— **To look for,** *chercher*, pour mémoire .... *(2 %)*

— **To look forward to** + nom ou gérondif, *escompter du plaisir à l'avance, se faire une fête de* .... *(2 %)*

Every schoolchild looks forward to the holidays. *Tous les écoliers sont impatients de voir arriver les vacances.*

I am looking forward to seeing you tomorrow. *Je me réjouis de vous voir demain.*

— **To look in** (familier), *faire une petite visite, entrer en passant.*

We just look in for a talk. *Nous passons juste pour faire un brin de causette.*

— **To look into,** *plonger le regard dans*, et au figuré, *étudier, examiner* . . *(0,7 %)*

We have no time to look into your complaint. *Nous n'avons pas le temps d'examiner votre réclamation.*

— **To look on,** *être spectateur, assister à* .... *(?)*

I'm not playing; I'm just looking on. *Je ne joue pas, je regarde.*

[**The lookers-on** ou **the onlookers,** *les assistants, les spectateurs*].

— **To look on,** plus souvent **to look upon (as),** *considérer (comme)* . . . . *(3,1 %)*

Greek slaves were looked upon as machines. *Les esclaves grecs étaient considérés comme des machines.*

— **To look out,** *être sur ses gardes.*

Look out ! *Attention ! Gare à vous !*

[**To be on the look-out,** *être sur le qui-vive*].

To look out of, *regarder* (par la fenêtre).

To look out on, *donner, avoir vue sur* (le jardin, par exemple).

— **To look over,** *parcourir* (des yeux) .... *(0,8 %)*

I have not even looked over the examination papers. *Je n'ai même pas encore parcouru les copies d'examen.*

— **To look to** .... *(0,8 %)*

a) *compter sur.*

It's no good looking to me to help you. *Ce n'est pas la peine de compter sur moi pour vous aider.*

b) *prendre soin de.*

Look to your tools. *Veillez à ce que vos outils soient en bon état.*

Look to it that there is no repetition of this. *Veillez à ce que la chose ne se répète pas.* Voir **IT.**

— **To look up :**

a) *lever les yeux.*

b) *consulter, chercher un mot, un numéro,* etc.

To look up a word in the dictionary, a number in the phone book, *chercher un mot dans le dictionnaire, un numéro dans l'annuaire.*

c) *s'améliorer* (familier).

Business is looking up. *Les affaires reprennent.*

— **To look up to,** *regarder avec admiration,* contraire de **look down on**... *(0,2 %)*

2. To look + adjectif ou nom, *sembler, paraître* .... **12 %**

He looks an honest man. *Il a l'air honnête.*

He looks the picture of health. *Il respire la santé.*

To look suivi d'un adjectif pourra donner lieu à la transposition n° 3.

Food that looks and smells and tastes right, *de la nourriture qui paraît convenable à la vue, à l'odeur et au goût.*

● **To look like,** *ressembler à.*

What does he look like ? *Comment est-il* (physiquement) ?

Sens plus idiomatiques :

It looks like rain. *On dirait qu'il va pleuvoir.*

He looks like winning. *On dirait qu'il va gagner.*

★ **It looks as if** (ou **as though**). Eviter de calquer la traduction. Le français dispose de plusieurs locutions idiomatiques.

You look as if you had slept badly. *Vous avez l'air* (ou *vous donnez l'impression*) *d'avoir mal dormi, on dirait que vous avez mal dormi.*

3. Look, nom, a deux sens dont le deuxième peut être un piège.

a) *regard, coup d'œil* .... **7 %**

To have a look at, *regarder, jeter un coup d'œil sur.*

b) *air, aspect, mine* .... **3 %**

★ Généralement on associe automatiquement **look,** *regard* à **to look,** *regarder,* et l'on ignore, ou l'on oublie, ce deuxième sens. C'est une source fréquente d'erreurs.

The look on her face, *l'expression de son visage.*

I don't like the look of him. *Sa figure ne me revient pas.*

Autres sens dangereux :

★ **Looks,** *l'aspect physique;* **good looks,** *la beauté.*

Neither in looks nor in manner had she anything to boast of. *Pas plus pour son physique que pour ses manières elle n'avait de quoi être fière.*

She has good looks. *C'est une belle femme,* et non pas *elle a un beau regard,* ou *elle a bonne mine.*

★ De même **she is good-looking** ne veut pas dire *elle a bonne mine,* mais *elle est bien de sa personne, c'est une belle femme.*

She is not at all bad-looking. *Elle n'est pas mal du tout.*

LOOSE [198]

LOOSE, adjectif.

★ Il faut mettre en garde le traducteur contre la confusion fréquente entre **loose** et **LOSE** (voir ce mot).

1. **Loose,** *dénoué, détaché, libre* . . . . **39 %**
 Loose cash, *la menue monnaie,* celle qu'on a en vrac dans sa poche.

● **Loose** est souvent employé comme adjectif attribut après le verbe. Il a valeur de postposition, exprimant le résultat de l'action; il se rendra donc le plus souvent par un verbe, le verbe lui-même étant traduit ou non selon qu'il est précis ou vague. Voir Place de l'adjectif, n° 5, p. 273.
Il y a deux structures possibles :
a) Verbe intransitif + **loose.**
 The page has become loose. *La page s'est détachée.*
 The horses have got loose. *Les chevaux se sont échappés.*
 To break loose, voir **BREAK,** 4.
b) Verbe transitif + complément + **loose.**
 To let a dog loose, *lâcher un chien.*
 The children were turned (ou **let**) **loose on the beach.** *On lâcha les enfants sur la plage.*
 He finally shook himself loose. *Il se libéra enfin à force de se débattre.*

2. **Loose,** *lâche, ample; non serré* (au propre); *relâché, dissolu* (au figuré) . . . . **40 %**
 Loose trousers, *des pantalons amples.*
 Loose thinking, *une pensée vague, décousue.*
 Loose living, *une vie dissolue, libertine.*

3. **Loose** est aussi un verbe. . . . . **20 %**
 Mais **LOOSEN** est la forme beaucoup plus couramment employée.
 To loose(n) a rope, *dénouer une corde.*
 To loose(n) somebody's tongue, *délier la langue de queiqu'un.*

LOSE [793]

To LOSE, lost, lost, verbe irrégulier.

To lose correspond aux différents sens de *perdre* et en général les expressions idiomatiques correspondent d'une langue à l'autre.
Voici quelques exceptions :
 Such arguments are lost on me. *Ces arguments sont en pure perte en ce qui me concerne.*
 To lose one's temper, *se mettre en colère.*
 To lose sight of a thing, *perdre une chose de vue* [Il faut inverser la structure].
 Political abstractions make men lose sight of the old permanent principles of human life. *Les abstractions politiques font que les hommes perdent de vue les anciens principes permanents de la vie humaine.*

★ Attention à ne pas confondre **lose** avec **LOOSE,** voir ce mot.

LOSS [608], nom, a les différents sens de *perte.*
 To sell at a loss, *vendre à perte.*
On notera la locution consacrée, **to be at a loss,** *être embarrassé,* qui s'emploie avec différentes structures, et peut se traduire de multiples façons . . . . **3 %**
 He is at a loss to answer. *Il ne sait que répondre.*
 He is at a loss what to do. *Il ne sait que faire, il est très embarrassé sur la conduite à tenir.*
 He is at a loss for words. *Il ne peut trouver ses mots.*

I am at a loss whether or not to take the dog with me. *Je ne sais si je dois ou non emmener le chien.*

LOT [394]

LOT, nom.

Les différents sens relèvent du dictionnaire. On insistera simplement sur l'emploi courant de

a) **a lot, a lot of,** comme équivalents de **much, a great deal.**

He works a lot at home. *Il travaille beaucoup chez lui.*

There was a lot of fog. *Il y avait beaucoup de brouillard.*

b) **Lots of,** comme équivalent de **many, plenty of.**

Lots of films pander to the worst tastes of the public. *Beaucoup de films (ou il y a des tas de films qui) flattent bassement les pires goûts du public.*

LUXURY

LUXURY, nom,faux-ami.

Luxury, c'est *le luxe,* et non *la luxure* (sens archaïque).

To indulge in the luxury of a cigar, ce n'est pas *s'abandonner au plaisir pervers du cigare,* mais *s'offrir le luxe d'un cigare.*

To live in the lap of luxury, *vivre dans le luxe, dans l'abondance.*

The luxuries of life, *les superfluités agréables de l'existence.*

LUXURIOUS, adjectif, *luxueux.*

Si vous recevez d'Angleterre un prospectus publicitaire pour un livre « luxurieusement illustré » (sic), ne le commandez pas sans regarder le titre, il s'agira peut-être d'un album sur les papillons.

M

MAKE [9600]

1. To make + un nom. **2. To make** + une postposition. **3. To make** + un adjectif. **4. To make** + un verbe.

To MAKE, made, made, verbe irrégulier.

Le verbe présente trois structures différentes.

1. To make + un nom, *faire, fabriquer,* pour mémoire . . . . **60,8 %**

● Voici quelques autres sens courants.

— *comprendre, saisir.*

I listened to what he said, but I couldn't make anything of it. *J'écoutai ce qu'il disait, mais je n'y ai rien compris.*

— *gagner* . . . . **(3 %)**

To make money, *gagner* (et non *fabriquer) de l'argent.*

He had every accomplishment except that of making money. *Il avait tous les talents sauf celui de gagner de l'argent,* et non pas *sauf celui de faux-monnayeur* (sic).

To make a living, *gagner sa vie.*

● **To make for :**

a) *se diriger vers, gagner.*

They set off by car and made for the nearest town. *Ils partirent en voiture et prirent la direction de la ville la plus proche.*

b) *contribuer à.*

All the things that make for civilisation and progress, *toutes les choses qui contribuent à la civilisation et au progrès.*

2. Le sens de *faire* se retrouve difficilement ou même disparait quand **make** est suivi d'une postposition.

— **To make away with,** *gaspiller* (de l'argent), *supprimer* (quelqu'un).

— **To make out :**

a) *distinguer, percevoir* (voir ou entendre).

There was just enough light to make out the path. *Il y avait juste assez de lumière pour distinguer le sentier.*

Several times he made out the howl of a wolf. *Plusieurs fois il reconnut le hurlement d'un loup.*

b) *comprendre.*

I couldn't make out what he meant. *Je n'ai pas compris ce qu'il voulait dire.*

To make nothing of, voir **NOTHING.**

— **To make over,** *céder, transmettre* . . . . **(0,1 %)**

Old Bentley made over to him the entire ownership of the place. *Le vieux B. lui transmit le droit absolu de propriété sur la maison.*

— **To make up,** *inventer.*

He is very good at making up excuses. *Il s'entend fort bien à inventer des excuses.*

— **To make up one's mind,** voir **MIND,** 1 b . . . . **(0,6 %)**

— **To make up for lost time,** *rattraper le temps perdu.*

To make up for a loss, *compenser une perte.*

● On rencontre **to make** avec une valeur absolue.

To make off, *détaler, déguerpir.*

To make up, *se farder, se grimer.*

To make it up, *se réconcilier, se raccommoder.*

It seemed useless — going on quarrelling, going on making it up. *Continuer à se disputer, continuer à se raccommoder, tout cela semblait inutile.*

3. To make + un adjectif, *rendre* . . . . **22 %**

She made him happy. *Elle le rendit heureux.*

Quelques emplois idiomatiques :

— **To make certain of (that),** *s'assurer de (que), constater.*

— **To make good,** voir **GOOD,** 1.

— **To make light of,** *prendre à la légère,* voir **LIGHT,** 4.

— **To make much of,** *attacher beaucoup d'importance* à quelque chose; *choyer dorloter* quelqu'un.

— **To make the most of,** voir **MOST,** 5.

— **To make sure,** *se renseigner, s'assurer.*

I think there's a train at 10.40, but you'd better make sure. *Je crois qu'il y a un train à 10 h 40, mais vous feriez mieux de vous en assurer.*

4. To make + un infinitif, *faire, forcer* . . . . **9 %**

They made him sign the statement, au passif **he was made to sign the statement.** *On lui fit signer la déclaration.*

To make peut être réfléchi et suivi du participe passé.

I found it difficult to make myself heard. *J'ai eu du mal à me faire entendre.*

The long strain made itself felt at last. *La longue tension se fit sentir à la fin.*

Une traduction autre que le mot à mot sera souvent préférable.

They made him feel ashamed. *Ils lui ont fait honte.*

It made me feel giddy. *Cela m'a donné le vertige.*

★ Attention à ce curieux assemblage.

To make ... do, *se contenter, se débrouiller.*

I can't afford a new car yet, I'll have to make this one do for a bit longer. *Je ne peux pas m'offrir une voiture neuve pour le moment, il faudra que je me contente de celle-ci encore quelque temps.*

When you know what some of your neighbours and relatives are having to make do on... *Quand vous saurez ce que certains de vos voisins et de vos parents ont pour vivre...*

To make do with a le même sens.

Variante de la phrase ci-dessus : **I'll have to make do with this one.**

MALICE

MALICE, nom, faux-ami.

Malice, conformément à l'étymologie, c'est *la méchanceté, la rancune.*

To bear some one malice, *en vouloir à quelqu'un.*

With malice prepense, *avec intention criminelle, avec préméditation.*

MALICIOUS, *méchant, malveillant, criminel.*

MANUFACTURE [566]

MANUFACTURE, nom et verbe, faux-ami.

Manufacture ne veut jamais dire *manufacture, usine.*

Le sens est *fabrication, confection, produit fabriqué.*

The manufacture of shoes, *la fabrication, l'industrie des chaussures.*

Les deux sens du verbe sont :

a) *fabriquer.*

b) *fabriquer de toutes pièces, inventer.*

This speech is evidently manufactured by the historians. *Ce discours est évidemment forgé de toutes pièces par les historiens.*

MANY [4837]

MANY, adjectif et pronom.

La traduction de **many** ne pose pas de problèmes. Nous signalerons seulement :

1. **A great many, a good many** s'emploient couramment avec une nuance d'insistance.
   I have been there a good (ou **a great) many times.** *J'y suis allé un grand nombre de fois.*
2. **Many a** + le singulier est littéraire et se traduit donc fort bien par *maint.*
   It happened many a time in the past. *C'est arrivé maintes fois dans le passé.*
3. **Twice as many, twice as many again,** *deux fois autant, deux fois plus.*
   There were twice as many people as we expected. *Il y eut deux fois plus de monde que nous en attendions.*
4. **As many as** + un nombre, *jusqu'à.*
   There were as many as five foggy days that week. *Cette semaine-là il y a eu jusqu'à cinq jours de brouillard.*
5. **So many,** en dehors du sens exclamatif, *tant, tellement,* peut servir à indiquer une quantité supposée connue, un nombre X.
   A machine that makes so many revolutions per minute, *une machine qui tourne à tant de tours minute.*

MARRY [554]

To MARRY, verbe.

★ Ce n'est pas un faux-ami, mais le mot vaut d'être signalé au traducteur à l'esprit paresseux qui le traduit systématiquement par *marier, se marier avec* (avec deux r, le plus souvent), oubliant le mot couramment employé, *épouser.*

He married his cook. *Il a épousé sa cuisinière.*

L'emploi de *marier* ne se justifie que s'il s'agit d'un père qui veut marier sa fille (la donner en mariage) ou d'un officiant qui marie quelqu'un (célèbre le mariage).

MATCH [196]

MATCH, nom et verbe.

Mot dangereux, parce que susceptible de plusieurs interprétations différentes et souvent difficiles à traduire.

1. **A match,** étymologiquement *un compagnon, un pair* .... **8 %**
   Le mot figure dans de nombreuses locutions idiomatiques aux traductions variées.
   To find one's match, *trouver à qui parler.*
   To be a match for, *être de taille à lutter avec.*
   He is more than a match for me. *Il est trop fort pour moi.*
   He has not his match. *Il n'a pas son pareil.*
   [D'où **matchless,** *incomparable, sans pareil*].

2. **A match,** sens sportif, pour mémoire .... **10 %**

3. **A match,** *un mariage, une union* .... **4 %**

To make a good match, *faire un bon ménage.*

He is a good match. *C'est un bon parti.*

4. **To match,** *égaler, rivaliser; apparier; s'harmoniser* .... **29 %**

They are pretty evenly matched. *Ils sont à peu près de force égale.*

An ill-matched pair, *un couple mal assorti.*

Each child is matched up with a family of a similar background. *Chaque enfant est apparié avec une famille de situation sociale analogue.*

A suit with a tie to match, *un complet avec cravate assortie.*

5. **A match** (du français *mèche,* le saviez-vous ?) *une allumette* .... **32 %**

To strike a match, *frotter une allumette.*

MATTER [1598]

MATTER, nom et verbe.

1. Sens premier : *matière, affaire, sujet* .... **79 %**

En dehors de ce sens **matter** se rencontre dans un grand nombre d'expressions idiomatiques assez délicates à traduire.

— **It's a matter of,** *c'est une question de, une affaire de, il s'agit de.*

I'm quite willing to do what you ask, but it's a matter of finding the time. *Je suis tout disposé à faire ce que vous demandez, mais il s'agit de trouver le temps.*

— **As a matter of course,** *comme de juste, tout naturellement.*

That is a matter of course. *Cela va sans dire.*

— **As a matter of fact,** *en réalité, à vrai dire, précisément.*

(Employé comme adjectif) **A very matter-of-fact person,** *une personne à sens pratique, à l'esprit positif.*

— **For that matter,** *pour ce qui est de cela, quant à cela, à vrai dire* .... *(1 %)*

— (Familièrement) **a matter of** = **about, a few** .... *(0,3 %)*

He was rocketed as it were in a matter of hours from his own African surroundings to London. *Il fut, en quelques heures, transporté pour ainsi dire comme en fusée de son entourage africain à Londres.*

2. **The matter** s'emploie suivi de **with** avec une valeur d'adjectif (= **wrong**) .. **9 %**

What's the matter (ou **what's the trouble,** ou **what's wrong) ?** *Qu'est-ce qu'il y a ? Qu'est-ce qui ne va pas ?*

What's the matter with you ? *Qu'avez-vous ?*

There is something the matter with him. *Il a quelque chose.*

Elliot had something the matter with his kidneys and drank nothing but Vichy. *Elliott souffrait des reins et ne buvait que de l'eau de Vichy.*

Something was the matter, for they hardly spoke to one another and as a rule they found plenty to talk about. *Il y avait quelque chose d'anormal, car ils s'adressaient à peine la parole, alors que d'ordinaire ils avaient beaucoup de sujets de conversation.*

3. **No matter.**

a) Sens exclamatif :

No matter ! *Qu'importe !*

b) **No matter** s'emploie pour former des locutions conjonctives avec **how** (= **however), when** (= **whenever), what** (= **whatever),** etc.

He was prepared for the siege, no matter how long (ou **however long) it lasted.** *Il était prêt à soutenir le siège, si long qu'il pût durer.*

No matter which (ou **whichever) tram car ride you take...** *Quel que soit le trajet en tram que vous choisissiez...*

No matter what (ou **whatever) your tastes may be...** *quels que soient vos goûts...*

No matter how many times I escape, I am brought back. *Aussi souvent que je m'échappe on me rattrape.*

4. **To matter,** verbe, surtout dans les phrases négatives et interrogatives, *importer* . . . . **12 %**

What does it matter ? It does not matter to me. *Quelle importance cela a-t-il ? Cela n'en a aucune pour moi.*

It does not matter about the price. *Le prix importe peu.*

It hardly matters at all. *Cela n'a guère d'importance.*

It does not matter my missing the train now. *Ça ne fait plus rien si je manque mon train.*

MAY [8831]

1. possibilité
2. permission
3. souhait
4. **may,** auxiliaire du subjonctif.

MAY, prétérit **MIGHT,** verbe défectif et auxiliaire.

★ Est-il superflu de rappeler, avant toute chose, que **might** n'est pas le prétérit de **must ?..**

● May a quatre emplois différents. Pour les trois premiers la traduction de **may** par *pouvoir* est toujours possible, mais le traducteur doit avoir présent à l'esprit que *pouvoir* englobe les sens des deux verbes **may** et **can** et que la clarté du sens exige souvent une traduction plus explicite.

1. **May** exprime la possibilité, l'éventualité. C'est le sens le plus important . . **56 %**
Alors que **can** est soit affirmatif soit négatif, **may** est dubitatif. Donc l'idée sera rendue le plus souvent par *peut-être* (transposition n° 4) ou par *il se peut que* (voir formes personnelles et impersonnelles, 2a, page 270).

It may be true. *C'est peut-être vrai.*

We may be late for dinner. *Il se peut que nous arrivions en retard pour le dîner.*

I have a few notes that may be useful to you. *J'ai quelques notes susceptibles de vous être utiles.*

Pouvoir bien peut aussi exprimer cette nuance d'incertitude.

That might be difficult. *Cela pourrait bien être difficile.*

★ **May,** suivi d'une négation, n'offre pas une contradiction avec le caractère dubitatif du verbe : La négation porte en effet sur l'infinitif qui suit.

They may not be away. *Ils se peut qu'ils ne soient pas partis,* et non *ils ne peuvent pas être partis.*

Ce caractère dubitatif de **may** apparaîtra plus clairement encore si l'on oppose **may** à **can.**

For the first time, it occurred to her that Jennifer might not come (a), **could not come** (b). *Pour la première fois il lui vint à l'idée que Jennifer pourrait ne pas venir* ou *ne viendrait peut-être pas* (a), *ne pourrait pas venir* (b).

(a) exprime une éventualité positive ou négative, (b) une impossibilité.

Autres exemples de la différence entre les deux verbes :

A hundred yards ahead of them the ground rose. If they could make it and get high enough, they might be saved. *A une centaine de mètres devant eux le sol s'élevait. S'ils pouvaient y arriver et monter assez haut ils seraient peut-être sauvés, ils avaient des chances d'être sauvés.*

A foreigner may become British; he can never become English. *Un étranger peut éventuellement* (ou *toujours) devenir citoyen britannique; il ne pourra jamais* (ou *il sera incapable de, il lui sera impossible* de) *devenir Anglais.*

- **May** a souvent un sens futur.

  We may have to risk a great deal. *Nous aurons peut-être à risquer beaucoup.*

- **May** et **might** suivis de l'infinitif passé seront transposés (Changements de temps, VI, 1, page 265).

  He may have been wrong, but I doubt it. *Il a pu se tromper, mais j'en doute.*

  He might well have wished he had never been born. *Il aurait bien pu souhaiter ne jamais être né.*

- **Might** a un sens particulier (impression analogique) pour lequel une traduction mot à mot est à éviter.

  With her meek looks and downcast eyes, she might have been a young saint in a picture. *Avec son air soumis et ses yeux baissés, on aurait dit une jeune sainte sur une gravure pieuse.*

  We might have been journeying through the England of the poets. *On se serait cru en train de voyager à travers l'Angleterre des poètes.*

2. **May** exprime la permission ou l'interdiction (forme négative). . . . . **6 %**

(présent) **May I go now ?** *Est-ce que je peux partir maintenant ?*

A non-white may not use the same bus as whites. *Un homme de couleur ne peut pas utiliser le même autobus que les blancs,* ou mieux, *il est interdit à un homme...*

(prétérit) **The man had told the driver he might take the rest of the day as a holiday.** *L'homme avait dit au conducteur qu'il pouvait se rendre libre pour le reste de la journée.*

(conditionnel) **Might I make a suggestion ?** *Pourrais-je faire une suggestion ?*

★ Il y a des cas où l'idée de permission devra être clairement exprimée en français pour éviter une confusion avec **can** ou **may** 1.

The companies may start drilling. *Les sociétés sont autorisées à entreprendre les forages. (Peuvent entreprendre* pourrait vouloir dire *sont en mesure de,* **can).**

3. **May** peut exprimer un souhait, un vœu. . . . . **1 %**

(style direct) **May you live long.** *Puissiez-vous vivre longtemps.*

(style indirect) **He prayed that the day might come quickly.** *Il pria pour que le jour vînt rapidement.*

4. **May** est l'auxiliaire du subjonctif et ne se traduit donc pas . . . . **17 %**

Comment le reconnaitre ? Cet emploi ne se rencontre que dans une subordonnée.

a) toujours après **so that, in order that,** parfois seulement **that** (voir **THAT,** 3b).

He gave him three pounds a week, in order that he might feel perfectly independent. *Il lui donna trois livres par semaine afin qu'il se sentît parfaitement indépendant.*

Aussi souvent que possible, on évitera le subjonctif en français.

One day he invited me to visit him so that he might show me his collection. *Un jour il m'invita à venir le voir pour me montrer sa collection.*

b) souvent, dans le style soutenu, après les composés de **ever.** Voir **WHOEVER, WHATEVER, HOWEVER.**

Man, however scientific he may be, is not omnipotent. *L'homme, si savant soit-il, n'est pas omnipotent.*

c) parfois, au lieu de **should,** après les verbes exprimant la crainte et la conjonction **LEST** (voir ce mot).

d) dans un certain nombre d'expressions très idiomatiques, après **as** à sens restrictif (voir **AS,** 1c).

Be that as it may (littéraire), *quoi qu'il en soit.*

Try as she might (= however hard she might try), nothing would go right. *Elle avait beau essayer, rien ne marchait comme il faut.*

Deteriorate it as you may, education is still going to demand a good deal of drudgery (T.S. Eliot). *Vous aurez beau l'altérer, l'éducation va encore exiger beaucoup d'efforts pénibles.*

MEAN [2838]

MEAN, verbe, nom et adjectif.

★ La triple origine de ce mot, sa triple fonction sont une source courante de confusions nombreuses.

1. To mean, meant, meant, verbe irrégulier (même racine, même sens que l'allemand ***meinen)*** *signifier, vouloir dire,* pour mémoire. . . . . **28 %**

2. To mean a d'autres sens qui échappent trop souvent au traducteur. . . . . . . **27 %**

a) *Avoir l'intention.*

I meant to write, I meant to have written, *j'avais l'intention de vous écrire.* [Pour la nuance exprimée par la deuxième phrase, voir Changements de temps, VI, 2, page 265].

I mean no harm, no offence. *Je n'ai pas l'intention de vous nuire, de vous offenser.*

He means well. *Ses intentions sont bonnes.*

Quelquefois le sens peut être très fort.

I mean to be obeyed. *J'entends* (ou *j'exige) qu'on m'obéisse.*

b) *Vouloir dire* (d'une personne).

What do you mean by that ? *Qu'entendez-vous par là ?*

He certainly meant what he said. *Il parlait sérieusement, il était sincère.*

You don't mean it ! *Vous n'y pensez pas, vous voulez rire !*

c) *Destiner.*

This present is meant for you. *Ce cadeau vous est destiné.*

3. Mean(s), nom (même racine que le français *moyen).* . . . . **40 %**

Le mot est pluriel de forme, mais se construit en général avec un singulier.

Il correspond aux sens du français *moyen(s),* y compris celui de *ressources.*

By some means or other she has got wind of my engagement. *Par un moyen ou par un autre, elle a eu vent de mes fiançailles.*

America is said to be living beyond her means. *On dit que l'Amérique vit au-delà de ses moyens.* . . . . **(6 %)**

● A noter deux expressions consacrées qui peuvent embarrasser le traducteur :

By all means (réponse affirmative), *mais comment donc, bien sûr,* et non pas *par tous les moyens.*

May I borrow your lawn-mower ? — By all means, do ! *Puis-je vous emprunter votre tondeuse ? — Mais je vous en prie, faites donc !*

By no means (réponse négative), *assurément pas, pas du tout* . . . . . . **(5 %)**

He is by no means a hero. *Il n'a absolument rien d'un héros.*

4. Mean, adjectif (d'un radical saxon). . . . . **4 %**

Les sens sont *misérable, humble; méprisable, vil; avare, ladre.*

The whole neighbourhood is mean and squalid. *Tout le voisinage est minable et sordide.*

A mean-minded gossip, *une commère à la langue méchante, une mauvaise langue.*

I left three francs for the waiter and she thought me mean. *Je laissai trois francs au garçon, et elle me jugea radin.*

● Le mot, précédé de **no** est souvent employé par litote.

He is no mean scholar. *C'est un érudit estimable.*

He has no mean opinion of himself. *Il ne se prend pas pour rien.*

MEANWHILE, IN THE MEANWHILE [268], **MEANTIME, IN THE MEANTIME** [156], toutes locutions adverbiales, où **mean** n° 3 à valeur d'adjectif, *entre-temps, en attendant.*

MEET [?]

To MEET, met, met, verbe irrégulier.

Les sens et les emplois de ce verbe sont plus nombreux et plus complexes que l'équivalence avec *rencontrer* ne le laisse supposer. Il y a trois structures possibles.

1. To meet, intransitif . . . . **30 %**

a) *se rencontrer, se voir.*

When shall we meet again ? *Quand nous reverrons-nous ?*

Until we meet again ! *Au revoir !*

b) *se réunir.*

Parliament meets tomorrow. *Les chambres se réunissent demain, le parlement tient séance demain.*

2. To meet, transitif. . . . . **47,9 %**

a) (sens propre) *rencontrer,* mais souvent aussi *rejoindre, aller au-devant de quelqu'un.*

We'll meet you at the station. *Nous irons vous chercher à la gare.*

He had gone out to meet young Forest. *Il était parti à la rencontre du jeune Forest.*

I ran to meet him. *J'ai couru au-devant de lui.*

b) (sens figuré).

★ Le traducteur ne saisit pas toujours ce sens et, même alors, traduit de façon simpliste, passant à côté des équivalents français qui sont pourtant nombreux.

To meet one's obligations, *satisfaire à ses obligations.*

To meet heavy expenses, *faire face à de grosses dépenses.*

To meet an objection, *prévenir une objection.*

That does not meet the difficulty. *Cela ne remédie pas à la difficulté.*

Your offer does not meet my requirements. *Votre offre ne répond pas à mes besoins.*

3. To meet with. . . . . **10,9 %**

a) (sens propre) *rencontrer par hasard, trouver sur son chemin* (= **to come across).**

Such men are often met with. *De tels hommes se rencontrent souvent.*

b) (sens figuré). Là aussi il y a de nombreux équivalents français.

To meet with an accident, *être victime d'un accident.*

To meet with a refusal, *essuyer un refus.*

Our efforts met with success. *Nos efforts ont été couronnés de succès.*

The suggestion met with everyone's approval. *La suggestion reçut une approbation unanime.*

★ Il importe de bien distinguer entre les sens figurés 2b et 3b.

Dans le premier cas le sujet du verbe est actif, dans le second cas il est passif. Comparez :

The Prime Minister has to meet his party's opposition. *Le Premier Ministre doit affronter* (et éventuellement venir à bout de) *l'opposition de son parti.*

The Prime Minister met with his party's opposition. *Le Premier Ministre s'est heurté* (ou *s'est trouvé en butte à) l'opposition de son parti* (à laquelle il ne s'attendait sans doute pas).

● Deux expressions consacrées à noter :

To make both ends meet, *joindre les deux bouts.*

To meet a person half-way, *couper la poire en deux, accepter un compromis.*

MIND [1458]

MIND, nom et verbe.

1. Mind, l'esprit. . . . . **54 %**

En dehors de ce sens général, **mind** peut désigner des facultés particulières et se rencontre dans de nombreuses locutions idiomatiques.

a) la mémoire. . . . . **12 %**

— **to call** (ou **to bring**) **to mind,** *se rappeler, se remémorer.*

— **to bear** (ou **to keep**) **in mind,** *se souvenir, conserver le souvenir de.*

Bear in mind that idleness is the root of all evils. *N'oubliez pas que l'oisiveté est la mère de tous les vices.*

— **That puts me in mind of** (= **that reminds me of**) **a curious story.** *Cela me rappelle une curieuse histoire.*

b) l'opinion, la décision. . . . . **9 %**

— **to speak one's mind,** *dire ce qu'on pense.*

— **to know one's mind,** *savoir ce que l'on veut.*

— **to change one's mind,** *changer d'avis.*

— **to make up one's mind,** *se décider.*

He could not make up his mind which one to buy. *Il ne pouvait se décider et ne savait lequel acheter.*

— **I have a good mind to,** *j'ai bien envie de.*

— **The two are of a mind.** *Les deux sont du même avis.*

— **I was in two minds whether to run away.** *J'hésitais à m'enfuir.*

c) la raison. . . . . **2 %**

— **He is in his right mind.** *Il a toute sa raison.*

— **He is out of his mind, he has gone out of his mind.** *Il a perdu la tête, il n'a plus sa raison.*

2. To mind, verbe, a des sens assez différents de ceux du nom. En particulier **to mind** ne correspond pas au sens (a) du nom et ne veut pas dire *se rappeler.*

Les deux sens principaux sont :

a) *faire attention à, s'occuper de* (surtout à l'impératif). . . . . **3 %**

Mind the step ! *Attention à la marche !*

Mind what I say. *Ecoutez bien ce que je dis.*

I think you'd much better mind your own business. *Je crois que vous feriez beaucoup mieux de vous occuper de vos affaires.*

Who minds (= **looks after**) **the children when you are away.** *Qui s'occupe des enfants quand vous êtes parti.*

Mind you (familier) a une valeur d'insistance.

I didn't make a definite promise, mind you. *Je n'ai pas formellement promis, notez bien.*

b) littéralement, *faire objection à* (uniquement dans des phrases interrogatives et négatives). Les structures et les équivalents possibles en français sont nombreux. . . . . **7 %**

Voir Inversions n° 4, page 277.

Do you mind (ou **would you mind**) **if I smoke ?** *Cela ne vous fait rien que je fume ?*

Do you mind my shutting the door ? *Est-ce que cela vous dérange que je ferme la porte ?*

I don't mind. *Cela m'est égal, je veux bien.*

I don't mind trying. *Je veux bien essayer.*

No one minds a man (i.e. **a student**) **getting tight once or twice a term.** *Personne ne trouve à redire (ou ne s'offusque) qu'un étudiant s'enivre une ou deux fois par trimestre.*

I don't mind the cold. *Le froid ne me dérange pas.* [Exemple d'inversion du sujet et du complément, voir page 277].

- **Mind** s'emploie parfois dans un « **understatement** ».
  I shouldn't mind a cup of tea. *Je prendrais volontiers une tasse de thé.*
  A glass of sherry ? — I don't mind. *Un verre de xéres ? — Ce n'est pas de refus.*
- Noter cette locution toute faite :
  Never mind ! *N'importe, peu importe, ça n'a pas d'importance !*
  Never mind what the price is. *Qu'importe le prix.*
  Voir **NEVER.**

MINUTE [714]

MINUTE, nom et adjectif, faux-ami partiel.

1. nom, pour mémoire. . . . . ***81 %***
2. ★ Attention à l'adjectif **minute** . . . . ***18 %***
   a) *tout petit, minuscule.*
      The minutest particulars, *les plus infimes détails.*
   b) *minutieux.*
      A minute examination, *une inspection minutieuse.*

MISERABLE [72]

MISERABLE, adjectif, faux-ami partiel.

1. **Miserable** peut correspondre au français *misérable*, mais ne s'applique pas à une personne . . . . ***39 %***
   A miserable dwelling, *un logement misérable.*
   A hundred miserable pounds, *cent misérables livres sterling.*
2. Le sens plus courant, s'appliquant en général à des personnes, est *inquiet, triste, malheureux* . . . . ***61 %***
   I feel miserable. *J'ai le cafard.*

MISERY [134], nom, a les deux sens correspondants.

1. **To live in misery,** *vivre dans la misère.*
2. **She could not bear her miseries to the end.** *Elle ne put supporter ses malheurs jusqu'au bout.*
   Even in the depth of her misery he saw that they would never have got on together, he and Alice. *Même au plus profond de sa détresse il comprit qu'ils n'auraient jamais pu s'entendre, lui et Alice.*

MISS [1187]

To MISS, verbe.

1. Pas de difficultés avec les sens courants de *manquer, rater; être absent* **(to be missing)** . . . . ***(?)***
2. Sens plus délicats . . . . ***(?)***
   I miss the joke. *Je ne saisis pas la plaisanterie.*
   He narrowly missed being killed. *Il a bien failli être tué.*
   You have missed out a word. *Vous avez sauté un mot.*
3. Le traducteur devra se montrer très attentif aux deux emplois suivants où la traduction de **miss** exige réflexion . . . . ***5 %***
   a) **To miss** voulant dire *remarquer l'absence de.*
      I took the pie, in the hope that it would not be missed for some time. *Je volai le pâté, espérant qu'on ne s'apercevrait pas de sa disparition pendant quelque temps.*

He missed £ 10 from his cash-box. *Il s'aperçut que dix livres avaient disparu de sa caisse.*

b) **To miss** voulant dire *regretter l'absence de*. Il faut intervertir l'ordre du sujet et du complément.

We miss her. *Elle nous manque.*

I miss my television set. *Mon poste de télé me manque.*

★ Il faut bien se garder de calquer, car une traduction mot à mot aboutirait à un grossier contresens.

I missed you very much while you were away, ne veut pas dire, *je vous ai beaucoup manqué*, mais *vous m'avez beaucoup manqué pendant votre absence.*

Sur cette inversion du sujet et du verbe, voir Inversions, n° 4 a, page 277.

MOMENT [1254]

MOMENT, nom, faux-ami partiel.

1. *Moment, instant, minute* .... **92 %**

Wait a moment. *Attendez une minute.*

At any moment, *d'un moment* (ou *d'une minute*) *à l'autre.*

At the moment, *pour le moment, en ce moment.*

Not for a moment, *pas une minute.*

I do not for a moment believe that... *Je ne crois pas une minute que...*

● Noter que **the moment** peut être employé avec une valeur de conjonction.

Let me know the moment (= as soon as, directly) he arrives. *Prévenez-moi dès qu'il arrivera.*

2. Attention au sens de *poids, importance, valeur* .... **1 %**

The affairs of moment which have called me here, *les affaires d'importance* (et non pas *du moment*) *qui m'ont appelé ici.*

It is of no moment whether..., *peu importe que...*

MOMENTOUS, adjectif, *important, grave, capital.*

The most momentous national debate in Britain's postwar history, *le débat le plus lourd de conséquences pour la nation de toute l'histoire de la Grande-Bretagne d'après-guerre.*

MORE [7789]

MORE, adjectif, pronom et adverbe, comparatif de **much** et de **many.**

1. Adjectif, *plus, d'avantage*, pour mémoire .... **25 %**

2. **More,** adverbe, sert à former le comparatif des adjectifs et des adverbes longs .... **48 %**

Il n'y a pas de problème de traduction.

★ Un point pourtant mérite attention, car il peut prêter à confusion.

More suivi d'un adjectif et d'un nom peut ne pas être l'adverbe du comparatif (2), mais l'adjectif (1).

More big bombs n'est pas une variante de **bigger bombs.** Le premier veut dire *plus (davantage) de grosses bombes*, le second *de plus grosses bombes.*

The more cold weather we have before Xmas, the less we have after it. *Plus nous avons de temps froid* (quantité, et non pas *plus le temps est froid*, degré) *avant Noël, moins nous en avons après.*

La distinction est quelquefois délicate à faire. Dans la phrase ci-dessous la première série de **more** exprime le degré (adverbe), la deuxième le nombre (adjectif).

Herts is a better neighbourhood (than Middlesex), more opulent, with more imposing residences, more successful businessmen... It also has more Green Belt, more open spaces. *Le comté de Hertforshire est plus « chic », plus opulent. Il possède des demeures plus imposantes où habitent des hommes d'affaires plus riches. Il englobe davantage de la ceinture verte, davantage de la pleine campagne.*

3. ★ Attention ! **The more** + un adjectif ne doit pas être pris pour un superlatif. Il s'emploie dans deux cas précis :

a) C'est un comparatif employé pour opposer deux individus, deux groupes, deux choses.

On traduit :

— soit par un superlatif,

The more expensive of the two hats, *le plus cher des deux chapeaux.*

— soit par un simple adjectif au positif,

Various chemical products of the more unpleasant kind, such as acids and explosives, *divers produits chimiques du genre désagréable, tels que les acides et les explosifs.*

[Traduire par un superlatif, *le plus désagréable*, suggérerait que l'auteur envisage toute une gamme de produits chimiques allant du plus au moins désagréable, alors qu'il les classe en deux catégories, ceux qui sont désagréables, et les autres.]

Civilisation, in the more important sense, is a thing of the mind. *La civilisation, au sens important (ou primordial) du mot, est une affaire de l'esprit.*

b) **The,** adverbe *(d'autant plus)*, précède le comparatif dans les cas suivants . . . . **2,6 %**

— **He looks (all) the more stupid as he stammers.** *Il a l'air d'autant plus sot qu'il bégaie.*

He looks all the more stupid for it. *Il n'en paraît que plus stupide.* Voir **FOR,** 3 c, **THE,** 3.

He felt all the more (ou **so much the more**) **depressed as** (ou **because**) **all his friends were away.** *Il se sentait d'autant plus déprimé que tous ses amis étaient absents.*

— **The better I know him, the more foolish I find him.** *Mieux je le connais, plus je le trouve sot.*

The more obvious a thing is, the more glory there must be in denying it. *Plus une chose est évidente, plus on doit se glorifier de la nier.*

● Les remarques concernant **the more** s'appliquent aussi, bien sûr, aux comparatifs courts en **-er.**

It is the least popular of Shakespeare's greater plays. *C'est la moins populaire des grandes pièces de Shakespeare.*

The weaker sex, *le sexe faible.*

The lower end of the glacier, *le bas du glacier.*

The larger industrial towns, *les grandes villes industrielles.*

Greater London, *le Grand Londres.*

We were none the wiser for his explanation. *Nous n'étions pas plus avancés après son explication.*

MOST [5076]

MOST, adjectif et adverbe, superlatif de **much** et de **many.**

★ Il faut soigneusement distinguer entre **most** et **the most** pour éviter des confusions graves.

1. The most forme le superlatif relatif des adjectifs longs, pour mémoire . . . . **58 %**

2. **Most,** tout seul, peut former le superlatif absolu (= **very, much**) ...... **7 %**
(adjectif) :
She is a most beautiful girl. *C'est une très belle fille.*
[A distinguer de **she is the most beautiful girl in the room.** *C'est la plus belle fille de la salle*].
(adverbe) :
He was most interested by my story. *Mon histoire l'intéressa fort.*

3. **Most, most of** + un nom singulier ou pluriel, *la plupart de, la plus grande partie de* .... **24 %**
I seem to have spent most of my time like a plant in a cupboard. *Il me semble que j'ai passé le plus clair de mon temps comme une plante dans un placard.*
Most people think as I do about the matter. *La plupart des gens sont de mon avis sur la question*
Most of my friends are away for the moment. *La plupart de mes amis sont absents pour le moment.*

★ Attention à ne pas se faire prendre au piège suivant.
Le nom qui suit **most** peut être précédé d'un adjectif. **Most** ne porte pas sur l'adjectif, mais sur l'ensemble adjectif + nom. C'est l'absence de **the** qui permet d'éviter la confusion avec le sens 1.
Most civilized countries have started fighting against pollution. *La plupart des pays civilisés ont entamé la lutte contre la pollution* (sens 3).
The most civilized countries..., *les pays les plus civilisés...* (sens 1).
Most modern vessels are equipped with radar. *La plupart des navires modernes,* et non *les navires les plus modernes, sont équipés de radar.*

4. **Most,** adverbe, superlatif de **much,** *le plus.*
The thing that troubles me most, *la chose qui m'inquiète le plus.*
He is the person who is most to blame. *C'est lui qui est le plus à blâmer.*

5. **Most** est employé comme nom dans la locution consacrée, **to make the most of,** *tirer le meilleur parti de, faire valoir, exploiter.*
To make the most of one's talent, *exploiter son talent* (au maximum).
He does not know how to make the most of himself. *Il ne sait pas se faire valoir.*

MOSTLY [154], abverbe, *pour la plupart, principalement; la plupart du temps.*
The town is mostly built of brick. *La ville est bâtie en brique pour la plus grande partie.*
In this country, it mostly rains in Autumn. *Dans notre pays il pleut le plus souvent en automne.*

MUCH [4073]

MUCH, adjectif et adverbe.
Le mot n'offre pas de réelles difficultés de traduction. On signalera simplement quelques emplois particuliers.
— **He's not much of a photographer.** *C'est un piètre photographe.*
— **This much, that much,** *cette quantité-ci* ou *-là* (familier).
This much is certain, that... *il y a ceci de certain que...*
Having said this much, I need hardly say that I had fallen in love with her. *Après ce que je viens de dire, je n'ai guère besoin d'ajouter que j'étais tombé amoureux d'elle.*
I have only done that much up to now. *Je ne suis pas allé plus loin que cela pour le moment.*
— **To make much of,** voir **MAKE,** 3.

— **Much as...,** en tête de phrase, voir **AS,** 1 c.
— **Without so much as,** voir **WITHOUT.**
— **So much,** devant un comparatif, voir **THE,** 3.

MUST [3946]

MUST, verbe défectif.

En gros, la traduction de **must** ne pose pas de problème. C'est toujours *devoir*, aussi bien au sens (1) d'obligation, de contrainte, de nécessité . . . . **86 %**
qu'au sens (2) de grande probabilité, de nécessité logique . . . . **12 %**

● Au sens (1) on pensera à employer souvent la forme impersonnelle avec *falloir*, plus énergique que *devoir*.

If the key is really lost, it must be found. *Si la clé est vraiment perdue, il faut la trouver.*

Falloir est d'ailleurs la seule traduction valable si **must** est suivi de **have.**

People must have conversation, they must have houses, and they must have stories. *Il faut aux gens de la conversation, il leur faut des maisons, il leur faut des histoires.*

● Un point délicat qui doit requérir l'attention du traducteur, c'est celui de la correspondance des temps entre les deux langues. On notera ces trois cas :

a) (sens 1) **Must** peut avoir un sens futur.

You must do it tomorrow. *Il faudra le faire demain.*

b) (sens 1 et 2) Au style indirect, ou dans une subordonnée si le verbe principal est au passé, **must** se traduira par l'imparfait.

He said he must go. *Il dit qu'il devait partir.*

There was not a soul about. It must be pretty early. *Il n'y avait pas une âme dans les rues, il devait être encore tôt.*

I discovered that I must have had typhoid fever for months without knowing it. *Je découvris que je devais avoir la fièvre typhoïde depuis des mois sans le savoir.*

c) (sens 2) **Must** suivi de l'infinitif passé se traduira par *a dû* ou *avait dû*, suivi de l'infinitif présent. Voir Changements de temps, VI, 1, page 265.

It must have frozen hard. *Il a dû geler dur.*

She thought he must have had some accident. *Elle pensait qu'il avait dû avoir un accident.*

● Dans un récit au passé, **must** peut exprimer une nuance assez subtile de fatalité, de destin contrariant. La traduction devra être pensée avec soin.

Just as we were ready to go to the pictures who must come but Aunt Agatha. *Au moment précis où nous allions partir au cinéma, il a bien fallu que la tante Agathe arrive, ne voilà-t-il pas qu'arrive... !*

Just as I was getting better, what must I do but break my leg. *Juste au moment où j'allais mieux, voilà que je ma casse la jambe.*

N

NEARLY [902]

NEARLY, adverbe.

Nearly (= almost), *presque.*
On aura souvent intérêt à utiliser la transposition n° 1.
I nearly ran over that dog. *J'ai bien failli écraser ce chien.*

● Deux points retiendront l'attention du traducteur.
a) L'expression toute faite **not nearly so (= much less).**
The house is not nearly so large as I thought it was. *La maison est beaucoup moins grande que je le croyais.*
The audience was not nearly so numerous as we expected. *L'assemblée était beaucoup moins nombreuse que nous l'espérions.*
b) La phrase, **they are nearly related,** ne veut pas dire, *ils sont presque parents,* mais, ce qui est exactement le contraire, *ils sont très proches parents.*
[**Nearly** ici est synonyme de **closely**] . . . . **3 %**

NEED [1795]

NEED, verbe dit semi-défectif, et nom.

Le verbe **to need,** *avoir besoin,* souvent délicat à utiliser correctement dans un thème, ne pose pas de problème majeur au traducteur . . . . **38 %**
Celui-ci fera pourtant attention aux points suivants :

1. To need suivi d'un nom pourra souvent se traduire par *falloir.*
Why should he need such a certificate ? *Pourquoi lui faudrait-il un tel certificat ?*

2. To need peut être suivi d'un gérondif actif mais à sens passif.
Your coat needs brushing. *Votre veste a besoin d'être brossée.*

3. To need suivi d'un infinitif passé indique qu'une action a été accomplie alors que cela n'était pas nécessaire. Il faudra transposer les temps. Voir Changements de temps, VI, 2 b, page 265.
They needn't have done all this work. *Ils n'avaient pas besoin de faire tout ce travail.*

4. *Avoir besoin de* n'est pas la seule traduction possible. Dans les phrases interrogatives et négatives, en particulier, **need** exprime une absence de nécessité. C'est un équivalent de **must** . . . . **25 %**
Need you go so soon ? (présent ou prétérit, selon le contexte). *Faut-il (ou fallait-il) que vous partiez si tôt ?*
It need not cost much money. *Cela ne coûte pas nécessairement cher.*
You need not be afraid, I have not come to do you harm. *Il ne faut pas avoir peur, je ne suis pas venu pour vous faire du mal.*
Had he been less cocky and more prudent he need never have failed. *S'il avait été moins présomptueux et plus prudent, il n'y avait aucune raison qu'il échoue.*

- Dans un dialogue on pourra donc trouver **need ?** appelant une réponse avec **must,** et inversement **must ?** appelant une réponse avec **need not.** En français les réponses seront simplifiées au maximum.

  Need we change for dinner ? — Yes, you must. *Faut-il s'habiller pour dîner ? — Oui.*

  Must you always wear that old coat ? — No, I suppose I needn't. *Faut-il que vous portiez toujours cette vieille veste ? — Je suppose que non.*

5. Need, nom, *le besoin* . . . . **28 %**

NEITHER [733]

NEITHER, adjectif, pronom, conjonction et adverbe.

La multiplicité des fonctions de ce mot exige, de la part du traducteur, un minimum de réflexion.

1. Neither, adjectif ou pronom, *ni l'un ni l'autre, aucun* (des deux) . . . . . . **14 %**

  Neither party has since the war had a long run in power. *Aucun des deux partis n'a exercé le pouvoir bien longtemps depuis la guerre.*

  Both Smith and Jones were invited, but neither has accepted. *Dupont et Durand étaient invités tous les deux, mais aucun n'a accepté.*

2. Neither ... nor, conjonction, *ni ... ni,* pour mémoire . . . . **68 %**

3. Neither, adverbe, s'emploie au début d'une phrase avec le sens de *non plus* (= **nor**) . . . . **18 %**

Il est suivi d'une tournure interrogative. Voir Inversions, 1 a, page 274.

  As man cannot be a poet by will, or a lover by will, neither by will alone can he become a creature of the spirit. *De même que l'homme ne peut devenir poête ou amant par sa seule volonté, il ne peut non plus se transformer par sa seule volonté en créature de l'esprit.*

Neither est couramment employé avec ce sens dans les « tags ». Voir **DO,** 7 d.

- On trouvera les sens 2 et 3 réunis dans cette phrase, où on pourra mieux les opposer.

  Neither Arthur nor his father greeted her as they passed, and neither did they speak to each other until they were half way down the street. *Ni Arthur, ni son père ne la saluèrent au passage, et ils ne s'adressèrent pas la parole non plus avant d'avoir descendu la moitié de la rue.*

NERVOUS

NERVOUS, adjectif, faux-ami partiel.

En dehors du sens médical **(the nervous system),** les sens sont, *inquiet, intimidé; timide, craintif.*

  To feel nervous, *se sentir ému, intimidé.*

  It makes me nervous. *Cela m'effraye.*

  She is a little nervous in the dark. *Elle est assez peureuse dans le noir.*

  He felt as nervous as an undergraduate going up for his viva voce. *Il avait le trac comme un étudiant novice qui va passer un oral d'examen.*

NEVER [3085]

NEVER, adverbe.

Le traducteur doit savoir qu'en dehors de son sens habituel, **never** est souvent employé comme négation renforcée **(emphatic negative)** et ne doit donc pas être traduit par *ne... jamais.* . . . . **8,5 %**

He was used to policemen's scrutiny, for he never flinched. *Habitué qu'il était à se laisser dévisager par les agents de police, il ne broncha absolument pas* (passé simple narratif), et non pas, *il ne bronchait jamais* (imparfait d'habitude).

He moved down so cunningly that never a leaf stirred. *Il descendit avec des mouvements si adroits que pas une feuille ne bougea.*

He said never a word. *Il n'a pas dit un seul mot.*

He never so much as apologized. *Il ne m'a même pas présenté d'excuses.*

Quelques locutions toutes faites,

That will never do ! *Ca ne convient pas du tout.*

Never mind ! *Tant pis, ça n'a pas d'importance !* Voir **MIND,** 2b.

Well, I never ! *Ah bien, ça, par exemple !*

● Noter aussi cet emploi plutôt littéraire de **never** dans une phrase commencant par un verbe.

Be he never so brave, *si courageux soit-il.*

If two politicians exchange public letters, be they never so unfriendly, the usual opening is « Dear Harold » or « Dear Ted ». *Si deux hommes politiques échangent des lettres publiques, si peu amicales soient-elles, elles commencent habituellement par...*

NEXT [1442]

NEXT, adjectif et adverbe.

1. Etymologiquement **next** est un superlatif, donc veut dire *le plus proche* (a) dans le temps, (b) dans l'espace. . . . . **85 %**

Attention à bien différencier les locutions suivantes.

a) **Next week,** *la semaine prochaine* (futur seulement).

The next week, *la semaine suivante* (qui suivit ou qui suivra).

This day next week, *dans huit jours aujourd'hui.*

The next day but one, *le surlendemain.*

The year after next, *dans deux ans.*

The next three years, *les trois années suivantes* (inversion des qualificatifs).

b) **The Martins live next door to us, next door but one.** *Les Martin habitent la maison à côté de la nôtre, deux maisons plus loin.*

They are our next-door neighbours. *Ce sont nos voisins les plus proches.*

2. Next, adverbe, *la prochaine fois; ensuite.* . . . . **13 %**

Le sens est à comparer à celui de **FIRST,** 2 et de **LAST,** 2.

When I next see him, I'll give him a piece of my mind. *La prochaine fois que je le verrai, je lui dirai ce que je pense.*

3. Next to est employé comme.

a) préposition.

(sens propre) **The shop next to the corner,** *la boutique juste après le coin.*

(sens figuré) **The largest city next to London,** *la plus grande ville après Londres.*

The automobile is, next to the purchase of a house, the largest single item in the budget. *L'automobile représente, après l'achat d'une maison, l'article le plus important du budget.*

b) adverbe (= **almost)** dans des locutions négatives comme,

It's next to impossible. *C'est quasiment impossible.*

I bought it for next to nothing. *Je l'ai eu pour presque rien.*

He had next to no schooling. *Il n'a eu pour ainsi dire aucune instruction.*

In next to no time, *en un rien de temps.*

Gerard timidly observed that he had drunk next to no beer. *Gérard fit remarquer timidement qu'il n'avait presque pas bu de bière.*

NO [8394]

NO, adjectif et adverbe.

Ce mot n'offre pas de difficulté particulière. Quelques points seulement à noter.

a) **No,** employé à la place de **not a,** avec une insistance accrue. Traduire en conséquence.

He is no friend of mine. *Il n'est nullement de mes amis.*

He is no fool. *Il est loin d'être sot.*

No a la même valeur devant un comparatif.

I feel no better. *Je ne me sens pas mieux du tout.*

(Variante : **I don't feel any better,** voir **ANY,** 3).

He is no better than his brother. *Il ne vaut absolument pas mieux que son frère.*

No sooner, voir **SOON.**

b) **There is no** + gérondif, voir **THERE,** 2.

There is no refusing. *Il n'y a pas moyen de, il est impossible de refuser.*

No + gérondif a valeur d'interdiction.

No smoking. *Interdiction de fumer.*

No bill sticking. *Affichage interdit.*

c) **No end of (= plenty of, a great many),** *beaucoup, énormément.*

He has lost no end of money. *Il a perdu des sommes folles.*

He has no end of friends. *Il a énormément d'amis, des tas d'amis.*

NONE [576]

NONE, pronom et adverbe.

1. **None,** pronom, *aucun, pas un;* quelquefois *personne, rien.* . . . . **69 %**

Noter cette locution.

I will have none of it. *Je ne veux pas en entendre parler.*

None of your impudence ! *Pas d'insolence de votre part !*

2. **None,** adverbe, *nullement.* . . . . **11 %**

★ C'est ce sens qui risque d'être déroutant pour un Français.

On le trouve,

a) devant **too.**

I slept none too well. *Je n'ai pas très bien dormi.*

That map is none too helpful. *Ce plan ne sert pas à grand chose.*

b) devant un comparatif précédé de **the.** Voir **THE,** 3.

He was none (ou **not any) the wiser for it.** *Il n'en était pas plus avancé.*

They knew that their music would be none the less pleasant to the Saint for being more than usually nasal in tone. *Ils savaient que leur musique n'en serait pas moins agréable aux oreilles du Saint d'être chantée du nez plus encore qu'à l'accoutumée.*

None the worse, voir **WORSE.**

NONSENSE [62]

NONSENSE, nom, faux-ami.

Eviter l'équivalent français au sens très restreint. Le mot a deux sens possibles.

1. *absurdité, déraison, sottises.*

A piece of nonsense, *une ânerie.*

You are talking nonsense. *Vous dites des absurdités, des bêtises.*

Of course a lot of nonsense is talked about the value of human life. *Bien sûr on dit des tas de bêtises sur la valeur de la vie humaine.*

Countless audiences soak passively in the tepid bath of nonsense (Aldous Huxley, parlant du cinéma — en 1923). *D'innombrables spectateurs passifs se trempent dans un bain tiède d'inepties.*

2. *choses sans importance, bagatelles, bêtises.*

I won't have a fuss made about such nonsense. *Je ne veux pas que l'on fasse toutes ces histoires pour des bêtises.*

NOR [1172]

NOR, conjonction.

Le mot a trois emplois différents.

1. Précédé de **neither,** *ni,* voir **NEITHER,** 2.

2. Précédé d'une phrase négative, *non plus* (=**neither**). . . . . **19 %**

In this hostlery gentlemen do not take off their coats. Nor are they allowed to appear tieless. *Dans cette hôtellerie les messieurs n'enlèvent pas leur veste, et ils ne sont pas autorisés non plus à se montrer sans cravate.*

[Variantes : **neither are they allowed..., they are not allowed either...** Voir **NEITHER,** 3].

3. En tête de phrase, **nor = and... not.**

Nor was it a satisfactory solution to keep the masses in poverty by restricting the output of goods. *Et ce n'était pas* (ou *ce n'était pas d'ailleurs*) *une solution satisfaisante de maintenir les masses dans la pauvreté en limitant la production des biens.*

NOT [21587]

NOT, adverbe négatif.

Le traducteur risque d'achopper sur les deux points suivants.

1. **Not** peut être employé seul (sans **do**) après un verbe, autre qu'un auxiliaire. Il y a trois façons d'expliquer ce qui peut paraître une anomalie.

a) **Not** peut être employé à la place de **do not:** c'est la forme emphatique. Son emploi est assez rare et plutôt littéraire.

In London it matters not if one has failed to read the latest book or visit the latest exhibition. *A londres cela n'a aucune importance si l'on n'a pas lu le livre le plus récent ou visité l'exposition la plus récente.*

b) **Not,** après certains verbes d'opinion, équivaut à toute une proposition subordonnée négative sous-entendue.

Not, ici, s'oppose à **so** remplaçant une proposition affirmative. Voir **SO,** 4a.

Is it true ? — I believe not. *Est-ce vrai ? . . Je crois que non.*

Will it rain this afternoon ? — I hope not. *Pleuvra-t-il cet après-midi ? — J'espère que non.*

It seemed an excessive punishment, I thought; but my cousin thought not. *Cela paraissait une punition excessive, pensais-je; mais ma cousine pensait que non, était d'un avis contraire.*

★ La faute à éviter est de faire porter la négation sur le verbe qui la précède. **It seems not,** *il semble que non,* ne doit pas être confondu avec **it does not seem.**

La phrase suivante risque d'être encore plus trompeuse.

She speculated on the nature of the Event. Would it be a fearful explosion ? She did hope not.

[Cette dernière phrase n'est pas négative. **Did** est l'auxiliaire de la forme emphatique affirmative, **not** répond négativement à la question posée].

Elle méditait sur la nature de l'Evènement. Serait-ce une épouvantable explosion ? Elle espérait bien que non.

c) **Not,** entre un verbe et un autre à l'infinitif, porte sur l'infinitif et non sur le premier verbe.

He seemed not to realize where his duty lay. *Il semblait ne pas comprendre où se trouvait son devoir.*

2. Not all, not everybody, not any, en tête de phrase. On ne peut pas calquer la traduction : il faut déplacer la négation.

Not every one can tell a lie. *Tout le monde n'est pas capable de dire un mensonge.*

Not all masters are like Rembrandt. *Tous les vieux maîtres ne sont pas comme Rembrandt.*

Voir **ANY,** 2 et **ANYBODY.**

NOTHING [1826]

NOTHING, pronom.

Il n'y a pas de difficulté particulière concernant la traduction de ce mot, mis à part les emplois idiomatiques qui pourraient se révéler embarrassants.

— **Nothing but, nothing for it but,** voir **BUT,** 2, **FOR,** 3c.

There is nothing for it but to submit. *Il n'y a rien d'autre à faire que se soumettre.*

— **To say nothing of,** *sans parler de.*

Nothing doing ! *Rien à faire !*

— **To think nothing of.** Cette locution ne peut absolument pas être calquée.

I have known men who thought nothing of tramping between thirty and forty miles every Sunday. *J'ai trouvé des gens qui trouvaient tout naturel* (ou *qui n'avaient pas peur) de partir chaque dimanche pour une randonnée de cinquante à soixante kilomètres.*

I think nothing of your friend Jones. *Je ne fais aucun cas de votre ami Jones.*

Voir **THINK,** 3.

— **To make nothing of.**

I can make nothing of the letter. *Je ne comprends rien à cette lettre.*

— **Nothing if not.**

He is nothing if not careful. *Il est prudent avant tout.*

NOW [5667]

NOW, adverbe et conjonction.

En dehors du sens courant du mot *(maintenant, tout de suite)* il y a plusieurs emplois qu'il est bon de ne pas ignorer.

a) **Now... now...,** *tantôt... tantôt.* . . . . **1,4 %**

b) **Now and then, now and again,** souvent précédés de **every** (voir **EVERY,** 3), *de temps en temps, de temps à autre.* . . . . **1,7 %**

c) Au détour d'un récit, pour attirer l'attention, *or.* . . . . **? 2 %**

Now, Barabbas was a robber. *Or, Barabbas était un voleur.*

[Dans ce sens **nor** est toujours en tête, alors qu'il l'est rarement au sens de *maintenant*].

d) Dans certaines locutions avec une valeur intensive. . . . . **? 10 %**

Now what's the matter with you ? *Qu'avez-vous donc ?*

Now, now, don't cry. *Allons, allons, ne pleurez pas.*

Now then, what are we going to do now ? *Et alors, qu'est-ce qu'on va faire maintenant ?*

e) **Just now,** voir **JUST,** 1.

By now, voir **BY,** 1b.

O

ODD

ODD, adjectif et nom.

Ce qui fait la difficulté de ce mot c'est d'une part l'évolution des sens de l'adjectif loin du sens premier, d'autre part la complexité des sens du nom, souvent obscurs et délicats à traduire.

1. L'adjectif veut dire essentiellement : ce qui reste d'un tout divisé en parties égales; d'où *impair, dépareillé, disparate, singulier, étrange, bizarre.*

Ajouté à un nombre il veut dire *en surplus.*

A hundred odd men, *cent et quelques hommes,* et non pas *cent hommes bizarres.*

Fifty odd thousand, *cinquante mille et plus.*

The odd-man-out, *l'homme éliminé, le laissé pour compte.*

2. Odds, nom.

Odds and ends, *des coupes* (de tissu), *des petits bouts, des articles dépareillés, mis au rebut.*

[Cet emploi se rattache directement au sens premier de l'adjectif.]

Autres sens plus complexes :

The odds are heavily against her, *Les chances lui sont fortement contraires.*

The odds are ten to one. *La cote est à dix contre un.*

It is (long) odds that he will never realise the situation. *Il y a gros à parier qu'il ne se rendra jamais compte de la situation.*

It makes no odds. *Cela ne fait rien, n'a aucune importance.*

They are always at odds. *Ils sont toujours en désaccord, en train de se disputer.*

OF [100551]

OF, préposition.

Le mot n'offre pas de difficulté de traduction. On pourra quand même être surpris par les deux emplois suivants :

1. Of, préposition de temps, exprimant la répétition, la fréquence.

I always go to church of a Sunday evening. *Je vais toujours à l'église le dimanche soir.*

Mr Saxton came in sometimes of an evening to play dominoes with us. *Mr Saxton venait quelquefois le soir pour jouer aux dominos avec nous.*

2. Of all + un nom pluriel, est une locution très elliptique, indiquant une réaction de surprise devant quelque chose d'inattendu. Le traducteur devra expliciter cette idée.

Christmas Day, of all days, was when they had chosen to quarrel. Croiriez-vous *que c'est le jour de Noël qu'ils avaient choisi pour se disputer. (De tous les jours de l'année ils avaient été choisir...).*

Old Miss Sallow, of all people, has started taking driving lessons. *A notre grande surprise la vieille Miss Sallow a commencé à prendre des leçons de conduite.*

(De toutes les personnes que je connais c'est justement Miss Sallow qui...).

OFF [2110]

OFF, pré-/ou postposition.

1. Les idées exprimées essentiellement par **off** sont la séparation, le détachement, l'éloignement, la disparition.

Il faudra, toutes les fois que la clarté et la précision l'exigent, traduire **off** par un verbe (transposition n° 14).

The cover is off. *Le couvercle est enlevé.*
They're off ! *Ils sont partis !*
I'll see you off. *J'irai vous voir partir, je vous accompagnerai* (jusqu'à la gare).
Get off the table. *Descends de la table.*
Keep off the grass. *Défense de marcher sur l'herbe.*
It will wear off. *Cela disparaîtra à l'usure.*
She could not wash off the stain. *Elle eut beau laver, la tache ne disparut pas.*
The posters remained for months afterwards, until the weather peeled them off. *Les affiches restèrent encore pendant des mois, jusqu'au moment où les intempéries les arrachèrent lambeau par lambeau.*
A dog had bitten off his left ear. *Un chien lui avait arraché l'oreille gauche d'un coup de dents.*

2. Au figuré **off** est parfois employé après un verbe avec une concision qui peut surprendre. Le français peut rarement être aussi concis.

The idea should not be laughed (shrugged) off. *On ne doit pas écarter cette idée en riant (d'un haussement d'épaule), la tourner en dérision, (la traiter par le mépris).*
I returned to England very ill indeed. I was coughing my head off. *J'étais très malade à mon retour en Angleterre. Je toussais à m'en décrocher la tête.*
The nabab had slept off his drunkenness. *Le nabab avait dissipé son ivresse par le sommeil, avait cuvé son vin.*

3. **Off** s'emploie comme postposition après de nombreux verbes avec un sens souvent très idiomatique.

To finish off, *mener à terme; expédier, achever, donner le coup de grâce.* . . . . **? 5 %**

Voir **GO,** 5, **KNOCK,** 3b, **LEAVE, LET,** 3, **MAKE,** 2, **PASS,** 2, **PAY,** 3, **SET,** 4, **SHOW,** 4.

4. Autres sens et emplois idiomatiques.

— **On and off,** voir **ON,** 8.
— **Off the island,** *au large de l'île.*
Off the main street, *à quelque distance de la grand'rue.*
A little theatre off Broadway, *un petit théâtre dans le quartier de Broadway.*
— **To be off duty,** *n'être pas de service.*
To have a day off, *avoir un jour de congé.*
They spend their Saturday afternoon off working in the garden. *Ils passent leur après-midi de samedi libre à travailler dans le jardin.*
— **On the off chance,** voir **CHANCE, 1.**
— **He is off his head,** *il déménage, il n'a plus sa tête à lui.*
— **He dined off a leg of mutton.** *Il a dîné d'une tranche de gigot.*
— **To be WELL off, COMFORTABLY off, BETTER off, badly off,** voir ces mots. . . . . **1,9 %**

OFFENCE [88]

OFFENCE, nom, faux-ami partiel.

Les sens sont plus nombreux qu'en français, et s'ordonnent autour de deux idées (a) et (b).

a) *une offense, une faute, un outrage.* . . . . **21 %**
An offence against good taste, *une infraction au bon goût.*
b) *une infraction aux lois, une faute, un crime.* . . . . **74 %**
A petty offence, a minor offence, *un délit.*

To OFFEND, a) *blesser, froisser, choquer.*
The sight offends one's eyes. *Ce spectacle est choquant pour la vue.*
b) *enfreindre la loi.*

OFFENDER, nom,
b) *un délinquant, un contrevenant, un criminel.*

OFFENSIVE, adjectif,
a) *offensant, blessant, injurieux, choquant.*
A word offensive to the ear, *un mot malsonnant.*

OFFER [1084]

To OFFER, verbe. **To offer** a un sens dangereux pour le traducteur. C'est celui de *essayer, tenter, faire mine de.*
He offered to strike me. *Il fit mine de,* (ou *voulut, essaya)* de me *frapper.*
[La traduction par *offrir,* malgré sa stupidité, ne rebuterait pas un traducteur négligent !]

OFTEN [1321]

OFTEN, adverbe.
Le mot ne pose pas de problème de traduction. Il faut noter cependant,
— **How often ?** *Combien de fois ?* (nombre) ou *tous les combien ?* (fréquence).
How often did he go to England ? *Combien de fois est-il allé en Angleterre ?*
How often do you go to the pictures ? *Tous les combien allez-vous au cinéma ?*
— **More often than not,** *le plus souvent.*
More often than not he is away when I ring him up. *Le plus souvent il est absent quand je l'appelle au téléphone.*
— **As often as not,** *assez souvent, une fois sur deux.*
Richard slipped upstairs in his socks and then, as often as not, dropped his water-bottle and swore. *Richard montait furtivement en chaussettes et puis, une fois sur deux, il laissait tomber sa bouillotte d'eau chaude et se mettait à jurer.*
— **Once too often,** *une fois de trop.*

ON [24750]

1. préposition de lieu	**6.** adverbe, après **to be**
2. préposition de temps	**7.** postposition
3. **on = about**	**8.** **on** dans des locutions adverbiales.
4. verbes construits avec **on.**	
5. **on** dans des locutions toutes faites.	

ON, preposition et postposition.

A. — On, préposition.

1. On, préposition de lieu, *sur,* sans mouvement. . . . . **34 %**
On to, préposition composée, *sur,* avec mouvement.

[On rencontre parfois, surtout en américain, **onto** écrit en un seul mot.]

The burglar climbed on to the roof. *Le cambrioleur grimpa sur le toit.*

She slammed things on to tables and flung things on to chairs. *Elle flanquait les affaires sur les tables et jetait les affaires sur les chaises.*

He had a wing built on to the old house. *Il fit ajouter une aile à la vieille maison.*

2. **On,** préposition de temps, devant un nom de jour ou un nom assimilé, ne se traduit pas. . . . . **12 %**

On windy nights she could never sleep. *Les nuits de vent elle ne dormait jamais.*

Remarquer le pluriel anglais qu'il faudra traduire par un singulier.

What do you do on Sundays ? *Que faites-vous le dimanche ?*

● **On** + un gérondif, se traduit par *en*.

One morning Philips on getting up felt his head swim. *Un matin en se levant Philippe sentit la tête qui lui tournait.*

3. **On** (= **about**), *sur, de, au sujet de.* . . . . **8 %**

Let us congratulate him on his success. *Félicitons-le de son succès.*

4. **On** est la préposition normalement utilisée après un grand nombre de verbes. **12,6 %**

En général la traduction ne pose pas de problème, la préposition française étant le plus souvent amenée tout naturellement par le verbe.

To have pity on, *avoir pitié de.*

To depend on, to live on, to feed on, etc. *dépendre de, vivre de, se nourrir de,* etc.

To play a trick on, *jouer un tour à.*

● Certains emplois sont plus délicats;

Many locomotives nowadays run on oil. *Beaucoup de locomotives aujourd'hui roulent au mazout.*

I could have done differently if I hadn't been punting on an empty stomach. *Je m'en serais certainement tiré autrement si je n'avais pas manié la perche l'estomac vide.*

Il faudra parfois étoffer **on.** Voir Etoffement, n° 5b, page 262.

You can't do a hard day's work on a cup of coffee and a slice of toast. *On ne peut pas faire une rude journée de travail en se contentant d'une tasse de café et d'une rôtie.*

I had my map out and wasted half a dozen matches on it. *Je sortis ma carte et gaspillai une demi-douzaine d'allumettes pour la consulter* (et non pas *pour la faire brûler,* sic).

5. **On,** enfin, s'emploie devant un grand nombre de noms pour former des expressions toutes faites. . . . . **5,1 %**

Là encore il est rare que leur traduction soulève de réelles difficultés.

On trial, *à l'essai.*
On business, *pour affaires.*
On sale, *en vente.*
On duty, *de service.*
On leave, *en congé.*
On holiday, *en vacances.*
On credit, *à crédit.*
On fire, *en feu.*
On time, *à l'heure.*
On the average, *en moyenne.*
On a charge of, *sous l'inculpation de.*
On the move, on the go, *en mouvement.*

● Plus délicat est l'emploi de **on** suivi de **the** + un adjectif, dans certaines locutions familières.

To do something on the sly, *faire quelque chose furtivement, en douce.*

To do something on the quiet, *faire quelque chose en secret.*

To buy something on the cheap, *acheter quelque chose à bas prix, au rabais.*

B. — On, postposition .... **7 %**

6. On, adverbe, s'emploie souvent après **to be** de façon elliptique. Il faudra toujours le transposer par un verbe.

Is the cloth on ? *A-t-on mis la table ?*
Is the water on ? *A-t-on ouvert l'eau ?*
Is the handbrake on ? *Le frein est-il serré ?*
What's on ? *Qu'est-ce qui se passe ?*
Have you anything on this evening ? *Etes-vous occupé ce soir ?*
What's on at the Regal ? *Quel film donne-t-on au Royal ?*

7. On, postposition, exprime principalement quatre idées,

a) celle de suivre, d'avancer .... ***(1,1 %)***

Come on ! *Allez, avancez !*
Move on ! *Circulez !*

b) celle de continuer (**on** peut être répété pour plus d'insistance) .... ***(5,6 %)***

The poor fellow toiled on and on. *Le pauvre diable peinait sans fin, sans trêve.*

c) celle de mettre sur soi, de fixer (s'oppose à **off**).

To try on a hat, *essayer un chapeau.*
To sew on a button, *coudre un bouton.*
Le verbe peut être sous-entendu. Voir Etoffement, n° 5 b, page 262.
Help me on with my coat, will you ? *Voulez-vous m'aider à mettre mon manteau, je vous prie.*

● **To have ... on = to wear.**

I don't know whether he had a life-belt on or not. *Je ne sais pas s'il portait ou non une ceinture de sauvetage.*

d) celle d'allumer, de brancher (s'oppose à **off**).

The dust is so thick that motorists keep headlights on in broad daylight. *La poussière est si épaisse que les automobilistes doivent garder leurs phares allumés en plein jour.*
In the houses, yellow squares flashed on and off. *Dans les maisons, des carrés jaunes s'allumaient et s'éteignaient brusquement.*

e) **On** se rencontre aussi après des verbes dont il modifie plus ou moins le sens.

To get on, to get on with, voir **GET,** 4 c.
To keep on, voir **KEEP,** 2 b.
To look on, voir **LOOK,** 1.
To carry on, voir **CARRY,** 2.
To take on, voir **TAKE,** 3.

8. On se trouve dans des locutions adverbiales.

Later on, *plus tard.*
Further on, *plus loin.*
On and off, *de façon intermittente, par intervalles.*
And so on, *et ainsi de suite.*
From now on, *à partir de maintenant.*

ONCE [1990]

ONCE, adverbe et conjonction.

★ Le traducteur devra se méfier de ce mot, apparemment facile, dont pourtant les sens divers peuvent prêter à confusion.

1. Once, adverbe, *une (seule) fois.* .... **34,6 %**

Once a week, *une seule fois par semaine.*
Once or twice, *une ou deux fois.*
Once in a way, once in a while, *à l'occasion, une fois en passant.*
Once a drunkard always a drunkard. *Qui a bu boira.*

2. *Une fois, autrefois, jadis* .... **24 %**

Once upon a time, *il était une fois.*
I knew him once. *Je l'ai connu autrefois,* et non pas *je l'ai rencontré une fois.*

3. Once se retrouve dans plusieurs locutions adverbiales .... ***4,2 %***

— **At once,** peut avoir trois sens différents :

a) *immédiatement.*

I will do it at once. *Je vais le faire tout de suite.*

b) *en même temps, simultanément.*

You cannot be in two places at once. *On ne peut être en deux endroits à la fois.*

c) *en même temps, ensemble, à la fois* (= **both**).

The story is at once amusing and instructive. *L'histoire est à la fois amusante et instructive.*

— **All at once,** *tout d'un coup,* ne doit pas être confondu avec **at once.**

All at once there was a bang at the door. *Tout d'un coup on frappa un coup violent à la porte.*

— **For once,** *pour une fois.*

For this once, *pour cette fois.*

4. **Once,** conjonction, *une fois que* .... ***8,1 %***

Once peut être précédé de **if** ou **when** qui en renforce le sens.

If once we lose sight of him..., *dès qu'on le perd de vue...*

When someone has once spoken the word..., *une fois que quelqu'un a prononcé le mot...*

ONE [12991]

ONE, adjectif et pronom.

● Ce mot peut parfois poser des problèmes de traduction. Les points suivants sont importants.

1. One est un numéral que l'anglais distingue de l'article indéfini, **a, an.** .... ***41 %***

Le français au contraire ne dispose que de *un, une.* Il y a donc lieu, dans certains cas, de donner toute sa valeur à **one** en le traduisant (a) par *un seul,* (b) par *un certain.*

a) **One at a time,** *un seul à la fois.*

She would do him one justice. *Elle lui rendait justice sur un point.*

D'ailleurs **one** s'emploie souvent à la place de **only.**

The one (= the only) thing we are certain of..., *la seule chose dont nous soyons certains.*

b) **One Mr Brown,** *un certain M. Brun.*

2. One correspond souvent à **on** .... ***11 %***

One never knows. *On ne sait jamais.*

★ On peut être surpris de rencontrer **one,** complément, avec un sens indéfini. Comment le traduire ?

Ou bien on ne le traduit pas, ou on le traduit par *vous.*

It makes one feel silly. *Cela (vous) donne l'impression d'être stupide.*

This contempt for the ordinary decencies of family life reminds one of the worst excesses of the French Revolution. *Ce mépris des simples convenances de la vie de famille rappelle les pires excès de la révolution française.*

[L'ignorance de la structure de **remind** et une confusion entre les sens 1 et 2 de **one** peuvent entraîner le contresens suivant : *rappelle un des pires excès...*]

● **One's,** cas possessif de **one,** accompagne l'infinitif : *son, sa,* ou *le,* devant un nom de partie du corps.

To do one's best, *faire de son mieux.*

To shrug one's shoulders, *hausser les épaules.*

Mais **one's** peut aussi être employé dans une phrase exprimant une idée générale, avec le sens de « *de on* ». Ne pas chercher à le traduire.

One's tastes in poetry cannot be isolated from one's other interests and passions. *Le goût pour la poésie ne peut être isolé des autres intérêts et passions.*

These countries have known so many great men that one's mind is dazzled by their riches. *Ces pays ont connu tant de grands hommes qu'on a l'esprit ébloui par leur richesse.*

3. One, ones, pronom de remplacement, ne se traduit pas en français. . . . . **12 %**

He disliked nearly all women, and especially the young and pretty ones. *Il détestait presque toutes les femmes, surtout les jeunes et les jolies.*

That's a good one ! *Elle est bien bonne !*

4. One peut être démonstratif.

The one who, the one which, *celui, celle qui.*

5. Emplois idiomatiques.

— **I, for one, cannot agree.** *Quant à moi (ou pour ma part), je ne puis vous donner mon assentiment.*

— **For one thing, he is too old.** *Entre autres raisons, il est trop vieux.*

— **It's all one.** *C'est tout un, cela revient au même.*

— **To be at one,** *être d'accord.*

He and I were in most of our opinions by no means in agreement, but in something very fundamental we were extraordinarily at one. *Lui et moi nous n'étions pas du tout d'accord dans la plupart de nos opinions, mais sur un point tout à fait fondamental nous nous entendions de façon remarquable.*

ONE ANOTHER, pronom réciproque, équivalent de **each other** (voir **EACH**). . . **1,6 %**

They drew nearer to one another. *Ils se rapprochèrent l'un de l'autre.*

Le français ayant d'autres possibilités que le pronom d'exprimer la réciprocité, on évitera le plus souvent un mot à mot maladroit.

They nodded to one another. *Ils échangèrent un signe de tête.*

Si l'idée de réciprocité est évidente, le verbe pronominal suffira en français.

I saw two men fly at one another's throats because they disagreed over the poetic merits of Heredia's sonnets. *J'ai vu deux hommes se sauter à la gorge parce qu'ils n'étaient pas d'accord sur les mérites poétiques des sonnets de Hérédia.*

ONLY [5520]

ONLY, adjectif et adverbe.

1. Adjectif, *seul, unique.* . . . . **15 %**

2. Adverbe, *seulement, ne... que.* . . . . **70 %**

● Le seul point sur lequel il faut insister est la place de **only** dans la phrase, place qui conditionne, en principe, le sens.

La règle est la suivante. **Only** modifie le mot qui le suit immédiatement, et s'il est en fin de phrase, le mot qui précède.

Only I am to blame. *Je suis le seul à blâmer.*

I only wanted to show you. *Je voulais seulement vous montrer.*

I bought only two tickets, ou **I bought two tickets only.** *Je n'ai acheté que deux billets.*

Mais l'usage n'est pas toujours conforme à cette règle. A la place des deux phrases précédentes on pourra souvent lire, **I only bought two tickets,** ce qui voudrait dire en principe, je n'ai fait que prendre deux billets, je n'ai rien fait d'autre.

● Dans un article paru dans l'*Observer*, Margharrita Laski raconte comment on les entraînait en classe à placer correctement **only,** en les faisant travailler sur la phrase suivante :

The peacocks are seen on the western hills.

Les différentes variantes et les sens correspondants étaient les suivants.

Only the peacocks... *Les paons seuls* (à l'exclusion d'autres animaux)...
The only peacocks... *Les seuls paons* (que l'on rencontre)... **Only** est adjectif.
The peacocks only are seen... (seule place qui n'offre pas de sens).
The peacocks are only seen... *Les paons se voient seulement...* (On ne les entend pas, on ne les sent pas).

L'auteur fait remarquer que cette place est la plus couramment utilisée, au détriment de la clarté, et en particulier abusivement, au lieu de,

The peacocks are seen only on the western hills. *Les paons se voient seulement* (ou *ne se voient que) dans les collines de l'ouest* (et nulle part ailleurs).

The peacocks are seen on only the western hills. *Les paons se voient dans les collines de l'ouest seulement* (et non pas dans celles du sud ou de l'est).

The peacocks are seen on the only western hills. *Les paons se voient dans les seules collines de l'ouest* (il n'y a pas de collines ailleurs). **Only** est adjectif.

The peacocks are seen on the western hills only. *Les paons se voient dans les collines de l'ouest seulement* (et non pas dans les vallées).

● Sans avoir besoin de toujours chercher ainsi « la petite bête », le traducteur doit découvrir sur quel mot exactement porte la limitation, éventuellement rétablir la place logique, et traduire en conséquence.

La règle d'or sera toujours d'éviter l'ambiguïté.

Si l'on emploie *ne... que,* on placera *que* là où on placerait *seulement.*

He associated only with people like himself. *Il ne fréquentait que des gens comme lui.*

I can only tell you what I know. *Je ne peux que vous dire ce que je sais.*

I eat scrambled eggs every day. It's the only way I like them. *Je mange des œufs brouillés tous les jours. Je ne les aime que comme cela.*

Si **only** porte sur le verbe on aura intérêt à appliquer la transposition n° 1.

I only touched it. *Je n'ai fait que le toucher.*

I will only say: serve him right. *Je me bornerai à dire : c'est bien fait pour lui.*

He only offered to help me. *Il se contenta de m'offrir ses services.*

OPEN [2084]

OPEN, adjectif et verbe.

Le seul point qui risque d'embarrasser le traducteur c'est l'emploi courant de **open,** adjectif, comme attribut. Comme dans les verbes composés, le verbe exprime le moyen et **open,** jouant le même rôle que la postposition, le résultat. Voir Place de l'adjectif, 5, page 273.

Cet emploi offre deux structures :

1. Verbe intransitif + attribut.

The door flew open. *La porte s'ouvrit brusquement.*

A spring was released, and the doors swung open. *Un ressort joua et les portes s'ouvrirent toutes grandes, à deux battants* (exactement, en pivotant).

2. Verbe transitif + complément + attribut.

He pushed the door open. *Il poussa la porte* (mot à mot, il l'ouvrit en la poussant).

★ L'erreur à ne pas commettre ici, c'est de traiter **open** comme un adjectif qualificatif se rapportant à **door:** *il poussa la porte* (qui était) *ouverte*, ce qui voudrait dire, *il la ferma*.

● Selon l'importance respective du verbe et de l'adjectif, on traduira l'un ou l'autre, sinon les deux.

The shell tore open a huge crater in the deck. *L'obus ouvrit un énorme cratère dans le pont.*

I slit my kitbag open with the dagger. *J'ouvris mon sac* (de parachutiste) *en le fendant avec mon poignard, d'un coup de poignard.*

Le verbe peut exprimer un bruit.

The train was in. Doors banged open and shut. *Le train était en gare. On entendait claquer des portières que l'on ouvrait et que l'on fermait.*

OPPORTUNITY [398]

OPPORTUNITY, nom, faux-ami.

Ce mot ne veut pas dire *opportunité* **(opportuness),** mais *occasion*.

To seize, embrace an opportunity, *saisir une occasion.*

Opportunity makes the thief. *L'occasion fait le larron.*

OTHER [8223]

OTHER (one, ones), adjectif ou pronom; **others,** pronom.

Other, *autre*, n'offre pas de difficulté de traduction.

On notera pourtant les points suivants

a) **The other three,** *les trois autres*, et non pas *les autres trois*, comme on l'écrit parfois par négligence, et pas seulement dans les journaux...

b) **Every other day,** *tous les deux jours.* (En anglo-saxon, **other** voulait dire *deuxième).*

c) **On the other hand,** *par contre, en revanche.*

Food here is cheaper than in Britain; clothing, on the other hand, is dearer. *Chez nous la nourriture est meilleur marché qu'en Grande-Bretagne; les vêtements par contre sont plus chers.*

● **Other** après **each, another** après **one,** forment les pronoms réciproques.

Voir **ANOTHER, EACH, ONE ANOTHER.**

OUGHT [500]

OUGHT (to), verbe défectif.

Ought to a deux emplois légèrement différents mais qui demandent une traduction appropriée.

1. Il peut exprimer une obligation assez impérative, souvent d'ordre moral ou social.

You oughtn't to speak to your aunt in that way. *Tu ne dois pas* (ou même, *je te défends de) parler à ta tante de cette façon.*

We ought to invite the Joneses. *Il faut inviter les Jones* (C'est une obligation de savoir-vivre).

2. Il exprime un conseil, une suggestion, ou une probabilité. Il est alors synonyme de **SHOULD,** sens n° 3.

You ought to go and see this film. *Vous devriez aller voir ce film.*
She ought to be ready by now. *Elle devrait être prête à l'heure qu'il est.*

● **Ought to,** suivi d'un infinitif passé, se traduira par le conditionnel passé de *devoir* ou de *falloir*. Voir changements de temps, VI, 1, page 265.

You oughtn't to have done that. *Vous n'auriez pas dû faire cela.*
You ought to have seen the crowd's enthusiasm. *Il aurait fallu voir l'enthousiasme de la foule.*

OUT, OUT OF [5029]

OUT,	1. à (vers) l'extérieur	**OUT OF,**	5. vers l'extérieur de
	2. autres sens		6. motif d'une action
	3. emplois idiomatiques		7. sens idiomatiques
	4. **out,** préfixe		

OUT, postposition.

1. **Out,** après **to be,** exprime la situation à l'extérieur.

The manager is out just now. *Le directeur est sorti pour le moment.*

Mais après les verbes de mouvement **out** exprime la direction vers l'extérieur.

The burglar slipped out. *Le cambrioleur se glissa furtivement dehors.*

Dans beaucoup de cas il faudra appliquer la transposition n° 14.

He tiptoed out. *Il sortit sur la pointe des pieds.*

Dans une phrase comme, **she was never allowed out, to go** est sous-entendu avant **out.** Le sens est donc : *on ne la laissait jamais sortir*, et non pas, *on ne la laissait jamais dehors.*

Dans certains cas l'idée ne pourra s'exprimer exactement que par une double transposition.

Policemen kept the crowd out. *Des agents empêchaient la foule d'entrer.*
Heavy blinds shut the light out. *D'épais stores empêchaient la lumière d'entrer, protégeaient de la lumière.* (Voir **SHUT** out).

● **IN AND OUT,** voir **IN,** 3.

2. **Out** exprime beaucoup d'autres idées que celle de sortir.

— (distribution) **To deal out,** *distribuer.*
— (sélection) **To pick out,** *choisir.*
— (insistance) **To find out,** *découvrir*, voir **FIND,** 2.
To speak out, *protester.*
The scarlet dress blazed out against the tapestry. *La robe écarlate ressortait flamboyante sur la tapisserie.*
— (achèvement) **To be worn out,** *être épuisé.*
Hear me out. *Ecoutez-moi jusqu'au bout.*
To carry out, voir **CARRY, 3.**
To think out, voir **THINK,** 5.
— (disparition, extinction) **To wear out,** *s'user.*
To put out a fire, *éteindre un incendie.*
The candle burnt itself out. *La bougie s'est consumée.*
To wash out, *faire disparaître au lavage*, voir **WASH,** 2 a.
We could wipe out all our slums in ten years. *Nous pourrions faire disparaître* (ou *raser) tous nos taudis en dix ans.*
To sell out, voir **SELL,** 3.
— (soudaineté) **The fire broke out.** *Le feu se déclara.*
She burst out into tears. *Elle éclata en sanglots.*

3. **Out** s'emploie avec des sens très idiomatiques, le plus souvent inclassables, après de nombreux verbes.

Voir **BEAR,** 2; **FALL,** 2d; **GIVE,** 3; **HAVE,** 7; **LAY; LOOK,** 1; **MAKE,** 2; **PUT,** 2f; **SET,** 6; **SHUT; TURN,** 2b.

4. **Out,** employé comme préfixe, a un sens particulier qui aidera à comprendre un certain nombre de verbes usuels. Devant un verbe, il exprime l'idée de dépasser, de l'emporter.

Le français n'a pas toujours un verbe correspondant et il faudra parfois avoir recours à une périphrase.

To outdo, *surpasser* (sens vague).
To outlive, *survivre.*
To outwit, *duper.*
To outbid, *renchérir.*
To outrun, *l'emporter à la course.*
To outlast, *durer plus longtemps.*
To outstay, *rester après.*

● **OUT OF,** préposition.

5. Comme **out, out of** exprime le mouvement de l'intérieur vers l'extérieur.

On remarquera que le français emploie souvent une préposition autre que *hors de.*

She took a box of chocolates out of her bag. *Elle prit une boîte de chocolats dans son sac.*

He looked out of the window. *Il regarda par la fenêtre.*

She drank her tea out of a mug. *Elle but son thé dans un gobelet.*

The baby fell out of its cot. *Le bébé tomba de son lit.*

He bought it out of his own money. *Il l'acheta avec son argent.*

She had been chosen out of a large number of applicants. *On l'avait choisie parmi* (et non pas, *en dehors de*) *un grand nombre de postulantes.*

● Comme pour **out,** on appliquera fréquemment la transposition n° 14.

He elbowed his way out of the room. *Il sortit de la pièce en jouant des coudes.*

On s'abstiendra de traduire le verbe de soutien s'il contient une évidence.

The bird flew out of the cage. *L'oiseau sortit de la cage.*
The boat sailed out of the harbour. *Le bateau sortit du port.*

● L'idée de sortir est quelquefois moins apparente et la traduction française demandera une transposition, par idée contraire négativée.

He has grown out of most of his clothes. *Il a tellement grandi qu'il ne peut plus mettre la plupart de ses vêtements.*

★ La nécessité de bien voir et de traduire exactement l'idée de *sortir, provenir de, avoir son origine dans,* peut être illustrée par la phrase suivante.

We choose our death much as we choose our job. It grows out of our acts.

La traduction suivante contient un grossier contresens : *nous choisissons notre mort tout autant que nous choisissons notre métier. Cela* (sic) *pousse en dehors de* (sic) *nos actes.*

Il faut évidemment corriger ainsi : *Elle* (notre mort) *découle de nos actes.*

6. **Out of** a plusieurs sens figurés, en particulier celui qui exprime le motif d'une action. L'équivalent français est *par.*

★ L'ignorance de ce sens peut donner lieu, là encore, à un grave contresens.

This was so unlike her ways that I saw she had done it out of gratitude. *Cela lui ressemblait si peu que je vis qu'elle avait agi par gratitude,* et non pas, *en dehors de toute gratitude,* ce qui veut dire exactement le contraire.

I sometimes think that some others must write purely out of a desire for revenge. *Je pense quelquefois qu'il y en a d'autres qui doivent écrire poussés uniquement par un désir de vengeance.*

6. Quelques emplois idiomatiques de **out of.**

Nine out of ten, *neuf sur dix.*

To be out of bread, *être à court de pain.*

To run out of petrol, *être en panne d'essence.*

To get out of hand, *échapper.*

To be out of one's mind, *avoir perdu la raison.*

To feel out of sorts, *se sentir patraque.*

OVER [4667]

OVER, pré-/ ou postposition et adverbe.

1. Les sens les plus courants sont celui de *sur, par-dessus* (avec mouvement) et de *par-dessus* ou *au-dessus* (sans mouvement). . . . . **30 %**

On trouvera ces deux sens illustrés dans la phrase suivante.

The water flowed rapidly over brown shiny pebbles, and small ferns drooped over it. *L'eau courait rapidement sur les cailloux bruns et brillants, et de petites fougères s'inclinaient au-dessus.*

● **Over** employé comme postposition avec un verbe de mouvement donnera lieu à la transposition n° 14.

He knocked the bottle over. *Il renversa la bouteille* (en la heurtant).

He rolled over twice. *Il culbuta deux fois sur lui-même.*

● Les autres sens, propres ou figurés, sont les suivants. Nous n'insistons que sur ceux qui peuvent embarrasser le traducteur.

2. Idée d'éloignement, d'espace à franchir, de transmission. . . . . **7 %**

Over there, *là-bas, de l'autre côté.*

He lives over the road. *Il habite de l'autre côté de la rue.*

Hand this gun over to me. *Remettez-moi ce revolver.*

Souvent le sens de **over** est si évident ou si vague qu'on ne le traduira pas.

He is going over to America. *Il part pour l'Amérique.*

Ask him over. *Demandez-lui de venir.* **(To come** est sous-entendu avant **over).**

I must run over and see him about it. *Il faut que je fasse un saut jusque chez lui pour le voir à ce sujet.*

3. Idée d'achèvement. . . . . **5 %**

The storm is not yet over. *La tempête n'est pas encore finie.*

4. Idée de domination, de surveillance. . . . . **19 %**

A queen reigns (ou **rules) over England.** *C'est une reine qui règne sur l'Angleterre.*

5. Idée (vague) d'occupation, assez difficile à saisir pour un Français, et qu'il faudra étoffer. Voir Etoffement, n° 5 b, p. 262. . . . . **11 %**

The deal was concluded over a bottle of wine. *Ils conclurent le marché en trinquant avec une bouteille de vin.*

Ladies like to talk over a cup of tea. *Les dames aiment bavarder en prenant une tasse de thé.*

He was chuckling over a month-old copy of Punch. *Il riait tout seul en lisant un numéro de Punch vieux d'un mois.*

6. Idée d'excès, de surplus. . . . . **9 %**

Over five pounds, *plus de cinq livres.*

He is over seventeen years of age. *Il a plus de dix-sept ans.*

The system has lasted for well over a thousand years. *Ce système dure depuis bien plus de mille ans.*

7. Idée d'occuper en totalité (surface et durée). . . . . **14 %**

— **All the world over,** *dans le monde entier.*

Show him over the premises. *Faites lui visiter les locaux.*

— **To travel over night.** *Voyager toute la nuit.*

To stay over the weekend. *Rester pendant tout le week-end.*

Over the centuries, *au cours des siècles.*

8. Idée de répétition, d'examen attentif.

To do a thing over again, *recommencer quelque chose.*

Over and over again, *à maintes reprises, sans cesse.*

To read over proofs, *corriger des épreuves.*

I thought the situation over. *J'ai bien pesé la situation.*

● **All over,** où **all** a valeur d'intensif, peut se rapporter au sens (3) ou au sens (7).

(3) **The fighting is all over.** *Le combat est complètement fini.*

It's all over with him. *Tout est fini pour lui.*

(7) **The car splashed mud all over me.** *L'auto m'a complètement éclaboussé de boue.*

● **Over** est très employé comme préfixe. Les sens correspondent aux n^{os}

(1) **to overflow,** *déborder.*

to overhang, *surplomber.*

(2) **overseas,** *outre-mer.*

(4) **to overcome,** *surmonter, triompher de.*

(6) **to overcharge,** *faire payer trop cher.*

to overdo, *outrer, exagérer.*

to be overfed, *être suralimenté.*

to be overcrowded, *être surpeuplé.*

to be overdressed, *être habillé de façon trop voyante.*

to work overtime, *faire des heures supplémentaires.*

(7) **overnight,** *pendant la nuit.*

To stay overnight, *rester jusqu'au lendemain.*

Very few of the great stars of film history became famous overnight. *Très peu parmi les grandes étoiles du cinéma sont devenues célèbres du jour au lendemain.*

To be overgrown, *être recouvert, envahi* (végétation). Voir **GROW,** 1 a.

OWN [3244]

OWN, adjectif et verbe.

1. Own, adjectif, ... **89,2 %**

S'emploie après un adjectif ou un pronom possessif pour renforcer l'idée de possession.

Le français offre un choix de traductions en dehors de *propre*, dont il ne faut pas abuser.

I saw it with my own eyes. *Je l'ai vu de mes propres yeux.*

In the new flat he will have his own room, (variante, **a room of his own).** *Dans son nouvel appartement il aura sa chambre (bien) à lui.*

She had that extraordinary gift, that woman's gift, of making a world of her own wherever she happened to be. *Elle avait ce don extraordinaire, ce don de femme, de se créer un monde bien à elle partout où elle se trouvait.*

Mind your own business. *Occupez-vous de vos affaires.*

[L'adjonction de *propres* réduirait la concision, donc la force de l'apostrophe].

★ **Own,** adjectif, peut exprimer une autre idée, qu'il faut savoir bien distinguer de la première, c'est celle d'une activité personnelle.

She makes her own dresses. *Elle fait ses robes elle-même.*

(Elle fait ses propres robes, supposerait qu'elle ne fait pas celles des autres, alors que ce ne sont pas les autres qui font les siennes).

● **Own** est un nom dans quelques expressions comme,

She is old enough to go to England on her own. *Elle est assez grande pour aller en Angleterre toute seule.*

I shall hold my own. *Je ne céderai pas un pouce de terrain.* Voir **HOLD,** 1 b.

One day we shall come into our own. *Un jour nous obtiendrons ce qui nous est dû* (au propre et au figuré).

★ Attention aux deux sens différents du verbe.

2. To own, *posséder,* pour mémoire. . . . . **9 %**

3. To own, *avouer.* . . . . **1,5 %**

a) Le complément est un nom.

He owned to a mistake. *Il reconnut une erreur.*

b) Le complément est un verbe. Deux structures possibles.

He owned that I had been right. *Il avoua que j'avais eu raison.*

He owned to being at fault. *Il avoua être fautif.*

P

PAIN [360]

PAIN, nom, mot dangereux.

★ Attention ! Le mot a deux sens différents selon qu'il est singulier ou pluriel.

1. **Pain,** singulier ou pluriel, *douleur* (physique), *mal* (que l'on supporte), *souffrance*. . . . . **73 %**
   - **To be in (great) pain.** *Souffrir beaucoup.*
   - **I was breathless with pain.** *J'avais le souffle coupé par la douleur.*
   - **My ankle gave me a good deal of pain.** *Ma cheville me faisait très mal.*
   - **He was seized with excruciating pains in the head.** *Il fut pris de douleurs atroces à la tête.*

2. **Pains,** toujours pluriel, *peine ou mal* (que l'on se donne) . . . . **19 %**
   - **To take (great) pains, to be at great pains,** *se donner beaucoup de peine, de mal.*
   - **More than ever he had the air of a teacher taking pains with a wayward but promising child.** *Plus que jamais il avait l'air d'un professeur qui se donne beaucoup de mal auprès d'un enfant difficile mais plein de promesses.*

PAINSTAKING, adjectif, correspond au sens 2 : *appliqué, laborieux.*

PART [6945]

PART, nom et verbe, faux-ami partiel.

1. **Part,** *parti, partie* (pour mémoire) . . . . **78 %**

2. **Part,** *rôle* . . . . **6 %**
   - **To act, to sing a part,** *jouer, chanter un rôle.*

● A noter les sens du pluriel **parts :**
   a) **A man of parts,** *un homme de talent, de valeur.*
   b) **You don't belong to these parts.** *Vous n'êtes pas du coin, vous n'habitez pas dans les parages.*
   c) **Parts,** *les pièces* (d'une machine).
      The spare parts, *les pièces détachées.*

3. **To part,** verbe, est un faux-ami. Il ne veut jamais dire *partir* . . . . **5 %**
   Le sens de *partager* est plutôt compassé, sauf dans l'expression, **to part one's hair,** *se coiffer avec une raie.*
   Le sens courant est *se quitter, se séparer.*
   - **They parted good friends.** *Ils se séparèrent bons amis.*
   - **The parting-cup,** *le coup de l'étrier.*
   - **A parting kiss,** *un baiser d'adieu.*

★ On peut être embarrassé par la préposition **with,** qui paraît illogique, dans **to part with,** *se séparer, se défaire de.*

I'd rather part with my fortune than with my wife. *J'aimerais mieux me séparer de ma fortune plutôt que de ma femme* (ou *renoncer à...*, mais pas *partir avec ma fortune...*, sic).

PARTICULAR [536]

PARTICULAR, adjectif et nom, faux-ami partiel.

1. Sens courant de l'adjectif, *particulier*, pour mémoire .... **85 %**

2. Attention au sens secondaire, *méticuleux, soigneux, vétilleux, exigeant* .. **3 %**
Les synonymes sont **hard to please, fussy, FASTIDIOUS,** voir ce mot.

To be particular about one's food, *être très difficile pour la nourriture.*

She is very particular about her appearance. *Elle soigne beaucoup son apparence.*

I am not particular about the shade. *Je n'ai pas de préférence marquée pour la teinte.*

3. Particulars, nom, *les détails* .... **? 12 %**

If you want further particulars, write to me. *Si vous voulez avoir de plus amples détails, écrivez-moi.*

PASS [3180]

To PASS, verbe.

Ce verbe a de nombreux sens correspondant en général à ceux de *passer.* Il faut pourtant en signaler deux qui risquent de faire trébucher le traducteur.

1. To pass (= to go past ou **by),** *passer devant, dépasser, croiser* quelqu'un, *doubler* (un véhicule).

We passed each other on the stairs. *Nous nous sommes croisés dans l'escalier.*

Do not pass. *Défense de doubler.*

★ Pour l'automobiliste le terme peut être ambigu : **We passed few cars on the road** peut vouloir dire *nous avons croisé et/ou dépassé peu de voitures sur la route.*

2. To pass an examination, *être reçu à un examen* et non pas seulement s'y présenter.

They found the examinations more difficult to pass than they expected. *Ils s'aperçurent qu'il était plus difficile de réussir aux examens qu'ils ne le supposaient.*

● **To pass** + une postposition n'offre pas de difficulté, sauf **to pass (oneself) off as...,** *(se) faire passer pour...*

To pass off an inferior article as a good. *Faire passer comme de bonne qualité un article inférieur.*

He tried to pass himself off as an M.P. *Il essaya de se faire passer pour député.*

● **To come to pass** (littéraire) = **to happen.** Voir **COME,** 3.

PASSION

PASSION, nom, faux-ami partiel.

Passion peut être *la colère,* aussi bien que *la passion.*

To fly into a passion, *entrer dans une violente colère.*

A fit of passion, *un accès de colère.*

PASSIONATE, de même, veut dire *passionné, ardent* ou *emporté, coléreux.*

PAST [558]

PAST, mot à fonctions complexes, qui peut être adjectif, nom, préposition ou post-position. C'est là le problème que le traducteur devra élucider en premier.

1. Adjectif, *passé* . . . . **33 %**
   Il s'emploie souvent après **for**, où il n'a pas besoin d'être traduit littéralement.
   For a long time past, *depuis longtemps déjà.*
   For the past few days, *ces quelques derniers jours.*
2. Nom, *le passé* . . . . **43 %**
   The past is past; nothing can bring it back. *Le passé, c'est le passé; rien ne peut le ramener.*
3. Pré-/ ou postposition, s'emploie après un verbe de mouvement et exprime l'idée de *passer devant, auprès* (synonyme, **by,** voir **BY,** 2) . . . . **24 %**
   He ran past me without seeing me. *Il est passé en courant devant moi sans me voir.*
   Soldiers marched past... Cowboys rode past. *Des soldats défilèrent, puis des cowboys à cheval.*

● Un sens annexe exprime que quelque chose est dépassé, révolu, dans l'espace ou dans le temps.
It is 10 past 2. *Il est 2 heures 10.*
The passenger fell asleep and went past his station. *Le voyageur s'endormit et laissa passer sa gare.*
The tide was now just past its flood. *La marée commençait juste à descendre.*

● Au figuré, **past,** suivi d'un gérondif ou d'un nom, peut exprimer une idée ana-gue.
L'anglais, très concis, pourra rarement être calqué.
She is past childbearing. *Elle n'est plus en âge d'avoir des enfants.*
I am past dancing. *J'ai dépassé l'âge de danser.*
He is past caring. *Plus rien ne l'affecte.*
He is past hope. *On a perdu l'espoir de le sauver.*

PATRON

PATRON, nom, faux-ami.

Le mot ne veut jamais dire *patron, directeur.* Il a un sens qui se rapproche du français; c'est celui de *protecteur, mécène, saint patron.*
Wealthy patrons of the arts, *de riches mécènes.*

Son sens courant — et dangereux — est celui de *client, habitué.*
The bulks of the cinema's patrons are under 25. *La masse de ceux qui fréquentent le cinéma (et non pas des directeurs de cinéma) est formée de jeunes de moins de 25 ans.*

PATRONAGE exprime donc trois idées :

a) *protection, patronage.*
Hoping to procure the minister's patronage, *dans l'espoir de s'assurer l'appui du ministre.*

b) *air protecteur, condescendance.*
He adored England and patronized all other countries, without a doubt as to the justice of his patronage. *Il avait le culte de sa patrie et éprouvait à l'égard de tous les autres pays un sentiment de supériorité dont il ne mettait jamais en doute le bien-fondé.*

c) *clientèle.*
The shop has a select patronage. *Ce magasin a un clientèle de choix.*

To PATRONIZE, c'est *patronner, protéger, favoriser,* et plus précisément :

a) *accorder sa clientèle à quelqu'un.*

They patronize the Odeon. *Ils vont régulièrement à l'Odéon.*

b) *traîter d'un air protecteur, avec condescendance.*

What I was not in the least prepared for was the vile and greasy, patronizing, indifferent complacency of the boss. *Ce à quoi je ne m'attendais pas du tout ce fut l'attitude ignoble et mielleuse, l'air protecteur (ou le ton supérieur), la froide suffisance du patron.* Voir aussi **PATRONAGE,** b.

PAY [1772]

To PAY, paid, paid, verbe irrégulier.

Les structures de ce verbe, sinon les sens, peuvent différer de celles du verbe français.

1. Structures identiques : verbe + complément d'objet de personne ou de chose.

I haven't paid the doctor (the bill) yet. *Je n'ai pas encore payé le docteur (la note).*

★ Eviter la confusion entre :

I paid him for translating my letter. *Je l'ai payé pour avoir traduit ma lettre* (cause, motif),

et :

I paid him to translate my letter. *Je l'ai payé pour traduire ma lettre* (but).

2. Structures différentes.

a) Verbe + complément d'attribution + complément d'objet.

She has not paid Joan her wages yet. *Elle n'a pas encore payé ses gages à Jeanne.*

b) **To pay so much for something,** *payer quelque chose tant.*

Il ne faut surtout pas calquer cette structure.

I paid £ 1000 for that car. *J'ai payé cette voiture mille livres.*

3. Autres sens.

— **To pay,** intransitif, *rapporter, être payant.*

Farming no longer pays. *L'agriculture ne rapporte plus, n'est plus rémunératrice.*

It pays to advertise. *La publicité rapporte.*

— **To pay off,** *licencier, congédier; débarquer* (des marins).

— **To pay up,** *régler une dette.*

— **To pay a call, a visit,** *faire une visite.*

— **To pay attention to,** *faire attention à.*

PEN [166]

PEN, nom et verbe, mot double.

Il y a deux noms **pen,** l'un celui que tout le monde connaît, qui vient du français *penne* (cf. empennage), et l'autre, d'origine saxonne, qui veut dire *parc* (à moutons), *enclos.*

Les deux verbes correspondants, moins courants, sont **to pen,** *écrire, rédiger,* et **to pen,** *parquer.*

★ L'ignorance de cette dualité, aggravée par un manque de jugement caractérisé, peut mener à une traduction hautement farfelue. Qu'on en juge !

Dans un texte évoquant le Palais des Papes d'Avignon à son âge d'or, l'auteur Henry Miller, montrait **the cubicle where they say the Popes penned their bulls.**

Un coup d'œil négligent au dictionnaire et l'on écrit, faisant du pape un *afficionado* avant la lettre, *la pièce où le pape parquait ses taureaux* (sic).
On n'avait sans doute jamais entendu parler des bulles papales !

PERVERSE

PERVERSE, adjectif, faux-ami.

Perverse veut rarement dire *pervers*, qui exprime une condamnation morale.

Les sens courants sont *entêté, contrariant; mutin, indocile; hargneux, acariâtre, bourru*.

He has got a very perverse car : when it develops a rattle, the minute he drives it into a garage, the rattle stops. *Il a une voiture très contrariante : quand elle se met à cliqueter, dès qu'il la conduit dans un garage, le cliquetis s'arrête.*

PHRASE

PHRASE, nom et verbe, faux-ami.

A phrase n'est pas *une phrase* (sens grammatical) mais *une locution, une expression.*

A set phrase, *un cliché.*

Clarendon writes, in Wordsworth's phrase, with his eyes upon the subject. *Clarendon écrit, selon l'expression de Wordsworth, les yeux sur le sujet.*

A Hyde Park orator whose phrases the crowd has got by heart and repeats before he can get to them. *Un orateur en plein vent dont la foule a retenu par cœur les formules qu'elle répète avant lui.*

PIECE [658]

PIECE, nom, mot souvent dangereux.

1. Sens courants, *morceau,* quelquefois *pièce de monnaie* (précédé de la valeur, **a two-shilling piece),** jamais *pièce* (d'une maison) .... **70 %**

2. Piece s'emploie devant des noms indénombrables, (a) concrets ou (b) abstraits, pour indiquer le singulier .... **13 %**

a) **a piece of advice,** *un conseil.*
a piece of furniture, *un meuble.*
a piece of information, *un renseignement.*
a piece of luggage, *un bagage.*
a piece of news, *une nouvelle.*
a piece of poetry, *un poème.*

b) **a piece of cruelty,** *une cruauté.*
a piece of impertinence, *une impertinence.*
a piece of luck, *une chance.*

3. Piece s'emploie aussi dans certaines expressions idiomatiques .... **8 %**

They are all of a piece. *Ils sont tous du même acabit.*
I'll give him a piece of my mind. *Je vais lui dire ce que je pense.*

PIN [70], PINE

★ Attention aux confusions possibles entre :

a pin; to pin, pinned.
a pine; to pine, pined.

1. (To) PIN, nom et verbe.

A pin, *une épingle, une goupille, une clavette.*

A drawing-pin, *une punaise.*

To pin, *épingler, fixer avec des punaises, cheviller.*

2. PINE, nom, *le pin.*

3. To PINE, *languir.*

To pine for liberty, *languir, soupirer après la liberté.*

She was pining after news. *Elle se minait à attendre des nouvelles.*

PLACE [3958]

PLACE, nom; mot souvent trompeur, à cause justement de son apparence facile. Rappelons d'abord que **place** ne veut jamais dire *place publique* **(square),** ni *espace occupable* **(room),** ni *situation* **(job, post),** ni *place assise* **(seat).**

Les deux sens principaux sont :

1. *Place, position, rang,* pour mémoire . . . . **28 %**

★ Attention à ne pas traduire mot à mot la locution **to take place** (= **to happen),** *arriver, survenir,* et non pas *prendre place* . . . . ***(8 %)***

2. *Place, maison, lieu, endroit, localité* . . . . **42 %**

Selon le contexte le mot peut désigner n'importe quel lieu, depuis le plus réduit jusqu'au plus vaste. Le français exige un mot plus précis que l'anglais.

A good place to picnic in, *un bon endroit pour pique-niquer.*

An interesting place, *une localité intéressante.*

Come round to my place. *Venez jusque chez moi.*

The papers were scattered all over the place. *Les papiers étaient éparpillés dans toute la pièce.*

London is a noisy place. *Londres est une ville bruyante.*

● Sens particulier :

He has a fine place near Bath. *Il a une belle résidence, un beau manoir près de Bath.*

PLAN [1216], PLANE

★ Attention aux confusions possibles entre :

a plan, to plan, planned, planning;
a plane, to plane, planed, planing.

1. (To) PLAN, nom et verbe.

A plan, *un plan, un projet.*

To plan, *faire un plan, projeter.*

Planned economy, *l'économie planifiée, le dirigisme.*

Town planning, *l'urbanisme.*

2. (To) PLANE, nom, adjectif et verbe, deux sens :

a) **A plane,** nom : (1) *un plan* (sens géométrique et figuré); (2) *un plan, une aile,* et par extension *un avion.*

The plane time to Paris from London is slightly shorter than the train time to Brighton. *Il faut un peu moins de temps pour aller de Londres à Paris en avion que de Londres à Brighton en train.*

To plane, *planer, glisser sur l'eau* (cf. *aquaplane, naviplane*).

Plane geometry, *la géométrie plane.*

b) *un rabot, raboter.*

POSITIVE

POSITIVE, adjectif, faux-ami partiel.

Si **positive** correspond parfois à *positif*, son sens courant est *convaincu, affirmatif*.

I am quite positive about it. *Je suis catégorique sur ce point.*

He is positive that you will succeed. *Il est convaincu de votre succès.*

A positive tone of voice, *un ton tranchant, péremptoire.*

POSITIVELY, *assurément, certainement.*

● Autres sens possibles :

Positively no admittance. *Il est formellement interdit d'entrer.*

I'm positively dying for supper. *Je meurs littéralement de faim.*

POST [450]

POST, mot à sens multiples.

Il y a là un imbroglio, et le traducteur peu attentif risque de s'y perdre au milieu de mots d'origine diverse et des noms composés formés sur eux.
En voici un rappel succinct.

1. **Post,** du latin ***postis,*** *poteau de porte* . . . . **5 %**

Door-post; lamp-post, *lampadaire;* **winning-post,** *poteau d'arrivée;* **sign-post,** *poteau indicateur.*

A poster, *une affiche,* à l'origine fixée sur un pilier.

2. **Post,** du français *le poste* . . . . **38 %**

An out-post, *un poste avancé;* **a trading-post,** *un comptoir commercial.*

to be on post, *être en faction.*

To take up one's post, *entrer en fonction.*

3. **Post,** du français *la poste* . . . . **49 %**

The post-office, *la poste;* **a post-card,** *une carte postale,* etc.

To ride post-haste, *courir la poste.*

4. Ne pas oublier les mots formés avec le préfixe **-post,** du latin **post,** *après.*
Tous ne sont pas aussi évidents que **postscript.**

A post-mortem, *une autopsie;* **to postpone,** *ajourner, différer;* **post meridiem** (abréviation, **p.m.**), *dans l'après-midi.*

PREJUDICE [152]

PREJUDICE, nom et verbe, faux-ami.

Prejudice veut rarement dire *préjudice* (c'est uniquement un terme de droit). Le sens habituel est *préjugé, prévention, opinion préconçue* (conformément à l'étymologie, du latin ***praejudicium,*** *jugement anticipé).*

He was a cosmopolite and exempt from every prejudice. *Il était cosmopolite et dégagé de tout préjugé.*

Race prejudice, *les préjugés raciaux.*

To be prejudiced against, *être prévenu contre.*

PREPARED

PREPARED, adjectif.

★ Attention : ce mot peut avoir un sens différent du sens habituel de *préparé, prêt.*

I am fully prepared to forgive. *Je suis tout disposé à pardonner.*

We are not prepared to tell a stranger, the first time we meet him, how many children we have. *Nous n'avons guère envie de* (ou *nous sommes peu enclins à) dire à quelqu'un que nous voyons pour la première fois combien nous avons d'enfants.*

PRESENTLY

PRESENTLY, adverbe, faux-ami.

Ce mot ne veut jamais dire *à présent*. Il a un sens uniquement futur; *bientôt, tout à l'heure.*

I'll be back presently. *Je reviens dans un moment.*

Presently I am going to press the lever, and off the machine will go. *Je vais bientôt appuyer sur ce levier, et hop ! la machine s'élèvera.*

PRESERVE [350]

PRESERVE, verbe et nom, mot trompeur.

On aura rarement l'occasion de le traduire par *préserver.*

1. To preserve, sens courants, *conserver, garder* .... **76 %**

To preserve the public peace, *maintenir l'ordre public.*

She is well preserved. *Elle est bien conservée.*

2. Autre sens, *conserver, faire des conserves* .... **7 %**

PRESERVE, nom .... **9 %**

A game preserve, *une chasse gardée.*

Au pluriel, **preserves,** *des conserves, des confitures.*

PRESERVATION.

The preservation of peace, *la sauvegarde de la paix.*

A monument in a good state of preservation, *un monument bien conservé.*

PRETEND [88]

To PRETEND, faux-ami partiel.

Le sens courant est *faire semblant, feindre, affecter.*

He pretends he is (ou **to be) very busy,** ne veut pas dire *il prétend* (il affirme contrairement aux apparences) *qu'il est très occupé,* mais, ce qui est bien différent, *il fait semblant d'être très occupé, il fait l'affairé.*

Dans les jeux d'enfants :

Let's pretend we are cowboys. *Jouons aux cowboys.*

Let's play « Let's pretend ». *Jouons à faire semblant.*

PRETENCE, nom, a les sens correspondants, *simulation, faux semblant, prétexte.*

PRETENDER, *prétendant* (au sens historique), mais aussi *simulateur.*

PRETTY [402]

PRETTY, adjectif et adverbe.

★ Le deuxième emploi est un piège possible pour le traducteur non averti.

1. Pretty, adjectif, *joli,* pour mémoire .... **67 %**

Noter les emplois familiers comme,

It will cost me a pretty penny. *Cela va me coûter cher.*

This is a pretty state of affairs ! *C'est du joli, c'est du propre !*

I'm in a pretty mess. *Me voilà dans de beaux draps.*

2. Pretty, adverbe, *assez, pas mal* (synonymes **rather** et **fairly**) .... **33 %**

Pretty tend à être légèrement plus affirmatif, plus énergique que **fairly.**

It's fairly good, est légèrement plus faible que **it's pretty good.** La nuance est difficile à rendre. La deuxième expression pourrait se traduire par, *c'est vraiment pas mal* (par litote).

I'm pretty sure about it. *J'en suis à peu près sûr.*

PRODUCE [1624]

PRODUCE, verbe et nom, faux-ami partiel.

1. Sens courant, comme en français, *produire* .... **89 %**

2. Les deux sens suivants sont trop souvent ignorés .... **7 %**

a) *présenter, montrer, exhiber* (des documents), etc.

He could not have been more surprised if the boss had produced a rabbit. *Il n'aurait pas pu être plus surpris si le patron avait exhibé un lapin* (à la façon d'un prestidigitateur).

b) *mettre en scène* (une pièce ou un film).

[**The producer,** *le metteur en scène* et non *le producteur*].

3. **Produce,** nom collectif, *les produits, généralement agricoles* .... **4 %**

Dairy produce, *les produits laitiers.*

PROGRESS [570]

PROGRESS, nom et verbe, faux-ami partiel.

★ Le mot anglais n'est pas toujours l'équivalent du mot français.

Lorsqu'un « speaker » de la radio, à propos d'un récent drame de l'espace, annonça que pourtant le retour de la capsule avait progressé normalement, il traduisait mal une dépêche de langue anglaise et commettait une impropriété. Il fallait dire que le voyage s'était déroulé normalement.

● **Progress,** outre *progrès,* veut dire *marche en avant, avancement, déroulement, étapes successives.*

The negociations in progress, *les négociations en cours.*

The work in progress, *le travail en cours d'exécution.*

PROPER [522]

PROPER, adjectif, faux-ami partiel.

Proper se traduit rarement par son équivalent français, *propre.*

1. En principe la traduction par *convenable* peut convenir dans la majorité des cas .... **76 %**

Mais il faudra être attentif aux nuances suivantes qui peuvent appeler un autre mot, plus précis.

a) *convenable, rationnel, approprié.*

This is not the proper thing to do. *Ce n'est pas ce qu'il convient de faire.*

b) *convenable, correct, régulier.*

To keep one's tyres at the proper pressure, *veiller à ce que les pneus soient gonflés à la pression correcte.*

c) *convenable, opportun.*

To do something at the proper time, *faire quelque chose en temps opportun.*

b) *convenable, comme il faut, bienséant* .... **(5 %)**

It's not proper to shrug one's shoulders so. *Ce n'est pas correct* (ou *ça ne se fait pas*) *de hausser ainsi les épaules.*

A proper old lady, *une vieille dame très comme il faut,* et non pas *très propre !*

2. Autres sens à noter :

a) **Proper** placé après le nom, *proprement dit* .... **14 %**

England proper, *l'Angleterre proprement dite,* par opposition à la Grande-Bretagne.

b) Emploi familier et intensif .... **1 %**

He is a proper fool, a proper rogue. *C'est un parfait imbécile, un fieffé coquin.*

★ Attention à ne pas confondre les deux mots dérivés.

PROPERTY [656] correspond aux différents sens du mot français *propriété*.

- Sens particulier au théâtre.

  The properties, *les accessoires.*

  The property-man, *l'accessoiriste.*

PROPRIETY correspond aux sens 1 a, b & d de **proper :** *convenance, correction, bienséance.*

> **The observe the proprieties,** *observer les bonnes manières.*
>
> **She is a stickler for the proprieties.** *Elle est très à cheval sur les convenances.*

PROVE [842]

To PROVE, verbe, faux-ami partiel.
Le mot a deux sens dont le second seul nous intéresse ici.

1. *Prouver,* pour mémoire . . . . **45 %**
2. *Se montrer, se révéler* (à l'épreuve, à l'usage), *se trouver, être* . . . . **47 %**

> **By a bitter paradox the First World War was to prove the great liberator of women.** *Par un amer paradoxe la Grande Guerre devait se révéler la grande libératrice des femmes.*
>
> **The news proved false.** *La nouvelle s'est avérée fausse.*
>
> **Their rashness proved fatal to them.** *Leur audace leur fut (en fin de compte) fatale.*

PROVISION

PROVISION, nom, faux-ami partiel.

Provision vient de **to provide** qui, comme le français *pourvoir,* vient du latin ***providere,*** *prévoir* au sens *d'agir avec prévoyance.* Alors que ce dernier est devenu désuet en français, c'est en anglais le sens principal.
Provision a donc les trois sens suivants :

1. Le fait de pourvoir aux besoins, d'assurer, de se prémunir. On utilisera souvent la transposition n° 6.

   > **To make provision for,** *prendre des dispositions pour assurer quelque chose.*
   > **To make provision against,** *prendre des mesures pour éviter quelque chose, se prémunir contre quelque chose.*
   >
   > **Provision for the preservation of the natural environment is a solemn duty to our children.** *C'est un devoir solennel envers nos enfants que d'assurer la conservation de l'environnement naturel.*

2. Le fait de prévoir les termes d'un contrat, donc les *clauses,* les *stipulations.*
3. Comme en français, le fait de pourvoir aux besoins du corps, donc *provisions, vivres, comestibles.*

PROVISIONAL, *provisoire.*

> **A provisional government,** *un gouvernement provisoire.*

PULL [1998]

To PULL, verbe.

Ce verbe n'offre pas de difficulté, qu'il soit employé seul ou suivi d'une postposition avec son sens premier : **to pull back, down, out, up,** etc.
Mais il y a un certain nombre d'emplois figurés dont le sens peut embarrasser le traducteur.

1. En parlant d'un train :

a) **to pull in(to),** *entrer en gare.*

It was 8.32 when we pulled into Euston. *Il était 8 h. 32 lorsque notre train entra en gare de Euston.*

b) **to pull out,** *sortir de la gare.*

We arrived on the platform just ast he train was pulling out. *Nous arrivâmes sur le quai au moment même où le train s'ébranlait.*

2. En parlant d'une automobile, ou d'un autre véhicule :

a) **to pull in,** *se ranger au bord de la route.*

b) **to pull up (a car),** *arrêter, s'arrêter.*

The car pulled up at the kerb. *La voiture s'arrêta le long du trottoir.*

3. Autres sens :

— **To pull round** ou **through,** *(se) remettre, s'en tirer.*

With careful nursing the patient should pull through. *Avec des soins attentifs le malade devrait se remettre.*

The doctor pulled him round quickly. *Le docteur l'a vite remis sur pied.*

— **To pull faces,** *faire des grimaces.*

— **To pull to pieces,** *mettre en pièces;* au figuré, *critiquer sévèrement, éreinter, démolir* (familier).

PUT [1602]

To PUT, put, put, verbe irrégulier.

1. Sens courant, *mettre,* pour mémoire .... **37 %**

● Autre sens moins courant mais qu'il n'est pas bon d'ignorer, *exprimer* . . **4 %**

To put into words, *formuler.*
To put it bluntly, *pour parler franc.*
To put it briefly, *pour abréger.*
As Russell puts it..., *selon l'expression de R...*

2. **Put** + une postposition.

Le sens est évident quand la postposition a son sens premier : **to put back, to put on, to put down, to put out,** etc.

Mais il y a beaucoup d'emplois idiomatiques, qui peuvent être fort obscurs. Voici les principaux.

a) **To put about,** *inquiéter, troubler, bouleverser.*

She was very much put about when she realized her mistake. *Elle fut fort troublée en se rendant compte de son erreur.*

b) **To put away,** *ranger.*

Put your things away, *rangez vos affaires.*

c) **To put by,** *mettre de côté* .... **2 %**

To put money by for a rainy day, *mettre de l'argent de côté pour les mauvais jours.*

d) **To put down,** deux sens figurés :

— **To put down as,** *juger comme, tenir pour.*

I should put him down as a student. *Je croirais assez qu'il est étudiant.*

— **To put down to,** *attribuer à.*

I put his success down to luck. *J'attribue son succès à la chance.*

e) **To put off,** deux sens principaux :

— *déconcerter, dérouter.*

These interruptions put me off. Ces *interruptions me déroutent.*

— *différer, ajourner* .... **1 %**

The decision will have to be put off. *Il faudra remettre la décision à plus tard.*
You should not put off going to the doctor. *Vous ne devriez pas tarder à voir le docteur.*

f) **To put out,** deux sens principaux :

— *éteindre* .... **1 %**

Have you put the light (the fire) out ? *Avez-vous éteint la lumière (le feu) ?*

— *contrarier, fâcher.*

Your father is very put out about the matter. *Votre père est très mécontent de l'affaire.*

g) **To put... to** :

— *fermer.*

You need not lock the door, just put it to. *Inutile de fermer la porte à clé, vous n'avez qu'à la tirer (ou la pousser).*

— *atteler.*

I can put the horse to in a jiffy. *Je puis atteler le cheval en moins de rien.*

h) **To put through,** *donner la communication téléphonique.*

You are through to the manager. *Vous avez le directeur.*
(Pour un autre sens de **put through**, voir **THROUGH,** 2 a).

i) **To put up,** *descendre* (à l'hôtel), *loger, héberger* .... **2 %**

We put up at the White Swan for the night. *Nous sommes descendus au Cygne Blanc pour la nuit.*

We can hardly put you up. *Il nous est difficile de vous loger.*

j) **To put up with,** *supporter.*

I cannot put up with his insolence any longer. *Je ne peux plus supporter son insolence.*

3. Autres emplois idiomatiques.

— **I've been hard put to it to find a substitute.** *J'ai eu beaucoup de mal à trouver un remplaçant.*

— **To put right,** *réparer* (un objet), *corriger* (une personne).
I don't mind being put right if I am wrong. *Je veux bien qu'on me corrige si j'ai tort.*

— **To put to sea,** *prendre la mer.*

● Il est bien possible (mais peu probable) que le traducteur ne trouve pas dans cet article la solution de la difficulté qu'il rencontrera. Reste, bien sûr, le recours au dictionnaire que ce livre ne prétend pas remplacer intégralement.

Q

QUALIFY [54]

To QUALIFY, verbe, mot dangereux, car il a des acceptions assez différentes de celles du verbe français.

1. a) Sens du verbe transitif, *donner à quelqu'un les qualités ou connaissances requises.* . . . . **82 %**

To qualify oneself for a job, *se préparer à acquérir les capacités, les titres nécessaires pour un emploi.*

I found them poorly qualified for their business. *Je les ai trouvés bien mal préparés à leur métier.*

A qualified expert, *un expert diplômé.*

b) Sens du verbe intransitif, comme **to qualify oneself.**

Medicine ? It costs a small fortune to qualify. *La médecine ? Il en coûte une petite fortune pour faire les études nécessaires.*

To qualify as captain, *passer son brevet de capitaine.*

2. *modifier, modérer, atténuer.* . . . . **8 %**

A qualified acceptance, *un consentement soumis à certaines réserves;* (sens financier) *une acceptation conditionnelle.*

QUALIFICATION a les sens correspondants.

1. *Aptitude, compétence, capacité, titre.*

I believe that I have certain qualifications to write on « How to be an alien » (George Mikes). *Je crois posséder certaines compétences (ou certains titres) qui me permettent de traiter ce sujet « Comment rester un étranger ».*

2. *Réserve, restriction.*

QUITE [1004]

QUITE, adverbe.

1. Ce mot n'offrirait pas de difficulté s'il avait toujours son sens fort, *tout à fait, complétement.* . . . . **65 %**

I'm quite certain about it. *J'en suis absolument sûr.*

Dans une réponse : **It's a very difficult matter — Oh, quite** (variantes, **yes, quite** ou **quite so**). *C'est un sujet très difficile — Mais oui ! Bien sûr, parfaitement.*

2. Mais, surtout dans la langue familière, **quite** veut souvent dire *assez, pas mal* (synonyme, **rather**). . . . . **34 %**

Your garden is quite nice ! ne saurait être pris pour un compliment par un Anglais. Il comprendra, *votre jardin n'est pas mal, est assez agréable.*

★ Comment distinguer entre les deux sens ? C'est assez délicat, car cela dépend pour beaucoup du ton de celui qui parle et de l'accentuation.

D'une façon générale, il semble que lorsque **quite** précéde un adjectif à sens pour ainsi dire absolu, et n'admettant guère de degrés, il ne fait que le renforcer et le souligner. C'est le cas de l'exemple du n° 1.

Ce sera le cas aussi avec un superlatif.

This is quite the best book I have read. *C'est bien le meilleur livre que j'aie lu.*

Mais, **the children have been quite good,** voudra dire, *les enfants ont été assez (plutôt) sages.*

● Par ailleurs quand **quite** a ce sens restrictif il est souvent suivi d'une proposition avec **but.**

She is quite pretty — but unhealthy looking. *Elle est assez jolie, mais elle n'a pas l'air en bonne santé.*

★ L'expression **quite a few** peut aussi être embarrassante. Elle ne veut pas dire *très peu,* mais au contraire *un assez grand nombre de.*

There were quite a few people at the funeral. *Il y avait pas mal de monde à l'enterrement.*

R

RACE [642]

RACE, nom et verbe, mot double.

★ Attention à la confusion possible entre deux racines différentes.

1. **A race,** *une course.* **To race,** *courir.* .... **42 %**

2. **A race,** *une race.* .... **49 %**

   A horse race, *une course de chevaux.*
   A race of horses, *une race de chevaux.*

RAISE [850]

To RAISE, verbe, voir **RISE.**

RATHER [1314]

RATHER, adverbe.

En principe **rather** veut dire *plutôt, assez, quelque peu* (synonymes **PRETTY, FAIRLY,** voir ces mots). .... **83 %**

Dans le style parlé, prononcé avec l'accent tonique sur la deuxième syllabe, **rather** aura un sens nettement plus fort.

Do you like my hat ? — Rather ! *Est-ce que mon chapeau te plaît ? — Je pense bien, énormément.*

Evidemment dans un texte écrit, cette nuance peut échapper, à moins que le mot ne soit imprimé en italiques.

● Emploi idiomatique de **rather** après **had** ou **would.** .... **17 %**

I had, I would (contractés en **I'd**) **rather,** *j'aimerais mieux, je préfèrerais.*

La locution est suivie de l'infinitif sans **to,** si les deux verbes ont un sujet commun.

I would rather be poor than get money in such a dishonest way. *J'aimerais mieux être pauvre que de gagner de l'argent d'une façon aussi malhonnête.*

Elle se construit avec le prétérit modal s'il y a deux sujets différents.

I had rather you did it. *J'aimerais mieux que vous le fassiez, vous.*

We had rather the matter were not made public. *Nous préférerions que la question ne soit pas rendue publique.*

Si **had rather** est suivi d'un infinitif passé, on emploiera en français le conditionnel passé. Voir Changements de temps, VI, 2 a, page 265.

I had rather he had not come. *J'aurais préféré qu'il ne vînt pas.*

READ [1512]

To READ, read, read, verbe irrégulier.

Ce verbe n'offre pas de difficulté majeure. On notera pourtant les trois points suivants.

1. **To read of** a un sens parallèle à celui de **to hear of** (voir **HEAR,** 2), *apprendre, être informé* (par la lecture).

   I read of his death in yesterday's paper. *J'ai appris sa mort en lisant le journal d'hier.*

Parfois il faudra étoffer la traduction (voir Etoffement, V a, p. 262).

I have read of a strange people that..., *j'ai lu l'histoire d'un peuple étrange qui...*

2. **To read** a souvent le sens d'*étudier.*

To read for the bar, *faire ses études de droit.*

To read for an examination, *préparer un examen.*

3. **To read,** intransitif, peut avoir un sens passif.

This book reads quickly. *Ce livre se lit vite.*

The play reads better than it acts. *Cette pièce fait plus d'effet à la lecture qu'à la scène.*

A well read man, *un homme instruit.*

REALIZE [518]

To REALIZE, verbe, faux-ami partiel.

1. **To realize** peut correspondre à *réaliser,* surtout au sens financier. . . . . . **25 %**

2. Mais le sens courant est *comprendre clairement, s'apercevoir, se rendre compte.* . . . . **75 %**

The general realized the enemy's plans. *Le général comprit parfaitement* (ou *perça) les plans ennemis.*

[*Il réalisa les plans de l'ennemi* équivaudrait à un contresens grossier, impliquant que le général a trahi son pays.]

We soon realized that New York is not America. *Nous ne tardâmes pas à nous apercevoir* (ou *nous nous rendîmes bientôt compte) que New York, ce n'est pas l'Amérique.*

★ L'emploi de *réaliser* au sens de *comprendre,* longtemps considéré comme un anglicisme et violemment attaqué à ce titre, semble maintenant toléré par de nombreux philologues. Néanmoins on ne saurait trop conseiller au traducteur de préférer à *réaliser* les traductions illustrées ci-dessus.
La clarté et la précision y gagneront.

REALIZATION, nom, sera parfois difficile à traduire au sens 2. De toute façon *réalisation* est exclu.

I realized it too late (which made the realization the more vexatious). *Je m'en rendis compte trop tard, ce qui rendit cette découverte d'autant plus irritante.*

RECONCILE

To RECONCILE, verbe, faux-ami partiel.

Ce mot, qui a les mêmes sens que son équivalent français, est dangereux par son emploi comme verbe réfléchi.

To reconcile oneself to + un nom ou un gérondif, *se résigner à, se faire à.*

To reconcile oneself to one's lot, *se résigner à son sort.*

I could never reconcile myself to carrying an umbrella. *Je n'ai jamais pu me faire au port du parapluie.*

RECOVER

To RECOVER, verbe, faux-ami.

To recover correspond à *recouvrer,* mais non à *recouvrir* (**to cover up** ou **again**).

1. Verbe transitif, *recouvrer, retrouver, rentrer en possession de.*

To recover one's appetite, *retrouver son appétit.*

To recover one's senses, one's reason, *reprendre ses sens, retrouver sa raison.*
To recover one's health, *recouvrer la santé.*

2. Verbe intransitif.

He will soon recover. *Il guérira vite.*

He never really recovered from his illness. *Il ne s'est jamais vraiment remis de sa maladie.*

REGARD [1358]

REGARD, nom et verbe, faux-ami.

L'équivalent français est, non pas *regard,* mais *égard,* aux différents sens du mot.

1. *Egard, attention, considération, souci.* . . . . **4 %**

Having regard to..., *si l'on tient compte de, eu égard à.*

He bought it without any regard to the cost. *Il l'acheta sans se soucier aucunement du prix.*

2. *Egard, respect, estime.* . . . . **4 %**

To hold in great regard, *tenir en haute estime.*

Send my kind regards to (formule de politesse), *transmettez mes compliments, mes amitiés à...*

3. *Egard, point de vue.* . . . . **15 %**

With (ou **in) regard to your letter,** *en ce qui concerne votre lettre.*

4. To regard, *regarder.* Le mot n'est jamais synonyme de **to look.** Il a deux sens principaux.

a) *regarder, considérer.* . . . . **48 %**

I regard it as an insult. *Je considère ceci comme une insulte.*

In Ancient China, the soldier was regarded as an inferior being. *Dans la Chine ancienne le soldat était regardé comme un être inférieur.*

b) *regarder, concerner.* . . . . **20 %**

As regards your letter, même sens qu'au n° 3.

REMARK [620]

REMARK, nom et verbe, faux-ami.

1. To remark ne veut pas dire *remarquer* **(to notice, to observe),** mais *faire remarquer, faire observer.* . . . . **67 %**

« I thought you had gone », he remarked. « *Je vous croyais parti* », *déclara-t-il.*

No sooner was tea over than Ripton remarked that he had an engagement somewhere. *Le thé n'était pas plutôt terminé que Ripton fit remarquer* (ou *déclara) qu'il avait un rendez-vous quelque part.*

2. Remark, nom, *observation, commentaire, propos,* plutôt que *remarque.* . . **22 %**

REMEMBER [762]

To REMEMBER, verbe.

To remember, *se rappeler, se souvenir,* n'offre pas de difficulté fondamentale. Le traducteur notera pourtant les trois points suivants.

a) Ce verbe, comme les verbes de perception, est souvent précédé de **can** qu'il est inutile de traduire.

I can't remember whether I gave you my new address. *Je ne me rappelle pas si je vous ai donné ma nouvelle adresse.*

b) ★ On distinguera les deux structures suivantes.

— **to remember** + le gérondif, que l'on traduira par un infinitif passé.

As a child I remember going to the bathroom and finding my father asleep in the bath in his clothes. *Je me rappelle, quand j'étais enfant, être allé à la salle de bains et avoir trouvé mon père endormi, tout habillé, dans la baignoire.*

— **To remember** + l'infinitif.

Remember to lock the door before you go to bed. *Pensez bien à (ou n'oubliez pas de) fermer la porte à clef avant d'aller vous coucher.*

[**I remember locking the door...** *Je me rappelle avoir fermé la porte à clef...].*

c) **Remember me to your wife.** *Rappelez-moi au bon souvenir de votre femme.* . . . . **0,3 %**

REMIND [278]

To REMIND, verbe.

★ Il ne doit pas être confondu avec **to remember.**

I Il veut dire *rappeler, faire souvenir.* Il y a trois structures possibles.

1. **That reminds me (that) I have a letter to write.** *Ça me rappelle que j'ai une lettre à écrire.*
2. **That reminds me of a story I once heard.** *Cela me rappelle une histoire que j'ai entendue un jour.*
3. **Please, remind me to write to him.** *Faites-moi penser, s'il vous plaît, à lui écrire.*

RENT [382, sens 1 seulement]

RENT, nom et verbe, mot double et faux-ami.

★ Les sens de ce mot peuvent prêter à confusion.

1. Le mot **(to) rent,** nom et verbe, (du français *rente)* n'a pas ce sens, mais celui de *louer, loyer, fermage.*

   To pay a rent, *payer un loyer.*

   Many natives chose to rent rather than sell land. *Beaucoup d'indigènes ont préféré louer leur terre plutôt que de la vendre.*
2. **A rent** (d'un radical saxon), *une déchirure, un accroc, une fissure.*
3. **Rent** est aussi le prétérit et le participe passé du verbe **to rend,** *déchirer* (littéraire et surtout employé au figuré).

   The Greek cities were often rent with domestic feuds. *Les cités grecques étaient souvent déchirées de querelles intestines.*

   They rent the air with their shouts. *Elles déchiraient l'air de leurs cris.*

RESIGN [178]

To RESIGN, verbe, faux-ami partiel.

1. Le sens correspondant au français existe, mais il est peu courant. . . . . . **5 %**

   To be resigned to one's fate. *Etre résigné à son sort.*
2. Les sens courants sont,

   a) (verbe transitif) *se démettre* (d'une fonction), *résigner* (sa charge). . . **17 %**

   He resigned his post as headmaster. *Il a donné sa démission de proviseur.*

   b) (verbe intransitif) *démissionner.*

   The government has resigned. *Le gouvernement est démissionnaire.* . . **53 %**

RESIGNATION, nom, a les deux sens correspondants.

1. *Résignation* (à son sort).
2. *Démission.*
   He has sent in his resignation. *Il a donné sa démission.*

RESPONSIBLE [250]

RESPONSIBLE, faux-ami partiel.

Etre responsable, c'est répondre, être garant de ses propres actions ou de celles des autres et en supporter éventuellement les conséquences (responsabilité d'un fait passé).

Responsible a souvent ce même sens en anglais. . . . . **80 %**

★ Mais il a deux autres sens que le traducteur doit soigneusement distinguer du premier, s'il veut éviter l'anglicisme et l'obscurité, trop fréquents dans les traductions irréfléchies.

a) *Digne de confiance, capable, compétent.* . . . . **8 %**
   In responsible quarters, *dans les milieux autorisés,* et non pas *dans les quartiers responsables* (sic), « traduction » relevée sous la plume d'un journaliste.

b) *Qui a la charge, la responsabilité de* (responsabilité plus large et sans limite de temps). . . . . **7 %**
   The staff manager is responsible for the selection and engaging of the staff. *C'est le chef du personnel qui a la haute main sur le choix et l'embauche du personnel.* (Dire qu'*il en est responsable* supposerait qu'il doit s'attendre à réparer sous une forme ou sous une autre des erreurs éventuelles).

REST [1354]

REST, nom et verbe, mot double.

1. L'élève le plus étourdi est habitué, depuis ses premières leçons d'anglais, à associer **rest** à *repos* et **to rest** à *se reposer.* . . . . **30 %**
2. Se croyant bien averti du danger de ce faux-ami, il lui arrivera de passer à côté de la solution de facilité qui est de traduire **rest** par *reste, restant.* . . . . . . **40 %**
   The rest, au sens pluriel, *les autres.*
   All the rest of them, *tous les autres.*
3. Autre sens du verbe **to rest,** *incomber à, dépendre de.* . . . . **12 %**
   The matter rests with you. *L'affaire dépend de vous.*
   It rests with you to..., *il vous appartient de...* (synonyme, **it's up to you to,** voir **UP,** 6).

RESUME

To RESUME, verbe, faux-ami.

To resume ne veut pas dire *résumer,* mais *recommencer, reprendre, continuer.*

After a short pause, he resumed his lecture. *Après un court arrêt, il reprit sa conférence.*

The baroness, after an unhappy marriage, had resumed her maiden name. *La baronne, après un mariage malheureux, avait repris son nom de jeune fille.*

RETURN [1808]

RETURN, nom et verbe, faux-ami partiel.

1. Pas de difficulté avec les sens courants : *retourner* (emploi intransitif), *rendre* (emploi transitif).

2. Le traducteur fera bien de se méfier d'un certain sens (courant dans les textes économiques et financiers) du mot **return.** .... **8 %**

(verbe) **To return the number of deaths,** *calculer (et déclarer) le chiffre des morts.*

To return one's income at £ 500, *faire une déclaration de 500 livres de revenu.*

(nom) **Return(s),** *relevés, statistiques, recensement.*

The last monthly return, *le dernier relevé mensuel.*

The official returns, *les statistiques officielles.*

The Weekly Bank Return, *le bilan hebdomadaire de la Banque.*

The tax returns, *les déclarations d'impôt.*

RIDE [720]

To RIDE, rode, ridden, verbe irrégulier et nom.

Aller à cheval ou *à bicyclette* est le sens courant .... **74 %**

Mais il faut connaître aussi le sens secondaire de *aller en voiture,* surtout dans un véhicule de transport public .... **7 %**

The boy had never ridden in an observation car. *Le garçon n'avait jamais voyagé dans un wagon panoramique.*

I like to ride outside. *J'aime aller sur l'impériale* (d'un autobus).

● **A ride,** nom, a les sens analogues .... **8 %**

A two penny ride on the bus, *un trajet de deux pence en autobus.*

To steal a ride (on a lorry), *s'accrocher derrière un camion;* **(on a train),** *voyager sans billet.*

● **Ridden** a un sens idiomatique qui peut surprendre : *opprimé, dominé.*

To be ridden by fear, *être hanté par la peur.*

A family-ridden man, *un homme chargé de famille.*

A priest-ridden woman, *une femme qui subit l'emprise des prêtres.*

★ Attention à la confusion possible entre **to ride** et **to RID** [94].

To rid, *débarrasser.*

To get rid of, *se débarrasser de.*

RING [544]

RING, nom et verbe, mot double.

1. **To ring, rang, rung,** verbe irrégulier, *sonner, résonner, tinter* .... **57 %**

To ring the bell, *sonner* (à la porte).

To ring for the maid, *sonner la bonne.*

To ring for coffee, *sonner pour demander du café.*

● Le mot est courant dans le vocabulaire du téléphone.

To ring somebody up, *appeler quelqu'un.*

To ring off, *raccrocher.*

To ring somebody back, *rappeler quelqu'un.*

● On trouve le nom **ring** se rattachant à ce sens.

There was a ring at the door. *On sonna à la porte* (transposition n° 6).

I'll give you a ring. *Je vous appellerai* (au téléphone).

2. **Ring,** nom, *rond, ronde, anneau, cercle,* etc. .... **43 %**

★ A ce radical se rattache le verbe régulier **to ring** qu'il faut bien se garder de confondre avec **to ring,** n° 1.

The meadow is ringed out with trees. *La prairie est ceinturée d'arbres.*

Black-ringed eyes, *des yeux cernés de noir.*

RISE [1398]

To RISE, rose, risen, verbe irrégulier.

★ Le seul point important à signaler à propos de ce verbe, c'est la possibilité de confusion avec **to raise.**

— **To rise** est un verbe intransitif, *se lever, s'élever, se soulever, monter.*

— **To raise** est un verbe transitif, *lever* (une armée), *élever* (un monument, du bétail), *soulever* (un fardeau ou une objection), *relever* (des tarifs).

● Les deux verbes **to rise** et **to raise oneself** peuvent donc avoir le même sens, mais avec une nuance intéressante qu'il faut chercher à rendre.

To rise exprime une action machinale, instinctive, **to raise oneself** une action voulue, consciente, exigeant un effort.

(sens propre) :

He rose from table. *Il se leva de table.*

She tried to raise herself in bed, but fell back on the pillows. *Elle essaya de se soulever sur son lit mais retomba sur les oreillers.*

(sens figuré) :

He rose to be a colonel. *Il monta jusqu'au grade de colonel* (en suivant la filière).

He raised himself to a higher position in the office where he worked. *Il se hissa* (à la force des poignets) *à un poste plus élevé dans le bureau où il travaillait.*

ROMANCE

ROMANCE, nom, faux-ami.

Le sens premier du mot est *roman de chevalerie, roman d'aventures;* d'où les sens courants de *roman* (au sens de fable, légende), *romanesque, aventures imprévues.*

The romance of the sea, *la poésie, l'épopée de la mer.*

A hero of romance, *un héros romanesque.*

ROUND [962]

ROUND, mot à fonctions complexes, adjectif, adverbe, préposition, nom.

1. Adjectif, *rond,* pour mémoire .... ***13 %***

2. Adverbe. Il indique un mouvement circulaire .... ***27 %***

To go, come, turn, move, walk, round, etc. *tourner, faire le tour...*

To look round, *regarder autour de soi,* ou simplement *se retourner.*

That gives us time to look round. *Ca nous donnera le temps de nous retourner* (sens figuré).

To have a look round, *faire le tour, inspecter.*

He handed his snaps round. *Il a fait circuler ses photos.*

All the year round, *toute l'année.*

● D'une façon beaucoup plus vague et dans le style familier, **to go, to come, to run, round** peuvent exprimer l'idée d'un court déplacement pour aller chez quelqu'un en passant, à son domicile ou à son bureau. La nuance est difficile à rendre en français.

You must come round and see me. *Venez donc me voir en passant.*

I must run round and see him about it. *Il faut que je fasse un saut jusque chez lui pour le voir à ce sujet.*

● Autres sens de **round,** postposition, voir **BRING,** 2 c, d et **COME,** 2 e, f.

3. Préposition, *autour de* (avec ou sans mouvement) .... **36 %**

He peered intently round the square. *Il promena tout autour de la place un regard attentif* (transposition n° 14).

● On notera quelques emplois plus délicats.

— **The post office is just round the corner.** *Le bureau de poste est juste au coin, exactement, après le coin.*

— **To show** (ou **take' somebody round a place,** *montrer, faire visiter un endroit à quelqu'un.*

He took them round Stratford-upon-Avon. *Il les pilota dans Statford.*

● **Round about,** locution prépositive, a deux sens.

a) *aux environs de.*

The countryside round about Bristol, *la campagne autour de Bristol.*

b) *environ.*

Round about a hundred people, *une centaine de personnes.*

4. Nom, *rond, ronde,* pour mémoire .... **5 %**

ROW [174]

ROW, nom et verbe, mot polyvalent.

★ Ce même vocable recouvre en réalité trois mots de racines différentes. Attention
! donc aux confusions possibles.

1. **To row,** *ramer, canoter* .... **25 %**

A row, nom correspondant, ne veut pas dire *une rame* (**an oar**), mais *une promenade en canot.*

To go for a row, *aller faire une promenade en canot.*

2. **A row,** *une rangée, un rang, une file* .... **62 %**

He sat in the front row. *Il était assis au premier rang.*

★ Il n'existe pas de verbe **to row,** *ranger.*

3. **A row,** *un vacarme, un chahut, une querelle* .... **10 %**

To kick up a row, *faire du chahut.*
Family rows, *des scènes de ménage.*

RUDE [152]

RUDE, adjectif, faux-ami.

Les sens sont *grossier, impoli; primitif.*

Rude methods, *des méthodes grossières.*
Don't be rude ! *Tâchez d'être poli !*
A rude civilisation, *un civilisation encore barbare.*

RUDELY, adverbe, **RUDENESS,** nom, ont les sens analogues.

RUN [1870]

To RUN, ran, run, verbe irrégulier.

1. **To run,** suivi d'une pré-/ ou postposition de mouvement, donnera lieu en principe à la transposition n° 14.

He ran out. *Il sortit en courant.*

A cette transposition on pourra préférer l'emploi d'un verbe seul, si le français offre un verbe expressif à sens équivalent.

He ran down the stairs, down the hill. *Il dégringola les escaliers, il dévala la pente.*

2. En dehors de ces sens évidents, **to run** offre nombre de sens figurés idiomatiques, dont voici les principaux :

— **To run out of,** *être à cours de.*

We ran out of petrol. *Nous sommes tombés en panne d'essence.*

[Une variante à cette locution est **to run short of.** Voir **SHORT**].

— **To run down** (transitif), *dénigrer, éreinter* (quelqu'un).

— **To run down** (intransitif). L'idée est celle d'un ressort qui se détend. Il y a de nombreuses variantes . . . . **0,2 %**

The clock is running down. *L'horloge a besoin d'être remontée.*

A machine that is running down, *une machine à bout de souffle.*

A spinning top that is just beginning to run down, *une toupie qui va bientôt s'arrêter.*

I feel run down. *Je me sens à plat.*

— **To run in a car,** *roder une voiture.*

3. **To run,** verbe transitif, a de nombreux sens particuliers dont les plus importants sont, *faire fonctionner* (une machine), *mettre en service* (un train), *exploiter* (une ferme), *diriger* (une usine), *faire marcher* (une entreprise) . . . . **8,8 %**

4. **To run** + un adjectif se trouve dans de nombreuses locutions comme, . . **3,1 %**

Prices run high. *Les prix sont plutôt élevés.*

The fountain had suddenly run dry. *La fontaine s'était soudain tarie.*

A garden that has run wild, *un jardin qui est retourné à l'état sauvage.*

S

'S

★ Ne pas confondre **'s** signe du cas possessif (a), et **'s** contraction de **is** ou **has** (b).
Robert's home : (a) *La maison de Robert;*
— (b) *Robert est à la maison.*

● **'s** peut être aussi la marque du pluriel :

a) des lettres.
Mind your p's and q's. *Surveille tes manières.*

b) des abréviations.
The M.P.'s. *Les députés des Communes.*

c) des chiffres.
The 30's of the present century, *les années trente du siècle.*

(On trouve maintenant ces pluriels plus couramment écrits, **M.P.s** et **the 30 s.**)

SATISFY [308]

To SATISFY, verbe, faux-ami partiel.

1. To satisfy, *satisfaire* . . . . **79 %**
On remarquera que **to be satisfied with** signifie souvent *se contenter de,* plutôt que *être satisfait* (c'est-à-dire content) *de.*

The very bulldog looked less savage, as if he would have been satisfied with a smaller bite than usual. *Le bouledogue lui-même paraissait moins méchant, et semblait vouloir se contenter de mordre moins fort que d'habitude.*

2. Le sens dangereux de ce verbe (au passif) est *convaincre, donner l'assurance* . . . . **10 %**

I am satisfied of the truth of the story. *Je suis persuadé que cette histoire est vraie.*

The police are satisfied that it is a case of murder. *La police a la conviction qu'il s'agit d'un meurtre.*

★ L'ignorance de ce sens peut entraîner une erreur grave.
He was satisfied that nobody had overheard the conversation. *Il eut l'assurance (et non pas il fut satisfait) que personne n'avait surpris la conversation.*

SAVAGE

SAVAGE, adjectif, faux-ami partiel.

Savage peut être synonyme de **wild,** mais il veut aussi dire *farouche, cruel.*
To grow savage, *se fâcher tout rouge.*
A savage attack, *une attaque féroce.*

SAVAGERY, nom, *cruauté.*

Queen Elizabeth's occasional bursts of savagery were the results of fear or temper. *Les accès de cruauté occasionnels de la Reine Elisabeth étaient dus à la peur et à la colère.*

[*Sauvagerie* serait ambigu, ce mot pouvant vouloir dire *timidité*].

SAW [24], SEW [26], SOW [60]

★ Le traducteur ignorant ou étourdi risque les chutes en série s'il n'est pas capable
I d'éviter les embûches que représentent les trois verbes suivants et leurs dérivés.

1. **To SAW, sawed, sawn,** verbe irrégulier, *scier.*
   To saw up, *débiter.*
   To saw off, *scier (et détacher).*
   A saw, *une scie.*
   ★ Ne pas confondre **I saw,** *je scie,* avec **I saw,** prétérit de **to see,** *je vis.*

2. **To SEW, sewed, sewn,** verbe irrégulier, *coudre.*
   To sew on a button, *coudre un bouton.*
   A sewing-machine, *une machine à coudre.*
   ★ Autre confusion interne :
   A sewer (très rare), *un couseur.*
   A sewer, *un égoût.*
   Sewage, *eaux d'égoûts.*
   Sewerage, *système d'égoûts.*

3. **To SOW, sowed, sown,** verbe irrégulier, *semer* (au propre et au figuré).
   A sowing-machine, *un semoir.*
   ★ Autre confusion interne :
   A sow, *une truie.*

SAY [12278]

To SAY, said, said, verbe irrégulier.

Le traducteur n'oubliera pas, à côté du sens courant de *dire,* le sens fréquent de *réciter* (des leçons, des prières).

● Voici quelques emplois idiomatiques familiers qui ne peuvent être calqués.
— **He had nothing to say for himself.** *Il n'avait pas d'excuse.*
— **I should say he's not at all well.** *J'ai l'impression qu'il ne va pas bien du tout.*
— **What do you say to a drink ?** *Si on buvait un verre ?*
— **You don't say so !** *Pas possible ! Non !*
— **I say !** (pour attirer l'attention). *Dites donc !*
— **Say,** *mettons* . . . . 1 %
If I had an income of say (variante, **shall we say**) **a thousand a year...,** *si j'avais un revenu de, mettons, mille livres par an...*

● **Say** se rencontre au passif avec deux structures différentes : (a) **It is said that...,** (b) **(He) is said to...** . . . . 7 %
Dans les deux cas, la transposition par *on* s'impose.
a) **It was said that he never read a line of Tennyson after witnessing the poet putting water into the '34 port.** *On disait qu'il avait refusé de lire un vers de Tennyson après avoir vu le poète mettre de l'eau dans ce porto de 1834.*
b) **He was said to be hiding somewhere in the town.** *On disait qu'il se cachait quelque part dans la ville.*

SCANDAL

SCANDAL, nom, faux-ami.

Scandal a, en anglais, le sens que le mot avait en vieux français, *calomnie, déshonneur.*
The School for Scandal. *L'Ecole de la Médisance.*
He is the scandal of his family. *Il est l'opprobre de sa famille.*
To talk scandal, *cancaner, potiner.*

SCAR, SCARE

★ Attention. Il y a confusion fréquente entre :
A scar, to scar, scarred, et
A scare, to scare, scared.

1. **A scar,** *une cicatrice, une balafre* (cf. le français *escare, scarifié*).
   Scar-face, *le Balafré.*
   ● **To scar,** *marquer d'une cicatrice, (se) cicatriser.*
   A war-scarred country, *un pays marqué, ravagé par la guerre.*

2. **A scare,** *une (peur) panique.*
   A scare-monger, *un alarmiste, un paniqueur.*
   ● **To scare,** *effrayer, épouvanter.*
   A scarecrow, *un épouvantail.*
   To be scared to death, *avoir une peur bleue, être mort de peur.*

SECURITY

SECURITY, nom, faux-ami partiel.

A côté du sens de *sécurité* (plus couramment **safety**), le mot a plus souvent les sens de :

1. *Caution, gage* (chose).
   Security for a debt, *garantie d'une créance.*
2. *Caution, garant* (personne).
   To stand security for some one, *se porter garant pour quelqu'un.*
3. *Titre, valeur* (sens financier).
   Gilt-edged securities, *des valeurs de tout repos.*

SEE [7048]

To SEE, saw, seen, verbe irrégulier.

★ Attention à la confusion possible entre la forme **saw** et le verbe **to SAW,** voir ce mot.

Les différents sens du verbe correspondent assez bien à ceux de *voir.*
On notera que **see** est souvent précédé de **can** qu'il est inutile de traduire, voir **CAN,** 3.

Can you see what I mean ? *Voyez-vous ce que je veux dire ?*

★ Il y a lieu d'insister sur deux sens de **to see** dont l'ignorance peut entraîner des erreurs graves . . . . **2 %**

a) **To see** au sens *d'accompagner.*

To see somebody out, off, *accompagner quelqu'un à la porte, au départ* (gare, etc.).

She saw the two ladies to the door. *Elle accompagna les deux dames jusqu'à la porte,* et non pas *elle vit les deux dames aller jusqu'à la porte.*

He offered to see the young lady home. *Il se proposa pour raccompagner la jeune fille jusque chez elle.*

L'ignorance de ce sens empêcherait de goûter le sel de la plaisanterie suivante qui joue justement sur les deux sens du verbe.

Harry. « I asked her if I could see her home. »
Jack. « What did she say ? »
Harry. « She said she'd send me a picture of it. »

Jeu de mots intraduisible en français !

b) **To see** au sens de *veiller à, s'occuper de.* Il y deux structures :

— **To see to.**

I'll see to the tickets. *Je vais m'occuper des billets.*

The door wants seeing to. *La porte a besoin d'être arrangée.*

— **To see (to it) that,** *veiller à ce que.*

Will you see (to it) that he has all he needs. *Veillez, je vous prie, à ce qu'il ait tout ce dont il a besoin.*

I'll see to it that he does not cheat me again. *J'aurai l'œil à ce qu'il ne me trompe pas une deuxième fois.*

[Sur l'emploi de ce **it** dit « d'anticipation », voir **IT**].

★ Si **to it** n'est pas exprimé, la confusion sera facile à faire avec le sens habituel. Le traducteur devra être très attentif au sens et s'aider du contexte.

You will see that all is in order peut se comprendre :

soit *Vous verrez (constaterez) que tout est en ordre,*

soit *Vous veillerez à ce que tout soit en ordre.*

SELF-CONSCIOUS

SELF-CONSCIOUS, adjectif, mot dangereux.

Ce mot donne lieu à des erreurs nombreuses, car si on ne se méfie pas, on le traduira par *conscient de soi,* donc *conscient de sa valeur, plein d'assurance.* C'est en fait le contraire que le mot veut dire.

Voici ce que dit le dictionnaire : « ***SELF-CONSCIOUS : unduly conscious that one is observed by others, or manifesting such consciousness; embarrassed by inability to forget oneself; ill at ease*** ».

Le mot définit donc la psychologie de celui qui se sent observé. Les équivalents français seront nombreux.

I had ceased to feel self-conscious in riding-breeches. *J'avais cessé de me sentir gêné (ou emprunté) en culotte de cheval.*

The witness looked self-conscious. *Le témoin avait l'air mal à l'aise.*

No people are so shy, so self-conscious, so embarrassed as the English (Matthew Arnold). *Aucun peuple n'est aussi timide, aussi gêné, aussi embarrassé que les Anglais.*

Autre jugement, en apparence contradictoire, mais postérieur de quelque cent ans au premier. Dans une étude contrastée sur le caractère national de l'Anglais et de l'Américain, Lord Elton parle de **slightly supercilious England,** et c'est l'Amérique qui est qualifiée de **self-conscious.** Les deux épithètes s'opposent évidemment : d'une part *l'Angleterre légèrement hautaine, arrogante,* de l'autre *l'Amérique qui manque de confiance en soi,* « *complexée* » pour employer un mot à la mode.

SELF-CONSCIOUSNESS, a le sens correspondant.

Dans cette phrase le sens du mot est clairement indiqué par un synonyme.

If the Englishman were all German, he would proceed thus for ever without self-consciousness or embarrassment. *Si l'Anglais était cent pour cent germanique, il continuerait à jamais dans cette voie, sans se sentir gêné ou embarrassé.*

SELL [960]

To SELL, sold, sold, vendre.

1. Emploi transitif, *vendre,* pour mémoire . . . . **69 %**

2. Emploi intransitif (sens passif), *se vendre* . . . . **25 %**

Warlike toys are expected to sell well. *On escompte que les jouets guerriers se vendent bien.*

- Le nom **seller** a les deux sens actif et passif.

  A bookseller, *quelqu'un qui vend des livres, un libraire.*

  A best-seller, *un livre qui se vend bien, un succès de librairie.*

3. **To sell out,** *vendre jusqu'à épuisement* . . . . **3 %**

   The edition is sold out. *L'édition est épuisée.*

   Plus curieusement avec un sujet de personne :

   He is sold out of cigarettes. *Il a épuisé son stock de cigarettes.*

4. **To sell up,** *vendre, saisir après faillite.*

   He went bankrupt and was sold up. *Il fit faillite et tous ses biens furent vendus.*

SENSIBLE [114]

SENSIBLE, adjectif, faux-ami.

Sensible ne veut jamais dire *sensible, facile à émouvoir* **(sensitive).**
Sensible peut se rattacher, dans des proportions différentes, aux deux sens du mot **sense.**

1. Sens ou sensation; donc *sensible, perceptible* (choses); *conscient* (personnes). **40 %**

   A sensible change in the weather, *un changement perceptible dans le temps.*

   To become sensible of, *prendre conscience de.*

2. Sagesse, bon sens ou sens commun; donc *sensé, raisonnable* . . . . **60 %**

   A sensible choice, *un choix judicieux.*

   I enjoyed the inestimable advantage of a very sensible, though at the same time, a very severe master. *Je jouissais de l'inestimable avantage d'avoir un professeur très judicieux, quoiqu'en même temps sévère.*

SET [1938]

1. **set** + gérondif	6. **set out**
2. **set about**	7. **set up**
3. **set in**	8. sens idiomatiques
4. **set off**	9. **set,** adjectif
5. **set on**	

To SET, set set, verbe irrégulier.

★ Ne pas confondre les trois verbes **set, sit,** et **seat.**

- **To set** a des sens multiples (26 dans le *Harrap's*), sans compter les nombreux emplois avec des prépositions ou postpositions diverses (20). **Set** est aussi un nom (6 sens), et un adjectif (3 sens). Total : 55 sens.

  Nous aimerions qu'en consultant cet article le traducteur puisse éviter une plongée aussi dangereuse dans les eaux troubles du dictionnaire. Nous nous sommes contenté d'y indiquer, d'une part les sens les plus courants de **set,** verbe composé, d'autre part les sens pour lesquels les équivalents ordinaires (*mettre, placer, poser, régler, fixer, dresser*) ne conviennent pas.

1. **To set** + le gérondif. C'est un des équivalents de *faire* + l'infinitif, mais de nombreuses variantes sont possibles . . . . **1 %**

   The fog grips the throat and sets the eye watering. *Le brouillard vous étreint à la gorge et vous fait larmoyer.*

   It set the neighbours gossiping right and left. *Cela fit jaser les voisins de tous côtés.*

   That set me thinking. *Cela m'a fait réfléchir, m'a donné à penser.*

   His remark set the company laughing. *Sa remarque déclencha un rire général.*

2. **To set about** + un nom ou un gérondif, *se mettre à, entreprendre.*

They set about their work. *Ils se mirent à la tâche.*

She set about preparing the meal. *Elle entreprit de préparer le repas.*

3. **To set in,** *commencer, s'installer.*

When the bad weather sets in..., *quand arrive le mauvais temps...*

A new fashion is setting in. *Une nouvelle mode s'installe.*

4. **To set off.**

a) *partir en voyage, se mettre en route* . . . . **1 %**

b) *faire exploser* (une fusée), *déclancher* (un mécanisme).

c) *faire ressortir, faire valoir, rehausser.*

Nothing sets off a house better than a really nice lawn. *Rien ne met mieux en valeur une maison qu'une très belle pelouse.*

5. **To set on, upon,** *attaquer à l'improviste.*

The dog set on the postman. *Le chien sauta sur le facteur.*

6. **To set out.**

a) (intransitif), même sens que **set off,** a) . . . . **5 %**

b) (transitif), *disposer, présenter.*

The costs of joining the Common Market are set out in the White Paper. *Le prix que coûtera l'entrée dans le Marché Commun est clairement exposé dans le Livre Blanc.*

7. **To set up** . . . . **9 %**

a) *installer, fonder* (une entreprise, une commission), *mettre, installer* (quelqu'un dans les affaires); *s'installer, s'établir.*

b) *pousser* (un cri, une clameur).

c) *se poser en, se prétendre.*

I don't set myself up as a mind-reader. *Je ne prétends pas lire dans les pensées.*

8. Les locutions idiomatiques formées sur **set** sont très nombreuses. Voici celles qui risquent d'embarrasser le traducteur.

— **To be set on,** *être résolu à, tenir beaucoup à.*

She is set on having that fur coat. *Elle a décidé qu'elle aurait ce manteau de fourrure.*

Once he's set on an idea, there's no talking him out of it. *Une fois qu'il s'est mis une idée dans la tête, il est impossible de l'en dissuader.*

— **To be set against** exprime l'idée contraire de celle de **to be set on.** Les deux locutions peuvent encore être renforcées par l'adverbe **dead.** Voir **DEAD.**

She is dead set against having television in the house. *Elle est absolument opposée à avoir la télévision dans la maison.*

— **To set one's face against,** *s'opposer à, mettre son véto.*

— **To set one's heart on,** *avoir à cœur de.*

She has set her heart on having a pearl necklace. *Ce qu'elle désire le plus c'est un collier de perles.*

— **To set one's mind to,** *s'appliquer, se donner à* . . . . **2 %**

— **To set much by,** *avoir une grande estime pour.*

— **To set store by,** *attacher de l'importance à.*

9. Quelques sens courants de **set** employé comme adjectif.

A set face, *un visage immobile.*

Set price, *prix fixe.*

At set hours, *à heures fixes.*

A set phrase, *une expression consacrée, un cliché.*

The set books, *les auteurs du programme.*

SEW

To SEW, verbe, voir **SAW.**

SHAKE [460]

To SHAKE, shook, shaken, verbe irrégulier.

Les différents sens du verbe, *secouer, agiter, trembler*, ne posent pas de problème de traduction . . . . **76 %**

Le traducteur devra pourtant noter les emplois suivants, sur lesquels son souci de la précision devra s'exercer.

1. To shake + complément direct + **at,** exprime une idée d'hostilité. Voir **AT,** 2 a) . . . . **12 %**

To shake one's fist at, *montrer le poing à.*

He shook his stick at me. *Il m'a menacé d'un bâton.*

2. To shake + une postposition. Le traducteur ne devra pas négliger de donner toute sa. valeur à cette postposition, plus importante que le verbe lui-même (Transposition n° 14).

— **To shake off,** mot à mot, *se débarrasser en secouant* (au propre et au figuré) . . . . **3 %**

He shook off his opponent. *D'une vive secousse il se débarrassa de son adversaire.*

To shake off a cold, an undesirable acquaintance, *se débarrasser d'un rhume, d'un indésirable.*

— **To shake out,** mot à mot, *ouvrir, déplier en secouant*, locution bien difficile à rendre sans maladresse dans toute sa plénitude.

We shook the cloth out on to the dining-room table. *Nous avons secoué la nappe pour la déplier et la mettre sur la table de la salle à manger.*

3. To shake + un adjectif. Cet adjectif, comme la postposition au n° 2, est plus important que le verbe.

To shake oneself free, loose, *se dégager d'une secousse, d'un geste violent.* Voir **LOOSE,** 1 b, et Place de l'adjectif, n° 5, p. 273.

SHALL [2354]

SHALL, verbe auxiliaire et défectif, prétérit **SHOULD** (voir ce mot).

Forme contractée, **Shan't** = **shall not.**

● **Shall** dérive du vieil anglais ***sculan,*** *devoir.* Peu à peu ***sculan*** s'est dépouillé de ce sens premier pour devenir l'auxiliaire du futur simple. **Will** ayant tendance en anglais moderne à devenir le seul auxiliaire du futur, on comprendra mieux les nuances que s'est réservé **shall** (sens 2 et 3).

1. Shall, simple auxiliaire du futur. Il n'y a aucune idée de volonté . . . . . . **51 %**

I shall be twenty next week. *J'aurai vingt ans la semaine prochaine* (Première personne).

Shall we be back in time ? *Serons-nous de retour à temps ?*

Shall you come back to-morrow ? *Reviendrez-vous demain ?* (Deuxième personne, emploi littéraire seulement).

★ On aura soin de distinguer le futur antérieur (**shall** + **have** + participe passé) du futur simple (**shall** + infinitif).

By the time he comes back, I shall have completed my task. *Le temps qu'il revienne, j'aurai terminé ma tâche.*

2. **Shall** dans une question (1re et 3e personnes) exprime une offre de service, une proposition, une intention, une demande d'avis .... **27 %**

Shall I get you another cup of tea ? *Voulez-vous que je vous apporte une autre tasse de thé ?*

Shall we play a game of bridge ? *Voulez-vous que nous fassions (ou si nous faisions) une partie de bridge ?*

Shall the boy wait ? *Faut-il que le garçon attende ?*

● **Shall I ?** et **Shall we ?** s'emploient comme « tags » pour ajouter une nuance de politesse à un impératif.

Let's go in now, shall we ? *Rentrons maintenant, voulez-vous ?*

3. **Shall,** aux 2e et 3e personnes, indique le futur d'insistance. .... **15 %**

Il exprime une promesse, un ordre, une menace, une prophétie (forme affirmative), une interdiction (forme négative).

Ce **shall** est toujours accentué et peut être imprimé en italiques.

You *shall* do as I order. *Vous ferez ce que j'ordonne.*

★ Cette nuance devra être clairement indiquée en français, et le traducteur devra utiliser une formule explicite qui dégage nettement la volonté du sujet.

If you're good, you shall have a bicycle. *Si tu es sage, tu auras un vélo, c'est promis.*

He shall have a scandal ! *Il l'aura, son scandale !*

You shall have time to think it over. *Je vous laisserai le temps d'y réfléchir.*

You shall not open that drawer. *Je vous interdis d'ouvrir ce tiroir.*

No man shall come between me and my duty. *Je ne tolérerai pas qu'on m'empêche d'accomplir mon devoir.*

SHOOT [690]

To SHOOT, shot, shot, verbe irrégulier.

1. Tout le monde connaît le sens courant : *tirer, tuer* (d'une balle) ...... **59,8 %**

2. Mais on ignore parfois le sens secondaire, *se déplacer à grande vitesse*, qu'on peut rencontrer dans un récit .... **6,4 %**

The canoe shot forward in the swift current. *Le canoé partit (ou s'élança) à toute vitesse dans le courant rapide.*

● **To shoot** se combine avec toutes les postpositions de mouvement : **to shoot along, out, up, past,** etc. On emploiera donc la transposition n° 14.

The mad bull shot past us. *Le taureau affolé passa devant nous comme une flèche.*

SHORT [1168]

SHORT, adjectif et adverbe.

Pas de difficulté avec le sens courant de ce mot, mais le traducteur se méfiera de la locution **short of** qui figure dans nombre d'expressions idiomatiques dont le sens n'est pas toujours facile à saisir.

a) **To be short of petrol, of money,** etc. *être à court d'essence, d'argent* . . **30 %**

To run short of, *venir à bout de, épuiser.*

We are running short of provisions. *Les vivres commencent à manquer.*

b) **To fall** (ou **come**) **short of,** *rester inférieur à* (voir **FALL,** 2 e) .... **3 %**

His work comes short of perfection. *Son œuvre n'atteint pas tout à fait la perfection.*

c) **Short of** peut avoir valeur de préposition . . . . **1,5 %**

To stop short of murder, *s'arrêter au seuil du crime.*

He will do anything short of murder to achieve his ends. *Il est prêt à tout, le meurtre exclu, pour atteindre son but.*

Short of a miracle we are ruined. *A moins d'un miracle nous sommes ruinés.*

SHOULD [4710]

1. Should, auxiliaire du conditionnel
2. Should, auxiliaire du subjonctif
3. Should, verbe défectif

SHOULD, auxiliaire et verbe défectif.

Should est le prétérit de **shall** et pourtant il est beaucoup plus employé que ce dernier (environ deux fois plus). C'est qu'il a des fonctions plus étendues.

★ Si l'on est embarrassé pour identifier sa fonction, on peut déjà faire une première discrimination en se rappelant :

a) que si **should** est contracté **(I'd)**, ce ne peut être que le sens 1;

b) que si **should** est dans une principale accompagnée d'une subordonnée de condition **(if...)**, c'est aussi le sens 1;

c) que **should** au sens 2 ne se rencontre que dans une subordonnée;

d) que **should,** dans une phrase simple (sans subordonnée), aura presque toujours le sens 3.

1. Should, auxiliaire du conditionnel, s'emploie toujours à la première personne sauf dans le style indirect.

a) Style direct (correspond au sens 1 de **shall**) . . . . **16 %**

If I were you, I should not wait. *Si j'étais vous, je n'attendrais pas.*

★ Il faut bien distinguer le conditionnel passé du conditionnel présent.

If I had been unable to come, I should have told you. *Si je n'avais pas pu venir, je vous l'aurais dit.*

b) Style indirect . . . . **28 %**

● **Should** ne contient pas l'idée de volonté s'il correspond au sens 1 de **shall.**

She asked whether I should be forty or forty-one next year. *Elle me demanda si j'aurais quarante ou quarante-et-un ans l'an prochain.*

● **Should** contient une idée de volonté, etc., s'il correspond aux sens 2 et 3 de **shall.**

She asked whether she should close the window. *Elle demanda s'il fallait fermer la fenêtre* (sens 2).

He told the boy that if he was good he should have a bicycle. *Il promit au garçon que s'il était sage il aurait un vélo* (sens 3).

c) Quelques sens ou emplois particuliers de **should.**

— **I should think so !** *Je crois bien !*

— **I should say you are right.** *Je suppose que vous avez raison.*

Is he a bachelor ? — I should say not. *Est-il célibataire ? — Je crois que non.*

— **I should like,** voir **LIKE,** 4.

— On trouve **should** dans des phrases exclamatives, exprimant la surprise ou l'indignation (emploi très idiomatique).

And who should be coming with his back against the Government Buildings... who but Hugh Whitbread. *Devinez qui arrivait, tournant le dos aux Ministères... C'était H.W.*

That it should come to this ! *Dire que les choses en sont venues là !*

2. Should, auxiliaire du subjonctif. . . . . **21 %**

Ne pas chercher à donner de valeur particulière à ce **should** (sauf pour d), puisqu'il n'est qu'auxiliaire et disparait dans le verbe, au subjonctif ou à l'infinitif.

a) après **for fear (that), lest, so that** + une négation, exprimant une crainte. Voir **LEST.**

She dashed along the passage, lest she should encounter her mother. *Elle s'élança dans le couloir, de crainte de rencontrer sa mère.*

He was buried early in the morning, so that the patients should not be disturbed by the sight of a funeral. *On l'enterra de bonne heure le matin, pour que les malades ne soient pas dérangés par le spectacle d'un enterrement.*

b) après certains verbes exprimant la volonté, l'intention, un ordre, etc.

Nationalist fervour demanded that the last relics of European domination should be removed. *La ferveur nationaliste exigeait que soient supprimés les derniers restes de la domination européenne.*

c) après un grand nombre d'expressions impersonnelles, exprimant un jugement, une appréciation, comme **it is good (natural, possible, right, wrong), it is necessary (likely, unlikely), it is a pity, there is no reason why,** etc.

It is important that no sound should give warning of their approach. *Il est important qu'aucun bruit n'avertisse de leur approche.*

It is sad to reflect that so much ingenuity should have been wasted in this way. *Il est triste de se dire que tant d'ingéniosité ait été ainsi gaspillée.*

d) après **if, suppose, in case,** pour exprimer une hypothèse considérée comme peu vraisemblable. Cette nuance devra être rendue en français par une tournure comme *si jamais, si par hasard, s'il venait à.*

If you should ever hit upon an explanation, perhaps you'll give me a ring. *Si par hasard vous trouviez une explication, vous pourriez peut-être me donner un coup de fil.*

Even if the weather should happen to be fine... écrit J.B. Priestley pour évoquer un dimanche dans les Midlands. *Même à supposer qu'il fasse beau...* (Que de précautions pour évoquer une éventualité si rare !).

Cet emploi de **should** peut donner lieu à l'inversion dite hypothétique. Voir **INVERSIONS,** 1 b, page 275.

3. Should, verbe défectif . . . . **35 %**

Toujours accentué, jamais contracté, il exprime une obligation morale, une recommandation, un conseil, une forte probabilité; à la forme négative un regret ou un reproche. Le conditionnel de *devoir* est la traduction courante.
Equivalent de **should, OUGHT TO,** voir ce mot.

In my youth I was always taught that you should take a woman by the waist and a bottle by the neck. *Dans ma jeunesse on m'a toujours appris qu'il faut prendre une femme par la taille et une bouteille par le col.*

Five pounds should be enough for the end of the week. *Cinq livres, cela devrait suffire pour la fin de la semaine.*

You should not drive so fast. *Vous ne devriez pas conduire si vite.*

● **Should** + l'infinitif passé doit entraîner la transposition, conditionnel passé + infinitif présent. Voir Changements de temps, VI, 1, page 265.

You should have seen this film. *Vous auriez dû voir ce film.*

Noter ce sens idiomatique :

You should have seen him ! *Il fallait le voir !*

You should have heard them roaring with laughter. *Il aurait fallu les entendre se tordre de rire.*

★ Attention que la confusion est possible, à la première personne, entre ce sens et le sens 1 a.

I should have told you before. *J'aurais dû vous le dire avant.*

I should have told if you had asked. *Je vous l'aurais dit si vous me l'aviez demandé.*

SHOW [3192]

To SHOW, showed, shown, verbe irrégulier et nom.

1. To show a tous les sens de *montrer*, et ne pose pas de difficulté de traduction . . . . **64 %**

● **To show** a pourtant quelques emplois particuliers. Voici les principaux :

2. To show peut avoir le sens de *montrer le chemin, guider, accompagner* . . **10 %**

I was shown to the door by the master of the house. *Le maître de maison me raccompagna jusqu'à la porte.*

On tournera le plus souvent par *faire*, suivi du verbe correspondant à la pré-/postposition.

He was shown into the room. *On le fit entrer dans la pièce.*

Show him up. *Faites le monter.*

They were shown round (ou **all over**) **the premises.** *On leur fit visiter les locaux.*

3. To show, verbe intransitif,

a) avec le sens de *se montrer, paraître.*

The scratch won't show under the make-up. *L'égratignure ne se verra pas sous le fard.*

b) comme équivalent du passif.

The film now showing at the Odeon, *le film qui passe* (ou *que l'on donne*) *en ce moment à l'Odéon.*

4. To show off.

a) transitif, *mettre en valeur, faire valoir.*

The play shows off his talent. *Cette pièce met son talent en valeur.*

b) intransitif, *parader, se donner des airs, se faire mousser.*

Some children are fond of showing off. *Il y a des enfants qui cherchent à se rendre intéressants.*

5. A show, nom, *parade, spectacle, exposition* . . . . **6,4 %**

To make a show of resistance, *offrir un simulacre de résistance.*

To make a show of one's learning, *faire étalage de son savoir.*

It was arranged for show. *Cela a été monté pour faire de l'effet, pour la parade.*

SHUT [? 228]

To SHUT, shut, shut, verbe irrégulier.

Ce verbe ne pose pas, en principe, de problème de traduction.

Quelques emplois de **shut** avec une postposition sont pourtant à signaler.

— **To shut down a factory,** *fermer une usine* (définitivement) . . . . . . **4 %**

— **To shut in,** *enfermer, encercler* . . . . **11 %**

— **To shut off,** *couper* (la vapeur, le courant) . . . . **12 %**

The company shut off the water. *La compagnie a coupé l'eau.*

— **To shut out,** *exclure.* Il faudra souvent transposer . . . . **17 %**

We got back very late and found that we had been shut out. *Nous sommes rentrés très tard et nous avons trouvé la porte close.*

The trees shut out the light. *Les arbres faisaient écran à la lumière.*

— **To shut to,** *se refermer* (porte). Voir **TO,** 1.

— **To shut up** . . . . **14 %**

a) *fermer complètement, obstruer.*

To shut up the house for the winter. *Fermer la maison pour l'hiver.*

b) (familier) *se taire, la fermer; faire taire, clouer le bec.*

When he starts on that subject, he is not easily shut up. *Quand il se lance dans ce sujet, on ne le fait pas taire facilement.*

SINCE [1608]

SINCE, adverbe, préposition et conjonction.

1. Adverbe, souvent précédé de **ever,** *depuis (lors).* . . . . **11 %**

Il faut soigneusement distinguer entre les deux emplois suivants.

a) **He fell ill at Christmas and has been in bed ever since.** *Il est tombé malade à Noël et depuis il est au lit.*

b) **The town was burnt down in 1943 and has since been rebuilt.** *La ville fut incendiée en 1943 et a été rebâtie depuis.*

★ En a) **since** exprimant l'origine d'une action qui dure encore, le present perfect anglais doit être traduit par un présent français (Voir page 264, III, 1).
En b) **since** exprime un simple intervalle de temps. Les verbes sont au même temps dans les deux langues.

c) **Long since** peut être employé à la place de **long ago.**

He died long since, long ago. *Il est mort il y a longtemps.*

2. Préposition, *depuis.* . . . . **42 %**

★ On appliquera le même changement de temps que pour 1 a), sauf si la phrase est négative.

He has been ill since Christmas. *Il est malade depuis Noël.*

I have not heard from him since my last letter. *Je n'ai pas eu de nouvelles de lui depuis ma dernière lettre.*

3. Conjonction.

★ Attention à la confusion entre les deux sens suivants.

a) *depuis que, il y a ... que.* . . . . **8 %**

Ici aussi c'est le rapport des temps qui peut offrir une difficulté au traducteur.

— **Since** suivi du prétérit (point de départ).

How long is it since you had a holiday ? *Combien y a-t-il de temps que vous n'avez pas eu de vacances, ou à quand remontent vos dernières vacances ?*

'Tis three months since we heard from you. *Il y a trois mois que nous n'avons pas eu de vos nouvelles.*

Remarquer le point de vue différent du français qui exprime l'idée sous une forme négative.

● Dans ce genre de phrase on aura souvent intérêt à traduire ce verbe au prétérit par un nom (transposition n° 3).

Since his parents died, *depuis la mort de ses parents.*

Since I last saw you, *depuis notre dernière rencontre.*

— **Since** suivi du present perfect (durée).

He has lost ten pounds since he has been a prisoner. *Il a perdu dix livres depuis qu'il est prisonnier.*

Le present perfect doit être traduit par un présent (cf. 1 a).

b) *puisque, parce que* (= **seeing that, as).** . . . . **34 %**

Since we have no money, it's no good thinking about a holiday. *Puisque nous n'avons pas d'argent, il est inutile de penser à des vacances.*

SINGULAR

SINGULAR, adjectif, faux-ami partiel.

Outre les sens français (contraire de pluriel et bizarre), **singular** peut vouloir dire *rare, remarquable, insigne.*

His speech was a singular blend of wisdom, eloquence and moderation. *Son discours offrait un mélange remarquable* (et non pas *singulier, curieux*) *de sagesse, d'éloquence et de modération.*

SIT [1422]

To SIT, sat, sat, verbe irrégulier.

★ Comme pour **to stand** et **to lie,** il est essentiel de distinguer entre

to sit, to be sitting, *être assis* (position) et

to sit down, *s'asseoir* (mouvement).

By the window he sat down to think. Hour after hour and day after day he sat and looked over the land. *Il s'assit près de la fenêtre pour réfléchir. Heure après heure, jour après jour, assis là il contemplait la terre.*

● Eviter de traduire systématiquement **sit, sitting** par *être assis.* Il y a des variantes possibles.

— *Rester assis* traduira l'idée de persistence qu'il y a souvent dans le verbe.

Sitting out on the balcony, he had caught many colds. *A rester assis dehors sur le balcon, il avait attrapé plus d'un rhume.*

— Dans d'autres cas, **sit** ajoutant une précision superflue en français ne se traduira pas.

We were sitting at breakfast. *Nous étions en train de déjeuner.*

— **To sit** suivi du gérondif n'est souvent qu'une variante de la forme progressive.

He sat (= he was) dozing. *Il somnolait.*

Si la position doit être clairement indiquée le français préfèrera conjuguer le verbe en **-ing** et le déplacer en tête (transposition nº 15).

She sat awaiting them in the dining-room. *Elle les attendait assise dans la salle à manger.*

● **To sit** + une postposition.

— **To sit down,** *s'asseoir.*

— **To sit back,** *se renverser dans sa chaise.*

— **To sit up.** Bien distinguer les trois sens.

a) *se redresser, se tenir droit dans sa chaise.*

b) *se mettre sur son séant* (dans son lit).

c) *veiller* (au lieu d'aller se coucher).

The mother sat up all night with the sick child. *La mère veilla toute la nuit au chevet de l'enfant malade.*

— **To sit** + complément direct + **out.**

There are not many people nowadays who would be willing to sit out a forty-minute sermon. *Il n'y a pas beaucoup de gens à l'heure actuelle qui consentiraient à écouter jusqu'au bout un sermon de quarante minutes.*

● Autres sens de **to sit :** *être perché* (Maître Corbeau...), *siéger, poser* (pour un peintre).

To sit for an examination (réduit quelquefois à **to sit an examination),** *se présenter à un examen.* . . . . **5 %**

SO [12350]

1. **so** exclamatif	4. **so,** adverbe de remplacement
2. **so... as**	5. **so,** conjonction
3. **so... that**	6. emplois idiomatiques

SO, adverbe et conjonction.

★ Les sens et emplois de **so** sont si nombreux que des confusions sont toujours possibles. En cas d'incertitude, il faudra examiner soigneusement les mots qui s'articulent avec **so,** le temps des verbes qui le suivent, et même la ponctuation.

1. **So,** exclamatif, pour mémoire. . . . . **24 %**

On signalera seulement une structure qui n'a pas d'équivalent français : **so** dans une seconde proposition exprimant la cause. Il faudra traduire **so** par *tellement* et modifier l'ordre des mots..

There was no horizon, the clouds hung so low. *Il n'y avait plus d'horizon, tellement les nuages étaient bas.*

Nature actually made him ache, he appreciated it so. *La nature le faisait réellement souffrir, tellement il y était sensible.*

2. **So** suivi de **as.** Il faut bien distinguer entre,

a) **not so** + adjectif ou adverbe + **as :** c'est le comparatif d'inégalité. . . **2 %**

He is not so stupid as he looks. *Il n'est pas aussi stupide qu'il en a l'air.*

On ne doit pas être dérouté par la place de l'article lorsque l'adjectif est épithète et non attribut.

He is not so clever a boy as his brother. *Ce n'est pas un élève aussi intelligent que son frère.*

b) **(not) so** + adjectif + **as to,** exprime le degré : *assez... pour.*

He is not so stupid as to believe such nonsense. *Il n'est pas stupide au point de croire pareilles sornettes.*

Will you be so kind as to help me ? *Voulez-vous être assez aimable pour m'aider ? Voulez-vous avoir l'obligeance de m'aider ?*

[Rapprocher cet emploi de celui de **such** + nom + **as to.** Voir **SUCH,** 1d].

c) **so as (not) to,** exprime le but : *pour, afin de* . . . . **5 %**

He went on tiptoe so as not to wake anybody. *Il avança sur la pointe des pieds pour ne réveiller personne.*

3. **So** suivi de **that.** Il faut bien distinguer entre les trois emplois suivants :

a) **so** + adjectif ou adverbe + **that,** exprime le degré : *si, tellement... que.* . . . . **11 %**

He spoke so quietly that I could hardly hear him. *Il parlait si doucement que je l'entendais à peine.*

Her hat was not so fanciful that it offended. *Son chapeau n'était pas fantaisiste au point de choquer.*

b) **so that** + un verbe à l'indicatif, exprime une conséquence : *si bien que.* . . . . **9 %**

It rained the whole day, so that we didn't go out. *Il a plu toute la journée, si bien que nous ne sommes pas sortis.*

[On remarquera qu'il y a toujours une virgule devant **so**].

c) **so that** + un verbe au subjonctif, formé avec **may** ou **should,** (= **in order that),** exprime le but : *afin que, pour que.* Voir **SHOULD,** 2 a.

He spoke very loud so that everybody might hear. *Il parla très fort pour que tout le monde l'entendît.*

[On remarquera qu'ici il n'y a pas de virgule devant **so**].

★ Attention ! **So** est quelquefois, mais rarement, sous-entendu. Voir **THAT,** 3 b, et **MAY,** 4 a.

He died that his son might live in a free country. *Il mourut pour que son fils vive dans un pays libre.*

● En américain on trouve fréquemment **so** employé tout seul avec le sens de **so that.**

She looks forward to bettering her time in the 100 meters — so she can have that record all to herself. *Elle escompte bien améliorer son temps dans le 100 mètres, pour détenir ce record à elle toute seule.*

4. So, adverbe de remplacement.

a) **So** peut remplacer toute une proposition. Il y a plusieurs traductions possibles. . . . . **7 %**

Will he come tomorrow ? — I think so. *Viendra-t-il demain ? — Je le crois, je crois que oui.*

He'll have to leave the diplomatic service — I'm afraid so. *Il faudra qu'il abandonne la carrière diplomatique — J'en ai bien peur.*

I won't marry him — So she said. *Je ne veux pas l'épouser — C'est ce qu'elle disait* (familièrement, *qu'elle disait !).*

b) **So** peut remplacer un adjectif. Traduire par *le.* . . . . **2 %**

You have called me a proud man. So am I. *Vous avez dit que j'étais orgueilleux. Je le suis* (et non pas, *je suis ainsi).*

The king was anxious to make himself popular, and the people believed that he deserved to be so. *Le roi tenait beaucoup à se rendre populaire, et le peuple croyait qu'il le méritait.*

c) **So** s'emploie dans les « tags ». Traduire par *aussi* ou une tournure analogue. . . . . **4 %**

My wife likes French cooking, and so do I. *Ma femme aime la cuisine française, et moi aussi.*

The present generation's pleasures tend to be collective, so do its achievements. *Les plaisirs de la génération actuelle ont tendance à être collectifs. Il en est de même de ses réalisations.*

Voir aussi **DO,** 7d, **HAVE,** 8d, **BE,** 8d.

5. So, conjonction, a deux sens, qu'il ne faut pas confondre.

a) *aussi, donc* (= **therefore, consequently).** . . . . **14 %**

It was late; so I took leave. *Il était tard. Aussi pris-je* (et non pas, *je pris !) congé.*

b) *ainsi, donc.* . . . . **3 %**

So you're back again at last. *Ainsi vous voilà rentré enfin.*

6. So se rencontre dans de nombreuses locutions dont voici les principales. . . **8 %**

— **So far,** *jusqu'à présent,* voir **FAR,** 3.

— **So far as I know,** *autant que je sache,* voir **FAR,** 3.

— **So long as,** *pourvu que,* voir **LONG,** 2.

There's no harm in it so long as you don't over-do it. *Il n'y a aucun mal à cela pourvu que vous n'en fassiez pas trop.*

— **So much,** devant un comparatif, voir **THE,** 3.

— **Never so much as,** voir **NEVER.**

— **Without so much as,** voir **WITHOUT.**

— **So many,** voir **MANY,** 5.

— **Three weeks or so,** *trois semaines environ.*

— **How are you ? So so.** *Comment allez-vous ? Comme ci comme ça.*

— **Mr So-and-so,** *monsieur Un Tel.*

— **So to speak,** *pour ainsi dire.*

— **So called,** *ainsi nommé, soi-disant.*

— **And so on,** *et ainsi de suite.*

SOBER

SOBER, adjectif, mot perfide.

En anglais **sober** s'oppose à **drunk,** en français *sobre* s'oppose à *intempérant.*
Le plus grand ivrogne devant l'Eternel pourra être éventuellement qualifié de **sober,** *dessoulé.*

He's drunk and sober ten times a day. *Il s'enivre et se dessoule dix fois par jour.*

To sleep oneself sober, *cuver son vin.*

● Autres sens.

A sober mind, *un esprit rassis.*
A sober face, *un visage grave.*
The sober truth, *la stricte vérité.*
A sober conduct, *une conduite prudente, sage.*
Sober colours, *des couleurs discrètes.*

Ce n'est guère que dans ce dernier cas que *sobre* sera un bon équivalent de **sober.**

SOME [6722]

SOME, adjectif, pronom et adverbe.

En principe il n'y a pas de difficulté de traduction.
L'attention du traducteur est néammoins attirée sur les points suivants.

a) **Some** peut s'opposer à un autre **some** ou à **others.** Traduire par *les uns, les (d') autres.*

There were people lying all along the veranda in deck-chairs, some chatting with their neighbours and some reading. *Il y avait des gens allongés dans des chaises longues tout le long de la véranda : les uns bavardaient avec leurs voisins, les autres lisaient.*

b) Eviter de traduire mot à mot **some more.**

Have some more tea. *Reprenez du thé.*

c) **Some** en tête de phrase gagnera à être introduit en français par *il y a.*

Some books are more interesting than others. *Il y a des livres plus intéressants que d'autres.*

The slump. I foresaw it all the time. Some people seemed to think the good times were going to last for ever. *La crise, je l'avais tout le temps prévue. Il y avait des gens qui semblaient croire que le bon temps durerait toujours.*

d) Il existe un emploi familier de **some.**

He is some driver. *C'est un fameux conducteur.*

300 miles an hour ! Some speed ! *300 milles à l'heure ! Tu parles d'une vitesse !*

● **Some,** adverbe, *environ, quelque* (invariable !). **4 %**

A native village of some twenty huts, *un village indigène d'une vingtaine de cases.*

SOMEBODY [136], **SOMEONE,** *quelqu'un,* pour mémoire.

SOMETHING [1394], *quelque chose.*

Something the matter, voir **MATTER,** 2.

A noter l'emploi idiomatique de **something of,** expression d'atténuation.

The novel had something of a success. *Le roman a eu un certain succès.*
She is something of a musician. *Elle est quelque peu musicienne.*

SOMEHOW [118], *d'une façon ou d'une autre, on ne sait comment.*

The queer sensation was somehow familiar. *Cette étrange sensation m'était confusément familière.*

SOMETIMES [768], *quelquefois.*

On fera attention au sens de **sometimes** répété : *tantôt... tantôt.*

Sometimes the machine worked perfectly, sometimes it stopped. *Tantôt la machine fonctionnait parfaitement, tantôt elle s'arrêtait.*

★ Il y a deux confusions à éviter.

a) avec **sometime,** *à un certain moment.*

Sometime or other, *un jour ou l'autre, tôt ou tard.*

Sometime in August, *dans le courant du mois d'août.*

b) avec **some time,** *(pendant ou depuis) quelque temps.*

The fair announced its coming some time before it actually arrived. *La foire s'annonçait quelque temps avant qu'elle n'arrive pour de bon.*

SOMEWHERE [138], *quelque part.*

Somewhere else, *ailleurs.*

SOMEWHAT [508] (= **rather**), *quelque peu.*

SOON [1264]

SOON, adverbe.

Soon n'offre pas de difficulté particulière. Deux points retiendront le traducteur.

a) La traduction par *vite* convient parfois mieux que celle par *tôt, bientôt.*

We soon saw the difference. *Nous avons vite vu la différence.*

b) On aura souvent intérêt à employer la transposition n° 1.

The glimmer of twilight would soon be gone. *La faible lueur crépusculaire ne tarderait pas à disparaître.*

● A signaler deux emplois du comparatif de **soon.**

— **No sooner... than,** *pas plus tôt... que.*

No sooner do I take a bottle away than he gets another. *Je n'ai pas plus tôt enlevé une bouteille qu'il en prend une autre.*

— **I would (I'd) sooner (= I'd rather).**

I would sooner let myself be cut in a thousand pieces than betray my friends. *J'aimerais mieux me laisser couper en mille morceaux que trahir mes amis.*

Variante : **I'd as soon die as go on living as I do.** *J'aimerais autant mourir que de continuer à vivre ainsi.*

I'd just as soon come at five. *J'aimerais tout autant venir à 5 heures.*

SOUND [1072]

SOUND, nom, verbe et adjectif, mot dangereux.

★ Non seulement le vocable **sound** a une triple fonction grammaticale, mais aussi il est le point de rencontre de trois racines différentes (quatre en réalité, mais trois seulement sont assez importantes pour être signalées ici).

Le sens 1 est certes le plus courant. . . . . **75 %**

Mais l'ignorance des deux autres pourrait jouer un mauvais tour au traducteur.

1. Sound (du français *son).*

a) nom, *un son,* mais aussi *un bruit.* . . . . ***(24 %)***

Not a sound was heard. *On n'entendait pas le moindre bruit.*

b) verbe, *sonner, faire sonner, résonner.* . . . . *(51 %)*

To sound + un adjectif, **like** ou **as if,** se traduira par *sembler, avoir l'air* ou une locution analogue. La structure est identique à celle de **LOOK,** 2.

It sounds queer to hear. *Ce que vous dites parait bizarre.*

A broadcast talk that sounds like a public speech is seldom efficacious. *Une causerie à la radio qui ressemble à un discours public est rarement efficace.*

The tune sounds like an Irish song. *Cet air, on dirait une chanson irlandaise.*

It sounded as if someone were trying to get into the house. *On aurait dit que quelqu'un essayait de s'introduire dans la maison.*

2. Sound, adjectif (de l'allemand ***gesund***), *sain de corps,* surtout *d'esprit.*

Safe and sound, *sain et sauf.*

A sound reasoning, *un raisonnement solide.*

A sound business, *une affaire saine, sûre.*

● **Sound** est employé comme adverbe dans la locution **to be sound asleep,** *être profondèment endormi.*

3. To sound (du français *sonder*), *sonder* (un chenal, une blessure, des intentions).

Soundings, *des sondages.*

A sounding-rod, *une sonde.*

SOW

SOW, voir **SAW.**

SPAN

SPAN, verbe et nom.

★ Attention. **Span** n'est pas le prétérit du verbe irrégulier **to spin, spun, spun,** *filer.* **To span** veut dire *franchir, enjamber* (d'un pont par exemple); *couvrir, embrasser* (une période de temps).

This road spans the continent. *Cette route franchit tout le continent.*

Span, nom, *empan, portée, envergure, ouverture, travée* (d'un pont); *durée.*

A screw-spanner, *une clef anglaise* (dont on peut régler l'ouverture).

SPARE [200]

SPARE, verbe et adjectif, mot souvent délicat à traduire, à cause de la multiplicité des équivalents français, parmi lesquels un choix judicieux devra être fait.

1. Le verbe a les sens principaux de, ... **87 %**

a) *faire grâce à* quelqu'un, *épargner.*

b) *épargner, ménager,* etc.

To spare no expense, *ne pas regarder à la dépense.*

To spare no pains, *ne pas marchander sa peine.*

Spare the rod and spoil the child (proverbe). *Qui aime bien châtie bien,* mot à mot *si vous ménagez la verge vous gâtez l'enfant.*

They had neither time nor money to spare for any suffering but their own. *Ils n'avaient ni temps ni argent à consacrer à d'autres souffrances que les leurs.*

c) *pouvoir disposer de* (place, temps, argent, etc.). Il y a de nombreux équivalents possibles.

Can you spare that sum ? *Avez-vous cette somme disponible ?*

There is room and to spare. *Il y a de la place à revendre.*

If you have energy to spare, an evening to spare, *si vous avez de l'énergie de reste, une soirée de libre.*

Her stern cleared the pierhead with only a foot to spare. *La poupe (du bateau) évita le musoir de quelque trente centimètres seulement.*

2. L'adjectif exprime la même idée que 1 c) : *disponible, de trop, de remplacement.* . . . . **10 %**

I have spare copies of the book. *Il me reste des exemplaires du livre, j'en ai de disponibles, en surnombre.*

The spare wheel, *la roue de secours.*

Spare parts, *des pièces détachées.*

The spare room, *la chambre d'amis, à donner.*

★ Le traducteur ne doit pas être dérouté de rencontrer soit un nom + **to spare,** soit **spare** + un nom, et y chercher une différence qui n'existe pas.

Spare time = time to spare, *du temps de reste, des moments perdus, des loisirs.*

Spare money = money to spare, *de l'argent disponible, mis de côté.*

SPIRIT [584]

SPIRIT, nom, faux ami partiel.

L'équivalent français est rarement *esprit.* Il y a plusieurs sens délicats parmi lesquels le traducteur doit savoir distinguer.

1. Spirit, *l'esprit, l'âme,* sens divers comme en français. . . . . **73 %**

2. Spirit, *le souffle vital, l'énergie, le courage, le caractère.* . . . . **4 %**

He is a man of spirit. *C'est un homme de caractère* (et non pas *un homme d'esprit,* **a wit).**

The next seven months were devastating. They scared him and almost broke his spirit. *Les sept mois qui suivirent furent accablants. Ils le plongèrent dans l'épouvante et faillirent briser son courage, abattre son énergie.*

3. Spirits, *l'état d'esprit, l'humeur.* . . . . **7 %**

To be in high spirits, *être en train, en verve.*

To be in low spirits, *être abattu, découragé.*

She was delighted to see the children so merry and Joe and his wife in such good spirits. *Elle était ravie de voir les enfants si joyeux et Joe et sa femme de si bonne humeur.*

4. Spirits, *spiritueux, liqueurs, alcool.* . . . . **5 %**

SPIRITED correspond aux sens 2 et 3.

The soldiers marched in a spirited manner. *Les soldats défilaient d'un pas entraînant, d'une allure martiale.*

To be high- (low-) spirited a le même sens que les deux premières phrases du n° 3.

SPORT [356]

SPORT, nom et verbe, mot souvent trompeur.

On a trop tendance, en effet, à ne voir dans le mot anglais que le sens limité que le mot a pris en français.

1. Le premier sens du mot est *jeu, divertissement, amusement* . . . . **20 %**

To make sport of, *s'amuser, se jouer de.*

A spoil-sport, *un trouble-fête.*

To do something in sport, *faire quelque chose pour s'amuser.*

2. Dans un contexte Vieille Angleterre, **sport** désigne *la chasse* **(hunting and shooting),** *la pêche* (dite sportive), *les courses de chevaux* . . . . **3 %**

Until the Eighteenth Century the hunting of deer was the king of sports. *Jusqu'au dix-huitième siècle la chasse au cerf fut la chasse par excellence.*

3. Sports, *les sports,* comme en français . . . . **58 %**

● Les dérivés de **sport** ont aussi un sens qui peut dérouter le traducteur.

— **Sportsman** a souvent le sens correspond à 2 ci-dessus.

The late duke was a great sportsman, qu'il ne faudrait pas traduire par *le défunt duc était un grand sportif,* mais *aimait beaucoup la chasse et la pêche.*

Autre sens :

He is a real sportsman (familièrement, **a real sport).** *Il a l'esprit sportif, c'est un beau joueur, ou même un chic type* (suprême éloge pour un Anglais).

— **A sporting man,** *un amateur de chasse, un « turfiste », un sportif* (mais pas de café).

The sporting results, *les résultats des courses.*

He took his illness in the most sporting manner. *Il supporta sa maladie avec courage et stoïcisme.*

— **A sportive lamb,** *un agneau folâtre.*

SPRING [690]

SPRING, nom et verbe.

★ Ce mot peut prêter à confusion à cause de ses sens multiples, résultat d'une évolution à partir d'une racine commune.

1. To spring, sprang, sprung, *bondir* (d'où le sens 2), *jaillir* (d'où le sens 3), *poindre* (d'où le sens 4) . . . . **39 %**

A doubt sprang up in his mind. *Un doute germa dans son esprit.*

He is sprung from a noble race. *Il descend d'une race noble.*

To spring a leak, *faire une voie d'eau* (bateau).

The buds were beginning to spring. *Les bourgeons commençaient à poindre.*

2. A spring, *un bond, un ressort* . . . . **7 %**

3. A spring (of water), *une source* . . . . **14 %**

4. Spring, *le printemps* . . . . **35 %**

STAND [2680]

To STAND, stood, stood, verbe irrégulier.

C'est un verbe de position ou de mouvement, selon qu'il est suivi de **up** ou non.

1. To stand, to be standing, to keep standing, etc., *être, rester, se tenir debout* (personnes). . . . . **44 %**

To stand, *se trouver, se dresser, s'élever* (choses). . . . . **15 %**

I was so much exhausted that I could hardly stand. *J'étais tellement épuisé que je pouvais à peine me tenir debout.*

A windmill once stood there. *Autrefois un moulin à vent se trouvait ici.*

★ Le traducteur n'oubliera pas que **to stand,** seul, exprime une attitude, rarement un mouvement.

The audience stood tip-toe with expectation. *L'auditoire était dressé* (et non pas *se dressa*) *sur la pointe des pieds dans une attente impatiente.*

- Souvent **stand** + un gérondif n'est qu'une variante de la forme progressive et ne se traduira pas. (Comparer avec **SIT**).
  She stood looking over my shoulder. *Elle regardait par-dessus mon épaule.*
- **To stand,** suivi d'une proposition au gérondif, pourra donner lieu à la transposition n° 15.
  She stood at the door watching me. *Elle m'observait debout à la porte.*

2. **To stand up,** *se lever, se dresser, se mettre debout.* . . . . **3 %**
Stand up when you are spoken to. *Levez-vous quand on vous parle.*

3. Parmi les sens figurés de **stand** on notera,

a) **To stand** + un complément direct ou un gérondif, *supporter, souffrir*. . **4 %**
We'll invite a lot of artists and critics — all the ones who can't stand one another. *Nous inviterons des tas d'artistes et de critiques... tous ceux qui ne peuvent pas se supporter.*
I can't stand being kept waiting. *J'ai horreur qu'on me fasse attendre.*

b) *offrir, payer à boire* (familier).
He stood me a drink. *Il m'a payé un verre.*

c) **It stands to reason that,** *il est évident, il est de toute évidence que...*

STAR [1020], STARE

STAR et **STARE.**

★ Deux mots à ne pas confondre. Dans les formes dérivées l'orthographe (**r** ou **rr**) est primordiale.

1. **Star,** nom et verbe, *étoile, étoiler* (au propre et au figuré).
— **Starred,** *étoilé.*
To be ill-starred, *être né sous une mauvaise étoile.*
— **Starring,** dans le langage du théâtre et du cinéma.
The Go-Between, starring Julie Christie, *le Messager, avec Julie Christie en vedette.*
— **Starry,** *étoilé.*

2. **Stare,** nom et verbe, *regard fixe, regarder fixement.*
— **Staring. The staring crowd,** *la foule curieuse, ébahie.*
— **Stared. I don't like to be stared at.** *Je n'aime pas qu'on me dévisage.*

START [1008]

START, nom et verbe.

★ Sous l'influence sans doute des deux sens que le mot *starter* a en français, on a souvent le tort de traduire automatiquement **start** par *partir* ou *départ*. . . **40 %**

1. Le verbe a de nombreux autres sens à ne pas négliger.

a) *commencer, se mettre à* (= **to begin**). . . . . **27 %**
To start on a task, *se mettre à un travail.*
To start working, *commencer à travailler.*

b) *faire démarrer, mettre en marche, lancer,* au propre et au figuré . . **7 %**
To start up an engine, *lancer un moteur.*
To start someone in business, *lancer quelqu'un dans les affaires.*

c) (sens trop souvent ignoré) *tressaillir, sursauter,* ou tout autre verbe dénotant une réaction brusque. . . . . **5 %**
He started at the noise. *Le bruit le fit sursauter.*
To start back in fear, *se jeter en arrière effrayé.*
To start to one's feet, *se lever vivement.*
To start up in terror, *se dresser terrifié.*

2. Start, nom, a les sens correspondants à ceux du verbe. . . . . **11 %**

From start to finish, *du départ à l'arrivée.*

To make an early start, *commencer de bonne heure.*

He got a good start in life. *Il a bien débuté dans la vie.*

To wake with a start, *se réveiller en sursaut.*

● Sens particulier : *avance.* . . . . **1 %**

He gave me 10 yards start. *Il m'a donné une avance de 10 yards.*

STICK [380]

To STICK, stuck, stuck, verbe irrégulier et nom.

1. Nom, *bâton, canne.* . . . . **58 %**

2. Verbe, *coller, ficher, rester fiché, fixer.* . . . . **34 %**

Stick no bills. *Défense d'afficher.*

Fling dirt enough, and some will stick. *Calomniez, calomniez, il en restera toujours quelque chose.*

● Le seul sens qui puisse surprendre et embarrasser est celui de **to stick out,**

a) (transitif), *faire dépasser, faire sortir.*

Are you sticking (ou **putting) your tongue out at me ?** *C'est à moi que vous tirez la langue ?*

b) (intransitif), *dépasser.*

They buried him in the sand with only his head sticking out. *On l'enterra dans le sable, laissant seule la tête dépasser.*

STILL [26862]

STILL, adjectif et adverbe, mot dangereux.

★ Ce mot exige une certaine attention à cause des confusions auxquelles il peut donner lieu.

● La première est entre l'adjectif et l'adverbe.

1. Still, adjectif, *immobile, tranquille,* quelquefois *silencieux.* . . . . **9 %**

To keep, to stand, to sit, to lie still, *rester immobile, ne pas bouger.*

The deep green pool was still in the late afternoon. *Le petit lac aux eaux profondes et vertes était immobile à cette heure tardive de l'après-midi.*

D'où la locution **to come to a standstill,** *s'arrêter, s'immobiliser.*

★ La deuxième confusion à éviter est entre les deux sens de l'adverbe.

2. Still, adverbe, *encore, toujours,* placé en général devant le mot, le plus souvent le verbe, qu'il détermine. . . . . **85 %**

His outgoings still exceeded his income. *Ses dépenses dépassaient encore son revenu.*

He still could not get used to coloured shirts. *Il ne pouvait toujours pas s'habituer aux chemises de couleur.*

★ La confusion avec le sens 1 est possible si **still** ne se trouve pas devant le verbe.

I can see him still, looking across his shiny desk at me. *Je le revois, assis derrière son bureau verni, me regardant,* et non pas *je le revois assis immobile....*

● On aura souvent avantage à appliquer la transposition n° 1.

I have still five bobs. *Il me reste 5 shillings.*

- On rencontre souvent **still** devant — ou après — un comparatif (= **even**). . . . . *(16 %)*

  Giving up would be still worse. *Renoncer serait encore pire.*

  They turned up fewer still than expected. *Il se présenta encore moins de monde qu'on n'en attendait.*

3. **Still,** adverbe, *pourtant* (= **yet**). . . . . **5 %**

Il est en général placé en tête de phrase et séparé par une virgule, (variante, **but still**).

My wood is not a large wood... Still, it is the first property that I have owned. *Mon bois n'est pas grand... Et pourtant c'est le premier bien que j'aie jamais possédé.*

STOP [866]

STOP, verbe et nom.

1. Verbe, *(s')arrêter,* pour mémoire. . . . . **69 %**

★ **To stop** + un verbe a deux structures possibles, qu'il faut se garder de confondre.

a) **He stopped watching the television.** *Il s'arrêta* (ou *cessa*) *de regarder la télévision.*

b) **He stopped to watch the television.** *Il s'arrêta* (de faire quelque chose) *pour regarder la télévision.*

Il ignorait cette distinction élémentaire, le propriétaire d'un « château » dans une région vinicole célèbre, et qui pourtant commerce depuis des siècles avec les Anglais, qui, pour inviter les touristes d'outre-Manche à s'y arrêter pour déguster, a placé à l'entrée cette savoureuse pancarte, **« Stop tasting ».** Sous cette forme c'est plutôt une force de dissuasion !

2. **Stop** a quelques autres sens moins courants et qui peuvent entraîner des erreurs.

a) **To stop (= to stay),** *rester, séjourner.* . . . . **16 %**

To stop in bed, at a hotel, *rester au lit, séjourner dans un hôtel.*

b) **To stop... from (= to prevent... from),** *empêcher de.*

There's nothing (that) stops you from going to bed if you want to. *Rien ne vous empêche d'aller vous coucher si vous le désirez.*

c) **To stop,** transitif, *boucher.* . . . . **1 %**

To stop a hole, one's ears, *boucher un trou, se boucher les oreilles.*

To stop a tooth, *plomber une dent.*

3. **A stop,** nom. . . . . **6 %**

To come to a stop, *s'arrêter, s'immobiliser.*

STRIKE [1184]

To STRIKE, struck, struck, verbe irrégulier et nom.

1. Sens courant, *frapper, heurter,* pour mémoire. **52 %**

- Voici quelques autres traductions possibles.

a) *Sonner les heures.* . . . . *(2 %)*

It has just struck four. *Quatre heures viennent de sonner.*

b) *Faire jaillir* (une lumière, du feu). . . . . *(2 %)*

To strike a light, *battre le briquet.*

To strike a match, *frotter une allumette.*

(Avec un sens passif) **These matches are too wet to strike.** *Ces allumettes sont trop mouillées pour prendre.*

c) *Prendre une certaine direction.*
He struck across country. *Il prit à travers champs.*
d) **To strike down,** *abattre, renverser* (coup), *terrasser* (maladie).
e) **To strike off,** *rayer, radier.* . . . . *(3 %)*
His name was struck off the list. *Son nom fut rayé de la liste.*
f) **To strike up,** *commencer de jouer.*
The band struck up the National Anthem. *La musique attaqua l'hymne national.*

2. Autre sens.
a) verbe, **to strike (work),** *faire grève.* . . . . **10 %**
b) nom, **a strike,** *une grève.* . . . . **15 %**
[N.B. Le nom correspondant à **to strike,** sens 1, est **STROKE,** voir ce mot].

STRIP [194], STRIPE [72]

★ **STRIP** et **STRIPE,** deux mots à ne pas confondre. Eventuellement on surveillera les formes verbales (**p** ou **pp**).

1. **A strip,** *une bande, un ruban, un lambeau.*
To strip, stripped, *dépouiller, devêtir.*
He thought he saw the bones of the house stripped of their flesh. *Il croyait voir les os de la maison dépouillés de leur chair.*

2. **A stripe,** *une bande, une raie, une rayure.*
To stripe, striped, *barrer, rayer.*

STROKE [158]

STROKE, nom et verbe.

★ Attention ! Le nom et le verbe n'appartiennent pas à la même racine.
Stroke n'est pas le prétérit de **strike** (confusion fréquente, surtout dans le thème).

1. **Stroke** a tous les sens de coup (d'épée, de chance, d'horloge, de sang, de pinceau, etc.) . . . . **73 %**

2. ★ Il y a un verbe **to stroke,** *caresser,* qu'il ne faut pas confondre avec aucune des formes de **strike** . . . . **? 27 %**
To stroke the cat the wrong way, *caresser le chat à rebrousse-poil.*
He stroked out his beard. *Il se peigna (ou se démêla) la barbe avec ses doigts.*

SUCH [5578]

SUCH, adjectif ou pronom.

★ Le traducteur devra perdre la mauvaise habitude d'associer automatiquement **such** à *tel. Tel,* en effet, n'est pas l'équivalent le plus courant de **such.**

1. **Such** suivi de **as.** Il y a plusieurs structures à bien distinguer.
a) **Such as,** introduisant une énumération ou un exemple, *tel que, comme.*
Certain heavy atoms such as radium and thorium, *certains atomes lourds tels que (ou comme) le radium et le thorium.*
It was a day of peculiar splendour, such as our climate affords once or twice a year. *C'était une journée d'un éclat particulier, comme notre climat en offre une ou deux fois par an.*
b) **Not** + **such** + **a(n)** + adjectif + nom, forme un comparatif d'inégalité et est souvent préféré à **not so** + adjectif + **a(n)** + nom (voir **SO,** 2 a.).
They have not such a pleasant garden (ou **so pleasant a garden**) **as their neighbour.** *Ils n'ont pas un jardin aussi agréable que leur voisin.*

c) **Such as to,** exprime une conséquence, *tel... que.*

His illness was not such as to cause anxiety. *Sa maladie n'était pas telle qu'elle pût causer de l'inquiétude.*

d) **Such** + nom + **as to,** *assez... pour.*

Did you think I was such a fool as to risk my life for fifty pounds a month ? *Avez-vous cru que j'étais assez stupide pour risquer ma vie pour cinquante livres par mois ?*

e) **Such** + nom + **as,** uniquement en style recherché et généralement avec un sens restrictif, équivaut à **those who, that which, those which.**

Such comfort or amusement as existed thirty years ago was devised and organized entirely for the enjoyment of the rich. *Le peu de confort et de distractions qui existaient il y a trente ans étaient imaginés et organisés uniquement pour le plaisir des riches.*

2. Such peut avoir un sens exclamatif.

a) devant un nom. Il faudra trouver une traduction idiomatique.

I wrote him such a letter ! *Je lui ai écrit une de ces lettres !*

He is such a liar ! *En voilà un menteur !*

b) devant un adjectif. **Such** a la même construction qu'en 1 b) mais il est suivi de **that:** *si, tellement ... que.*

In the pre-machine age, there was much brute toil of such physically exhausting and dehumanising character that it could scarcely be regarded otherwise than as an evil. *Avant le machinisme prédominait une forme de labeur abrutissant, physiquement si épuisant et deshumanisant qu'on ne pouvait guère voir en lui autre chose qu'une malédiction.*

[On voit d'après cet exemple la nécessité de déplacer le groupe adjectival après le nom].

SUIT [314], SUITE

★ **SUIT, SUITE,** deux noms à ne pas confondre.

1. Suit, en se limitant aux sens du nom :

a) *un procès.*

b) *une requête, une demande.*

c) *un complet, un ensemble* (de vêtements). .... **36 %**

d) *une couleur* (aux cartes).

To follow suit :

(sens propre), *fournir dans la couleur.*

(sens figuré), *suivre l'exemple des autres.*

Totalitarian teams have spent fairly heavily on international sport. Now some of the democracies seem to be following suit. *Les équipes totalitaires ont consacré des sommes assez importantes au sport international. Quelques démocraties semblent maintenant les imiter, suivre le mouvement.*

2. A suite.

a) **A suite of rooms,** *un appartement.*

b) **A drawing-room suite,** *une salle à manger* (le mobilier seulement).

c) **A suite by Bach,** *une suite de Bach.*

SUPPORT [876]

SUPPORT, nom et verbe, faux-ami.

Réfléchissant à la lettre qu'il va écrire à sa femme pour lui annoncer sa décision de se séparer d'elle, un héros du romancier Joyce Cary **(The Breakout)** médite en ces termes, **« Louie was simply the woman who lived in the house... a woman whom he supported and who had no real contact with him at all. »**

Avec un manque total de logique, hélas trop fréquent, on traduit froidement *« une femme qu'il supportait »*, alors que toute la lettre va dire à Louise pourquoi son mari ne peut plus la supporter **(put up with her) !**

Rappelons donc les sens de ce verbe :

1. *Faire vivre, entretenir, subvenir aux besoins de,* comme ci-dessus. . . . . . . **9 %**
He has a wife and three children to support. *Il a une femme et trois enfants à nourrir.*

2. *Soutenir quelqu'un, lui prêter appui; soutenir, supporter* (une voûte), *maintenir en place.* . . . . **12 %**

3. *Soutenir* (une motion, un gouvernement, une équipe), *corroborer* (une théorie), *appuyer* (des efforts), etc. . . . . **27 %**

4. **Support,** nom, a les sens correspondants à ceux du verbe : *appui, soutien* (physique ou moral). . . . . **43 %**

SURE [900]

SURE, adjectif, mot-piège.

Sure se traduit par *sûr(e)* dans tous les cas.

1. ★ Il y a pourtant un sens dangereux et qui offre une fréquence non négligeable . . . . **15 %**
He is sure to come, ne veut pas dire *il est sûr de venir,* mais *il viendra sûrement, certainement* (transposition n° 9).
Si un professeur dit d'un élève **he is sure to succeed,** il ne veut pas dire que c'est l'élève, mais que c'est lui, le professeur, qui est sûr du succès : *il réussira sûrement.*

● On peut trouver comme sujet un nom de chose.
The affair would be sure to be talked of. *On parlerait sûrement de cette affaire.*

2. Quelques locutions courantes :

To make sure of a fact, *s'assurer d'un fait* . . . . **8 %**
To make sure that..., *s'assurer que,* voir **MAKE,** 3 . . . . **4 %**
To be sure, *assurément, mais oui parbleu* . . . . } **10 %**
Well, to be sure ! *Ah ça alors ! par exemple !* . . . . }

SURELY [250] a un sens trompeur (b).

a) *Sûrement* (= **certainly**).

b) En tête de phrase l'adverbe **surely** sert à exprimer la conviction, l'espoir ou la confiance de la personne qui parle. Il y a de nombreuses traductions possibles, mais il ne faut pas calquer.
Surely you're not going out in this rain ! *Vous n'allez tout de même pas sortir par une pluie pareille.*
Surely we have met before. *Nous nous sommes déjà rencontrés, n'est-ce pas ?*
Surely his parents will disapprove. *Je suis certain que ses parents ne seront pas d'accord.*

SWEEP [300]

To SWEEP, swept, swept, verbe irrégulier.

Toutes les listes de verbes irréguliers donnent ce verbe avec la traduction *balayer,* faute probablement de trouver une meilleure traduction pour ses emplois plus courants.

1. *Balayer* en effet ne représente qu'un pourcentage de .... **9 %**

- Dans la majorité des cas, **to sweep** indique un mouvement rapide, souvent brutal et plus ou moins circulaire (verbe intransitif) ou son effet (verbe transitif). Dans les deux cas on appliquera souvent la transcription n° 14.

2. **To sweep,** intransitif .... **43 %**

   The train swept by. *Le train passa en trombe.*
   The plague swept over Europe. *La peste se répandit sur toute l'Europe.*

   On trouvera quelquefois **sweep** employé avec une nuance de majesté, même de dédain.

   She swept into the room. *Elle pénétra dans la pièce avec un port de reine* (comme avec une traine balayant le sol).
   They swept by us. *Ils passèrent devant nous, l'air dédaigneux.*

3. **To sweep,** transitif (actif ou passif) .... **25 %**

   The sailor was swept overboard. *Le marin fut emporté par une lame.*
   The flood swept the bridge away. *La crue a emporté le pont.*
   The canoe was swept broadside into the troubled water. *Le canoé fut entraîné par le travers au milieu des eaux tumultueuses.*

4. **SWEEPING,** adjectif .... **11 %**

   Sens particuliers :

   a sweeping statement, *une déclaration absolue, catégorique.*
   sweeping changes, *des changements radicaux.*

5. **SWEEP,** nom .... **1 %**

   A sweep of the hand, *un grand geste de la main.*

T

TAKE [7008]

To TAKE, took, taken, verbe irrégulier.

1. **To take** correspond à tous les sens de *prendre* . . . . **69,2 %**

2. ★ Il y a un autre sens courant que l'on ignore trop souvent . . . . . . **7,9 %**

   C'est celui de *porter quelque chose, d'emmener,* de *conduire quelqu'un.*

   To take a letter to the post ne veut pas dire *prendre, aller chercher une lettre à la poste,* mais exactement le contraire, *la porter.*

   He had been ordered to take a message through to one of the buildings which the police were besieging. *Il avait reçu l'ordre de faire parvenir un message à l'un des bâtiments que la police assiégeait.*

   He took the young woman to the restaurant. *Il emmena la jeune femme au restaurant.* [Le mot à mot serait scabreux !]

3. **To take** suivi de certaines pré-/ ou postpositions peut avoir de nombreux sens idiomatiques bien loins du sens premier.

   Voici les plus courants :

   — **To take in,** *comprendre, juger.*

   They stood there letting me take them in. *Debout là, ils me laissaient toute liberté de les étudier, de les jauger.*

   — **To be taken in,** *se faire rouler, être dupe.*

   — **To take after somebody,** *tenir de, ressembler à quelqu'un.*

   — **Don't take on so,** *ne vous désolez pas comme ça,* ou bien *ne vous fâchez pas.*

   — **They have taken to each other.** *Ils se sont plus, ils ont éprouvé de la sympathie l'un pour l'autre.*

   — **To take over,** *reprendre une maison de commerce, prendre la succession.* **0,7 %**

4. **To take,** suivi d'un nom de nombre, de durée, correspond à un sens de *falloir, être nécessaire* . . . . **3,7 %**

   It took four men to hold him. *Il fallut quatre hommes pour le maintenir.*

   It had taken him seven years to save that fifty pounds. *Il lui avait fallu sept ans pour mettre de côté ces cinquante livres.*

   It takes all sorts to make a world. *Il faut de tout pour faire un monde.*

5. **Take** se trouve dans de nombreuses locutions comme :

   — **to take to** + un nom ou un gérondif, *s'adonner à* . . . . **1 %**

   To take to drink, to gambling, *s'adonner à la boisson, au jeu.*

   He abandoned journalism and took to writing novels. *Il abandonna le journalisme et se mit à écrire des romans.*

   — **I take it that...,** *je suppose que...* . . . . **1 %**

   — **To be taken ill,** *tomber malade* . . . . **0,3 %**

   — **To take an oath,** *prêter serment* . . . . **0,5 %**

   — **To take a journey,** *faire un voyage* . . . . **1,2 %**

   — ★ **To take place** ne veut jamais dire *prendre place, s'asseoir,* mais *arriver, survenir* (= **to happen, to occur).**

TEAR [496]

To TEAR, tore, torn, verbe irrégulier et nom.

★ Ce mot double appartient à deux familles distinctes.

I.1. **To tear,** *déchirer* .... **24 %**

Les nuances précises introduites par les postpositions devront être traduites, soit par un verbe précis soit par l'adjonction d'un adverbe.

I have torn my dress. *J'ai déchiré ma robe.*
He tore the poster down from the wall. *Il arracha l'affiche du mur.*
A shell tore off his arm. *Un obus lui emporta le bras.*
He tore up the letter. *Il déchira la lettre en mille morceaux.*
He tore the envelope open. *Il ouvrit fébrilement l'enveloppe.*
They tore at the wreckage of the car to release the driver. *Ils s'efforçaient de soulever les débris de la voiture pour dégager le conducteur.*
[Pour la nuance exprimée par **at,** voir **AT,** 2b.]

● **To tear,** intransitif, *se déchirer* .... *(1 %)*
Paper tears easily. *Le papier se déchire facilement.*

2. Familièrement **to tear** a un autre sens assez différent .... **8 %**

Suivi d'une préposition ou d'une postposition, il exprime un mouvement rapide.

He tore downstairs. *Il descendit précipitamment.*
The car was tearing along. *La voiture filait à toute allure.*
The children were tearing about in the garden. *Les enfants couraient en tous sens dans le jardin.*

II. **A tear,** *une larme* .... **58 %**

To burst into tears, *éclater en larmes.*

★ Il n'y a pas de verbe **to tear,** *pleurer,* correspondant à ce sens !

TELL [3550, pourcentages non indiqués]

To TELL, told, told, verbe irrégulier.

1. **To tell,** *dire, raconter.*

Ses différentes structures (**to tell something to somebody, to tell somebody something, to tell somebody about,** ou **of, something**), si délicates à assimiler pour un étranger, n'offrent pas de difficulté dans la traduction.
Les différences de sens et d'emploi entre **tell** et **say,** une des grosses difficultés du thème, ne présentent pas non plus de problème dans la version.

● On s'habituera aussi facilement à reconnaître et à traduire les formes passives.
He was told a story. *On lui raconta une histoire.*
He was told to wait. *On lui dit d'attendre.*
He does not need to be told twice. *On n'a pas besoin de le lui dire deux fois.*

● Quelques emplois familiers de **tell,** dont on ne saurait calquer la traduction.
I'll tell you what ! *Ecoutez-moi bien !*
Don't tell me ! *Il ne faut pas m'en conter ! A d'autres !*
Let me tell you ! *Je vous assure, je vous en réponds !*
How can I tell ? *Qu'est-ce que j'en sais ?*

★ Attention aux autres sens de **tell** que l'on ignore trop souvent :

2. **To tell,** *distinguer, reconnaître,* souvent précédé de **can.**

I can't tell one twin from the other. *Je ne peux pas distinguer un des jumeaux de l'autre.*
You could tell he was mad. *On voyait bien qu'il était furieux.*

3. **To tell,** *compter.*

To tell one's beads, *réciter son chapelet,* mot à mot *compter les grains.*

The servant counted them all on his fingers, like Abraham telling sheep. *Le domestique les compta tous sur ses doigts, comme Abraham comptant les moutons.*

All told, *tout bien compté.*

4. **To tell,** *prévoir,* dans l'expression **You never can tell,** *on ne sait jamais.*

C'est le titre d'une pièce de G.B. Shaw, qui a été grossièrement traduit par : *Il ne faut jamais dire.*

5. **To tell (on),** verbe intransitif, *produire son effet, porter.*

It's the little things that tell. *Ce sont les petites choses qui comptent.*

The remark told. *La remarque porta.*

Age is beginning to tell upon me. *Je commence à sentir les effets de l'âge.*

A telling blow, *un coup bien asséné.*

TERM [966]

TERM, nom, faux-ami partiel.

Term est loin de correspondre à son équivalent français.

1. Le traducteur se montrera plus avisé que le journaliste de la radio déclarant froidement que « *les Travaillistes sont opposés aux termes que Mr Heath a obtenus pour l'entrée de la Grande-Bretagne dans le Marché Commun* ».

The terms, se sont *les conditions, les clauses,* d'un traîté par exemple, et non *les termes,* qui veut dire en français les mots utilisés, le libellé. Erreur grossière !

We have had to come to terms. *Il a fallu négocier, capituler.*

2. Autre sens de **terms,** *les conditions, les prix d'un hôtel ou d'une pension.*

3. L'expression **in terms of** ne saurait se traduire paresseusement pas *en termes de.* Elle signifie *en fonction de, sous l'aspect de.*

To try to reckon happiness in terms of worldly success, *essayer de mesurer le bonheur en fonction du succès* (ou *par rapport au succès*) *social.*

4. Rappel : **term,** sens scolaire, *un trimestre* .... ***? 19 %***

During term (langue universitaire), *pendant la période des cours.*

THAT [53794]

THAT, adjectif, pronom ou conjonction.

★ Mot délicat à cause de sa triple fonction et de sa facilité à disparaître.

1. Adjectif ou pronon démonstratif, pluriel **those** .... **24,2 %**

En principe **that** s'oppose à **this, those** à **these.**

En principe **that** et **those** expriment l'éloignement dans l'espace et dans le temps. Lorsque ce principe est appliqué, il faut donc bien préciser dans la traduction en employant *-là* ou *cela.*

At that time, in those days, *à cette époque-là.*

Is that what you really think ? *Est-ce vraiment cela que vous pensez ?*

● On notera que **that** peut se charger d'une valeur affective, exprimer une nuance péjorative ou au contraire laudative. Cette nuance doit être rendue en français.

I'm sick of that fellow. *J'en ai marre de ce type.*

We remember Gloucester Cathedral for that staggering east window. *Ce que nous nous rappelons de la cathédrale de Gloucester, c'est cette fameuse verrière est qui vous coupe le souffle.*

- A noter l'emploi idiomatique et familier de **at that.**

  He is only a fiddler and only a poor one at that. *Ce n'est qu'un violoneux et encore assez piètre.*

- **That** peut s'employer comme adverbe.

  That much, voir **MUCH.**

  We didn't go that far. *Nous ne sommes pas allés aussi loin que cela.*

2. Pronom relatif, invariable . . . . **12 %**

Deux points sont importants pour permettre de reconnaître et de construire la proposition relative :

a) **That** complément entraîne obligatoirement un rejet de la préposition.

He had the appearance of being a person that you could talk to if somehow you could get him alone. *Il donnait l'impression d'être une personne avec qui l'on pouvait parler si on pouvait s'arranger pour l'isoler.*

b) Le traducteur doit pouvoir reconnaître l'absence de **that,** souvent sous-entendu quand il est complément, plus rarement quand il est sujet. Voir Omissions, I, n° 2, 3, 4, page 278.

3. Conjonction . . . . **63,1 %**

Il y a deux points importants à noter qui sont essentiels pour permettre d'analyser la structure de la phrase.

a) **That** (= *que*) est fréquemment sous-entendu. Voir Omissions, I, 1, page 278.

b) **That,** mis pour **so that, in order that,** exprimant le but, *afin que, pour que.* On reconnaîtra toujours ce sens de **that** à ce qu'il est suivi du subjonctif avec **may** ou **might.** Voir **MAY,** 4 a.

In Germany at Easter time they hide coloured eggs about the house and the garden that the children may amuse themselves in hunting after them. *En Allemagne, au temps de Pâques, on cache des œufs colorés dans la maison et dans le jardin pour que les enfants s'amusent à les dénicher.*

★ Attention. **That** peut introduire une proposition placée en tête de phrase. C'est souvent une cause d'obscurité ou une occasion d'erreur. Etudier la phrase citée à la rubrique Inversion, n° 2 f, page 276.

THE [. . . .]

THE, article défini.

Les trois points suivants sont importants pour le traducteur.

1. The, étant d'un usage moins courant que l'article français, se trouve parfois avoir une valeur accrue, que le français rendra par un démonstratif.

At the time, *à cette époque.*

At the moment, *en ce moment.*

The latter, *ce dernier.*

The great new computers, cried Wiener, are not mere mathematical tools. *Ces fameux ordinateurs modernes, s'écria Wiener, ne sont pas de simples outils de mathématiciens.*

2. The, suivi d'un adjectif concret substantivé. Cet adjectif est toujours pluriel.

The rich can buy large quantities of freedom, the poor must do without it. *Les riches peuvent acheter la liberté en grande quantité, les pauvres doivent s'en passer.*

3. The est aussi adverbe devant un comparatif, avec le sens de *d'autant plus* (quelquefois précédé de **all** ou **so much).** Voir **MORE,** 3, **AS,** 2 b.

★ Ce sens échappe souvent au traducteur.

Now, for instance, instead of sipping a thimbleful of port and complaining of the headache, she tossed off a tumbler of Chianti and slept the sounder. *Ainsi par exemple maintenant, au lieu de siroter un doigt de porto et de se plaindre de migraines, elle avalait d'un trait un verre de Chianti et n'en dormait que plus profondément.*

Si l'adverbe est placé avant le verbe, le traducteur pourra avoir des difficultés à déterminer la structure de la phrase.

The old man pushed the coffin aside with his foot the better to approach Padre José. *Le vieux repoussa le cerceuil du pied pour pouvoir mieux approcher du père José.*

THEN [6638]

THEN, adverbe.

★ Le traducteur irréfléchi traduit presque automatiquement **then** par *alors*. C'est une tendance dont il devra se méfier, car le problème est nettement plus complexe.

Voici les trois sens du mot :

1. *Alors, à ce moment-là* . . . . **76 %**

He was an ambitious young man then, ou **he was then...** *C'était alors un jeune homme ambitieux.*

2. *Puis, ensuite, après* (= **next**) . . . . **4 %**

We'll have supper first and then have some music. *Nous souperons d'abord et ensuite nous ferons de la musique.*

3. *Alors, donc, par conséquent* . . . . **21 %**

If you are tired, then you had better go to bed. *Si vous êtes fatigué, alors vous feriez mieux d'aller vous coucher.*

★ La confusion entre les sens 1 et 3 est fréquente. Le contexte peut guider le traducteur, quelquefois la ponctuation.

Did he do it, then ? *Il l'a donc fait ? Alors, l'a-t-il fait ?*

Did he do it then ? *L'a-t-il fait alors, à ce moment-là ?*

4. Locutions . . . . **1 %**

Now and then, now then, voir **NOW.**

Then and there, *séance tenante.*

What then ? *et alors ? et puis après ?*

And if I have taken the money, what then ? *J'ai pris l'argent. Et alors ? et puis après ?*

N.B. Les pourcentages indiqués sont bien ceux donnés par Michael WEST. On pourra être surpris en en faisant le total.

THERE [12496]

THERE, adverbe.

1. *Là, jusque là, là-bas* . . . . **21,8 %**

Il y a d'autres traductions possibles, en particulier les petits mots *y* et *en*, auxquels le traducteur pense rarement.

There I agree with you. *Sur ce point je suis d'accord avec vous.*

I've never been to Iceland yet, but I hope to go there next summer. *Je n'ai jamais été en Islande encore, mais j'espère y aller l'été prochain.*

You have been to London ? — Yes, I've just come from there. *Vous avez été à Londres ? — Oui, j'en reviens.*

● Quelques locutions idiomatiques.

There and then, *séance tenante.*

There now ! *Voilà, ça y est !*

There you are ! *Enfin vous voilà,* ou *voici, Monsieur* (dans un magasin).

Find Marian for me, there's a good fellow (ou **there's a dear).** *Trouve-moi Marianne, tu seras gentil, tu seras un amour.*

2. There devant **to be,** *il y a, il est, il existe* . . . . **70 %**

Le sujet est quelquefois placé avant **there**, voir l'Inversion, n° 2a, page 276.

★ Attention ! **There** suivi de **to be** peut garder le sens 1.

There's Mr Jones. Let's invite him to join us. *Voici M. Brun. Invitons-le à se joindre à nous.*

The family included the husband, the wife and two children. There at least is something that admits of no controversy. *La famille comprenait le mari, la femme et deux enfants. Voilà au moins quelque chose qui ne souffre pas de discussion.*

There peut s'opposer à **here,** dans une description par exemple.

Here comes breakfast... There is the low room... *Voici venir le petit déjeuner. Voilà la salle basse...*

● **There is no** + gérondif, *il n'y a pas moyen de, il n'est pas possible de.*

There is no arguing with you. *On ne peut pas discuter avec vous.*

There is no recalling the past. *Le passé reste le passé,* mot à mot *il n'est pas possible de faire revenir le passé.*

3. Dans le style recherché, **there** suivi d'un autre verbe forme une tournure impersonnelle . . . . **7 %**

Le français ne dispose pas toujours d'une tournure équivalente. L'inversion suffira la plupart du temps.

There happened to be a doctor on the train. *Il se trouva qu'il y avait un docteur dans le train.*

There came a time when... *Vint un moment où...*

It was then that there arose an unexpected difficulty. *C'est alors que surgit une difficulté inattendue.*

One day in the early fifth century there descended upon the district a band of Irish raiders. *Un jour au début du cinquième siècle s'abattit sur la région une bande de pillards irlandais.*

THEY [17528]

THEY, pronom personnel, *ils* ou *elles.*

Bien sûr ! Mais le traducteur devra, le cas échéant, se souvenir que **they** peut avoir un sens indéfini, *les gens là-bas* (par opposition à nous), donc *on* . . **1,6 %**

Music was borne in from the next room where they were playing the wireless. *De la musique venait de la pièce voisine où l'on faisait marcher la radio.*

THING [3666]

THING, nom.

Thing(s) se traduira bien sûr par *objet(s), chose(s), affaire(s),* et il y a de nombreux parallélisme entre les emplois idiomatiques de ces mots dans les deux langues. On notera pourtant quelques locutions où le mot à mot n'est pas de mise.

He knows a thing or two. *Il en sait plus d'une, il est malin.*

For one thing there isn't time, for another... *D'abord il n'y a pas le temps, ensuite...*

The thing is to find a substitute. *Le difficile est de trouver un remplaçant.*

The thing is : will he like it or not ? *Le point important c'est de savoir si ça lui plaira ou non.*

The latest thing in ties, *des cravates dernier cri.*

That will be just the thing for him. *C'est exactement ce qu'il lui faut.*

He is not feeling (looking) quite the thing this morning. *Il ne se sent pas (il n'a pas l'air) dans son assiette ce matin.*

● Le traducteur n'oubliera pas aussi que l'anglais emploie souvent **thing** familièrement pour les personnes et les êtres animés . . . . **1,3 %**
Les traductions sont multiples, souvent fonction de l'adjectif, comme pour **FELLOW** (voir ce mot).

Poor thing ! *Le pauvre !*

She is a dear old thing. *C'est une bien brave vieille.*

What a nasty old thing ! *Quelle vieille chipie !*

She was the loveliest thing I had ever seen in my life. *De toute ma vie je ne souviens pas avoir vu créature plus charmante.*

The wild things of the jungle, *les créatures, les bêtes sauvages de la jungle.*

THINK [3566]

To THINK, thought, thought, verbe irrégulier.

★ Rappel aux étourdis : **thought** ne doit pas être pris pour **though.**

1. Les équivalents français de **think** ne se limitent pas à *penser. Songer, croire, réfléchir* doivent aussi être employés à bon escient.

● **To think** peut être construit soit avec **about** soit avec **of.** D'ordinaire les deux prépositions s'emploient indifféremment, mais il peut arriver que **about** exprime plus d'insistance que **of.**

What are you thinking of (about) ? *A quoi pensez (songez)-vous ?*

I've been thinking about that question for a long time. *Il y a longtemps que je réfléchis à la question.*

● **To think** a aussi les sens de (a) *se rappeler,* (b) *trouver, imaginer, avoir l'idée de.*

a) **I can't think of his name.** *Je ne me rappelle pas son nom.*

b) **We must think of a way out of our difficulties.** *Il faut trouver un moyen de sortir de nos difficultés.*

Who first thought of using steam to drive machines ? *Qui a eu le premier l'idée d'utiliser la vapeur pour faire fonctionner des machines ?*

2. To think peut être suivi d'un adjectif ou d'un nom, ayant fonction d'attribut. Traduire par *juger, trouver, croire.*

I think her pretty. *Je la trouve jolie.*

I thought it strange. *J'ai trouvé cela bizarre.*

I thought it strange that... *J'ai trouvé curieux que...*

[Sur l'emploi de ce **it** « d'anticipation », voir **IT.**]

I thought it a most interesting book. *J'ai trouvé ce livre très intéressant.*

3. To think + un adverbe de degré + **of,** *avoir une (certaine) opinion de.*

★ Attention qu'il peut y avoir sur ce point une confusion : **I don't think much of him.** On pense tout de suite à *je ne pense pas beaucoup à lui.* Le sens est tout autre : *je n'ai pas une très haute opinion de lui, il ne m'emballe pas.*

He thinks very highly of you. *Il a une très haute opinion de vous.*

He is thought well (badly) of. *Il est très bien (mal) considéré.*

You'll think better of it, voir **BETTER,** 4.

To think nothing of, voir **NOTHING.**

4. Quelques sens exclamatifs de **think.**

Who'd have thought it ! *Qui l'aurait dit ?*

Only think ! Just think ! *Songez donc ! Imaginez un peu !*

To think that..., to think of + gérondif, *dire que... !*

To think that he is only twenty. *Dire qu'il n'a que vingt ans.*

The Irish brute ! To think of human beings having to work for a brute like that. *Quelle brute cet Irlandais ! Et dire qu'il y a des êtres humains qui sont contraints de travailler pour une brute pareille !*

5. To think, verbe composé.

— **To think out** ou **over,** *méditer, réfléchir, délibérer.*

That wants thinking out, ou **over.** *Cela mérite réflection.*

— **To think out** veut dire aussi *arriver à une solution.*

A carefully thought-out plan, *un plan soigneusement élaboré.*

THIS [28146]

THIS, adjectif ou pronom.

This (pluriel **these**) s'oppose en principe à **THAT** (pl. **those**), voir ce mot. Il se réfère à un lieu ou à un moment proches. Il faut alors préciser ce sens en employant *-ci, ceci.*

Mind you learn your speech by heart this time and don't stammer as you did last year. *N'oubliez pas d'apprendre votre discours par cœur cette fois-ci et ne bafouillez pas comme l'an dernier.*

★ **This last year** ne veut pas dire *l'année dernière,* mais *l'année en cours,* celle qui est en train de s'écouler.

● Cette idée de proximité se rendra aussi souvent par *notre, nos,* ou une tournure plus explicite encore.

In this country, *en Angleterre, chez nous* (pour un Anglais).

These days, *de nos jours.*

By this time, *à l'heure qu'il est.*

This is July. *Nous sommes en juillet.*

It is not my poor parents who are to be indicted for the lack of moral barriers, but this society. *Ce ne sont pas mes pauvres parents qu'il faut accuser de ce manque de barrières morales, c'est la société dont nous faisons partie.*

If you measure violence by quantity, then this is indeed an age of terror. *Si l'on mesure la violence en quantité, alors c'est bien une époque de terreur que nous vivons.*

● **This** est souvent trop vague en français et peut avoir besoin d'être étoffé par un nom. Voir Etoffement, n° 4, p. 262.

He loved the past, the old music and dances and customs of old England. He would try and live in the spirit of these, not in the spirit of the world of business. *Il aimait le passé, la musique et les danses d'autrefois, les coutumes de la vieille Angleterre. Il essaierait de vivre dans l'esprit de ces traditions et non dans celui du monde des affaires.*

● **This,** et surtout **these, these last** peuvent s'employer à la place de **for,** après un present perfect ou un past perfect.

Mr Marley has been dead these seven years. *Voilà sept ans que M. Marley est mort.*

THOUGH [2644]

THOUGH, conjonction et adverbe.

Though a trois emplois principaux. **Although** remplace souvent **though,** mais seulement au premier sens.

1. **Though,** conjonction de restriction, *bien que, quoique* .... **81 %**
On notera que **to be** est souvent sous-entendu dans la subordonnée, comme en français d'ailleurs.
Though French by birth, he has lived in England all his life. *Bien que (qu'il soit) Français de naissance, il a toujours vécu en Angleterre.*

● *Quoique* étant déjà lourd par lui-même et entraînant un subjonctif parfois disgracieux, on aura souvent intérêt à le remplacer par une autre conjonction ou à utiliser une tournure différente.
There was a general impression that, though no rats, mice, bats or spiders were visible, they had merely retired at the sound of feet on the stairs. *On avait l'impression générale que, si on ne voyait pas de rats, de souris, de chauves-souris ou d'araignées, c'est qu'ils s'étaient simplement retirés au bruit des pas dans l'escalier.*
Though it was raining slightly, *malgré une légère pluie.* (Transposition, n° 16).
Though not handsome, she was attractive. *Sans être belle elle avait du charme.*

2. **Though,** précédé d'un adjectif ou d'un adverbe, *si, pour, quelque... que* (Equivalents **AS**, 1c, **HOWEVER**, 3).
Strong though you are, *si fort que vous soyez.*
Stange though it may appear, *quelqu'étrange (ou pour étrange) que cela paraisse.*
La place de **though**, l'emploi fréquent de l'auxiliaire **may** permettent sans équivoque de distinguer ce sens du sens 1.

● On aura souvent intérêt à éviter, par une transposition, une tournure parfois bien lourde.
Fervent though my faith was, I had been terribly bored by all the church-going that was forced upon me. *Malgré la ferveur de ma foi, j'avais ressenti un ennui terrible à toutes les pratiques religieuses qu'on m'imposait.*

3. **Though,** adverbe, *pourtant, néanmoins,* généralement en fin de phrase .. **1,3 %**
He promised he would come, he didn't though. *Il m'avait promis de venir, et pourtant il n'est pas venu.*

4. **Though** se trouve dans deux locutions conjonctives.
a) **As though,** *comme si,* équivalent **as if,** voir **AS**, 3 .... **15 %**
We think of our regularity as something heroic and splendid as though it were the regularity of the planets. *Nous croyons que notre régularité est héroïque et splendide, comme si c'était celle des planètes.*
Après **as though** comme après **though, to be** est souvent sous-entendu.
Obviously she had been that way before, for she dodged the boggy bits as though by habit. *Elle était évidemment déjà venue par là, car elle évitait, comme par habitude, les endroits marécageux.*

● Comme avec **as if** (voir **AS**, 3) on aura intérêt à éviter le mot à mot quand **as though** suit un verbe de perception.
He looked as though he was going to cry. *On avait l'impression qu'il allait pleurer.*

b) **Even though,** *même si.*
I shall refuse, even though I starve. *Je refuserai, même si je dois (ou dussè-je) mourir de faim.*

Though tout seul peut avoir ce sens (rare).

Though all the world were against me, I should still hold to my opinion. *Même si le monde entier était contre moi, je n'en renoncerais pas pour autant à mes opinions.*

THROUGH [3996]

THROUGH, préposition ou postposition.

1. Elle exprime essentiellement l'idée de *traverser de part en part,* alors que **across** exprime l'idée de *traverser, mais en surface* .... **47 %**

To bore a hole through a board, *percer un trou à travers (ou dans) une planche.*

The policeman forced his way through the crowd. *L'agent se fraya un chemin à travers la foule.*

● S'il n'y a pas vraiment idée de traversée matérielle, le français emploiera plutôt *par.*

The music could be heard through the open window. *On entendait la musique par la fenêtre ouverte.*

The morning breeze crept through the chink of the carriage door. *La brise du matin pénétrait par la portière mal fermée.*

● On appliquera aussi souvent la transposition n° 14.

He hurried through the office. *Il traversa le bureau en hâte.*

The secretaries padded through the anti-chambers. *Les secrétaires traversaient les antichambres à pas feutré.*

To break through, *s'introduire par effraction.*

2. Principales idée secondaires se rattachant plus ou moins au sens premier .. **52 %**

a) *d'un bout à l'autre, complètement* .... *(9 %)*

The police searched through the house. *La police a fouillé toute la maison.*

I saw her safely through. *Je l'ai assistée jusqu'au bout.* [Sur le sens de **see,** ici, voir **SEE,** a].

I have been through the pile of papers, but the missing letter was not here. *J'ai examiné toute la pile de papiers, sans pouvoir trouver la lettre manquante.*

[**To look through, to read through** ont des sens voisins].

The product is put through many tests before it is finally approved. *On fait subir au produit de nombreux essais avant de l'agréer définitivement.*

I have never been able to sit through an Italian opera. *Je n'ai jamais pu écouter jusqu'au bout un opéra italien.*

To carry through, voir **CARRY,** 4.

b) *par l'intermédiaire de, grâce à* .... *(27 %)*

I got to know of it through a friend. *Je l'ai appris par (l'intermédiaire d') un ami.*

c) *à cause de.*

He became ill through overwork. *Le surmenage l'a rendu malade.*

Through + le gérondif, *à force de.*

We learn to speak through speaking. *C'est à force de parler qu'on apprend à parler.*

d) *pendant, d'un bout à l'autre* .... *(12 %)*

Avec ce sens on trouve aussi la préposition composée, **throughout.**

The staff had to work through the weekend. *Le personnel dut travailler pendant tout le week-end.*

Tortoises sleep the whole winter through, throughout the winter. *Les tortues dorment pendant tout l'hiver.*

- Autres sens idiomatiques, déterminés par un verbe donné.
  — **To get through a test or examination,** *réussir à une épreuve ou à un examen* . . . . *(3 %)*
  — **To go through,** *endurer, souffrir.*
  You need a rest, after all you've gone through. *Vous avez besoin de repos après toutes les épreuves que vous avez traversées.*
  — **To fall through,** *ne pas aboutir, tomber dans l'eau.*
  — **To see through,** *voir clair, percer* (les intentions).
  I saw through the trick. *J'ai découvert l'astuce.*
- **To be + through** . . . . *(1 %)*
  — **To be wet through,** *être trempé* (de part en part), *mouillé jusqu'aux os.*
  — **I am through with you.** *C'est fini entre nous, je ne veux plus vous voir.*
  — **You are through** (téléphone). *Vous avez la communication.*
- **All through.**
  a) (préposition) **all through (= throughout) the night,** *pendant toute la nuit.*
  b) (adverbe) **I knew that all through (= all along).** *Je le savais depuis le début, j'en ai toujours été informé.*

THROW [836]

To THROW, threw, thrown, verbe irrégulier.

1. On connait la différence de sens entre **throw at** (voir **AT,** 2a) et **throw to,** mais la traduction doit l'expliciter clairement.

He threw the ball to me, but I could not catch it. *Il me lança (ou m'envoya) la balle mais je ne pus l'attraper.*

He threw the book at me but I dodged the blow. *Il me lança le livre à la figure mais j'esquivai le coup.*

2. On ne doit pas être surpris par la construction de **throw** avec deux compléments sans préposition.

She threw the poor dog a bone. *Elle lança un os au pauvre chien.*

3. To throw s'emploie avec toutes les prépositions de mouvement **(about, away, back, down, in, off, out, over, up).** Le sens est assez évident. Il faut pourtant mentionner quelques emplois particuliers où le sens du verbe est précisé ou carrément modifié.

a) **To throw away,** *jeter (et* non *lancer)* quelque chose qui ne sert plus ou dont on veut se débarrasser . . . . **4,6 %**

The meat is not fresh. Throw it away. *La viande n'est pas fraîche. Jetez-la.*

The sooner a consumer throws away the object he has bought and buys another, the better for the producer. *Plus un consommateur se débarrasse rapidement de (ou met au rebut) l'objet qu'il a acheté pour en acheter un autre, plus c'est intéressant pour le producteur.*

To throw away veut dire aussi *dépenser en pure perte, gaspiller* (son temps, son argent).

This is your last chance. Don't throw it away. *C'est votre dernière chance. Ne la laissez pas passer.*

b) **To throw in,** *ajouter, donner par-dessus le marché* . . . . **1,5 %**

I'll sell the table for £ 2, with two chairs thrown in. *Je vous vends la table deux livres avec deux chaises par-dessus le marché.*

c) **To throw out,** *faire ressortir, mettre en relief.*

The sky threw out in bold relief the clear-cut mountain ridges. *Le ciel faisait ressortir en un relief accusé les arêtes vives et nettes des montagnes.*

d) **To throw up** peut vouloir dire *renoncer, lâcher* (pour le sens de **up,** voir **UP,** 4).
He threw up a promising career to go abroad. *Il abandonna une carrière pleine de promesses pour partir à l'étranger.*

e) **To throw open,** où **open** joue le rôle d'une postposition. Voir **OPEN,** 2.
The door was thrown open. *On ouvrit la porte toute grande.*
All the windows were thrown open (ou **flew open**). *Toutes les fenêtres s'ouvrirent brusquement.*

TILL, UNTIL [888]

TILL, UNTIL, préposition et conjonction.

1. Préposition, *jusqu'à*, pour mémoire . . . . **35 %**

2. Conjonction, *jusqu'à ce que* . . . . **65 %**

★ Le traducteur ne saurait se contenter d'un appariement aussi simpliste. Qu'il réfléchisse aux trois considérations qui suivent.

a) *Jusqu'à ce que*, suivi du subjonctif, est une construction très lourde en français. On aura souvent intérêt à y substituer une tournure équivalente.
She had never heard his name until she saw it on the bills. *Elle n'avait jamais entendu prononcer son nom avant de le voir sur les affiches.*
They queued up until they were allowed to enter. *Ils firent la queue en attendant de pouvoir entrer.*

b) On remarquera que **till** introduit parfois une idée d'intensité plutôt que de durée. Dans ce cas il faudra traduire par *tant que, au point que, tellement que.*
The sun beat on us through the bushes until we almost cried. *Le soleil tapait sur nous à travers les buissons à tel point que nous en aurions presque pleuré.*

c) **Till** ou **until,** venant après **not** ne se prête absolument pas à un mot à mot. Traduire par *pas avant... (que)*, ou *ne... que*, ou *seulement.*
We do not expect an answer till next Wednesday. *Nous n'attendons pas une réponse avant mercredi.*
He will not come until you invite him. *Il ne viendra que quand vous l'inviterez.*

Not until peut être placé en tête de phrase. La proposition suivante sera interrogative de forme. Voir Inversion, 1 a, page 274.
Not until she heard the door slam did she turn round. *C'est seulement quand elle entendit claquer la porte qu'elle se retourna.*

TO [compte arrêté à 1593]

TO, préposition et particule de l'infinitif.

1. To, préposition, pour mémoire . . . . **62,5 %**
On to, voir **ON,** 1.
Le traducteur n'oubliera pas que **to** a parfois besoin d'être étoffé. Voir Etoffement, nº 5, page 262.
Passengers to Paris, *les voyageurs à destination de Paris.*
Work is usually the means to other ends. *Le travail est d'ordinaire le moyen d'atteindre d'autres buts.*

● On trouve **to** employé comme adverbe dans des locutions comme : . . **0,6 %**
To pull the door to, *fermer la porte;*
To fall to, *s'y mettre, entamer* (la lutte), *s'attaquer* (à un repas).

et dans la locution adverbiale **to and fro** (= **up and down**).
To walk to and fro, *aller et venir, marcher de long en large.*
Dragonflies shot to and fro just above the water. *Des libellules filaient en tous sens juste au-dessus de l'eau.*

2. To, particule de l'infinitif . . . . **36,9 %**

Il n'y a pas, en principe, de problème de traduction. Néanmoins le traducteur devra étudier attentivement le contexte et se référer au verbe qui précède, car **to do,** par exemple, peut vouloir dire *faire, à faire, de faire, pour faire.*

To do nothing is a fool's pastime. *Rester à ne rien faire, c'est le passe-temps d'un sot.*

[On remarquera que, lorsque cet infinitif est sujet, le français, plus clair, aime à le reprendre avec ce, sujet apparent].

He has nothing to do. *Il n'a rien à faire.*

He refused to do his homework. *Ie refusa de faire ses devoirs.*

He stood up to do his exercices. *Il se mit debout pour faire sa gymnastique.*

(Pour exprimer plus nettement le but, l'anglais emploie souvent **in order to, so as to**).

★ Attention. L'infinitif est parfois réduit à sa particule. C'est le **to** dit « anaphorique ». Voir Omissions, phrase 15, page 278.

Il s'emploie (a) pour rappeler un infinitif non répété, (b) pour annoncer un infinitif non encore exprimé.

a) **She wanted to go into the house but was not allowed to because Aunt Linda hated decent dogs.** *Elle voulut entrer dans la maison mais elle n'y fut pas autorisée, parce que tante Linda détestait les chiens comme il faut.*

b) **If you cared to, would you come and have dinner with me to-night at my home ?** *Si cela vous disait, voudriez-vous venir dîner chez moi ce soir ?*

TOO [2738]

TOO, adverbe.

★ La confusion est fréquente entre les deux sens du mot.

He, too, drives fast. *Lui aussi conduit vite.*

He drives too fast. *Il conduit trop vite.*

1. Too (=also), *aussi, de plus.* . . . . **28 %**

Too se place après le mot auquel il s'applique et souvent en fin de phrase s'il porte sur l'ensemble. Il est souvent précédé d'une virgule.

He, too, spoke French. *Lui aussi parlait français.*

He spoke French too. *Il parlait aussi le français.*

The region is a clutter of small towns, but inside these towns everything is small too. *Cette région est un agglomérat de petites villes, mais à l'intérieur de ces villes tout est petit aussi* (et non pas *tout est trop petit).*

2. Too, *trop,* suivi d'un adjectif ou d'un pronom indéfini. . . . . **71 %**

It is not too late. *Il n'est pas trop tard.*

Too many, too much, *trop (de).*

One too many, *un de trop.*

Too few, too little, *trop peu (de).*

● **All too.**

I know him all too well. *Je ne le connais que trop.*

● **None too,** voir **NONE,** 2a.

TRIVIAL

TRIVIAL, adjectif, faux-ami.

Trivial ne veut pas dire, comme le mot français, *vulgaire, bas.*

Il a gardé le sens étymologique : qui se rencontre au premier carrefour venu, donc *banal, usé, rebattu, insignifiant.*

Absurdly trivial points, *des points ridiculement insignifiants.*

A trivial offence, *une peccadille.*

TRIVIALITIES, *des riens, des banalités.*

TROUBLE [760]

TROUBLE, nom et verbe, faux-ami.

★ Le point délicat concernant ce mot c'est que, si le substantif, plus encore que le verbe, s'écarte de la signification française, les équivalents possibles sont très nombreux. Harrap's n'en donne pas moins de dix pour le seul nom (*trouble* n'y figurant qu'au sens médical).

Le nom a deux sens principaux.

1. *Peine, chagrin, ennui, difficulté.* . . . . **51 %**

Many years of trouble, *bien des années de soucis.*

He has serious troubles. *Il a de graves ennuis.*

He is in great trouble. *Il connait de graves difficultés* (des ennuis personnels ou financiers, peut-être des démêlés avec la justice).

To get into trouble. *S'attirer des ennuis.*

He's looking (ou **asking**) **for trouble.** *Il se prépare des ennuis.*

2. *Peine, mal, dérangement* **(= pains).** . . . . **14 %**

It was no trouble at all (formule polie). *Cela ne m'a dérangé en aucune façon.*

Many French people don't take the trouble to ask a foreigner into their houses. *Beaucoup de Français ne se donnent pas la peine (ou ne font pas d'effort) pour inviter un étranger chez eux.*

He spares no trouble to..., *il ne ménage pas sa peine pour...*

To put someone to trouble, *déranger quelqu'un.*

To save the trouble of, *épargner la peine de.*

I don't want to be a trouble to you. *Je ne veux pas être une gêne pour vous.*

● Le verbe a les deux sens correspondants.

3. *Affliger, tourmenter, préoccuper.* . . . . **7 %**

What is troubling you ? *Qu'est-ce qui vous tourmente ?*

4. *Déranger, gêner, incommoder.* . . . . **6 %**

Don't trouble to write, if you have no time to. *Ne vous donnez pas la peine d'écrire si vous n'en avez pas le temps.*

● Le mot s'emploie fréquemment dans des formules de politesse.

Can I trouble you for a match ? *Auriez-vous l'obligeance de me donner une allumette ?*

Sorry you have been troubled. *Je m'excuse de vous avoir dérangé.*

5. Troubled, adjectif, correspond surtout au sens 3. . . . . **10 %**

A troubled (= worried) look, *un regard soucieux.*

To be troubled in mind, *avoir l'esprit inquiet* (et non pas *dérangé*).

TRY [1342]

TRY, verbe.

Les sens de **try** sont bien connus : *éprouver, mettre à l'épreuve, à l'essai; essayer, s'efforcer; juger.*

Le traducteur ne doit pas être surpris de rencontrer **try,** à l'infinitif ou à l'impératif, suivi de **and** et d'un autre verbe au même temps. C'est la même tournure qu'avec les verbes de mouvement. (Voir **AND,** 1).

My aunt will be down presently. In the meantine you must try and put up with me. *Ma tante va bientôt descendre. En attendant il faudra que vous essayez de me supporter.*

● Sur le sens de la locution, **try as he would,** voir **AS,** 1c.

TURN [2538]

TURN, verbe et nom.

1. Sens courants : (intransitif) *tourner, se tourner, changer de direction.*
   (transitif) *tourner, faire tourner.*

2. **To turn,** verbe composé, exprimant toutes les indications de mouvement et de direction que peuvent ajouter les postpositions.

   To turn away, back, in, on, out, over, round, up, pour mémoire.

   Mais ces mêmes verbes peuvent s'employer avec un sens idiomatique souvent difficile à reconnaître. Voici les emplois les plus courants.

   a) **To turn down,** *refuser, repousser.*

   To turn down an offer, *repousser une offre.*

   To turn down a part in a film, *refuser un rôle dans un film.*

   b) **To turn out** s'emploie souvent avec le sens de *devenir, résulter, se révéler.* . . . . **2,3 %**
   (synonyme, **to PROVE,** voir ce mot, sens 2).

   Il y a de nombreux équivalents en français, y compris la transposition par l'adverbe.

   The cure turned out to be worse than the disease. *Le remède s'est révélé pire que le mal.*

   The day turned out to be a fine one. *Le temps s'est mis au beau dans la journée.*

   He turned out to be a cousin of mine. *Il se trouva que c'était un mien cousin.*

   As it turned out, *en l'occurrence.*

   It turned out to be true. *En fin de compte c'était vrai.*

   c) **To turn over** (sens financier).

   They turn over several thousand pounds a week. *Leurs recettes s'élèvent à* (ou *ils font un chiffre d'affaires de) plusieurs milliers de livres par semaine.*

   (The turn-over, *le chiffre d'affaires).*

   d) **To turn up,** *arriver, se présenter* (plus ou moins inopinément). . . . . **0,5 %**

   He turned up as nobody was expecting him. *Il est arrivé* (familièrement, *il s'est amené) alors que personne ne l'attendait.*

   Something is sure to turn up. *Il se présentera sûrement une occasion.*

3. **To turn** + un adjectif. Il y a deux structures : . . . . **11 %**

   a) (emploi intransitif), *devenir.*

   Plutôt que de calquer sur l'anglais, le traducteur songera à traduire l'adjectif par un verbe ou une tournure équivalente.

   The leaves are turning yellow. *Les feuilles jaunissent.*

   It's turning cold again. *Le temps se remet au froid.*

   b) (emploi transitif), *faire devenir, rendre.*

   You will turn me mad. *Vous allez me rendre fou.*

   The cold weather turned the leaves red. *Le temps froid a fait virer les feuilles au rouge.*

4. **A turn,** nom.

   En dehors des sens évidents on pensera aux deux acceptions suivantes :

   — **He has a turn for business.** *Il a des dispositions pour les affaires.*

   — **He has done me a good turn.** *Il m'a rendu un grand service.*

TUTOR

TUTOR, nom, faux-ami.

A tutor n'est pas *un tuteur*, ni de rosier, ni de mineur, mais *un précepteur* ou, dans une université, *un directeur d'études*.

My father educated me himself with the help of a tutor who came out from Salisbury.

Dans une phrase comme celle-ci il semble évident que le sens de *tuteur* doit être éliminé. Et pourtant...

Mon père se chargea lui-même de mon éducation avec l'aide d'un précepteur qui venait de Salisbury.

U

UNLESS [516]

UNLESS, conjonction.

Ce mot ne pose pas de problème. Mais le traducteur soucieux de la qualité remarquera que *à moins que* exige un subjonctif avec *ne*, souvent lourd et incommode. Il aura donc intérêt à le remplacer, si possible, par *si... ne pas*.

His father was a clergyman, unless I am mistaken. *Son père était pasteur, si je ne me trompe pas.*

Si le sujet des deux propositions désigne la même personne on pourra aussi alléger en employant *à moins de*.

You will be late unless you start at once. *Vous arriverez trop tard à moins de partir sur le champ.*

UNTIL

UNTIL, voir **TILL.**

UP [6040]

1. idée de monter	4. idée d'achévement
2. idée d'approcher	5. idée d'accroissement
3. **up and down**	6. **up to.**

UP, pré-/ ou postposition, s'oppose à **DOWN.**

C'est esentiellement une pré-/ ou postposition de mouvement
1 — vers le haut.
2 — vers le centre d'intérêt.
Elle correspond donc à un verbe français (transposition n° 14).

1. *Monter, se lever.* . . . . **48,3 %**

He ran up the stairs. *Il monta les escaliers quatre à quatre.*
He jumped up. *Il se leva d'un bond.*
Show him up. *Faites le monter.*

★ Une erreur fréquente consiste à traiter **up** comme une préposition de lieu, sans idée de mouvement.
The goats trotted up the slope, ne veut pas dire *les chèvres trottaient en haut de la pente*, mais *les chèvres grimpaient la pente au trot*.

● Le seul cas où **up** a bien cette valeur c'est quand il est employé après **be.**
He is up. *Il est debout.*
There was a workman up the ladder. *Il y avait un ouvrier en haut de l'échelle.*

● Up transforme les verbes de position en verbes de mouvement.
To STAND up, to SIT up, to HANG up, voir ces verbes.

2. *Approcher, suivre.* .... **7,8 %**

He came up to me. *Il vint à moi.*

He whistled as he went up the passage. *Il sifflait en suivant le couloir* (sens voisin de celui de **ALONG**).

● **Up** exprime parfois un rapprochement du point central (la capitale ou l'université).

Il s'oppose à **DOWN,** 2. Ne pas chercher à le traduire.

He's going up to Oxford next term. *Il va entrer à Oxford le trimestre prochain.*

3. **UP AND DOWN** correspond aux deux sens 1 et 2.

(1) **She ran up and down the stairs twenty times a day.** *Elle grimpait et dégringolait les escaliers vingt fois par jour.*

The path turned up and down a little glade. *Le sentier montait et descendait en serpentant à travers une clairière.*

[**Up** est employé comme nom dans **the ups and downs of life,** *les hauts et les bas de la vie*].

(2) **To walk up and down (= to and fro),** *aller et venir, faire les cent pas.*

L'idée sera plus difficile à traduire dans une phrase où les deux mots sont dissociés.

I made my way down the corridor up which I had advanced in such trepidation a mere hour before. *J'avançais dans le corridor qu'à peine une heure plus tôt j'avais longé en sens inverse dans un tel émoi.*

● **Up** employé comme postposition a de nombreux sens dérivés que nous ne pouvons énumérer tous. Signalons les deux principaux.

4. L'idée d'achèvement ou de destruction complète. .... **25,2 %**

On traduira par un adverbe comme *jusqu'au bout, complètement,* ou bien on utilisera un verbe à sens renforcé.

To drink up, *boire jusqu'au bout.*
To fasten up, *attacher solidement.*
To save up, *thésauriser.*
To light up, *illuminer,* voir **LIGHT,** 2.
To cut up, *découper.*
To be fed up, *être dégoûté.*
To be eaten up with pride, *être dévoré d'orgueil.*
Time's up. *L'heure est passée.*
Voir **to GIVE,** 4; **to SELL,** 4; **to SHUT; to THROW,** 3d.

5. L'idée d'accroissement d'activité, d'accélération. .... **6,7 %**

Cheer up ! *Consolez-vous ! du courage !*
Wake up ! *Réveillez-vous !*
Hurry up ! *Dépêchez-vous !*
Speak up ! *Parlez fort !*

● Quelques emplois très idiomatiques.

What's up ? *Que se passe-t-il ?*
What's up with you ? *Qu'est-ce qui vous prend ?*
We are up against difficulties. *Nous sommes aux prises avec des difficultés.*

● **Up** se rencontre après de nombreux verbes auxquels il donne une grande variété de sens très particuliers.

Voir **LOOK,** 1, **BREAK,** 3, **BLOW,** 3, **HOLD,** 1, **MAKE,** 2, **PUT,** 2 i et j, **GIVE,** 4, **SET,** 7.

6. **UP TO,** préposition composée, *jusqu'à.*

He climbed up to the top. *Il grimpa jusqu'en haut* (sens 1).
He went straight up to the door. *Il marcha droit à la porte* (sens 2).
There were up to 200 casualties. *Il y eut jusqu'à 200 victimes, le chiffre des victimes s'éleva à...* (nombre).

Up to the outbreak of the war I lived in Bath. *Jusqu'à la déclaration de guerre je vécus à Bath* (temps).

● Autres emplois idiomatiques.

He is up to his job. *Il est à la hauteur.*

What are you up to ? *Qu'est-ce que vous faites, fabriquez ?*

It's up to you to decide. *C'est à vous* (ou *il vous appartient*) *de décider.*

UPON [5402]

UPON, préposition, est pratiquement synonyme de **ON.**

USE [4048]

USE, nom et verbe.

1. Nom. . . . . **35 %**

Quelques emplois idiomatiques :

What use is this ? *A quoi cela sert-il ?*

What's the use of making plans ? *A quoi sert de faire des projets ?*

We have no use for people like you. *Nous n'avons pas besoin* (ou *nous n'avons que faire*) *de gens comme vous.*

It's no use trying to persuade her. *Cela ne sert à rien d'essayer de la persuader.* [Locution équivalente : **it's no good,** voir **GOOD,** 2].

It's no use crying over spilt milk (proverbe). *Inutile de pleurer, cela ne sert à rien, ce qui est fait est fait.*

2. Verbe. . . . . **50,6 %**

Le seul point délicat est l'emploi de **used to** comme auxiliaire de la forme d'habitude.

★ L'erreur à ne pas commettre c'est de traduire cet auxiliaire de manière simpliste par *avoir l'habitude de*.

Il a deux emplois assez différents, et cette traduction serait maladroite en (a), impossible en (b).

a) **Used to** peut exprimer l'habitude ou la répétition (synonyme **WOULD,** 3).

Même dans ce sens il est préférable de transposer au moyen d'un adverbe, comme *d'ordinaire, régulièrement.*

They used to (= would) attend the evening service. *Ils assistaient régulièrement au service du soir.*

My father used to tell me that..., *mon père m'a souvent raconté que...*

Souvent l'imparfait français suffira, surtout s'il est accompagné d'un complément et/ ou d'un adverbe de temps précis.

On windy nights, the electric light, for some mysterious reason, used invariably to go out. *Par les nuits de vent, sans qu'on ait pu percer le mystère, l'électricité s'éteignait immanquablement.*

b) **Used to** peut insister sur l'opposition entre le passé et le présent, indiquer que quelque chose est révolu. Le traducteur, trop souvent, connait mal et traduit mal ce sens. Là aussi la transposition par un adverbe s'impose.

There used to be an inn there. It has disappeared. *Il y avait jadis une auberge à cet endroit. Elle a disparu.*

People used to believe that the earth was flat. *On croyait autrefois que la terre était plate.*

My eyes are not so good as they used to be. *Ma vue n'est plus ce qu'elle était.*

Le verbe peut être sous-entendu.

I no longer work as I used to. *Je ne travaille plus comme autrefois.*

★ Il y a une double confusion à éviter:

a) avec l'adjectif **used to (= accustomed to),** + un nom ou un gérondif, *habitué à.*

I was used to this kind of weather. *J'étais habitué à ce genre de temps.*

I am not used to being treated like that. *Je ne suis pas habitué à ce qu'on me traite de cette façon.*

I can't get used to it. *Je ne peux pas m'y habituer.*

b) avec le prétérit ou le participe passé du verbe **to use,** *utiliser.*

He used it as a knife. *Il s'en servit comme d'un couteau.*

The work is no longer used. *Le mot ne s'emploie plus.*

V

VERY [6194]

VERY, adverbe et adjectif.

★ On oublie parfois le sens de **very** adjectif, ou si on le connait, on le traduit mal. . . . . *18 %*

Very vient certes du français *vrai*, mais il n'a pas gardé ce sens-là. Il a une valeur intensive : *même, juste, précis, tout.*

The very man I wanted to see, *justement l'homme que je voulais voir.*

At the very moment, *à cet instant précis.*

At the very end of the play, *tout à la fin de la pièce.*

The automobile stands out in my mind as the very symbol of falsity and illusion. *L'automobile se dessine très nettement dans mon esprit comme le symbole même de la fausseté et de l'illusion.*

● **Very,** adverbe, a cette même valeur devant un superlatif.

The very last, the very first, *le tout dernier, le tout premier.*

The very best, *tout ce qu'il y a de mieux.*

VEX

To VEX, verbe, faux-ami.

Alors que le verbe français s'est limité dans la langue moderne au sens de *contrarier, froisser,* le verbe anglais a gardé le sens classique de *secouer, agiter* (au figuré), *persécuter, tourmenter, contrarier.*

The telephonist was already vexed by the extra work involved. *Le téléphoniste était déjà agacé* (ou *irrité) par le surcroît de travail que cela entraînait.*

A vexed question, *une question souvent débattue, controversée.*

VEXATION, *tourment, contrariété, ennui.*

VEXATIOUS, *irritant, ennuyeux, contrariant.*

VICIOUS

VICIOUS, adjectif, faux-ami partiel.

En dehors de *vicieux,* **vicious** veut souvent dire *méchant, hargneux, rageur.*

A vicious child, *un enfant rétif, indiscipliné,* et non *vicieux.*

A vicious horse, *un cheval vicieux,* c'est-à-dire *ombrageux, rétif.*

VIEW [1390]

VIEW, nom, mot éventuellement trompeur.

C'est la locution **in view of** qui peut induire en erreur si on l'assimile à la locution française *en vue de.* Cette dernière exprime le motif : *dans l'intention de.* **In view of** exprime la cause : *étant donné, considérant, en raison de.*

In view of the prisoner's good character, he was placed on probation. *Eu égard à* (ou *considérant) la bonne conduite du prisonnier on le plaça en liberté surveillée.*

● Ne pas confondre **in view of** avec **in the view of,** *aux yeux de.*

In the view of the magistrate, the offence was not a serious one. *Aux yeux du magistrat ce déli n'était pas grave.*

VISIT [628]

To VISIT, verbe, mot éventuellement dangereux.

Ce verbe a en effet un sens particulier qui risque de dérouter le traducteur. **2,5 %** Il a trait à l'idée d'un fléau, d'une épidémie.

The Great Frost was the most severe that has ever visited these islands. *Le Grand Gel fut le plus rigoureux qui se soit abattu sur les Iles Britanniques.*

Au sens biblique **to visit** veut dire *punir, châtier.*

To visit the sins of the fathers upon the children, *faire retomber sur les enfants les péchés des pères.*

W

WAIT [606]

To WAIT, verbe.

★ Attention aux sens différents que ce verbe peut prendre selon la préposition qu'il gouverne.

1. **To wait for,** *attendre,* pour mémoire. . . . . ***88 %***
2. **To wait on** ou **upon.** . . . . ***5,6 %***

a) *servir, se mettre à la disposition de* (= **to attend to).**

We were waited upon by three servants. *Nous fûmes servis par trois domestiques.*

In America people must serve themselves, but the automobile is waited on like some divine Pharaoh. *En Amérique les gens sont obligés de se servir eux-mêmes mais l'automobile est servie* (ou *entourée d'une armée de serviteurs) comme quelque Pharaon divinisé.*

b) *se présenter chez quelqu'un, présenter ses devoirs à quelqu'un* (très cérémonieux et vieillot).

Our representative will be pleased to wait upon you on Thursday next. *Notre représentant aura l'honneur de se présenter chez vous jeudi prochain.*

WANT [1258]

WANT, nom et verbe.

Le couplage **want** = *vouloir* est le premier qui vient à l'esprit et souvent le seul que l'on retient.
Pourtant le sens étymologique de **want** est *manque de, besoin,* d'où découle l'idée de *désirer, vouloir, exiger.*

1. **To want** a gardé ce premier sens assez fréquemment.

Children want plenty of sleep. *Les enfants ont besoin de beaucoup de sommeil.*
You are wanted in the office. *On vous demande au bureau.*

Conversation is one of the greatest pleasures in life. But it wants leisure. *La conversation est un des plus grands plaisirs de la vie. Mais elle exige des loisirs.*

Your hair wants (= **needs) cutting.** *Vous avez besoin de vous faire couper les cheveux.*

2. ★ **Want,** nom, n'a que ce sens et ne veut jamais dire volonté **(will)** . . ***16 %***

To live in want, *vivre dans le besoin.*

It is want of thought rather than selfishness that makes heavy smokers of so many bachelors. *C'est le manque de réflexion (et non pas la volonté, le désir de penser, l'exigence de la pensée, sic) plus que l'égoïsme qui fait que tant de célibataires sont de gros fumeurs.*

3. **To be wanting,** avec un sujet de chose, *manquer, être absent* (= **to be lacking)** . . . . ***6 %***

A few pages were wanting. *Il manquait quelques pages.*
Courage is not wanting in him. *Le courage ne lui fait pas défaut.*

● Locutions.

Are you in want of money ? *Avez-vous des besoins d'argent ?*
The plants died from want of water. *Les plantes périrent par manque d'eau.*
If we did not succeed it was not for want of trying. *Si nous n'avons pas réussi ce n'est pas faute d'avoir essayé.*

WASH [254]

To WASH, verbe.

To wash signifie, bien sûr, *laver.* Mais des difficultés inattendues risquent de surgir bien vite.

1. D'abord quand on rencontre **wash** avec un sens passif.

A material that won't wash, *un tissu qui ne doit pas se laver.*
Her gloves had washed too tight. *Ses gants s'étaient rétrécis au lavage.*

2. Ensuite **wash,** suivi d'une postposition, s'éloigne beaucoup du sens français en exprimant :

a) l'action de l'eau pour laver, nettoyer (au propre et au figuré).

— **To wash away** (ou **off) a stain,** *enlever, faire partir une tache* (par le lavage).
To wash away one's sins, *se laver de ses péchés.*

— **To wash out an insult in blood,** *laver un affront dans le sang.*
(nombreux sens figurés)
It's a wash-out, *c'est une affaire ratée, un fiasco.*
He is a wash-out as a preacher. *Comme prédicateur, c'est zéro.*
You look washed-out. *Vous avez l'air vanné, lessivé.*

— **To wash up,** *faire la vaisselle.*

b) l'action d'un liquide que l'on boit.

We need a glass of brandy to wash down our dinner. *Nous avons besoin d'un verre d'eau-de-vie pour faire descendre notre dîner.*

c) l'action brutale des eaux .... ***14 %***

A box washed ashore, *une caisse rejetée par la mer.*
Cattle washed away by the flood, *du bétail emporté par les eaux en crue.*
A sailor washed overboard, *un matelot emporté par une lame.*

WASTE [360]

WASTE, nom, adjectif et verbe.

Le mot est délicat à cause de ses trois fonctions et de l'éventail de sens qu'il offre. Rappelons d'abord l'étymologie du mot : latin, ***vastare,*** *dévaster.* De ce sens premier le mot s'est étendu à l'idée de *dépenser en pure perte, gaspiller, mettre au rebut.*

1. Waste, nom .... ***42 %***

a) sens premier, *désert, région inculte* .... ***(2 %)***

The woods had vanished, the earth was a waste of shadow. *Les bois avaient disparu, la terre n'était plus qu'un désert de ténèbres.*

b) sens courant, *gaspillage* .... ***(40 %)***

To run (ou **to go) to waste,** *se perdre, se gaspiller.*

c) sens dérivé, *déchets, rebut* (dans l'industrie).

Radio-active waste, *les déchets radio-actifs.*

2. Waste, *adjectif* .... **17 %**

a) Sens premier, *inculte, désert* .... **(12 %)**

Waste land, waste ground, *des terres incultes, des terrains vagues.*

The whole country has been laid waste, *le pays tout entier a été dévasté, ravagé.*

b) en composition, *de rebut* .... **(5 %)**

Waste paper, *papier de rebut.*

Waste water, *eaux ménagères, eaux usées.*

Waste pipe, *tuyau de décharge, de vidange,* etc.

3. To waste, verbe .... **38 %**

a) sens premier, *dévaster* (rare).

b) sens courant, *gaspiller, dissiper, dilapider* .... **(34 %)**

To waste words, *parler en pure perte.*

All my advice was wasted on him. *Je l'ai conseillé en pure perte.*

c) sens annexe, *épuiser, faire dépérir* (le corps) .... **(4 %)**

To be wasted by disease, *être consumé par la maladie.*

He is visibly wasting away. *Il s'affaiblit à vue d'œil.*

WAY [2800]

WAY, nom.

Sans se lancer dans le détail des sens multiples qu'offre ce mot, on voudrait guider le traducteur en lui montrant que ces sens s'ordonnent autour de cinq idées principales et en lui signalant les plus courantes des très nombreuses locutions formées avec **way** que l'usage a consacrées.

1. *Route, chemin* .... **4 %**

— **The way to...,** *le chemin de...*

— **Over the way,** *en face, de l'autre côté de la route.*

— **To lose one's way,** *s'égarer, se perdre.*

— **On the way to school,** *en allant à l'école.*

On the way from church, *en revenant de l'église.*

[Transposition n° 6].

— **By way of :**

a) (= **via**), *en passant par.*

b) (au figuré), *en matière de.*

By away of a joke, *en matière de plaisanterie.*

— **To go out of one's way to,** *se déranger, se donner de la peine pour.* (Se méfier d'une traduction mot à mot).

He would go out of his way to help anyone in trouble. *Il ne craint pas sa peine quand il s'agit d'aider quelqu'un en difficulté.*

2. *Direction* .... **19,4 %**

Look both ways. *Regardez dans les deux sens.*

3. *Passage, avance* .... **7,6 %**

— **To make one's way through,** *se frayer un passage.*

To make peut être remplacé par des verbes plus précis : **to force** *(de force),* **to elbow** *(à coups de coude),* **to hack** *(à coups de sabre),* **to push** *(en bousculant),* etc.

On trouve la même locution employée au sens figuré de façon très idiomatique.

Are you prepared to cheat and lie your way through life ? *Etes-vous disposé à faire votre chemin dans la vie à coups de tromperies et de mensonges ?*

— **To find one's way,** voir **FIND,** 3.

— **To give way (to),** voir **GIVE,** 5.

— **To stand** (ou **get**) **in the way,** *être sur le passage, gêner.*

He promised to sit very quietly in a corner — he wouldn't be in anybody's way. *Il promit de rester assis bien tranquille dans un coin; il ne dérangerait personne.*

Get out of my way. *Sortez-vous de mon chemin.*

— **To make way for,** *s'effacer, faire place.*

— **Put that out of the way of children.** *Mettez cela hors d'atteinte des enfants.*

4. *Distance* . . . . **4 %**

The station, a good way up the river, consisted of a row of Chinese shops and a native village. *Le comptoir, assez loin en remontant le fleuve, se composait d'une rangée de boutiques chinoises et d'un village indigène.*

5. *Manière, façon, méthode* . . . . **47,3 %**

The right way, *la bonne méthode.*

In a way, *en un sens.*

In some ways, *à certains égards.*

We are all in a way or another naturally lazy. *Nous sommes tous d'une façon ou d'une autre naturellement paresseux.*

To have (it) one's own way, *suivre sa volonté, en faire à sa guise.*

6. Divers.

Business in a big way (= **on a large scale**), *des affaires sur une grande échelle.*

The preparations are well under way. *Les préparatifs sont en bonne voie.*

What is there in the way of food ? *Qu'y a-t-il comme nourriture ?*

Once in a way, *une fois en passant.*

By the way, *soit dit en passant.*

WEAR [784]

To WEAR, wore, worn, verbe irrégulier.

1. *Porter* (sur soi), pour mémoire . . . . **66 %**

2. Sens annexes, que le traducteur connait moins bien . . . . **18,1 %**

a) *User* (à force de porter ou par frottement), en général suivi d'une postposition.

To wear a coat to rags, *porter une veste jusqu'à ce qu'elle tombe en lambeaux.*

Rocks worn away by erosion, worn through by the sea, *des rochers usés par l'érosion, creusés par l'effet des vagues.*

The steps have been worn down. *Les marches ont été usées (ou creusées) par le frottement.*

My shoes are worn out. *Mes souliers sont usés, finis.*

Au figuré :

As the evening wore on, *à mesure que la soirée s'écoulait.*

To be worn down (ou **out**) **by fever.** *Etre rongé par la fièvre.*

To be care-worn, *être rongé (ou accablé) par les soucis.*

b) **To wear** peut avoir un sens passif, *être usé, s'user.*

The paint has worn off. *La peinture a disparu.*

This sort of stuff will never wear out. *Ce genre d'étoffe est inusable.*

c) **To wear** veut dire aussi *résister à l'usure, durer.* Le français dispose de nombreux gallicismes.

This cloth will wear for years. *Ce tissu vous fera des années.*

This material wears well. *Cette étoffe vous fera de l'usage.*

Those tyres wear for ever. *Ces pneus sont inusables.*

3. **Wear,** nom . . . . **5,2 %**
Sens correspondant à 1.
Clothes for everyday wear, *des vêtements de tous les jours.*
Shoes for town wear, *des souliers de ville.*
Sens correspondant à 2 a.
The wear and tear of time, *l'usure du temps.*
The worse for wear, voir **WORSE,** 1.

WELL [2904]

WELL, adjectif, adverbe et nom.

1. **Well,** adjectif, *bien, bien portant,* pour mémoire . . . . **5 %**
Deux adjectifs composés sont à noter : **well-off** et **well-to-do** qui sont synonymes et s'appliquent uniquement à la situation financière, *à l'aise, dans l'aisance, riche, cossu.*

2. **Well,** adverbe, correspond aux différents sens de *bien* . . . . **64,9 %**
Voici quelques emplois idiomatiques :
— **as well,** *aussi, également.*
You may have these two books as well. *Emportez aussi ces deux bouquins.*
— **as well as,** *comme, de même que.*
Ireland as well as England has joined the Common Market. *L'Irlande tout comme l'Angleterre a intégré le Marché Commun.*
— **Just as well,** très idiomatique, exprime un conseil.
You might just as well stay a little longer. *Vous auriez intérêt à (ou il y aurait intérêt pour vous à) rester un peu plus longtemps.*
— **all very well,** suivi de **but.**
It's all very well to talk about going away, but where will you take the money ? *C'est très joli de parler de partir, mais où prendrez-vous l'argent ?*

3. **Well** est souvent exclamatif et peut exprimer de nombreuses nuances . . . . **19,1 %**
Le contexte, le ton du passage, la suite des idées peuvent seuls guider le traducteur.
Well, as I was saying..., *comme je vous disais donc...*
Well, what happened next ? *Eh bien, qu'est-ce qui s'est passé après ?*
Well, it can't be helped. *Ma foi, on n'y peut rien.*
Very well, then, I'll call on you later. *Alors c'est d'accord, je passerai chez vous plus tard.*
Well, well ! Who would have guessed it ? *Eh oui, qui aurait deviné cela ?*
Well I never ! *Eh bien ça alors ! Non, pas possible !*
Well, entre deux virgules, marque une hésitation; *euh, mettons, disons.*

4. **Well,** nom; *le bien,* assez rare.
★ Mais il existe un autre nom **well,** *le puits,* dont l'ignorance risque de faire écrire des bêtises . . . . **4,6 %**
Le verbe correspondant existe.
I saw tears welling up in her eyes. *Je vis des larmes sourdre dans ses yeux.*

WERE [?]

WERE, prétérit et prétérit modal de **to be.**

1. **Were** est le prétérit de **to be,** aux trois personnes du pluriel.
2. Il est le subjonctif de **to be,** à toutes les personnes. On l'appelle aussi « prétérit modal ».
Il s'emploie après **if, as if, as though** pour exprimer l'irréel, après **to wish** pour exprimer un souhait, un regret. Voir **WISH,** 5.

Sa traduction ne pose pas de problème, mais il peut être nécessaire de rendre la nuance d'irréalité que **were** exprime.

If I were you, *si j'étais à votre place.*

He behaves as if (ou **as though**) **he were the boss.** *Il se conduit comme s'il était le patron.*

If he were to come, *si jamais (ou si d'aventure) il venait.*

I wish it were over. *Je voudrais que ce fût fini.*

★ **Were** placé en tête d'une proposition peut embarrasser le traducteur. C'est un cas de l'inversion dite « hypothétique ». Voir l'Inversion, nº 1b, page 275.

The church was big enough to hold the whole population, were people minded to go to church. *L'église était assez vaste pour contenir la population toute entière, si les gens avaient envie d'y aller..*

★ Autre emploi délicat : **were it... for.**

The movements of the star-fish will give ample food for contemplation, were it only for the mode in which it moves from one place to another. *Si l'on surveille les mouvements de l'étoile de mer, on y trouvera ample matière à contemplation, ne serait-ce que par sa façon de se déplacer d'un endroit à un autre.*

Were it not for my rheumatism, I should go with you. *Si ce n'était (ou sans) mon rhumatisme, j'irais bien avec vous.*
[Tournure équivalente, **but for,** voir **BUT,** 2].

● Locution qu'on n'a pas le droit d'ignorer : **as it were,** *pour ainsi dire.*

He became, as it were, a champion of the fallen and oppressed. *Il devint, pour ainsi dire, le champion des déchus et des opprimés.*

WHAT [5648]

WHAT a de nombreuses fonctions : il peut être pronom ou adjectif interrogatif ou exclamatif, ou démonstratif relatif.

1. Interrogatif . . . . **59 %**

En général sa traduction n'offre pas de difficultés. Il y a pourtant deux points à signaler.

a) **What** se rapportant à un nom de personne désigne la profession, par opposition à **who** qui désigne l'identité.

La traduction doit être explicite.

What is he ? *Que fait-il ?*

Cette opposition est clairement marquée dans la phrase ci-dessous :

I don't know who my grand father was; I am much more concerned to know what his grandson will be (A. Lincoln). *J'ignore qui était mon grand-père; il m'importe bien plus de savoir ce que sera (ou fera) son petit-fils.*

b) On n'oubliera pas qu'une phrase interrogative commençant par **what** se termine souvent par une préposition qu'il faudra, dans la traduction, replacer en tête.

What did you do that for ? *Pourquoi (pour quelle raison) avez-vous fait cela ?*

What is it all about ? *De quoi s'agit-il donc ?*

● Quelques expressions idiomatiques :

— **What about a drink ?** *Et si on prenait un verre ?*

— **Well, what of that** (ou **of it**) **?** *Et puis après, quelle importance cela a-t-il ?*

— **I'll tell you what...** *Je vais vous dire une chose.*

— **What then ?** Voir **THEN,** 2.

— **What if he knew it ?** *Et s'il venait à le savoir ?*

— **What with... and...** est une locution qui sert à introduire une série de causes.

What with working too hard and taking too little care of himself, he became

quite ill. *Aussi bien pour avoir trop travaillé que pour ne s'être pas assez soigné (ou ayant d'une part... et d'autre part...) il est tombé sérieusement malade.*

— **... and (or) what not,** après une énumération, *que sais-je encore ?*

He needs a new regimen, a different diet, or more exercise, or what not. *Il lui faut un nouveau régime, une nourriture différente, ou d'avantage d'exercice, que sais-je encore ?*

2. **What,** démonstratif relatif, *ce qui, ce que* .... **36 %**

You can have what is left. *Prenez ce qui reste.*

● **What,** employé comme adjectif, peut avoir un sens limitatif.

What little money young Harry Fielding had, he soon spent. *Le peu d'argent que possédait le jeune H.F., il l'eut vite dépensé.*

3. **What,** exclamatif, pour mémoire .... **3,7 %**

WHATEVER [732]

WHATEVER, pronom.

Il faut soigneusement distinguer entre les trois emplois du mot.

1. (= **all that**), *tout ce qui, que* .... **29 %**

He had read whatever came in his way, good or bad. *Il avait lu tout ce qui lui tombait sous la main, le bon comme le mauvais.*

2. (= **no matter what**), *quoi que, quel (les) que* .... **53 %**

Whatever happens, keep calm. *Quoi qu'il arrive, restez calme.*

★ Le verbe qui suit peut être précédé de **may.** Il faut se garder de traduire **may** qui n'est qu'un auxiliaire. Voir **MAY,** 4b.

Whatever you may think, he is not a coward. *Quoi que vous pensiez, ce n'est pas un lâche.*

The snake's eyes never change their expression, whatever he may be thinking of. *Les yeux du serpent ne changent jamais d'expression, quelles que soient ses pensées.*

Par ailleurs on ne sera pas étonné si le verbe **to be** est sous-entendu après **whatever.** Voir Omissions, I, 7, page 278.

Whatever his faults, he was always generous. *Quels que soient ses défauts, il s'est toujours montré généreux.*

3. **Whatever** s'emploie pour renforcer un nom ou un pronom .... *18 %*

a) après une négation.

He has no chance whatever. *Il n'a pas la moindre chance.*

Nothing whatever, *absolument rien.*

b) après **any,** dans une question.

Is there any hope whatever of his recovering ? *Y a-t-il un espoir quelconque qu'il guérisse ?*

★ Attention. Ne pas confondre **whatever** avec **what ever** en deux mots. Voir **EVER,** 3.

WHEN [8044]

WHEN, adverbe interrogatif, conjonction, pronom relatif.

Voici les points importants pour le traducteur.

1. **When,** conjonction, suivi d'un présent alors que la principale est au futur. Il faut traduire ce présent par un futur.

When you are of age, you will do what you like. *Quand tu seras majeur, tu feras ce que tu voudras.*

Ce décalage se répercute à tous les temps. Voir Changements de temps, I,II 2 III 2, IV 2, p. 264, 265.

2. **When** ne se traduit pas par *quand* :

a) s'il est pronom relatif : où.

He always comes on those days when I am busy. *Il vient toujours les jours où je suis occupé.*

b) s'il est conjonction de coordination (= **and then**). Voir Etoffement, n° 6, page 263.

The discovery of radioactivity was made by Becquerel in 1896, when he found that... *La découverte de la radioactivité fut faite par Becquerel en 1896, date à laquelle il s'aperçut que...*

Come to see me to-morrow when I'll show you my new car. *Venez me voir demain et je vous montrerai ma voiture neuve.*

c) après **barely, hardly :** *que.*

I had hardly gone down when the telephone rang. *Je venais à peine de descendre que le téléphone sonna.*

WHERE [3516]

WHERE, adverbe ou pronom relatif.

Pas de difficulté de traduction. Deux points sont pourtant à signaler :

1. Lorsque **where** est adverbe relatif il a besoin d'être étoffé (voir Etoffement, n° 6, p. 263) et traduit par *là où, à l'endroit où, au point où.*

2. **Where** suivi de **EVER** (voir ce mot) doit être nettement distingué de **wherever,** *partout où.*

WHETHER [1284]

WHETHER, conjonction.

Ce mot n'offre pas de difficulté, à condition que l'on distingue soigneusement entre ses deux sens.

1. *Si,* pour introduire une question indirecte, exprimant un doute ou un choix. **54 %**
Whether peut s'employer seul ou en corrélation avec **or.**

Ask him whether (= if) he can come. *Demandez-lui s'il peut venir.*

I wonder whether I must go now or wait a little longer. *Je me demande si je dois partir maintenant ou attendre un peu plus longtemps.*

Quelquefois la conjonction française aura besoin d'être étoffée. Voir Etoffement, n° 6, page 263.

Find out whether he is still on the firm. *Renseignez-vous pour savoir s'il est toujours au service de l'entreprise.*

The central question is whether there is any form of life elsewhere in the solar system. *La question primordiale est de savoir s'il existe une forme quelconque de vie ailleurs dans le système solaire.*

C'est le cas de **as to whether,** voir **AS,** 3.

2. *(Soit) que... ou que.* **Whether** sert à introduire une alternative et se combine toujours avec **or.** . . . . **42 %**

The human race cannot stand more than a few thousand major atomic explosions, whether they hit their target or miss it. *La race humaine ne peut supporter plus de quelques milliers d'explosions atomiques importantes, qu'elles atteignent leur but ou qu'elles le manquent.*

Le verbe **to be** est souvent sous-entendu. Voir Omissions, I, 6, page 278.

We should help them all, whether friend or enemy. *Nous les secourerions tous, qu'ils soient amis ou ennemis.*

WHICH [17298]

WHICH, pronom ou adjectif.

1. **Which,** pronom ou adjectif interrogatif. Il s'oppose aux autres mots interrogatifs, **who** et **what,** du fait qu'il exprime un choix.
Cette idée de choix devra être clairement indiquée par la traduction.

★ Comparer :

What train are you going by ? *Par quel train partez-vous ? Quelle est l'heure de votre train ?*

Which train are you going by ? *Par quel train avez-vous choisi de partir ?*

Which sister (ou **which of the two sisters) did he marry ?** *Laquelle des deux sœurs a-t-il épousée ?*

She handed the bow to Andrew, who didn't even know which end to take hold of. *Elle tendit l'archet à André qui ne sut même pas par quel bout le prendre.*

At intervals he could hear the cries of different beasts, though he could rarely tell which it was from the cry. *Il entendait par intervalles les cris de différents animaux, et était pourtant incapable de les identifier d'après ce cri.*

It was exceedingly difficult to know which wife belonged to which husband. *Il était excessivement difficile d'apparier maris et femmes.*

2. **Which,** pronom relatif.
On n'oubliera pas que **which** peut être sous-entendu et l'on remettra à sa place logique la préposition qui a été rejetée à la fin de la phrase. Voir Omissions, I, 4, page 278.

They were found not guilty of the crimes they were charged with. *Ils furent jugés non coupables des crimes dont on les accusait.*

● **Which,** précédé d'une virgule, peut avoir pour antécédent toute une proposition, *ce qui, chose qui.*

He would take a stroll through the Park, which would keep his figure slim. *Il faisait fréquemment une petite promenade dans le Parc, ce qui lui permettait de garder la ligne.*

On pourra préférer une variante.

Rome is a noisy city, among the noisiest in Italy, which is saying a good deal. *Rome est une ville bruyante, parmi les plus bruyantes d'Italie, et ce n'est pas peu dire.*

At this rate they would arrive in the dark, which was what he wanted. *A cette allure ils arriveraient dans la nuit : c'était ce qu'il voulait.*

● **Which** peut être adjectif. On peut traduire mot à mot par *lequel, laquelle, lesquels.*

Mais il vaut mieux changer la tournure.

George said that if anything was broken, it was broken, which reflection seemed to comfort him. *Georges dit que si quelque chose était cassé, c'était cassé, et cette réflexion parut le réconforter* (ou *réflexion qui...).*

The first sense of sorrow I ever knew was upon the death of my father, at which time (= when) I was not quite five years of age. *Ce fut à la mort de mon père que je connus le chagrin pour la première fois. A cette époque je n'avais pas tout à fait cinq ans.*

WHILE [2182]

WHILE, conjonction, nom et verbe.

Le traducteur devra, d'une part bien distinguer entre ces trois fonctions, d'autre part apprendre à reconnaitre les trois sens différents de **while,** conjonction.

1. **While,** conjonction.

a) *pendant que, tant que.* . . . . **39 %**

They came while you were out. *Ils sont venus pendant que vous étiez sortis.*

While there is life, there is hope. *Tant qu'il y a de la vie il y a de l'espoir.*

Autre traduction : *en, tout en.*

He hurt himself while playing football. *Il s'est blessé en jouant au football.*

He proceeded with his experiment while he talked. *Il poursuivit son expérience tout en parlant.*

b) *tandis que, alors que* (= **whereas),** marquant une opposition. . . . . **30 %**

One of the sisters was dressed in white, while the other was all in black. *L'une des sœurs était vêtue de blanc, tandis que l'autre était tout en noir.*

c) *quoique, si* (= **although).** . . . . **18 %**

Dans ce cas la subordonnée précède obligatoirement la principale.

While I sympathise with you, I am afraid there is little I can do. *Malgré ma sympathie à votre égard, je crains de ne pouvoir faire grand chose pour vous.*

2. **While,** nom (= **time),** s'emploie surtout dans un nombre limité de locutions. . . . . **12,2 %**

A long while ago, *il y a longtemps.*

Once in a while, *une fois en passant.*

The while, all the while, locution adverbiale, *en attendant, pendant ce temps.*

It is worth while, *cela vaut la peine,* voir **WORTH,** 2.

While forme un élément des mots composés **meanwhile, in the meanwhile.** Voir **MEAN.**

3. **To while,** verbe, se trouve surtout dans l'expression, **to while away time,** *passer* (ou *tromper, tuer) le temps.*

WHOSE [1444]

WHOSE, pronom et adjectif.

1. Adjectif interrogatif, *à qui ? de qui ?*

Whose fault is it ? *A qui est-ce la faute ?*

Whose car was that you came in ? *A qui était la voiture dans laquelle vous êtes venus ?*

2. Pronom relatif.

★ La construction particulière de **whose** qui bouleverse l'ordre normal de la phrase en attirant à lui le nom possédé, même s'il est complément, peut embarrasser le traducteur s'il n'en voit pas la structure dès l'abord.

Il devra donc reconstituer le groupe syntaxique verbe + complément, les deux mots pouvant se trouver assez loin l'un de l'autre.

On this lawn sat our two ladies, whose part in the landscape the painter, standing at a favourable point of view in the park, would represent with a few dabs of red and white and blue. *Sur cette pelouse étaient assises nos deux dames dont le peintre, debout dans le parc en un point d'observation favorable, représenterait de quelques taches de rouge, de blanc et de bleu leur place dans le paysage.*

● La traduction par **dont** n'est pas toujours possible.

a) Si **whose** est précédé d'une préposition, employer *de (par, pour, etc.) qui, lequel, laquelle,* etc.

The lady under whose roof I have the honour of residing is a widow. *La dame sous le toit de laquelle j'ai l'honneur de résider est veuve.*

b) Si dans la proposition commençant par **whose** il y a un pronom personnel se rapportant à la même personne, on doit traduire **whose** par *que* et remplacer le pronom personnel par un adjectif possessif.

Mr D.W. Freeman, whose observations of savage peoples have made him famous, will now deliver a talk. *M.D.W.F., que ses observations sur les peuplades sauvages ont rendu fameux, va maintenant vous faire une causerie.*

WHY [1152]

WHY, adverbe et interjection.

1. Adverbe interrogatif, *pourquoi ?*, pour mémoire. . . . . **59 %**

2. Adverbe relatif. . . . . **18 %**

The reason why, *la raison pour laquelle.*

The reason why most playwrights do not publish their plays with prefaces is that they cannot write them. *La raison pour laquelle la plupart des auteurs dramatiques ne publient pas leurs pièces avec des préfaces est qu'ils sont incapables d'en écrire.*

3. Interjection. C'est un sens auquel on ne pense pas assez souvent. . . . . . . **18 %**
On traduira par *tiens, ma foi, voyons, vraiment*, etc. selon la nuance exprimée par la phrase.

Why, it's quite easy. *Ma foi, c'est très facile.*

Why, you are not afraid, are you ? *Voyons, vous n'avez pas peur tout de même.*

Why... I really don't know. *Franchement, je ne sais vraiment pas.*

WILD [582]

WILD, adjectif, mot souvent trompeur.

1. Par une simplification abusive, en effet, on associe trop souvent le mot **wild** au français *sauvage, désert.*

Cette traduction conviendra à la moitié des cas à peine. . . . . **48 %**

2. Appliqué à une personne, et par analogie à une chose, **wild** désigne un sentiment ou l'expression d'un sentiment qui échappe au contrôle de la raison, qui dépasse les bornes de la prudence, une réaction anormale ou exagérée.
Les possibilités de traduction sont très nombreuses et le traducteur fera bien de réfléchir attentivement au contexte.

A wild life, *une vie dissipé, dissolue.*

Wild applause, *des applaudissements frénétiques.*

Wild eyes, *des yeux égarés.*

A wild imagination, *une imagination déréglée.*

A wild plan, *un projet insensé.*

Wild waves, *des vagues furieuses.*

To be wild with delight, *être fou de joie.*

The mosquitoes are driving me wild (= mad). *Les moustiques me rendent fou.*

To run wild, *se dissiper, mener une vie de patachon.*

WILDLY, adverbe, a les sens correspondants.

A doctrine which may appear wildly paradoxical and subversive, *une doctrine susceptible de paraître outrageusement paradoxale et subversive.*

(On mesure ce que serait le ridicule de *sauvagement* dans un pareil contexte).

WILL [16302]*

1. **will,** défectif
2. **will,** auxiliaire du futur
3. **will,** forme d'habitude
4. **will** = **must**
5. **to will.**

WILL, verbe auxiliaire et défectif, prétérit **WOULD** (voir ce mot).

Les formes contractées sont **he'll** = **he will; he won't** = **he will not** (et non **would not).**

Les sens de **will** sont souvent proches les uns des autres et se recouvrent parfois. La structure de la phrase et le contexte sont essentiels pour élucider le sens. Dans bien des cas, la traduction de **will** est une affaire de nuances. Elle n'en suppose pas moins la connaissance claire des points suivants.

1. Will, verbe défectif, garde son sens étymologique de

(a) volonté, consentement, promesse, requête polie, à la forme affirmative.

(b) promesse ou refus, à la forme négative.

a) *Vouloir* (volonté) ou *vouloir bien* (consentement) conviennent souvent.

I will be the master in my own house. *Je veux* (ou *j'entends) être le maître chez moi.*

If you will wait a moment, I'll fetch a chair. *Si vous voulez bien attendre un moment, je vais chercher une chaise.*

● A la première personne (futur dit « emphatique »), il est pourtant indiqué d'exprimer cette idée avec force.

Will you help me ? Yes, I will. *Voulez-vous m'aider ? Oui, je veux bien, très volontiers.*

I will bring the book back to-morrow. *Je vous promets de vous rendre le livre demain.* [Par opposition à **I shall** ou **I'll bring...** qui serait un futur simple].

b) La même exigence est valable pour **will not, won't.**

I won't do it again. *Je vous promets de ne pas recommencer.*

I won't obey such stupid orders. *Je refuse d'obéir à des ordres aussi stupides.*

● **Won't** suivi de **have** correspond à *ne pas vouloir* + une subordonnée. Voir **HAVE,** 5.

I won't have you strike (ou **striking) that boy.** *Je ne veux pas que vous frappiez* (ou *je vous interdis de frapper) cet enfant.*

2. Will, simple auxiliaire du futur, en principe aux 2ᵉ et 3ᵉ personnes.

★ Bien distinguer le futur simple du futur antérieur.

The house will be built in time. *La maison sera bâtie à temps.*

The house will have been built in time. *La maison aura été bâtie à temps.*

● **I will,** à la 1ʳᵉ personne seulement, peut exprimer un futur proche, même immédiat.

I will dictate the letter to you. *Je vais vous dicter la lettre.*

I will tell you about my last summer holiday in Egypt. *Je vais vous raconter les grandes vacances que je viens de passer en Egypte.*

★ En pratique les Anglais et surtout les Américains ne font pas tellement de différence entre **shall** et **will.** Ce qui fait que, la graphie aidant, **I'll** peut exprimer une idée de volonté (1), ou un simple futur (2). C'est là que l'analyse du contexte et l'attention portée à la suite des idées sont essentiels à une bonne traduction.

I'll do it peut vouloir dire

(1) *Je le ferai* (c'est une promesse).

(2) *Je le ferai* (c'est une simple possibilité).

(*) Ce chiffre correspond à **will** et **would** réunis. Les pourcentages indiqués sont difficilement lisibles.

She won't come peut vouloir dire
(1) *Elle ne veut pas venir.*
(2) *Elle ne viendra pas.*
Dans le langage parlé **won't** correspondant au sens (1) serait accentué. Il se peut que dans le langage écrit **won't** soit alors en italiques.
I tell you *I* won't be left like that. *Je vous dis que je ne veux pas qu'on me laisse comme cela.*
Mais il faudra la plupart du temps se passer de ce moyen de discrimination. En revanche la variante de **she won't come : she won't be coming** ne peut avoir que le sens (2).

3. **Will** peut exprimer une répétition, une habitude, une tendance générale, ou, avec un sujet de chose, une idée d'inévitabilité. La traduction est parfois délicate.
He will sit idle for hours. *Il reste des heures assis à ne rien faire* (présent d'habitude).
He shook hands with me, as Frenchmen will. *Il me serra la main, selon la coutume des Français.*
Boys will be boys. *Les enfants seront toujours des enfants. Il faut que jeunesse se passe.*
Accidents will happen. *Il arrive toujours des accidents* (c'est inévitable).

4. Sens plus rare de **will,** exprimant une quasi-certitude (= **must).**
Someone's knocking at the door : that will be the postman. *On frappe à la porte, ce doit être le facteur.*

5. Il ne faut pas s'étonner si l'on rencontre (ce sera rare) un verbe **to will, willed,** régulier et transitif.
Those who willed the war, *ceux qui ont voulu la guerre.*
Fate willed that he should die tragically. *Le sort voulut qu'il mourût de mort tragique.*
● C'est de ce verbe que dérivent **(un-)willing, (un-)willingly, (un-)willingness.**

WIND [724]

WIND, nom et verbe, mot dangereux, car il correspond à deux racines différentes.

1. **Wind,** *le vent,* pour mémoire . . . . **85 %**
● Le verbe **to wind** correspondant est rare et a des sens très techniques. On le rencontre surtout dans les adjectifs **short-winded,** *poussif* et **long-winded,** *verbeux, prolixe.*

2. **To wind, wound, wound,** verbe irrégulier, avec les sens de
a) *serpenter.* . . . . **6 %**
A winding river, *une rivière au cours sinueux.*
b) *enrouler.* . . . . **4 %**
Routine begins to wind its tentacles around us. *La routine commence à enrouler ses tentacules autour de nous.*
c) **to wind up,** *remonter* (un réveil), *clore* (une séance, une discussion), *liquider* (une société). . . . . **2 %**

3. ★ Attention à ne pas confondre **wound,** prétérit du verbe ci-dessus avec **WOUND,** nom et verbe régulier, *blesser, blessure.*

WISH [632]

WISH, nom et verbe.

1. Le verbe **to wish (for),** employé tout seul ou suivi d'un nom, n'offre pas de difficulté.
Le sens est *souhaiter, désirer.*

● Le cas où **wish** est suivi d'un verbe est plus délicat et les possibilités de traduction sont nombreuses.
Il y a quatre structures possibles.

2. To wish + l'infinitif, *désirer, vouloir.*

I wish in future to have a bed and a room of my own. *Je désire, à l'avenir, avoir un lit et une chambre à moi.*

3. To wish + une proposition infinitive, *désirer, vouloir que.*

Do you wish me to stay ? *Désirez-vous que je reste ?*

The pig ran hither and thither, in every direction but that in which the old gentleman wished him to go. *Le cochon courait dans tous les sens sauf celui dans lequel le vieux monsieur voulait le faire aller.*

4. To wish suivi de **would** exprime un souhait nuancé d'impatience, un ordre poli mais ferme. Une traduction par *souhaiter, désirer* affaiblirait le sens.

I wish you would stop making all that noise. *Pour l'amour du ciel, cessez donc tout ce tapage.*

I wish you wouldn't start these religious arguments. *J'aimerais bien que vous ne vous lanciez pas dans ces discussions religieuses.*

Wish, accentué, peut être en italique. Le sens sera très fort.

I *wish* you would keep quiet. *Allez-vous finir par vous taire ?*

5. To wish suivi d'un prétérit modal, exprime un souhait, un désir, un regret.
Il faut distinguer trois cas :

a) **I wish** suivi du prétérit se traduit par *j'aimerais, je voudrais* (conditionnel présent).

I wish I could work here. *J'aimerais pouvoir travailler ici.*

I wish it were all over. *Je voudrais bien que tout fût fini.*

b) **I wish** suivi du plus-que-parfait se traduit par *j'aurais voulu, j'aurais aimé* (conditionnel passé). Voir Changements de temps, VI, 2, page 265.

I wish I had been there. *J'aurais voulu être là.*

I wish I had had a camera. *J'aurais aimé avoir un appareil photo.*

c) Si l'idée de regret prédomine on peut traduire par *je regrette* et l'on change la forme du verbe qui suit (affirmative → négative et vice versa).

He wished he had told the police at once. *Il regrettait de ne pas avoir prévenu la police immédiatement.*

She wishes she weren't so shy. *Elle regrette d'être si timide.*

I wished I had not come. *Je regrettais d'être venu.*

WITH [23232]

WITH, préposition.

Les sens courants sont *avec* (accompagnement) et *de* (instrument), pour mémoire. Le traducteur notera les points suivants qui tous posent des problèmes de traduction.

1. With se trouve après une préposition dans de nombreuses tournures exclamatives.

Down with the tyrant ! *A bas le tyran !*

Away with you ! *Allez-vous en, fichez le camp !*

Be off with you ! *Décampez, déguerpissez !*

Get along with you ! *Allez, filez !* ou bien *allons-donc,* exprimant l'incrédulité, voir **ALONG,** 4 c.

2. With, *chez.*

With some people..., *chez certaines personnes.*

As is usual with him, *comme c'est l'habitude chez lui.*

It gives us an impetus which is lacking with you. *Cela donne un élan qui manque chez vous.*

3. **With,** *malgré.*

With all his faults, I like him. *Malgré tous ses défauts, je le trouve sympathique.*

4. Devant un complément circonstanciel comportant un nom de partie du corps ou d'article d'habillement, **with** obligatoire en anglais ne se traduira pas.

They came in with their hats on their heads. *Ils entrèrent le chapeau sur la tête.*

[On remarquera l'emploi du pluriel idiomatique. Voir page 281.]

5. Rappel de certaines locutions verbales contenant **with.**

To do with, to do away with, to have done with,
I can do with, I can make do with, } voir **DO,** 4.
To part with, voir **PART,** 3.
What with, voir **WHAT,** 1 b.

WITHOUT [2542]

WITHOUT, préposition.

Le sens *à l'extérieur* (contraire de **within**) est désuet, sauf dans la locution, **seen from without,** *vu de l'extérieur.*

● Quelques emplois à signaler :

— **To do without, to go without,** *se passer de,* voir **DO,** 3, **GO,** 4.

— **Without fail,** *sans faute.*

— **Without so much as** + nom ou verbe, *sans même.*

Coming to the conclusion that the best way to make time pass was to ignore it, he had worked away at himself, without so much as a glance towards his watch. *Arrivant à la conclusion que la meilleure façon de faire passer le temps était de faire comme s'il n'existait pas, il s'était acharné à sa toilette, sans même un coup d'œil à sa montre.*

He went off without so much as saying he was sorry. *Il est parti sans même exprimer ses regrets.*

WORK [3968]

WORK, nom et verbe.

Mot simple en apparence mais dont les emplois et les sens sont assez complexes. Il faut se garder en premier lieu du couplage simpliste **work** ↔ *travail(ler).* Voici quelques autres sens qu'il faudra savoir reconnaître et traduire.

1. **Work,** nom, *travail,* mais aussi *œuvre, ouvrage.*

A work of art, *une œuvre d'art.*

A work basket, *une corbeille à ouvrage.*

● **Works,** au pluriel, peut vouloir dire :

a) *les œuvres* .... **19,6 %**

b) *les rouages, le mécanisme* .... **0,9 %**

c) *une usine,* en général de grosse industrie .... **1,9 %**

The Ford Works. *Les usines Ford.*

● **Work,** en composition, associé à un matériau.

Brickwork, *briquetage, maçonnerie de briques.*

Woodwork, *menuiserie, ébénisterie.*

The paintwork, *les peintures* (d'une voiture, par exemple).

2. **To work.** Voici quelques emplois délicats.

a) **To work,** *marcher, fonctionner* (machine, procédé, méthode) ...... **6,1 %**

Flattery will not work with me. *La flatterie ne réussit pas auprès de moi.*

b) **To work,** transitif, au sens de *faire, accomplir* (des miracles, des merveilles) . . . . **0,3 %**

c) **To work** s'emploie souvent suivi de **into** + un complément ou d'un adjectif, pour exprimer le résultat d'un travail, d'un effort, d'un fonctionnement (au propre et au figuré) . . . . **2,5 %**

He worked it (up) into a smooth paste. *Il l'a travaillé pour en faire une pâte lisse.*

He worked his audience into enthusiasm. *Il finit par soulever l'enthousiasme de son auditoire.*

Don't work yourself into a rage. *Ne vous mettez pas dans tous vos états.*

The nut has worked loose. *L'écrou s'est desserré.* (Voir **LOOSE,** 1a).

He eventually worked his hands free from the ropes. *Il réussit enfin à libérer ses mains des cordes.*

d) **To work one's way to,** *se frayer un passage jusqu'à* . . . . **0,4 %**
To work one's way up, *s'élever à force de travail.* Voir **WAY,** 3.

e) **To work out** . . . . **2 %**

a) *calculer* (un prix, par exemple).
Work it out for yourself. *Trouvez la solution tout seul.*

● Remarquez l'emploi intransitif.
The total works out at six pounds. *Le total se monte à six livres.*

b) *réaliser.*
To work out one's destiny, *être l'artisan de son destin.*

c) *se développer, prendre une certaine tournure.*
Things did not work out as we had expected. *Les choses ne se sont pas passées conformément à notre attente.*

WORSE [378], WORST [178]

WORSE, comparatif irrégulier de **bad** et **badly.**

WORST, superlatif irrégulier de **bad** et badly.

★ Les étourdis confondent **worse** avec **WORTH,** mais oui !

● Ces deux mots se rencontrent dans de nombreuses locutions très courantes dont les équivalents français sont souvent assez loin du mot à mot.

1. **Worse,** *plus mauvais, pire, plus mal.*

— **To make things worse,** *par surcroît de malheur.*

— **So much the worse for him,** *tant pis pour lui.*

— **None the worse,** voir **NONE,** 2b.

I am none the worse for it. *Je ne m'en porte pas plus mal.*

He is none the worse for his accident. *Il ne se ressent pas de son accident.*

He would be none the worse for a wash. *Un bon débarbouillage ne lui ferait pas de mal.*

— **My hat's rather the worse for wear.** *Mon chapeau est plutôt défraîchi, n'est guère présentable.*

— **He is worse off than ever.** *Sa situation* (financière) *est pire que jamais.* Voir **OFF,** 4.

2. **Worst,** *le plus mauvais, le pire, le plus mal.*

You saw him at his worst. *Vous l'avez vu sous un de ses plus mauvais jours.*
At (the) worst, if the worst comes to the worst, *en mettant les choses au pis.*
To have (ou **to get) the worst of it,** *être battu, avoir le dessous.*

WORTH [694]

WORTH, adjectif et nom.

★ Eviter de confondre **worth** avec **WORSE** !

1. Worth, adjectif, *qui vaut* . . . . **40 %**

To be worth, *valoir.*

How much is it worth ? *Combien cela vaut-il ?*

● **Worth** peut s'appliquer à une personne . . . . **2,3 %**

He is worth millions. *Il est riche à millions.*

He died worth a million. *Il est mort en laissant un million.*

● Autre sens très idiomatique.

Run, for all you're worth. *Courez de toutes vos jambes.*

Play for all you're worth. *Mettez toute votre énergie au jeu.*

2. Worth, au figuré, *qui vaut la peine.*

Il y a deux structures possibles :

a) **To be worth** + un nom . . . . **12 %**

It is not worth the trouble. *Ca n'en vaut pas la peine.*

Is it worth while ? Is it worth it ? *Cela (en) vaut-il la peine ?*

I think it worth while to..., *je crois que ça vaut la peine de...*

Voir **WHILE,** 2.

b) **To be worth** + un gérondif, actif mais à sens passif . . . . **16 %**

Traduire soit par un passif, soit par la tournure impersonnelle avec *on.*

If it is worth doing at all, then it's worth doing well. *Ce qui vaut la peine d'être fait vaut la peine d'être bien fait.*

Your friend's idea is worth going into more carefully. *L'idée de votre ami vaut la peine d'être étudiée plus attentivement.*

It's not worth mentioning. *Cela ne vaut pas la peine qu'on en parle.*

3. Worth, nom, *valeur, mérite* . . . . **30 %**

Dans le premier sens, il ne se traduit pas.

Millions of pounds' worth of damage, *des dégâts évalués à des millions de livres sterling.*

I'll have half-a-crown's worth of brandy, neat, if you please. *Je voudrais pour une demi-couronne d'eau de vie, sec.*

To have one's money's worth, *en avoir pour son argent.*

WOULD [*]

> **1. would,** verbe défectif.
> **2. would,** auxiliaire du conditionnel.
> **3. would,** auxiliaire de la forme d'habitude.

WOULD, verbe auxiliaire défectif, prétérit de **WILL.**

Les formes contractées : **he'd** = **he would, he wouldn't** = **he would not.**

★ Ne pas confondre **he'd** + infinitif (= **he would**) avec **he'd** + participe passé (= **he had**).

● Ce qui est dit des difficultés soulevées par **will** s'applique à **would.**

1. Would, verbe défectif, exprime.

a) la volonté, le consentement, une promesse, une requête polie;

b) une promesse ou un refus à la forme négative.

a) **He would do it, although I told him not to.** *J'eus beau l'en dissuader, il insista pour le faire.*

b) **The parlour fire would not draw that evening.** *Le feu du salon refusa de tirer ce soir-là.*

(*) Voir à **will.**

Tous les exemples donnés à **WILL,** 1, mis au style indirect, se traduiront en conséquence.

He said he would be the master in his own house. *Il déclara qu'il entendait être maître chez lui.*

● On rencontre ce sens de **would** dans certaines locutions.

— **Would have,** voir **HAVE,** 5.

— **He would have us do it.** *Il voulut nous le faire faire.*

A noter cette locution idiomatique, **as bad luck would have it,** et le changement de structure exigé par la traduction.

He had hoped to be alone for a little while, but as bad luck would have it Parsons popped in. *Il avait espéré être seul un petit moment, mais la malchance voulut que Parsons entrât à l'improviste.*

— **I would (I'd) rather,** *je préférerais, j'aimerais mieux,* voir **RATHER.**

— **I would (I'd) sooner,** même sens, voir **SOON.**

— **Would** après **wish** exprime une idée de consentement. Voir **WISH,** 4.

2. Would, simple auxiliaire du conditionnel.

Would a tendance à remplacer **should** à la première personne.

● Comme pour **will,** on peut parfois hésiter entre les sens 1 et 2.

He said he would not come :

a) *Il dit qu'il ne viendrait pas;*

b) *Il dit qu'il ne voulait pas venir.*

Au sens b) le mot sera accentué dans le langage parlé, quelquefois, mais pas nécessairement, écrit en italiques.

★ Bien distinguer le conditionnel passé du conditionnel présent.

He would obey, if... *Il obéirait si...*

He would have obeyed, if... *Il aurait obéi si...*

★ Le traducteur, surtout s'il est germaniste, ne devra pas prendre pour l'auxiliaire du conditionnel un **would** rencontré dans une subordonnée de condition avec **if.**

Ce **would** ne peut avoir que le sens 1.

I think it would do her good, if she would take to riding. *Je crois que cela lui ferait du bien, si elle voulait se mettre à faire du cheval.*

3. Would exprime, plus fréquemment que **will**, une répétition ou une habitude. Il correspond donc à **USED TO**, 2a.

★ Le traducteur novice, par souci d'application, a tendance à employer systématiquement la locution *avoir l'habitude de.* Il devra au contraire chercher à éviter une lourdeur inutile.

En général l'imparfait français, dont c'est une des fonctions essentielles, suffira, surtout si la phrase contient un adverbe ou une locution adverbiale explicite.

From time to time a large rock would roll down into the valley. *De temps en temps un gros rocher dégringolait dans la vallée.*

Si le verbe exprime seul l'habitude, il est préférable d'employer un adverbe comme *d'ordinaire, habituellement, régulièrement.*

He would go for a swim early in the morning. *Il allait régulièrement se baigner le matin de bonne heure.*

● Quelquefois, à cette idée de répétition peut s'ajouter, même avec les choses, une nuance d'obstination, de volonté contrariante.

Of course, this being my holiday, it would rain. *Evidemment, comme c'était mon jour de congé, il a bien fallu qu'il pleuve* (sous-entendu, ce n'est pas la première fois).

- On notera l'adjectif composé **would-be,** *prétendu, soi-disant,* avec souvent une nuance péjorative.

  A would-be philosopher, *un soi-disant philosophe.*

  A would-be candidate, *un aspirant à la candidature.*

  A would-be joker, *un mauvais plaisant.*

WOUND [558]

WOUND, voir **WIND,** 3.

Y

YET [2496]

YET, adverbe et conjonction.

Ce mot facile en apparence demande réflexion car ses sens peuvent prêter à confusion.

1. Adverbe. . . . . **35 %**
Il faut savoir distinguer entre les emplois suivants :

a) **Yet,** dans une phrase interrogative, placé à la fin, *déjà*
Need you go yet ? *Faut-il que vous partiez déjà ?*

★ L'erreur à éviter c'est de traduire par *encore*, comme pour b) et c).
Have you seen that film yet ? ne veut pas dire *avez-vous vu encore (ou revu) ce film*, mais *avez-vous déjà vu ce film ?*

b) **Yet,** dans une phrase négative, *encore*. Deux places possibles après **not** ou à la fin.
He has not yet answered my application, ou **he has not answered my application yet.** *Il n'a pas encore répondu à ma demande.*

c) **Yet,** dans une phrase affirmative, *encore* (équivalent **still**) . . . . *(4 %)*
You should work, while there is yet time. *Il faudrait travailler pendant qu'il en est encore temps.*
As yet, voir **AS,** 3.

2. Conjonction, *pourtant*, souvent précédé de **and** . . . . **62 %**
I offered him still more, and yet he was not satisfied. *Je lui en ai offert encore plus et pourtant il n'était pas satisfait.*

★ Il est en général facile d'éviter la confusion entre le sens 1 et le sens 2 si l'on se laisse guider par le contexte.
Dans la phrase ci-dessous l'opposition entre les deux parties de la phrase est assez marquée pour imposer le sens de *pourtant*.
It was like a child who is frightened of the dark and yet afraid to scream. *On aurait dit un enfant qui a peu de l'obscurité et pourtant craint de hurler.*

YOU [12408], YOUR [3224]

YOU, pronom personnel.

YOUR, adjectif possessif.

L'attention du traducteur est attirée sur les points suivants :

1. You peut avoir une valeur indéfinie. Employer *on* plutôt que *vous*.
You never can tell. *On ne sait jamais.*

2. You peut s'employer en apposition, soit pour marquer une opposition, soit pour introduire une apostrophe injurieuse.
You Englishmen will never be able to cook a decent meal. *Vous autres Anglais vous ne saurez jamais préparer un repas convenable.*
You idiot ! You fool ! *Espèce d'idiot ! Imbécile que vous êtes !*

3. You peut se trouver devant un impératif. Il a valeur d'insistance et exprime une nuance de conseil, de menace.

Le danger est de confondre cet impératif avec un présent ordinaire. Le contexte, peut être la ponctuation, à défaut de l'intonation, pourront aider à faire la distinction.

You leave it to me. *Laissez-moi faire.*

You mark my words. *Ecoutez-moi bien.*

It'll never work — You wait and see. *Ca ne marchera jamais — Attendez voir un peu.*

Never you mind. *Ne vous occupez pas de ça, c'est mon affaire.*

4. Your peut avoir une valeur affective (ironie, mépris, etc.).
Cette nuance est souvent difficile à rendre en français; mais de toute façon une traduction littérale est exclue.

I was a bad driver. I was not one of your roaring, thrusting, must-get-there motorists... *Je conduisais mal. Je n'étais pas de ces automobilistes tonitruants qui foncent, fanatiques de la moyenne...*

Any clear-headed murderer can, if he chooses, hold a city in suspicion; but your everyday criminal is seldom clear-headed. *N'importe quel meurtrier à la tête froide peut, s'il le veut, terroriser une ville; mais le tout-venant des criminels garde rarement la tête froide.*

5. You, dans un dialogue, peut poser le problème du tutoiement. L'anglais ignorant la deuxième personne du singulier, dans quel cas le traducteur devra-t-il y avoir recours ?

Il le fera tout naturellement, pour garder le ton familier et naturel, si les interlocuteurs appartiennent à la même famille (dans les cas normaux, bien sûr), parents entre eux, parents et enfants, frères et sœurs.
Dans les autres cas, le problème est plus délicat et dépend en dernier ressort du degré de familiarité que peut révéler le dialogue et de l'évolution psychologique des personnages.

APPENDICES

1. LES TRANSPOSITIONS

Dans beaucoup de cas le traducteur ne saurait se contenter de traduire, en conservant, d'une langue à l'autre, les mêmes catégories grammaticales, les mêmes parties du discours. Il devra donc transposer. La transposition permet souvent d'obtenir une amélioration par rapport à la traduction directe.

He spoke well of you. *Il a bien parlé de vous* (traduction directe mais ambiguë), ou mieux *Il a dit du bien de vous* (transposition).

Elle est aussi souvent obligatoire.

In the early Nineteenth Century ne peut que se transposer en *Au début du dix-neuvième siècle.*

Le mécanisme des diverses transpositions a été étudié à fond dans certains ouvrages spécialisés, cités dans la préface. Nous ne voulons ici qu'attirer l'attention du traducteur sur ces mécanismes qui méritent certes d'être démontés, mais dont le bon fonctionnement dépend essentiellement de l'intuition, du goût et d'un certain sens de la langue et s'acquiert surtout par la pratique.

Bien entendu nous ne signalerons ici que les transpositions qui intéressent la version (anglais → français).

1. Adverbe → verbe.

Twice she had been *nearly* drowned while fording a river on horseback. Deux fois elle *avait bien failli* se noyer en traversant la rivière à cheval.

He *merely* smiled. Il *se contenta de* sourire.

Voir d'autres exemples aux articles :

ONLY = *ne faire que,*
BUT = id.
AT LAST = *finir par,*
FIRST = *commencer par,*
STILL = *rester,*
SOON = *ne pas tarder,*
JUST = *venir de.*

2. Adverbe → nom.

It was a lovely day, *early* in August. C'était une journée délicieuse, *au début d'août.*

It is *commonly* supposed that... *Les gens* se figurent que...

3. Verbe → nom.

The letter expresses *what I felt* about him. La lettre exprime *mes sentiments* à son égard.

We went *to look for* him. Nous partîmes *à sa recherche.*

Faces turned *as they passed.* Les gens se retournaient sur leur passage.

Voir aussi to **FEEL, LIKE, SINCE,** 3a.

4. Verbe → adverbe.

As you *may* have observed... Comme vous l'avez *peut-être* remarqué. Voir **MAY,** 1.

I *wouldn't mind* going back to the wireless trade to-morrow. Je retournerais *bien volontiers* demain au commerce de la radio.

That thought *keeps* coming back to me. Cette pensée me revient *sans cesse.* Voir **KEEP,** 2; **USE,** 2.

5. Verbe au participe passé → nom.

He had been splendidly *educated.* Il avait reçu une magnifique *éducation.*

It could easily be *blown away.* *Un souffle* pouvait l'emporter.

6. Nom → verbe.

These problems must be capable of *solution* without *resort* to war. Ces problèmes doivent pouvoir *être résolus* sans *avoir recours* à la guerre.

A few minutes later there was a *knock* at the door. Quelques minutes plus tard on *frappa* à la porte.

Voir aussi **EXPERIENCE, WEAR,** 3; **BREAK,** 2b; **CONCERN,** 3.

7. Nom → participe passé.

Cette transposition concerne des noms utilisés comme compléments circonstanciels introduits par **with.**

With the help of... *muni de...*

With the assistance of... *aidé par...*

With the loss of... *privé de...*

8. Adjectif → nom.

a) adjectif attribut.

The man was *good* enough to be interested in me. L'homme a eu la *bonté* de s'intéresser à moi. Voir aussi **KIND,** 2.

They found it *difficult* to make both ends meet. Ils avaient du *mal* à joindre les deux bouts.

It makes me *giddy*. Ça me donne le *vertige.*

I am *hungry, thirsty,* etc. J'ai *faim, soif,* etc. Voir **To BE,** 4; **HOW,** 2.

b) adjectif épithète.

In the *early* XIXth century, au *début* du XIXe siècle.

The *rainy* season, la saison *des pluies.*

A *rural* church, une église *de campagne.*

An *optical* illusion, une illusion *d'optique.*

A *medical* student, un étudiant *en médecine.*

Cette transposition est souvent utile quand l'adjectif est précédé d'un adverbe. (Voir n° 12).

9. Adjectif → adverbe.

The affair would be *sure* to be talked of, and his employer would be *certain* to hear of it. On parlerait *sûrement* de cette affaire et elle viendrait *certainement* à l'oreille de son patron. Voir **SURE; LIKELY; KIND,** 2.

10. Adjectif → verbe.

I *was impatient* not of human weakness, but of cowardice. *Ce que je supportais* mal c'était non pas la faiblesse humaine, mais la lâcheté.

They were lying *asleep* on a pile of sacks. Ils *dormaient,* couchés sur une pile de sacs. Voir aussi n° 15.

It is *doubtful* whether... On peut *douter* que...

Voir **INCONGRUOUS.**

11. Transposition des marques (ou mots qui servent à identifier les espèces : articles, adjectifs démonstratifs et possessifs).

a) article indéfini → article défini, voir **A, AN.**

b) adjectif possessif → article défini.

He speaks with *his* hands in *his* pockets. Il parle *les* mains dans *les* poches [On voudrait que cette règle élémentaire ne soit pas lettre morte pour nombre de traducteurs peu consciencieux !].

c) article défini → démonstratif, voir **THE,** 1.

12. Il existe aussi des transpositions doubles. Celle que l'on aura très souvent l'occasion d'employer est la suivante : adverbe + adjectif → adjectif + nom.

Le français en effet a souvent des difficultés à former des adverbes en « *ment* », plus lourds au surplus que leurs homologues anglais. Cette transposition permet seule de restituer à l'expression toute sa souplesse et son naturel.

The evening was *oppressively* hot. La soirée était d'une *chaleur accablante.*

The weather was *intensively and bitterly* cold. Le *froid était vif et pénétrant.*

I was *frightfully thirsty.* J'avais une *soif atroce.*

Heaven was *infinitely benignant.* Le ciel fit preuve d'une *infinie bonté.*

He was *unusually successful* in early life. Il connut au début de sa vie des *succès inhabituels.*

His progress was *heartbreakingly slow.* Ses progrès étaient d'une *lenteur désespérante.*

On remarquera la quasi-impossibilité d'une traduction littérale dans la majorité de ces phrases.

13. Une autre transposition concerne le groupe adjectif + nom. Elle se révélera souvent commode pour éviter un mot à mot maladroit ou même impossible. On traduit l'adjectif par un nom et le nom par un adjectif.

The *soft darkness* of her eyes, la *douceur sombre* de ses yeux.

***Elegant* expenses,** des *élégances coûteuses.*

They were not happy, regretting *the festive incantations,* the sorceries of their own land. Ils étaient malheureux, car ils regrettaient les *cérémonies incantatoires,* les sorcelleries de leur pays.

14. Les verbes suivis d'une postposition seront souvent l'objet d'une transposition qui est un véritable chassé-croisé.

He ran out — Il sortit en courant

He jumped up — Il se leva d'un bond

L'anglais, qui suit de près le déroulement de l'action, indique d'abord la modalité (courir), puis l'action (sortir). Le français suit la démarche inverse.

Ce chassé-croisé a été abondamment illustré au cours du dictionnaire. Voir en particulier **ACROSS, BACK, IN, OUT, UP, DOWN.**

15. Autre modèle de chossé-croisé concernant les verbes de position suivis du gérondif.

She sat knitting by the fire

Elle tricotait assise près du feu

Ce type de chassé-croisé a été illustré aux articles **LIE, SIT** 1, **STAND** 1.

16. Le traducteur soucieux du travail bien fait sera amené à pratiquer des transpositions plus complexes qui sont en réalité de véritables changements de structures. L'analyse de ces changements dépassant le cadre du présent ouvrage, nous n'en citerons qu'un exemple qu'il aura souvent l'occasion d'imiter.

Conjonction + subordonnée → préposition + complément circonstanciel.

Regent's Park had changed very little *since he was a boy.* Regent's Park avait très peu changé *depuis son enfance.*

Early in the day though it was..., *malgré l'heure matinale.*

She inflicted positive torture, *so insensitive was she.* Elle vous causait de vraies souffrances *à force d'insensibilité.*

Voir aussi **HOWEVER,** 3; **AS** 1c; **THOUGH,** 1 et 2.

● Voir un autre type de transposition : Les verbes, Changements de temps, VII, 2.

2. **L'ETOFFEMENT**

L'étoffement est le renforcement d'un mot qui ne se suffit pas à lui-même et qui a besoin d'être épaulé par d'autres. (Vinay et Darbelnet, op. cité). La prédominance du substantif en français est telle que beaucoup de mots-outils et de mots simples anglais ne peuvent se traduire que par des locutions contenant un nom.

1. Etoffement de l'adverbe.

Beaucoup d'adverbes de manière en **-ly** se traduiront par une locution adverbiale dans la mesure où le français a des difficultés à former et à employer des adverbes en *-ment*.

He spoke *movingly*, il parla *en termes émus*.
She smiled *apologetically*. Elle sourit *en manière d'excuse*.
He was looking on *abstractedly*. Il contemplait la scène *d'un air distrait*.

Etoffement intéressant d'autres adverbes.

I did not dare to speak *aloud*. Je n'osai parler *à haute voix*.
I was told that Negroes *there* are not even licensed to become electricians or plumbers. On m'a dit que les noirs *qui vivent là* ne sont même pas autorisés à devenir électriciens ou plombiers.

2. Etoffement du verbe.

Au verbe simple anglais, le français préférera dans certains cas une locution verbale.

·o retreat, *battre en retraite*.
To review, *passer en revue*.
To improve, *faire des progrès*.

3. Etoffement de l'adjectif.

A *hopeless* entreprise, une entreprise *sans espoir*.
An *orderly* withdrawal, une retraite *en bon ordre*.

4. Etoffement des démonstratifs.

La répugnance du français à employer *ceci*, *cela* pour rappeler une phrase précédente oblige à utiliser un substantif qui précise de quoi il s'agit. Voir **THIS**.

***This* does not surprise me** (phrase isolée). *Ceci* ne me surprend pas.

Dans une phrase replacée dans son contexte et en fonction de ce dernier : vos *propos* ne me surprennent pas, *cette attitude*, *cette réaction*, *cette mesure*, etc. ne me surprend pas.

5. Etoffement des prépositions.

Ce point a été largement illustré au cours du dictionnaire.
Voir en particulier **FOR**, 1, **FROM**, b.
Il y a plusieurs façons d'étoffer la préposition (ou postposition).

a) Par un nom.

The night express *for* Birmingham, L'express de nuit *à destination* de B.
***Within* two weeks,** *dans un délai* de deux semaines.
He had nothing to be cheerful *about*. Il n'avait aucune *raison* d'être joyeux.

b) Par un verbe.

I had some men *down* from London. Je fis *venir* quelques hommes de Londres.
She began to help him *on* with his clothes. Elle commença à l'aider *à mettre* ses vêtements.
The amount of time I have wasted *on* books ! Tout le temps que j'ai perdu *à lire* des livres !

From each according to his ability, to each according to his needs. Que chacun *donne* selon ses capacités, que chacun *recoive* selon ses besoins.

By Tuesday I should have finished with Brandham : already I felt *in* it but not *of* it. Dès mardi j'en aurais fini avec Brandham : je sentais déjà que j'y *habitais* mais que je n'en *faisais* plus *partie*.

[Que pourrait bien donner un mot à mot ?]

Voir aussi **OVER,** 5.

c) Par un participe passé.

A big fellow *in* a blue shirt, un gros bonhomme *vêtu* d'une chemise bleue.

The inspector *on* the case. L'inspecteur *chargé de* l'enquête.

d) Par une proposition relative ou participiale.

The people *around* him, les gens *qui l'entouraient*.

The quarrel *between* the two men, la querelle *qui opposa* les deux hommes.

The change *in* the manner of the young, le changement *qui s'est opéré dans* les façons de faire des jeunes.

They used to chat *over* a glass of wine after dinner. C'était leur habitude de bavarder *en buvant* un verre de vin après le dîner. Voir **OVER,** 5.

6. Etoffement des conjonctions.

I followed him to *where* his wife was seated behind the counter. Je le suivis jusqu'à *l'endroit où* sa femme était assise derrière le comptoir.

Voir **WHEN,** 3, **WHETHER,** 1, **WHY, LEST.**

7. Etoffement du pronom personnel.

L'anglais a trois pronoms personnels à la troisième personne du singulier **(he, she, it);** le français n'en a que deux *(il, elle)*. L'emploi des trois pronoms est, à de rares exceptions près, logique : être mâles, femelles, choses. Les deux pronoms français s'emploient aussi bien des choses. Il en résulte que dans de nombreux cas il ne peut y avoir vraiment équivalence entre les deux langues et que le pronom personnel devra être étoffé, ou plus exactement remplacé par le nom qu'il désigne.

Prenons ce texte de Conrad.

I would sometimes get into the accountant's office. *It* was built of horizontal planks and so badly put together that, as *he* bent over his high desk, *he* was barred from neck to heels with narrow strips of sunlight.

Le traducteur irréfléchi va traduire le **it** et les **he** de cette phrase par le seul pronom *il*, sans se rendre compte à quel point sa traduction sera maladroite, voire ambiguë.

La précision et la clarté exigent la traduction suivante.

J'entrai quelquefois dans le bureau du comptable. Ce *bureau* était fait de planches horizontales et très mal jointes; aussi, lorsque *le comptable* se courbait au-dessus de son pupitre haut perché, il était zébré du cou jusqu'aux talons d'étroites bandes de soleil.

3. LES VERBES. CHANGEMENTS DE TEMPS

On sait qu'il n'y a pas toujours concordance entre les temps des verbes anglais et ceux des verbes français. Les grammaires s'étendent abondamment sur ces différences, qui sont, en ce qui concerne particulièrement les temps du passé, une des pierres d'achoppement pour le traducteur. L'élève y est en général bien entraîné, mais surtout en vue du thème. (Je le connais depuis longtemps. Je l'ai vu il y a dix minutes, etc.). Assez curieusement sa garde sera souvent prise en défaut dans la version.

Nous rappellerons donc rapidement les cas précis et connus où le traducteur doit changer le temps du verbe anglais. Une simple référence aux §§ de la grammaire de Berland-Delépine « *Enjoy your Grammar* » lui rafraîchira, si besoin est, la mémoire.

Nous indiquons par le signe ● des cas moins courants et moins connus mais qui n'en sont pas moins utiles au traducteur, parce que la grammaire exige ou que l'usage recommande ce changement.

I. Présent anglais à traduire par un futur, dans une subordonnée de temps (§ 167).

The process will continue long after you and I *are* dead. Le phénomène se continuera longtemps après que nous *serons* morts, vous et moi.

II. Prétérit anglais.

1. Traductions courantes par le passé simple (style soutenu), le passé composé (style plus familier), l'imparfait (style descriptif).

2. Traduire par le conditionnel, dans une subordonnée de temps (§ 167).

She would marry when it *suited* her to marry. Elle se marierait quand cela lui *conviendrait*.

● **3.** par un infinitif, après des verbes exprimant une opinion ou une impression.

She thought *she heard* his step. Elle crut *entendre* le bruit de son pas.

I regret that *I had* no one to guide me. Je regrette de n'*avoir* eu personne pour me guider.

He felt as though *he were* in a strange country. Il croyait *être* (ou il se croyait) dans un pays inconnu.

● **4.** par un plus-que-parfait dans une subordonnée ayant une valeur d'antériorité par rapport à la principale.

He had grown fatter since they *released* him. Il avait engraissé depuis qu'on *l'avait relâché*.

● **5.** par un présent, après **it** ou **there** en tête de phrase.

It *was* in Lancashire that factory work appeared. C'*est* dans le Lancashire que le travail en usine fit son apparition.

There *was* one thing about this voyage which I shall never forget. Il y *a* une chose dans ce voyage que je n'oublierai jamais.

● **6.** par un présent pour traduire une remarque à valeur intemporelle introduite au cours d'un récit.

A mongrel bitch came, dragging herself across the yard... She had been abandoned. But she retained a kind of hope... An animal never *knew* despair. Il vit venir une chienne bâtarde qui se traînait à travers la cour... Elle avait été abandonnée. Mais elle gardait une sorte d'espoir. L'animal ne *connaît* jamais le désespoir..

● **7.** par un présent de narration, puisque ce dernier temps n'a pas d'équivalent en anglais, et qu'on peut par ce procédé donner, le cas échéant, plus de vivacité au récit.

Voici par exemple différentes péripéties d'une partie de rugby :

A queer sensation that *was*, everything falling upon him... He *tried* to rise, and *could* not. The game *stopped*, people *felt* his leg... They *rubbed* his calf and *jerked* his knee, etc. Quelle bizarre sensation; tout *semble* dégringoler sur lui... Il *essaie* de se relever, mais en vain. La partie *s'arrête*, on lui *tâte* la jambe... On lui *frotte* le mollet, on lui *fait* remuer le genou, etc.

Reprenez la traduction en employant le passé simple et vous verrez la différence !

III. Present Perfect anglais à traduire par :

1. le présent (§ 180).

He *has been* ill for a week, since Tuesday, these ten months. Il *est* malade depuis une semaine, depuis mardi, depuis dix mois.

Voir **FOR**, 2, **THIS, SINCE.**

Le piège à éviter c'est la traduction littérale d'une phrase comme, ***I have lived* close to this question for more than 20 years :** *(j'ai vécu... pendant)*. Il y a plus de 20 ans que cette question me *préoccupe* (présent).

● Cas moins courant, après **since.**

For the first time since he *has been* a widower... Pour la première fois depuis qu'il *est* veuf.

2. le futur antérieur, dans une subordonnée de temps (§ 167).

Let me know as soon as you *have finished.* Prévenez moi dès que vous *aurez fini.*

● **3.** le conditionnel, dans le cas d'une comparaison imaginaire (cf. Honteux comme un renard qu'une poule aurait pris).

The attic stretched horizontally beneath the roof-line like an old skeleton that *has been* laid to rest out of sight. Les combles s'étendaient horizontalement sous la ligne de faîte, semblables à un vieux squelette que l'on *aurait remisé* loin des yeux.

IV. Past Perfect anglais, à traduire par

1. l'imparfait (§ 187).

How long *had he been waiting ?* Depuis combien de temps *attendait-il ?*

2. le conditionnel passé, dans une subordonnée de temps (§ 167).

He promised that as soon as *he had finished* his work... Il promit que dès qu'*il aurait fini* son travail...

V. Futur anglais. Il peut se traduire par

● un présent, dans le style familier, si l'évènement promis ou attendu reste très proche.

***I'll bring* you the money to-morrow.** Je vous *apporte* l'argent demain.

***Shall I give* you my address ?** Est-ce que je vous *donne* mon adresse ?

VI. Infinitif passé anglais, à traduire par

1. un infinitif présent après les verbes défectifs. On sait que ceux-ci, n'ayant pas de temps composé du passé, restent au temps simple (présent ou prétérit ou conditionnel) suivi de l'infinitif passé (§ 67-68).

It must *have rained.* Il a dû *pleuvoir.*

You might *have written.* Vous auriez pu *écrire.*

He should *have answered.* Il aurait dû *répondre*, etc.

Il y a là une sorte de chassé-croisé.

He could have tried.

Il aurait pu essayer.

● **2.** Ce chassé-croisé existe avec d'autres verbes que les défectifs.

Le traducteur s'abandonne trop souvent à un mot à mot qui ne peut être qu'un charabia.

a) Les locutions verbales avec **rather, sooner, better** (voir ces mots).

I'd better *have remained* silent. J'aurais mieux fait de *me taire.*

He would sooner *have had* a word of praise from her than columns of eulogy in all the papers. Il aurait préféré *(avoir)* un mot de louange de sa part à un panégyrique de plusieurs colonnes dans tous les journaux.

I would rather we *had stayed* outside. J'aurais préféré que nous *restions* dehors.

b) Les semi-défectifs **need** et **dare** (voir ces mots).

You needn't not *have been* so rude. Vous n'aviez pas besoin d'*être* si impoli.

He dare not *have done* it if I had been with him. Il n'aurait pas osé le *faire* si j'avais été avec lui.

c) **To be** au sens de *devoir*, ou certains verbes exprimant que quelque intention ou promesse ne s'est pas réalisée.

The flowers were to *have been delivered* at one o'clock. It was ten minutes past. On devait *livrer* les fleurs à une heure.. Il était une heure dix.

I meant to *have warned* you. J'aurais voulu vous *avertir*.

Voir aussi **BE,** 3, **WISH,** 5 b, **LIKE,** 4.

● **3.** Egalement par un infinitif présent, lorsqu'il exprime une durée analogue à celle du present perfect (voir III, 1).

He must *have been* married for thirty years. Il doit *être marié* depuis *trente ans*.

VII. Participe présent.

1. Traduit par un participe passé.

A green table-cloth, *matching* the curtains... Une nappe verte, *assortie* aux rideaux.

For two francs fifty *including* wine... Pour 2 Fr. 50, vin *compris*.

C'est le cas surtout des formes progressives exprimant une position.

To be *sitting, lying, hanging,* etc. Etre *assis, couché, accroché*, etc.

● **2.** D'une façon générale le participe présent est beaucoup moins employé en français qu'en anglais. On sera donc souvent obligé de le transposer,

a) par une proposition relative, si le participe présent ne se rapporte pas à la même personne que le sujet.

The honest waggoner is thinking of his dinner, getting dry in the oven. *Le brave roulier pense à son dîner qui se dessèche dans le four.*

They went back to their waiting car. *Ils retournèrent à leur voiture qui les attendait.*

He had taken a dozen photographs with a plate-camera which he had made for himself, the aperture being a pin-hole. *Il avait pris une douzaine de photographies au moyen d'un appareil à plaque de sa confection et dont l'ouverture était un trou d'épingle.*

b) par une proposition coordonnée, ou même indépendante, si le participe présent et le verbe principal se rapportent à la même personne.

Alf appeared in the door-way of the kitchen, Emmy standing behind him until he moved forward, and then closing the door and leaning back against it. *Alf apparut à la porte de la cuisine. Emmy, debout derrière lui, attendit qu'il avançât, puis elle ferma la porte et y appuya son dos.*

On remarquera comme le français répugne à conserver le mouvement lâche de la phrase anglaise, car il lui faut situer avec plus de précision les mouvements dans le temps et l'espace.

VIII. Gérondif. Pour les équivalents du gérondif, voir ci-après.

4. LES EQUIVALENTS DU GERONDIF

En dehors de toute considération théorique, nous ne nous occuperons ici que des problèmes de traduction.

● Le gérondif ayant une fonction mixte, de nom et de verbe, pourra souvent se traduire par l'un ou par l'autre.

He is fond of reading. *Il aime la lecture*, ou *il aime lire*.

Mais le plus souvent, il faudra choisir entre trois équivalents.

1. Un verbe à l'infinitif.

a) infinitif actif la plupart du temps.

Even the opening and closing of a hand was an effort that made his joints creak. *Même ouvrir ou fermer la main* (ou *le seul fait d'ouvrir...*) *était un effort qui faisait craquer ses jointures.*

[Ici l'emploi du nom serait possible mais gauche].

Watching television was his only pastime on Sundays. *Regarder la télévision était son unique passe-temps le dimanche.*

[Ici le verbe est seul possible].

b) infinitif passif après **to need, to want, to bear** (voir ces verbes).

The shutters need repainting. *Les volets ont besoin d'être repeints.*

c) infinitif passé après **to remember** (voir ce verbe), et certains verbes construits avec **for.** Voir **FOR,** 3b.

I remember spending a sweltering night in a shabby hotel. *Je me rappelle avoir passé une nuit étouffante dans un minable hôtel.*

2. Un verbe à l'indicatif ou au subjonctif.

He resents people meddling with his business. *Il n'aime pas qu'on se mêle de ses affaires.*

What chance might there be of his being chosen to play for his university ? *Quelle chance pouvait-il y avoir qu'il fût choisi pour jouer dans l'équipe de l'université ?*

Voir aussi **MIND** II, 6. **MATTER,** 4, **STAND,** 3.

3. Un nom pouvant avoir

a) un sens général, lorsque le gérondif exprime *le fait de* ou *la façon de* (mot indénombrable).

England owes her liberty to her having been conquered by the Normans. *L'Angleterre doit sa liberté au fait d'avoir été conquise par les Normands.*

His gazing upon me irritated me. *Sa façon de me regarder fixement m'irrita.*

Mais la plupart du temps on traduira par un nom,

— singulier.

Hunting, *la chasse à courre.* **Washing up,** *la vaisselle.*

Advertising, *la publicité.* **Hay-making,** *la fenaison.*

— ou pluriel.

Gossiping, *les commérages.* **Travelling,** *les voyages.*

Fierce fighting, *des combats acharnés.* **Christmas shopping,** *les achats de Noël.*

b) un sens particulier, exprimant le résultat ou le produit d'une action (mot dénombrable).

A painting, many paintings, *une peinture, beaucoup de peintures.*

A hanging, *une tenture,* **A building,** *un bâtiment* (de n'importe quelle espèce, et non pas au sens limité que le mot a pris en fran..glais).

★ Le traducteur devra d'ailleurs se méfier de beaucoup de ces mots que le français, on ne sait par quelle anglomanie souvent ridicule, a adopté en leur donnant le sens b) alors qu'ils ont en anglais le sens a).

Dancing, *la danse* et non *la salle de bal.*

Parking, *le stationnement* et non *l'endroit où l'on stationne.*

Camping, *le fait de camper* et non *le lieu où l'on campe.*

Smoking, *l'habitude de fumer* et non le vêtement.

4. Le gérondif employé dans les titres.

L'élève et l'étudiant se trouveront souvent devant un titre d'article ou de version, utilisant le gérondif. Sa traduction peut poser des problèmes.

a) certains titres seront simples et l'équivalent français se présentera tout naturellement. C'est le cas de tous les exemples donnés en 3 a.
Autres exemples : **Modern Town-planning,** *l'urbanisme moderne.*
Choosing a profession, *le choix d'une profession.*

b) d'autres fois un nom ne suffira pas, il faudra trouver une locution.
Flying over London, *en avion au-dessus de Londres.*
Looking for a Job, *à la recherche d'un travail.*

c) Certains titres, très concis, peuvent offrir de réelles difficultés, et il faudra pas mal de finesse pour trouver une traduction satisfaisante, sinon une équivalence exacte. Au surplus le sens du titre ne s'éclairera souvent qu'après une étude attentive du texte.
Seeing People off. *La cérémonie des adieux.*
Drifting into the Past. *Au fil des souvenirs.*
Matrimony and Smoking, que tout un chacun traduit *Le mariage et le fait de fumer !*

Une traduction comme *Le mariage et le tabac* ou *Mariage et Nicotine* n'est quand même pas si difficile à imaginer.

Quelquefois on ne pourra pas s'en tirer sans avoir recours à une phrase complète.
Cycling to Church. *Hélène* (le nom de l'héroïne) *se rend à l'église à bicyclette.*
Steaming out of Victoria Station. *Quand on* (ou *l'auteur) quitte la gare de V.*

Aucune règle ne peut être donnée dans ce domaine. Seuls un peu d'ingéniosité et le sentiment de la langue française peuvent suggérer des équivalents acceptables et éviter bien des maladresses.

5. LA VOIX PASSIVE. SES EQUIVALENTS FRANÇAIS

Le passif est beaucoup plus fréquent en anglais qu'en français et sa traduction, simple en apparence, pose de nombreux problèmes.

1. La fréquence du passif en anglais tient principalement à la structure de la langue. Il existe en anglais trois aspects du passif qui n'ont pas d'équivalents en français et que le traducteur doit pouvoir identifier sans difficulté.

a) les verbes gouvernant un objet indirect (avec rejet de la préposition).
Speak up, when you are spoken to.

b) les locutions verbales (avec rejet également).
Every opportunity was taken advantage of.

c) les verbes à double objet direct, personne et chose.
For a long time actors were refused burial in consecrated ground. (La structure du verbe est **to refuse a person a thing**). Voir aussi **TELL,** 1.

2. Par ailleurs l'anglais n'emploie pas le pronom **one** aussi couramment que le *on* français ou le ***man*** allemand. Dans un certain nombre de cas on pourra, bien sûr, garder la forme passive en français.

One or two manuscripts were never returned and, since I had no copies, were lost. *Un ou deux manuscripts ne me furent jamais rendus et, comme je n'avais pas de double, furent perdus.*

Mais il faudra se méfier de cette solution de facilité, car souvent l'emploi du passif en français est soit maladroit, soit impossible.

I do not much like being touched, peut certes se traduire mot à mot, *Je n'aime pas beaucoup être touché.* Mais le français répugne à une telle « passivité » et préférera mentionner l'agent, si vague soit-il : *Je n'aime pas beaucoup qu'on me touche.*

Exemples de passifs impossibles en français : les trois phrases données au n° 1 et dont la seule traduction possible est

a) *Parlez clairement, quand on vous parle.*

b) *On profita de toutes les occasions.*

c) *Pendant longtemps on refusa aux acteurs la sépulture religieuse.*

Il faudra donc le plus souvent avoir recours à une transposition.

3. La plus courante est de transposer la phrase passive en phrase active avec *on* comme sujet.

You are wanted on the phone. *On vous demande au téléphone.*

I was reminded of my promise. *On me rappela ma promesse.*

A new world is not made simply by trying to forget the old. *On ne fait pas un monde nouveau simplement en essayant d'oublier l'ancien.*

On emploiera en particulier cette transposition avec les verbes **to say** et **to tell** au passif.

His wife was said to be his master; I have been told she brought him a little money, but it cannot have been much. *On disait que c'était sa femme qui portait la culotte; on m'a raconté qu'elle lui avait apporté un peu d'argent, mais ça n'avait pas dû être une bien grosse somme.*

4. La forme pronominale est un équivalent fréquent du passif anglais. Le traducteur n'y pense pas aussi souvent qu'il le pourrait.

It is not done. *Cela ne se fait pas.*

Salmon is eaten cold. *Le saumon se mange froid.*

He was drowned. *Il s'est noyé.*

The gift of speech is not often accompanied by the power of thought. *Le don de la parole ne s'accompagne pas souvent du pouvoir de la pensée.*

On aura parfois intérêt à adjoindre un verbe supplémentaire, comme *se faire, se voir, s'entendre,* (Voir verbes dits « Adjonctifs », page 280).

He hired a car and was driven to the village. *Il loua une voiture et se fit conduire au village.*

He was refused admittance. *Il se vit refuser l'entrée.*

Mrs. Lindsay saw them to the door, was told that her future son-in-law was perfectly charming. *Mrs Lindsay les accompagna jusqu'à la porte et s'entendit dire que son futur gendre était un garçon tout à fait charmant.*

[La traduction par *on* qui vient la première à l'esprit entraînerait une rupture de construction des plus maladroite].

5. Un verbe passif anglais peut correspondre à un verbe actif français. C'est le cas

a) à l'infinitif.

What was to be done ? *Que fallait-il faire ?*

He's much to be pitied. *Il est très à plaindre.*

A scandal is a thing to be avoided. *Un scandale, c'est une chose à éviter.*

b) après **to let.**

One can't let a dog be killed ! *On ne peut pas laisser tuer un chien !*

c) après les verbes de perception, **being** étant sous-entendu.

I heard myself called. *Je m'entendis appeler.*

Very young he had been in the trenches; he had seen men killed. *Très jeune il avait été dans les tranchées. Il avait vu tuer des hommes* (et non *des hommes tués, des morts).*

d) avec certains verbes.

Few people were left in the town. *Il restait peu de monde dans la ville.*

He was taken ill in a foreign hotel. *Il tomba malade dans un hôtel à l'étranger.*

He was born of unknown parents. *Il naquit de parents inconnus.* Voir **BEAR,** 3.

6. Dans certains cas on peut traduire un verbe passif par son contraire actif, ce qui permet au surplus de conserver l'ordre des mots.

My friend Sam was given a tape-recorder. *Mon ami Sam a reçu un magnétophone.*

I have been told that the document had been forged. *J'ai appris que le document était un faux.*

7. Enfin le traducteur doit être capable de bien identifier une forme passive-progressive. La transposition par *on* est seule possible, mais la valeur progressive du verbe doit être conservée par l'emploi de *en train de* ou de l'imparfait.

The house opposite ours is being pulled down. *On est en train de démolir la maison en face de la nôtre.*

I realized I was being fired on. *Je me rendis compte qu'on me tirait dessus.*
He saw he was being given his opportunity. *Il vit qu'on lui donnait sa chance.*

6. FORMES PERSONNELLES ET FORMES IMPERSONNELLES

L'anglais utilise beaucoup moins que le français les tournures impersonnelles.

1. Ces tournures peuvent exister dans les deux langues.

C'est le cas des expressions commençant par **there** (Voir **THERE,** 3).

There is, etc., *il y a,* etc.
There happened, there came, *il arriva.*
There remains for us to apologize. *Il nous reste à nous excuser.*

It, aussi, peut introduire des tournures impersonnelles.

It occurred to me that..., *il me vint à l'esprit que...*
It struck me that..., *il me sembla soudain que...*
It's a great pity, *c'est bien dommage.*

Mais le nombre de ces locutions est limité.

2. Par contre, le traducteur devra avoir présent à l'esprit que, dans de nombreux cas une transposition forme personnelle → forme impersonnelle permettra de couler la traduction dans un moule beaucoup plus conforme aux habitudes linguistiques du français.

Le problème étant un problème d'usage, il n'est pas possible de donner de règles. Un certain nombre d'exemples pourront seuls l'éclairer.

a) Il y a d'abord les défectifs **may, must, should.**

We may be late. *Il se peut que nous soyons en retard* (seule traduction susceptible d'éviter une ambiguïté, voir **MAY,** 1).

You must (should) go now. *Il faut que vous partiez maintenant.*

b) Locutions contenant **have.**

You have only to switch off. *Il vous suffit de débrancher.*
I have only four cigarettes left. *Il ne me reste que quatre cigarettes.*
Documents will have to be signed. *Il faudra signer des documents.* Voir **HAVE,** 3.
I'd better go. *Il vaudrait mieux que je parte.*

c) Locutions contenant **be.**

He is likely to be out shopping. *Il est probable qu'il est parti faire des courses.* Voir **LIKELY,** 1c.
Nothing is left. *Il ne reste rien.* Voir **LEAVE.**
He is sure to win. *Il est certain qu'il gagnera.* Voir **SURE.**

d) Autres verbes.

I happen to know him. *Il se trouve que je le connais.*

I do not care what people will think. *Il ne m'importe pas de savoir ce que penseront les gens.*

You cannot fail to notice that. *Il vous sera difficile de ne pas le remarquer.*

She was longing to get back. *Il lui tardait de rentrer.*

This plant requires plenty of water. *Il faut beaucoup d'eau à cette plante.*

Do you like being slaves ? *Ça vous plait d'être des esclaves ?*

He felt as if his forehead would burst. *Il lui semblait que sa tête allait éclater.*

I seemed to myself to develop the sensitiveness of a photographic plate. *Il me semblait que je manifestais la sensibilité d'une plaque photographique.*

3. Il n'existe qu'un cas où, à une forme personnelle française, correspond en anglais une forme impersonnelle.

C'est celui de **to become of,** au sens de *devenir, advenir*. Voir **BECOME,** 2.

7. LA REGLE DU DETERMINANT

C'est une loi fondamentale de l'anglais, et des langues germaniques, que le déterminant précède le déterminé, que, dans l'ensemble qu'est un composé, l'élément prépondérant est toujours le dernier du groupe.

Le traducteur qui n'aurait pas parfaitement assimilé cette loi, qui resterait prisonnier des automatismes de sa langue maternelle, risquerait de commettre de lourdes erreurs.

Soit la phrase suivante :

Ecologists have begun to analyse man's own, artificially made city environment. *Les écologistes ont commencé à analyser l'environnement urbain, propre à l'homme et de création artificielle.*

Le nom déterminé **environment** est précédé d'un élément déterminant complexe, comprenant un nom **(city)**, un adjectif **(own)**, un adjectif composé (**artificially made**), un cas possessif **(man's)**.

Examinons ces quatre variétés de déterminant.

1. L'adjectif qualificatif. Voir Place de l'adjectif, ci-après.

2. L'adjectif composé.

Les deux éléments de l'adjectif composé s'ordonnent selon la loi énoncée plus haut, et doivent donc être traduits de droite à gauche.

— **A dark-green bottle,** *une bouteille vert sombre.*

Bottle-green velvet, *du velours vert bouteille.*

— **An old red-brick house,** *une vieille maison de briques rouges.*

His face turned an ugly brick-red (colour). *Son visage prit une affreuse couleur rouge-brique.*

— **The gaunt frame of the windmill stood out against the blue night sky.** *La carcasse décharnée de l'éolienne se détachait sur le ciel bleu de la nuit* (mot à mot, *le ciel de nuit bleu*), et non pas *le ciel bleu nuit* (= **night-blue sky**).

3. Le nom composé.

Le premier nom est déterminant au même titre qu'un adjectif.

A horse-race c'est donc *une course de chevaux*, et non pas *un cheval de* course **(a race-horse).**

A side-road c'est *un chemin de traverse*, et non pas *le bord de la route, le bas-côté* **(the roadside).**

Il peut y avoir des mots composés en cascade : le traducteur prendra soin de grouper, éventuellement, les composants deux par deux et de les traduire ensuite de droite à gauche.

The Public Schools / old boys / tennis competition, *le tournoi de tennis des anciens élèves des Public Schools.*

The road fund licence tax disc, *le disque prouvant que l'on a acquitté la redevance destinée au fond routier* (et que l'Anglais fixe, comme notre vignette, sur son pare-brise).

4. Le cas possessif.

Là encore la traduction inverse l'ordre des mots.

It is Tom's sister's birthday. *C'est l'anniversaire de la sœur de Tom.*

President Nixon's State of the Union message, *le message du Président Nixon sur l'État de l'Union.*

Old Mr Pontifex's drawings, *les dessins du vieux M. Pontifex,* et non pas *les vieux dessins de M. P.*

● On distinguera :

John and Jill's parents, *les parents de Jahn et de Jill* (ils sont frères et sœurs).

John's and Jill's parents, *les parents de John et ceux de Jill* (ce ne sont pas les mêmes).

● Seul cas où l'ordre des mots restera le même de l'anglais au français : lorsque le cas possessif exprime une durée.

Half an hour's drive, *une demi-heure de route* (en voiture).

An hour or two's walking, *une ou deux heures de marche.*

He is liable to anything up to six months' imprisonment. *Il est passible d'une peine pouvant aller jusqu'à six mois de prison.*

8. PLACE DE L'ADJECTIF

Le traducteur risque de commettre de nombreuses maladresses et même des erreurs de sens, s'il comprend mal ou interprète mal l'usage anglais concernant la place de l'adjectif. Voir Place du déterminant, page 271.

Voici les causes d'erreurs principales.

1. Bien sûr, l'anglais place, en principe, l'adjectif épithète devant le nom auquel il se rapporte. S'il y en a plusieurs, la traduction pourrait être fort maladroite. La souplesse du français offre au traducteur plusieurs combinaisons (adjectifs placés après le nom ou répartis avant et après). De toute façons il ne devra pas oublier que l'adjectif placé juste avant le nom est le plus intimement lié par le sens et qu'il doit garder cette place en français.

A narrow irregular little street, *une petite rue étroite et irrégulière.*

2. Souvent l'anglais met une virgule entre le premier adjectif et le(s) suivant(s). Cette virgule est souvent source d'erreur pour le traducteur qui y voit un signe d'arrêt, et prend, tant bien que mal, le reste de la phrase pour une apposition. Voici un exemple typique.

The young man barred the door against the curious, half-pitying crowd that had gathered to see the scene.

Traduction fréquente :

Le jeune homme barra la porte aux curieux, foule à demi apitoyée qui s'était rassemblée pour contempler la scène.

Les deux adjectifs se rapportent à **crowd,** donc *la foule curieuse et à demi apitoyée.*

3. Un ou plusieurs adjectifs peuvent se trouver employés devant deux ou trois noms. Il ne faut pas commettre l'erreur, courante, de ne faire rapporter l'adjectif qu'au premier nom.

The atrocious bearing, looks and language, of the assembled spectators.
Le comportement, les mines et le langage épouvantables, et non pas *le comportement épouvantable, les mines, etc.*

Round the carriages and coaches, bare-footed, hungry-looking beggars, gipsies and children swarmed seeking food.

Nous avons ici le groupe de deux adjectifs composés et le groupe de trois noms qui doivent être intervertis :

Autour des voitures et des coches, on voyait grouiller des mendiants, des romanichels et des enfants, (tous) pieds nus et l'air affamé, qui cherchaient de quoi manger.

Autre cas possible : le groupe des adjectifs et celui des noms doivent être dissociés et il faut accoupler chacun des adjectifs au nom qu'il définit.

A stout man with a pink face wears dingy, white flannel trousers [**White** qualifie **flannel** et **dingy** qualifie **trousers**]. *Un homme corpulent au visage rose porte un pantalon crasseux de flanelle blanche.*

4. Le cas d'un adjectif, apparemment seul, mais en réalité en parallèle avec un deuxième adjectif suivi d'un nom, est étudié au chapitre **OMISSIONS,** n° 22.

5. Adjectif attribut. L'adjectif attribut du sujet ne pose pas de problème. Il n'en est pas de même pour l'attribut du complément : il est placé après celui-ci et ne doit pas être pris pour un adjectif épithète.

Ce problème a été clairement expliqué aux articles **OPEN** et **LOOSE.** Voici quelques autres exemples.

He kicked the dog dead. *Il tua le chien d'un coup de pied*, et non *il donna un coup de pied au chien crevé* : **He kicked the dead dog.**

The wind had swept the path bare (il s'agit d'un paysage de neige). *Le vent avait balayé la neige du sentier.*

Horse-troughs were frozen hard. *Les abreuvoirs étaient couverts de glace.*

She knelt down and scrubbed her hands clean in the long wet grass. *Elle s'agenouilla et nettoya ses mains en les frottant vigoureusement dans les hautes herbes humides.*

On voit clairement par ce dernier exemple que l'adjectif joue ici exactement le rôle d'une postposition et appelle donc le plus souvent la transposition n° 14.

6. Un adjectif au comparatif garde, en principe, sa place devant le nom et peut donc se trouver fort éloigné de **than.** L'usage français veut que les deux mots correspondants soient rapprochés.

We have built low-income projects that become worse centres of delinquency, vandalism, and general social hopelessness than the slums they were supposed to replace. *Nous avons réalisé des programmes de logements pour faibles revenus qui deviennent des foyers de délinquence, de vandalisme et de désespoir social pires que les taudis qu'ils étaient censés remplacer.*

9. ORDRE DES COMPLEMENTS

Etudions la structure de cette phrase :

My parents / bought / that grandfather's clock / from an old peasant / in a remote French village / more than forty years ago.

Nous avons un exemple de l'ordre habituel des éléments de la phrase affirmative : sujet / verbe / complément direct / complément indirect / complément circonstanciel de lieu / puis de temps.

Cet ordre est assez rigoureux et obéit à des nécessités purement syntaxiques auxquelles le français n'a aucune raison de se plier. Le traducteur devra donc souvent restructurer la phrase anglaise, de façon à équilibrer les éléments de la phrase française selon des nécessités purement stylistiques.

Dans la phrase ci-dessus on verra que l'on peut, sans nuire à la clarté, déplacer le complément direct et que par contre le complément de temps : *il y a plus de quarante ans*, ne saurait rester à la fin de la phrase et sera déplacé indifféremment en (1), (2) ou (3).

(1) *mes parents ont acheté* (2) *cette horloge comtoise* (3) *à un vieux paysan dans un village perdu de France.*

Cet équilibre de la phrase peut s'obtenir en particulier en appliquant deux principes.

1. Eviter les compléments en chaîne, et les rapprocher le plus possible du verbe, en en plaçant un devant le verbe.

If a traveller slips on a piece of orange-peel, which he ought to have seen, in a railway station..., *si, dans une gare, un voyageur glisse sur une peau d'orange qu'il aurait dû voir...*

I'll read you one of the things he did dream of in a moment. *Tout à l'heure je vous lirai une des choses qu'il a imaginées.*

Ce changement de place permet au surplus d'éviter l'ambiguïté due à la place du complément circonstanciel après un verbe auquel il ne se rapporte pas.

2. Placer le complément court avant le complément long.

Few can suffer manners different from their own without distaste. *Peu nombreux sont ceux qui peuvent supporter sans aversion des manières différentes des leurs.*

Le même conseil est à donner dans le cas d'une structure, verbe + complément direct long + attribut de ce complément.

They think the tameness and dullness of English life boring. *Ils trouvent ennuyeux le manque de relief et de brillant de la vie anglaise.*

[Ici c'est non seulement une maladresse mais aussi une ambiguïté que l'on évite en déplaçant l'adjectif].

● Cette dissociation du verbe et de son complément direct, si rare en anglais, peut aussi se pratiquer couramment dans le cas du verbe **to be** suivi de l'adjectif attribut.

There is something cold, austere, something barren and chill, about the architecture of the American home. *Il y a dans l'architecture de la maison américaine une froide austérité, une désolation glacée.*

10. L'INVERSION

L'inversion des éléments d'une phrase est moins courante en anglais qu'en français. La structure de la phrase anglaise est plus rigide et, pour caricaturales qu'elles soient, les variations du Bourgeois Gentilhomme sur : « Belle marquise, vos beaux yeux me font mourir d'amour » seraient impossibles en anglais.

L'inversion peut poser au traducteur des problèmes de compréhension et de traduction. On peut distinguer deux genres d'inversions.

1. L'inversion syntaxique. Elle se limite à deux cas.

a) L'inversion après un adverbe négatif, **no, no sooner,** etc., **never, only, hardly, scarcely, neither.**

Il y a inversion du sujet et de l'auxiliaire ou emploi de **do** avec un verbe ordinaire.

Never have I felt so lonely. *Jamais je ne me suis senti aussi seul.*

Hardly had the sound of footsteps died away when we heard a gun shot (variante : **No sooner had... than we heard...**). *A peine le bruit des pas se fut-il évanoui qu'on entendit un coup de fusil.*

Not till past seven did they rise. *Ce n'est qu'à sept heures passées qu'ils se levèrent.*

b) L'inversion hypothétique. Le traducteur doit éviter de confondre cette tournure avec la tournure interrogative. En principe l'absence d'un point d'interrogation — si elle ne passe pas inaperçue ! — est déterminante. On pourra garder quelquefois l'inversion en français.

Cette inversion peut prendre cinq formes.

— Au prétérit, avec **did**.

She knew so well what she would see, even did she make the effort and get up to pull the curtains. *Elle savait si bien ce qu'elle verrait, même si elle faisait l'effort de se lever pour tirer les rideaux.*

— Au plus-que-parfait.

Had the woman suddenly challenged him to repeat her last remark, he could not for the life of him have done it. *Si la femme l'avait tout d'un coup défié de répéter la dernière remarque qu'elle avait faite, il ne l'aurait absolument pas pu.*

— Avec **were.**

Were you in distress, she would love you. *Si vous étiez (ou étiez-vous) dans le malheur, elle vous aimait.*

Voir aussi **WERE,** 2.

— Avec **had it not been for** (= **but for**). Voir **BUT,** 2.

Had it not been for (ou **but for**) **this storm, we might never have met.** *N'eût été (ou sans) cette tempête, nous aurions bien pu ne jamais nous rencontrer.*

[On remarquera qu'ici il y a parallélisme étroit entre les deux langues].

— Avec **should.** Voir **SHOULD,** 2d.

When you do become engaged to anyone, *I* or your father, should his health permit him, will inform you of the fact. *Quand vous serez vraiment fiancée à quelqu'un, c'est moi qui vous en informerai ou votre père, si sa santé le lui permet.*

Exemple des inversions a) et b) :

No one had ever suggested to me that these quaint religious observances expressed a coherent philosophic system; nor, had they done so, would I have been much interested. *Personne ne m'avait jamais suggéré que ces étranges pratiques religieuses pussent exprimer une philosophie cohérente. Et d'ailleurs, même s'il en avait été ainsi, je n'y aurais pas montré grand intérêt.*

[La deuxième partie de cette phrase est un exemple typique des obscurités que peuvent entraîner les inversions que nous étudions et que seuls des connaissances précises sur ce point et un examen attentif peuvent dissiper].

Never should I have done so had we been talking in English. *Je n'aurais jamais agi ainsi si nous avions parlé anglais.*

[Ici l'absence de ponctuation peut être déroutante].

2. L'inversion stylistique. Son but est la mise en relief du mot ainsi changé de place. On peut presque toujours trouver en français un procédé analogue ou équivalent. L'essentiel est de ne pas négliger l'effet voulu par cette inversion.

En voici les principales modalités :

a) Sujet placé avant **there.**

One peasant there was who caught my attention. *Parmi les paysans il y en avait un qui retint mon attention.*

b) Complément placé en tête de phrase. Il faudra en français le rappeler par un pronom personnel.

My brandy I did not touch, for I had very little left. *(Quant à) mon eau-de-vie, je n'y touchai pas car il m'en restait très peu.*

c) Attribut placé en tête.

A brave new world it might have become, had we had the courage to turn our back on the old. *Quel monde nouveau, le meilleur des mondes* (ou *c'est un monde nouveau... que) nous aurions pu en faire, si nous avions eu le courage de tourner le dos à l'ancien !*

A kindly, genial old fellow was Uncle Henry. *C'était un brave vieux bonhomme, toujours de bonne humeur, que l'oncle Henri !*

L'inversion peut se combiner avec une répétition.

The father was known as Big Lambert, and big he was indeed. *Le père était surnommé le gros Lambert, et pour être gros, il l'était.*

d) Adverbe placé en tête, avec ou sans auxiliaire.

Very softly indeed did he open his bedroom door (par analogie avec 1a), ou **Very softly indeed he opened...** (construction habituelle). *C'est sans faire le moindre bruit qu'il ouvrit la porte de sa chambre.*

e) Postposition placée en tête de phrase.

Away they fly. *Les voilà qui détalent.* Voir aussi **IN** 3a.

f) Proposition subordonnée, normalement placée après une principale ayant comme sujet **it,** rejetée devant la principale.

Pour bien comprendre le mécanisme de cette inversion, il faut partir d'une phrase normale comme :

It remains doubtful whether my father will agree to it. *Il est douteux que mon père y consente.*

Si la subordonnée est placée en tête, elle devient sujet de la principale, et **it** disparaît donc.

Voici la phrase inversée :

Whether my father will agree to it/remains doubtful. *Mon père y consentira-t-il ? cela reste douteux.*

Autre exemple typique :

That change should imply a lasting separation from the warm cluster of people, pets and things called home, would have been unthinkable.

[les erreurs qui vous guettent dans cette phrase sont nombreuses : on prend **that** pour un démonstratif, **should** pour un défectif, et on retombe sur ses pieds comme on peut, c'est-à-dire mal. *Ce changement devrait impliquer...*]

Il faut rétablir la construction normale.

It would have been unthinkable that (conjonction) **change should** (auxiliaire du subjonctif)... *Que le changement impliquât une séparation durable de ce tiède foyer qui rassemble êtres humains, animaux et objets, cela aurait été impensable.*

3. Cas où l'inversion est (a) obligatoire ou (b) possible en français.

a) On rappelera aux étourdis (ils sont légion !) que l'inversion est obligatoire en français après *à peine, en vain, sans doute* (comme en anglais, 1a), mais aussi après *peut-être* et *aussi*, au sens de *c'est pourquoi*.

Perhaps he had not dared tell her how frightened he was. *Peut-être n'avait-il pas osé lui dire à quel point il avait eu peur.*

The traffic was very noisy. So it was next to impossible to hear the orator. *La circulation était très bruyante. Aussi fut-il quasiment impossible d'entendre l'orateur.*

b) Le traducteur aura de nombreuses occasions, vu la souplesse du français, de modifier l'ordre des éléments de la phrase anglaise.
Le cas le plus courant est celui où un sujet fort long précède le verbe, en général dans une relative ou autre subordonnée. Transcrite telle quelle la phrase française serait déséquilibrée. On modifiera donc l'ordre des deux termes.

I filled notebooks with reflections on what my readings and the various experiences that I was undergoing suggested to me. *Je remplissais des carnets de réflexions sur ce que me suggéraient mes lectures et les faits et gestes de mon existence.*

They were a singular contrast, and it was in their differences that the secret of their close friendship lay. *Ils offraient un singulier contraste et c'est dans leurs différences que résidait le secret de leur étroite amitié.*

4. Interversion du sujet et du complément.
Il arrive assez souvent que la structure d'une phrase anglaise doive être modifiée pour les besoins de la traduction, selon le schéma suivant :

(**Anglais**) :	sujet	+	verbe	+	complément
(Francais) :	sujet	+	verbe	+	complément

Ce chassé-croisé peut être : (a) obligatoire, si l'on veut traduire exactement le sens du verbe; (b) préférable, pour que l'idée soit coulée dans un moule plus conforme aux normes du français.

a) C'est le cas surtout de **MISS,** 3; **LIKE,** 4; **MIND,** 2b.

— **I miss her.** *Elle me manque*, et non pas *je lui manque*, qui serait un grossier contresens.

— **I like the fellow.** *Ce garçon me plaît, m'est sympathique*, et non pas *j'aime ce garçon*, qui serait un faux-sens.
You're not going to like what I think. *Ce que je pense ne va pas vous plaire.*

— **I don't mind making my own bed.** *Faire mon lit ne me dérange pas*, ou mieux *ça ne me dérange pas de faire mon lit*, et non pas *je ne m'oppose pas à...*, *je ne répugne pas à...* traductions mot à mot qui seraient fort maladroites.

b) Avec d'autres verbes il sera préférable d'utiliser ce chassé-croisé plutôt que de calquer la structure française.

They might be watching us this minute, and I shouldn't wonder. *Ils pourraient bien être en train de nous observer en ce moment, ça ne m'étonnerait pas*, plus naturel que *je ne m'en étonnerais pas*.

The most important question that we can ask is whether there is any permanent standard, by which we can compare our civilization with another. *La question la plus importante à poser est celle-ci : existe-t-il des normes de valeur permanente qui nous permettent de* (maladresse à éviter : *grâce auxquelles nous puissions*) *comparer notre civilisation à une autre ?*

She enjoyed practically everything. *A peu près tout lui plaisait*, la traduction la plus concise.

Your minister signed your documents yesterday because he knew it did not matter what he did then. *Votre ministre a signé hier vos documents parce qu'il savait que ce qu'il faisait n'avait plus alors aucune importance.*

11. LES OMISSIONS

Il arrive fréquemment que le traducteur soit arrêté par une phrase dont la structure lui échappe ou éprouve des difficultés à la traduire. Cette obscurité peut être due à l'absence d'un mot. On peut distinguer trois cas :

— l'omission pure et simple;

— la non répétition d'un mot;

— l'omission par anticipation.

Voici un certain nombre d'exemples de ces omissions. Ils pourront faire l'objet d'une étude attentive. Quel mot est absent ? et où ? Certaines de ces phrases sont faciles, d'autres exigeront un effort d'attention. Les traductions et commentaires sont donnés à la fin.

I. — Omission pure et simple.

1. **Sally always said she had French blood in her veins.**
2. **There is nothing makes a man look so ridiculous as losing his hat.**
3. **It was the only answer he could give.**
4. **I was tired of the people I lived with.**
5. **He works harder than is necessary.**
6. **Though not a drunkard, he was fond of half-pints.**
7. **Oratory pleased them, whatever it subject.**
8. **« Well, my lady ! What's the matter with you ? Got out of bed the wrong side this morning ? »**

II. — Mots non répétés.

9. **He loved the past, the music and dances and customs of Old England.**
10. **He thought of the books he intended to read but could never procure.**
11. **He left behind in the taxi his new cine camera and projector and could not recover them.**
12. **I don't think he was vain of his beautiful hair, he was much too ingenuous for that, but no one could have blamed him if he had.**
13. **His breathing was as regular as a child's.**
14. **Methought I felt as a diver might, at the bottom of the sea.**
15. **In spite of all that, I still cannot think of myself as a Londoner, nor ever will, nor ever want to.**
16. **He has done his duty, as we have ours.**
17. **Before he knew what he was doing, he had collapsed on to a small stool that stood beside the bed and burst into tears.**
18. **The letters would be got at somehow and the envelopes removed.**
19. **As he works, every muscle in his fingers, arms, chest, neck and shoulders is brought into play.**
20. **I was pricking up my ears to hear if the rain had stopped, and I could go home.**
21. **He burst out laughing because she was so very pretty, and he did not want her.**

III. — Omission par anticipation.

22. **The English army was posted on the northern, and the French army occupied the southern ridge.**

23. **A wretched creature, rising from the shadowy recesses of London or Waterloo Bridge...**

24. **I love and admire her.**

25. **Our knowledge of the planets will include much evidence, gained by direct use of the eyes, ears and other sense organs of men who have landed on and flown very close to the planets.**

Traduction des phrases.

Les mots en *italiques* correspondent aux mots omis de la phrase anglaise.

1. Sally disait toujours *qu'*elle avait du sang français dans les veines.
(Omission de la conjonction **that**, très fréquente).

2. Il n'est rien *qui* rende un homme aussi ridicule que de perdre son chapeau.
(Omission du relatif **that** sujet, assez rare).

3. Ce fut la seule réponse *qu'*il put donner.
(Omission du relatif **that** complément, très fréquente).

4. J'étais fatigué des gens chez *qui* j'habitais.
(Omission du relatif complément avec rejet de la préposition, très fréquente).

5. Il travaille plus qu'*il* ne le faut.
(Omission de **it** après un comparatif).

6. Bien qu'*il ne fût* pas ivrogne, il ne crachait pas sur les chopes de bière.
(Pronom + **to be** omis après une conjonction. Omission très courante, voir **AS, IF, THOUGH, WHEN, WHILE, WHETHER**).

7. L'éloquence leur plaisait, quel qu'en *fût* le sujet.
(Omission de **may (might) be** après les conjonctions de concession, voir **HOWEVER** 3, **WHATEVER** 2).

8. « Alors, ma belle ! Qu'est-ce qui ne va pas ? *On s'est* levé du mauvais pied, ce matin ? ».
Dans le style familier le pronom et l'auxiliaire sont souvent omis).

9. Il aimait le passé, la musique, *les* danses et *les* coutumes anciennes de la vieille Angleterre.
(Article défini non répété).

10. Il pensait aux livres *qu'*il se proposait de lire mais *qu'il* ne pouvait jamais se procurer.
(Pronom relatif omis, pronom personnel non répété).

11. Il oublia dans le taxi sa caméra et son projecteur *neufs* et ne put les retrouver.
(**New** n'est pas répété devant **projector.** Le français doit soit répéter l'adjectif soit le mettre au pluriel. Traduire *sa caméra neuve et son projecteur* serait faire un contre-sens).

12. Je ne crois pas qu'il fût orgueilleux de sa magnifique chevelure, il était beaucoup trop simple pour cela, mais personne n'aurait pu le blâmer s'*il* l'avait *été* (ou mieux, l'*en* blâmer).
(**been vain** est sous-entendu. Cas fréquent d'un adjectif non répété).

13. Sa respiration était aussi régulière que *celle* d'un enfant.
(Le nom n'est pas répété après un cas possessif).

14. Il me semblait que j'éprouvais ce qu'un plongeur pourrait *éprouver* au fond de la mer.
(Infinitif non répété après un auxiliaire).

15. Malgré tout cela, je ne peux toujours pas imaginer que je suis un Londonien, je n'y *arriverai* jamais et je ne *le* désire pas.
(**Think** n'est pas répété après **will,** comme ci-dessus. Il est aussi sous-entendu après **to** anaphorique, voir **TO,** 2).

16. Il a fait son devoir, comme nous avons *fait* le nôtre.
(Participe passé non répété après un auxiliaire).

17. Avant de savoir ce qu'il faisait, il s'était effondré sur un petit tabouret qui se trouvait près du lit et *il avait* éclaté en sanglots.
(Le pronom et l'auxiliaire, **he had,** sont sous-entendus. L'erreur, *et il éclata en sanglots,* est fréquente dans ce genre de phrase).

18. On viendrait chercher les lettres on ne sait comment et on enlèverait les enveloppes.
(Deux auxiliaires non répétés).

19. Pendant qu'il travaille, tous les muscles de ses doigts, *de ses* bras, *de sa* poitrine, *de son* cou, *de ses* épaules sont mis en mouvement.
(La préposition et l'adjectif possessif ne sont pas répétés. Bien sûr ! au seul **his** correspondent *son, sa, ses).*

20. Je tendais l'oreille pour savoir si la pluie s'était arrêtée et *si* je pouvais rentrer chez moi.
(Conjonction non répétée, le français la répète).

21. Il éclata de rire à la pensée qu'elle était si jolie et *qu*'il ne la désirait pas.
(Variante de 20 : conjonction non répétée, remplacée par *que.* L'erreur guette le traducteur étourdi dans ce genre de phrase : *et il ne la désirait pas.* Elle serait autant psychologique que grammaticale).

22. L'armée anglaise était établie sur la *crête* nord, et l'armée française occupait la crête sud.
(Le nom n'est employé qu'une fois mais après le deuxième adjectif. A la rigueur, le français le sous-entendrait :... occupait la sud).

23. Une misérable créature, se dressant des recoins ténébreux *du Pont* de Londres ou du Pont de Waterloo...
(Deux adjectifs, ou deux noms ayant valeur d'adjectifs, se rapportant au même substantif. L'erreur ici est classique : ... *des recoins de Londres ou du Pont de Waterloo).*

24. Je *l'*aime et *je* l'admire.
(Un pronom complément commun aux deux verbes).

25. Notre connaissance des planètes comprendra de nombreux témoignages, obtenus directement par les yeux, les oreilles et les autres organes des sens, provenant des hommes qui auront atterri *sur les planètes* ou qui s'*en* seront rapprochés très près.
(Complément commun à deux verbes de structure différente. Le français traduit le complément après le premier verbe et, après le deuxième, le remplace par un pronom).

12. **VERBES DITS « ADJONCTIFS »**

Le français a souvent besoin de deux verbes pour traduire un seul verbe anglais. On peut considérer trois cas différents.

1. Ces deux verbes sont indispensables et il n'y a pas d'alternative. C'est le cas de
to fetch, *aller chercher.*
to send for, *envoyer chercher, faire venir.*
to hear of, *entendre parler de.*

Comment traduire **He went to the secretary ?** *Il alla à ? auprès de ? chez* **(to the secretary's)** ? Seule traduction possible : *Il alla voir le secrétaire.*

2. Le français insère fréquemment devant d'autres verbes des verbes de mouvement comme *venir, aller, se mettre à*. Ce sont des verbes adjonctifs proprement dits. Cet emploi correspond à une tendance naturelle du français qui hésite à employer seuls certains verbes exprimant une action ou une réaction. Le procédé en accentue l'intensité et permet au surplus d'éviter certaines formes de passé simple, barbares ou douteuses.

The lorry pulled up at the kerb. *Le camion vint se ranger le long du trottoir.*

He joined us. *Il vint se joindre à nous,* et non *il nous joignit* (sic. !), *il nous rejoignit* (faux-sens).

Most Englishmen want to retire as soon as they can and live in the country. *La plupart des Anglais n'ont qu'un désir : prendre leur retraite dès que possible et aller vivre à la campagne.*

The car crashed into a tree. *La voiture alla s'écraser contre un arbre.*

He dropped his water bottle and swore. *Il laissa tomber sa bouillotte et se mit à jurer* (ou *lâcha un juron*). *(Il jura* s'emploierait plutôt d'un serment).

He laughed, he smiled. *Il se mit à rire (sourire)* et non *il (sou)rit* (double emploi avec le présent), encore moins *il (sou)ria* (sic !).

3. On peut assimiler à des verbes adjonctifs *se faire, se voir, s'entendre,* employés pour traduire un passif. Voir la forme passive, n° 4, page 269.

13. LE PLURIEL. EMPLOI IDIOMATIQUE

Certains pluriels anglais correspondent à des singuliers français. C'est un point qu'on ne devrait pas avoir besoin de rappeler. Et pourtant...

The lives of the saints, *la vie des saints,* et non *les vies des saints.*

What do you do on Sundays ? *Que faites-vous le dimanche ?*

Certaines phrases plus complexes exigent une modification de structure.

One of the boxers got a cut early in the contest, with the result that both their bodies were quickly crimsoned. *L'un des boxeurs reçut une blessure au début du combat, si bien qu'ils eurent tous deux le corps très vite barbouillé de sang.*

I saw two men fly at one another's throats. *J'ai vu deux hommes se sauter à la gorge.*

14. LES MOTS SANS FRONTIERE

Nous nous proposons d'étudier brièvement sous ce titre les mots anglais qui ont, de fraîche date, franchi le **Channel,** comme disent les journalistes à la page, et qui ne sont pas unanimement reconnus comme ayant acquis droit de cité chez nous.

Ce sont les problèmes qu'ils peuvent poser au traducteur qui nous retiendront.

Ces mots peuvent se diviser en trois catégories.

1. Les mots en **-ing.**

Ces mots ont déjà été étudiés au chapitre du gérondif, n° 3 b, page 267. Le danger qu'ils offrent au traducteur y a été signalé.

A ces mots couramment employés en français, il faut ajouter tous ceux que la langue économique et technologique emploie à tort et à travers, trop souvent dans le but, semble-t-il, d'en « mettre plein la vue au profane » : **engineering, marketing, holding, merchandising, dispatching, standing,** etc.

Nous éviterons de prendre parti dans la controverse qui fait rage dans les milieux linguistiques sur le problème du Sabir anglo-américain ou du franglais. Nous conseillerons seulement au traducteur de résister à la tentation de facilité ou de snobisme qui fait utiliser ces mots sans discrimination. Si certains correspondent peut-être à un besoin nouveau, la majorité n'ont-ils pas des équivalents français dont le seul tort, aux yeux des « initiés », est d'être compris de tous ?

2. Les mots composés amputés.

Le français a pris à l'anglais nombre de mots composés qu'il a, par souci de brièveté, amputés de son deuxième élément, alors que celui-ci est l'élément essentiel.

Cela peut donner des horreurs linguistiques comme « *acheter un living* », ou « *aller aux waters* », « *jouer au foot* ou *au hand* ».

Ce décalage entre les deux langues peut être une source d'erreurs.

A cargo en effet n'est pas *un bateau* **(cargo-boat),** mais *une cargaison.*

A goal n'est pas *un gardien de but* **(a goal-keeper),** mais *un but.*

A fox n'est pas une race de chien **(a fox-terrier),** mais *un renard.*

Fuel n'est pas du mazout ou combustible liquide **(fuel-oil),** mais *un combustible,* quel qu'il soit.

Qu'il y ait là un réel danger pour le traducteur irréfléchi, le souvenir suivant le prouvera. Dans une classe de Scientifiques (s'il vous plait !) la phrase suivante de Dickens, décrivant le travail dans une fonderie, **« Workmen, opening the white-hot doors, cast fuel on the flames »** a été ainsi traduite à plusieurs reprises : « *Les ouvriers, ouvrant les portes des fourneaux chauffés à blanc, jetaient du fuel* (certains précisaient bien du mazout, en 1854 !) *sur les flammes* ».

Triple faute contre la rigueur linguistique, la vérité historique et le simple bon sens !

3. Les éléments de couleur locale.

Faut-il traduire des mots comme **policeman, public-school, public-house (pub),** ou faut-il les conserver, quitte à les mettre en italiques ou entre guillemets ? C'est une question que le traducteur est amené à se poser.

Traduire, dans ces cas précis, serait trahir. Car un **policeman** n'est, ni par sa tenue ni par son comportement, l'équivalent de l'agent de ville ou du policier. Une **public-school** désigne une institution trop typiquement anglaise pour être traduite par école publique (ce qu'elle n'est pas) ou même par école privée. Un **pub** est-il un café, un cabaret, un bistrot ? Aucun de ces trois mots ne peut être le reflet exact de l'image qu'évoque le mot anglais.

De même les traducteurs de roman policiers anglais ont, pour une fois, raison lorsqu'ils gardent le terme **coroner,** puisqu'il n'existe aucun équivalent exact parmi les magistrats français.

Le mot **comics** est inséparable d'une certaine forme d'expression américaine. Le traduire par *bande dessinée* serait lui donner une valeur générique qu'il n'a pas.

Dans tous ces cas précis, et bien d'autres, on préservera donc la couleur locale — c'est une préoccupation essentielle — en conservant les termes anglais.

Voir aussi la traduction des noms de personnes, ci-dessous.

15. LES NOMS PROPRES

Traduire ou ne pas traduire ? comment traduire ? Le traducteur se pose souvent ces questions. Voici, à défaut de règles, quelques conseils de bon sens et d'expérience.

1. Les noms de personnes.

a) Les prénoms.

Dans la majorité des cas on s'abstiendra de les traduire lorsque les formes sont différentes. D'ailleurs les prénoms anglais ont tellement de variantes et de diminutifs qu'on y perdrait son latin.

Exemples : **Edward (Ned, Neddy, Eddy), Robert (Bob, Bobby, Dob, Dobbin, Rob, Robin), Margaret (Madge, Mag, Peg, Peggy, Gritty),** etc.

On retiendra simplement que **Jack** est un diminutif de **John,** comme **Johnny** et que **Jean** est un prénom féminin (= **Jane, Joan).**

Par contre on traduit ou on francise les noms de souverains et de personnages historiques :

Edward VII, *Edouard VII.*
James II, *Jacques II.*
George V, *Georges V.*
Richard the Lion-Hearted, *Richard Cœur de Lion.*
Joan of Arc, *Jeanne d'Arc.*

b) Les patronymes.

Il est bon de garder les abréviations et les titres qui précédent les noms propres **(Mr, Mrs, Miss, Sir),** car ils sont indispensables à l'atmosphère qu'il faut souvent conserver.

Que penser en effet de noms hybrides comme Mme Arrowsmith ou Melle McLaren ?

On notera aussi les points suivants :

— Certains noms propres, très courants, s'emploient avec une valeur générique et peuvent être considérés comme de vrais noms communs. On peut les remplacer par leurs équivalents français.

One Mr Brown, *un certain M. Brun.*
The Smiths and the Joneses, *les Durand et les Dupont.*

Comparer : **Mr So-and-so,** *Monsieur Un Tel.*

— On remarquera que ces noms propres prennent **l's** du pluriel alors qu'ils sont invariables en français.

I have met the Robinsons. *J'ai rencontré les Robinson.*

On trouve indifféremment

The Miss Browns ou **the Misses Brown,** *les demoiselles Brun.*

— Si un nom propre est précédé d'un nom de parenté ou de titre, celui-ci s'écrit avec une majuscule et n'est pas précédé de l'article défini. Le français emploiera l'article (sauf au vocatif) et supprimera la majuscule.

I met Uncle Joe. *J'ai rencontré l'oncle Joseph.*
This is Flight-Lieutenant Hopgood. *Je vous présente le capitaine aviateur H.*

2. Les noms géographiques.

La règle essentielle est de se conformer à l'usage. Il y a trois cas possibles.

a) L'usage a consacré des termes différents dans les deux langues.

The English Channel, *la Manche.*
The Bay of Biscay, *le Golfe de Gascogne.*
The Channel Islands, *les Iles Anglo-Normandes.*
The West Indies, *les Antilles.*
The Straits of Dover, *le Pas-de-Calais.*

b) Les termes français sont la traduction pure et simple des termes anglais.
London Bridge, *le Pont de Londres.*
Tower Bridge, *le Pont de la Tour.*
St Paul's Cathedral, *la Cathédrale St. Paul.*
The Black Sea, *la Mer Noire.*
Newfoundland, *Terre-Neuve.*

c) Il n'y a pas d'équivalent au terme anglais qui doit être conservé intégralement.
Hyde Park Corner et non pas *le Coin de Hyde Park.*
Piccadilly Circus et non pas *le Cirque de Piccadilly.*
Hampstead Heath et non pas *la Lande de Hampstead.*

D'une façon générale on s'abstiendra de traduire les noms de rues, de places **(Oxford Street, Trafalgar Square, Marble Arch, Covent Garden).** Que diriez-vous si les Anglais racontant leur visite à Paris parlaient de **the Street of the Peace, the New Bridge, the Royal Palace,** etc. ?

3. Les termes historiques.

Comme pour les noms géographiques il y a trois cas possibles.

a) Les termes sont différents dans les deux langues et ne peuvent être calqués.
The Peninsular War, *la Guerre d'Espagne* (1808).
Bastille Day, *le 14 juillet.*
The Black Death, *la Peste Noire.*
The American Civil War, *la Guerre de Sécession.*
The South African War, *la Guerre des Boërs.*

b) Les termes anglais peuvent se traduire littéralement.
The Roundheads, *les Têtes rondes.*
The Ironsides, *les Côtes de fer.*
The Rotten Boroughs, *les bourgs pourris.*

c) Les noms sont communs aux deux langues.
Les **Whigs,** les **Tories.**
Le **Home Rule.**
L'Entente cordiale.

16. LES EXPRESSIONS DE MESURE

Faut-il, en traduisant un texte contenant des noms de mesures anglaises, les traduire et les transposer, ou faut-il les laisser tels quels ? Question que le traducteur se posera jusqu'au jour lointain où les Anglais se seront entièrement convertis au système métrique.

Faute de règles, le bon sens et l'usage seront les seuls guides possibles. On peut *grosso modo* distinguer trois cas.

1. Les mesures anglaises ont des équivalents français plus ou moins exacts, consacrés dans la langue : **an inch,** *un pouce* — **a foot,** *un pied* — **a mile,** *un mille* — **an ounce,** *une once* — **a pound,** *une livre* (poids ou monnaie) — **a pint,** *une pinte.*

On peut

(a) ou bien employer ces équivalents,
(b) ou bien, si la précision s'impose, les transposer dans le système métrique.

a) **The brook is four feet wide.** *Le ruisseau a quatre pieds de large.*
A pound of meat, *une livre de viande.*
It cost me two pounds. *Cela m'a coûté deux livres.*

The mile record, *le record du mille* (que vous écrirez avec deux *l* et que vous prononcerez comme en français, contrairement à un usage fort répandu et que rien ne justifie).

b) **He is 5 ft 9 ins tall.** *Il mesure 1 mètre 75.*

It is roughly 80 miles from Dover to London. *Il y a en gros 130 kilomètres (ou 80 milles) de Douvres à Londres.*

How much does a pint of milk cost ? *Combien coûte le demi-litre de lait ?*

She does 30 miles per gallon. *Elle consomme 9 litres aux 100.*

2. Les mesures anglaises n'ont pas d'équivalents en français. On doit les transposer en unités du système métrique, exactes ou approximatives, suivant les cas :

a yard, a stone, a quart.

The station is five hundred yards away. *La gare est à peine à 500 mètres.*

He weighs 12 st. 8 lbs. *Il pèse 80 kilos* (approximation suffisante).

Can I have a quart of cider, please ? *Puis-je avoir un litre de cidre* (et non *un quart !*) *s'il vous plaît ?*

3. Les mesures sont employées de façon imprécise et symbolisent une quantité très grande ou très petite. On aura intérêt à ne pas calquer, mais à trouver des locutions françaises équivalentes.

For miles and miles you see nothing but hideous posters. *Pendant des kilomètres et des kilomètres on ne voit que d'horribles affiches.*

I am miles from believing it. *Je suis à des lieues de le croire.*

He couldn't see an inch before him. *Il n'y voyait pas à deux pas devant lui.*

He hasn't an ounce of courage. *Il n'a pas pour deux sous de courage.*

They would drink gallons of beer. *Ils buvaient de la bière à tire-larigot.*

17. **LA PONCTUATION**

La ponctuation n'obéit pas toujours au même usage dans les deux langues, et c'est un point, secondaire certes, mais non négligeable, que le traducteur oublie trop souvent. Voici les principales différences.

1. Le tiret est très courant en anglais. Il faudra résister à la tentation de le conserver dans la traduction, car le tiret français n'est pas, lui, un signe à tout faire. Il sera bon de le remplacer,

a) par des points de suspension pour indiquer une phrase inachevée ou une simple hésitation.

« In twenty-two years of botany, I — » He cut off abruptly. *« En vingt-deux ans de botanique, je ... » Il s'interrompit brutalement.*

« I don't know, my child, but some people think he was — well, a saint ». *Je ne sais pas, mon enfant, mais il y a des gens qui pensent que c'était... mais oui, un saint.*

b) par des parenthèses ou des virgules pour encadrer une proposition intercalée.

I shut my eyes — that helped to keep the pain away — and vaited. *Je fermai les yeux (cela aidait à éloigner la douleur) et j'attendis.*

I had not had a great success in the interview as we had both — perhaps a little foolishly — hoped. *Je n'avais pas au cours de l'entrevue remporté un aussi grand succès que nous l'avions tous deux, peut-être un peu naïvement, espéré.*

c) par une virgule ou un point-virgule quand il sépare simplement deux propositions (cas très fréquent).

But there were all their father's books — they never read them, but they were their father's, and must be kept. *Il y avait aussi tous les livres* *de leur père; ils ne les lisaient jamais, mais c'étaient ceux du père et il fallait bien les garder.*

[exemple de b et c]. **The majority of people are incapable of enjoying leisure — that is, unemployment plus an income and a status of respectability — in any but pretty simple forms — such as balls...** *Dans leur majorité les gens sont incapables de goûter les loisirs (c'est-à-dire l'inactivité assortie d'un revenu et d'un statut de respectabilité), si ce n'est sous une forme assez fruste, comme par exemple un ballon...*

d) par deux points pour annoncer une explication, un développement.

Those automobiles shared two characteristics — they had been made as light as possible, and their engines were better than their chassis... *Ces automobiles avaient deux caractéristiques communes : on les avait rendues aussi légères que possible, et leur moteur valait mieux que leur châssis...*

2. Les guillemets, simples ou doubles, s'emploient en anglais dans un dialogue à chaque changement d'interlocuteur. Le français emploie des tirets.

' Good morning, sir ', he said gently.
' Good morning. What do you want ? '
' I just wanted to see if... '
— *Bonjour, Monsieur, dit-il doucement.*
— *Bonjour, que désirez-vous ?*
— *Je venais voir si...*

3. La virgule s'emploie

a) pour rapporter des paroles en style direct. Le français supprime la virgule ou met deux points.

Then someone cried, ' Get him ! ' *Alors quelqu'un s'écria « Attrapez-le ! »*
She asked repeatedly, ' Are they gone yet ? ' *Elle demanda à plusieurs reprises: « Ne sont-ils pas encore partis ? »*

b) entre le premier et le deuxième adjectif épithète. Le français emploie la conjonction *et*.

★ Contrairement aux autres points développés ici, cet emploi de la virgule est essentiel à reconnaître, car son ignorance peut donner lieu à un contre-sens.

Voir Place de l'adjectif, 2, page 272.

Table des matières

LOUIS-JEAN
avenue d'Embrun, 05003 GAP cedex
Tél. : 92.53.17.00
Dépôt légal : 569 — Juillet 1993
Imprimé en France

Dépôt initial : 1973